KB139139

하버드 중국사 **청**
중국 최후의 제국

하버드 중국사 청_중국 최후의 제국

2014년 6월 23일 제1판 1쇄 인쇄
2014년 7월 7일 제1판 1쇄 발행

지은이   윌리엄 T. 로
옮긴이   기세찬
펴낸이   이재민, 김상미

편집   신현경
디자인   달뜸창작실, 최인경

종이   다올페이퍼
인쇄   천일문화사
제본   광신제책

펴낸곳   너머북스
주소   서울시 종로구 누하동 17번지 2층
전화   02) 335-3366, 336-5131 팩스 02) 335-5848
등록번호 제313-2007-232호

ISBN 978-89-94606-27-9 93910
ISBN 978-89-94606-28-6 (세트)

너머북스와 너머학교는 좋은 서가와 학교를 꿈꾸는 출판사입니다.

하버드 중국사 청
중국 최후의 제국

윌리엄 T. 로 지음
기세찬 옮김

너머북스

차례__

지도와 그림__

지도

그림

일러두기

· 중국의 인명과 지명은 대부분 우리말 한자음으로 표기했다.
  다만 신해혁명 이후 인물의 경우에는 처음 언급될 때 중국어 발음을 병기했다.
  (예: 모택동(마오쩌둥))
· 만주족 인명 역시 한자음으로 표기했으나 만주어 발음으로 더 잘 알려진 인명은 만
  주어 발음으로 표기했다. (예: 누르하치, 홍타이지)
· 서양과 일본의 인명과 지명은 국립국어원 외래어표기법을 기준으로 삼았다.
· 지은이의 주는 숫자로, 옮긴이의 주는 *로 표시했다.

0

| 서론 |

대청大淸 제국은 현재 중국 본토 지역에 존재했던 왕조 가운데 가장 큰 정치적 실체였다.[1] 청은 1644년에 멸망한 명明보다 영토는 2배 이상 커졌고, 인구는 3배 이상 늘어나 청 말기에는 5억이 넘었다. 청 제국 안에는 스스로 '한족'으로 여겼던 사람들뿐만 아니라, 이전에는 중국 왕조로 편입되지 않았던 티베트족, 이슬람교도인 위구르족, 일부 몽골 부족, 남서쪽 변경 지대를 따라 거주했던 버마(미얀마의 옛 이름)인과 타이인, 대만과 그 밖의 변방과 내지의 고지대에서 새롭게 식민화된 지역의 원주민들, 그리고 청의 왕좌를 차지한 '만주족'이 포함되어 있었다. 이 광활한 영토와 온갖 긴장 상태를 수반하면서 끊임없이 증가하는 거대한 인구는 청의 계승자인 중화민국과 중화인

---

[1] 13~14세기의 몽골 제국이 청 제국보다 더욱 광대했지만, 당시 중국을 차지하고 있었던 원元이 몽골 제국의 중심인 것은 아니었다.

민공화국에 유산으로 남겨졌다. 청과 관련해 언급할 것들이 많이 있지만, 그중 하나는 청이 중화제국의 2000년 역사를 마감하는 장이 되었다는 것이다.

전성기의 청은 거의 300년 동안 이 전례 없는 광활한 제국을 통치하기 위해 이전의 어느 왕조보다 더 능률적이고 효율적인 행정·통신 체제를 고안했다. 또한 청은 엄청난 인구를 부양하기 위해 이전 어떤 왕조보다 진정으로 번영이라고 말할 수 있는 높은 수준의 물질적 생산성을 달성했다. 그리고 경제 관리 제도들은 이전에 알려진 세계의 어느 곳보다 의욕적이고 효율적이었다.[2] 중국의 예술과 문학을 연구하는 학자들은, 청의 예술품들이 당의 시, 송의 회화, 명의 자기와 동일한 것이라고 말할 수는 없지만, 청의 활력 넘치는 세계주의적인 문화가 이 모든 영역에서 큰 공헌을 했으며, 출판은 물론 소설, 연극과 같은 새로운 예술 분야를 개척했다고 주장했다. 청 제국 역사의 어떤 시점에서 중국이 고립된 채 다른 세계와 교류하지 않았다고 평가하는 것은 잘못된 관점이다. 청 제국 시대에 거대한 유라시아 대륙의 동쪽과 서쪽 끝 사이의 관계와 상호 영향이 과거 어느 때보다도 질적으로 활발해졌고, 또한 더 대립적이 되었다는 것은 의문의 여지가 없다. 이러한 관계는 오늘날까지 여전히 이어지고 있다.

지금 역사가들은 우리가 40~50년 전에 알고 있었던 것과 매우 다르게 청 제국을 이해하고 있다. 1950~1960년대에는 학계에서 '청의 역사'라는 것이 사실상 없었다고 하는 편이 더 적절한 표현일 것이다.

---

2) 세부 내용은 Wong, "Qing Granaries and World History" 참조.

물론 중국의 역사가들은 오랫동안 중국의 과거를 계속 이어지는 통치 가문들ruling houses의 관점에서 체계화해왔다. 이 통치 가문들은 '왕조의 순환dynastic cycle'이라는 유가적 모델에 따라 흥하고 망했으며, 청은 단순하게 그러한 통치 가문의 마지막으로 간주되었다. 그래서 과거 새로 건립된 왕조들이 그러했던 것처럼 1912년에 탄생한 중화민국 정부도 청 왕조의 정사를 편찬했다. 1927년 청 제국의 관료였던 조이손趙爾巽(자오얼쉰) 편찬 주도하에 『청사고淸史稿』가 발간되었다.[3] 5년 후에는 대담한 민간학자 소일산蕭一山(샤오이산)이 『청대통사淸代通史』를 출판했고, 이 책은 청 역사에 관한 권위 있는 학술 저서가 되었다.[4]

그렇지만 유가적인 시대 구분법은 20세기 후반까지 서양에서는 널리 쓰이지 않았다. 대신 미국에서 실질적인 중국 근대사 연구의 선구자로 불리는 하버드 대학교의 존 킹 페어뱅크John King Fairbank는 지난 500년의 중국 역사를 1842년을 경계로 나누는 관점을 고수했다. 그는 굉장한 열의를 쏟아 책을 저술하고 후진을 양성했으며, 근대 동아시아에 관한 선구적인 연속 간행물들의 편찬을 도왔다. 페어뱅크에 따르면 1842년 이전은 '전통적 중국'이었고, '근대적 중국'은 아편 전쟁과 남경 조약南京條約(난징 조약)이라는 서구의 충격과 함께 시작했다.[5]

---

3) 趙爾巽, 『淸史稿』. 중국 정부는 새로운 '청사'를 편찬하기 위해 막대한 자금을 후원하고 있으며, 유명한 역사가 대일戴逸(다이이)의 지도 아래에서 부분적으로 과거의 역사 서술 방식을 따르고 있다. 기존 정사 서술 체제와의 관계 설명은 Ma, "Writing History during a Prosperous Age" 참조.

4) 蕭一山, 『淸代通史』.

5) 이러한 구분은 페어뱅크와 그의 하버드 대학교 동료들이 저술한 다음 두 권의 책에 드러나 있다. Fairbank and Reischauer, *East Asia: The Great Tradition*;

청의 역사는 두 갈래로 나뉘었고, 서로 다른 학자 그룹이 두 갈래의 분리된 영역을 연구했다. 페어뱅크는 다른 학자들이 주장했던 것처럼 1842년 이전 제국 후기의 역사가 본질적으로 '정체'되었으며, 진정한 발전적 변화는 단지 서구에 대한 중국의 대응으로 시작되었다고 명확하게 말하지는 않았다. 하지만 이러한 생각은 그의 시대 구분 안에 내포되어 있다.[6] 하버드 학파의 영향을 받아 만들어진 최고의 중국 근대사 교재에는 청 초기부터 200년간은 간략하게 기술되었고, 그들이 초점을 맞추었던 '진정한' 근대성의 시기, 즉 서구화되는 1842년부터 현재까지의 기간은 엄청난 분량으로 서술되었다.[7]

이들의 시대 구분 체계에 유럽 중심주의가 내재되어 있었는데도 중국의 사학자들은 페어뱅크와 그의 추종자들에게 어떤 이의도 제기하지 않았다. 서구 제국주의가 중국 최근대사에서 유일한 지배적인 힘이라고 여긴 레닌주의자들의 영향을 받아, 북경에 위치한 중국사회과학원은 아편 전쟁을 기준으로 소속 학자들의 연구 영역을 구분하여 두

Fairbank, Reischauer, and Craig, *East Asia: The Modern Transformation*. 아편 전쟁은 근대 중국사의 출발점으로서 매우 중요한 사료집인 다음 저서를 구성하는 기준이 되었다. Teng and Fairbank, eds., *China's Response to the West*.

6) 페어뱅크는 그의 가장 유명한 저서인 『중국적 세계 질서*The Chinese World Order*』(제5장과 제6장에 자세한 논의가 제시되어 있다)와 현대 중국을 유감스럽게도 '인민의 중세 왕국the People's Middle Kingdom'이라고 자주 언급했던 저서에서 적어도 그 정체된 모습을 전달하고 있다. Fairbank, *China: The People's Middle Kingdom and the United States* 참조.

7) 이 교재들 중에서 가장 유명한 것은 Hsu, *The Rise of Modern China*로, 1970년에 초판이 발행된 이래로 여러 차례 개정판이 발행되었다.

곳의 연구 기관인 '역사연구소'와 '근대사연구소'를 설립했다. 대만 역시 '근대화 이론'의 영향을 크게 받아, 국민당 당국은 청대사를 1842년 전후로 나누어 연구하도록 중앙연구원의 사학자들을 '역사언어연구소'와 '근대사연구소'로 분리했다. 제도적으로 완전히 보강된 것은 아니었지만, 제2차 세계대전 후 일본의 청대사 연구자들도 이와 비슷하게 분리하여 연구하는 경향을 보였다. 특히 마르크스주의의 영향을 받은 도쿄 대학교의 학자들은 '근대' 중국이 아편 전쟁과 함께 시작했다고 주장했다.

1970년대에는 확실히 필자처럼 흥미 있는 점을 발견한 신참 학자들의 소수 의견들이 있었다. 그러나 필자가 알고 있는 한, 아편 전쟁의 분기점을 고려하지 않고 청의 역사 전체를 커다란 하나로 연구하려고 했던 급진적인 학술적 시도는 단 한 번 이루어졌고, 그 성과물은 바로 당시 예일 대학교의 대학원생이었던 조너선 스펜스Jonathan Spence가 1965년에 만들었던 『청사문제Problems in Qing History』라는 도발적인 이름을 가진 회보였다. 중국에서는 그로부터 25년 후인 1991년에 중국 인민대학교의 청사연구소가 『청사연구』를 발간하면서 이러한 시도가 비로소 시작되었다.[8]

돌이켜 생각해보면 특별히 미국에 한정된 것은 아니지만, 지난 반세기 동안 청대 역사학 방법론의 진전에 세 가지 중요한 변화가 있었다. 그중 첫 번째는 1970~1980년대에 천천히 진전되었던 사회사社會史로의 전환이다. 이것은 무엇보다도 프랑스의 아날학파와 그들의 주

---

8) 청사연구소는 1978년이 되어서야 설립되었다.

요 잡지인 『아날*Annales: écomomies, sociétés, civilisations*』로부터 자극을 받은 유럽과 미국의 역사 연구 경향 때문이다. 이들은 정치, 군사, 외교적 사건이나 과거의 위대한 인물에 관심을 쏟기보다는, 매우 완만하게 '장기 지속적'으로 나타나서 희미해져간, 단순한 '국면'과는 대조되는 사회·경제·문화적 '구조'를 중요시했다.[9] 중국사 영역에서는 아날학파의 영향이 다소 늦게 나타났으며, 제2차 세계대전 이후 일본의 중국 연구자들이 집대성했던 방대한 사회경제사 전집을 미국의 중국 연구자들이 조금씩 흡수하면서 촉진되었다. 이후 청 제국의 막대한 공문서를 소장하고 있는 당안관檔案館(문서 기록 보존소)이 1970년대에 대만에서, 1980년대 초에 북경에서 외부 연구자들에게 개방하면서 아날학파의 영향이 확대되었다. 이것은 학자들에게 아날학파가 신봉했던 대담하고 장기적인 역사 연구를 가능하게 했다.

이러한 사회사 전환의 결과는 다음의 세 가지로 나타난다. 첫째, 역사학자들은 '서구에 대한 중국의 대응' 모델에 내재하고 있던 중국 근대의 도구적 관점을 새롭게 비판하고, 대신에 중국 내부 역사의 변화에 초점을 맞추기 시작했다. 지금 학자들은 중국의 역사가 정체된 것이 아니었다고 보고 있다. 이 새로운 경향은 페어뱅크의 수제자인 폴 코언Paul Cohen의 '중국에서 역사를 발견하는 것'이라는 문구로 요약된다.[10] 청 제국에 대한 '서구의 충격 논리'는 청사淸史의 이러한 수정주의

---

9) 아날학파의 방법론에 대한 간명한 설명은 Braudel, "History and Social Sciences" 참조.

10) Cohen, *Discovering History in China*.

담론 속에서 점차 영향력을 잃었다. 그러나 누군가 또 다른 수정을 할 수도 있다. 결국 역사가는 우리에게 익숙한 '서구의 충격' 논리를 신청사新淸史에 다시 끌어들일 수도 있다.[11]

사회사 전환의 둘째 결과는 동아시아의 네 마리 작은 용(홍콩, 싱가포르, 대만, 한국)과 모택동毛澤東(마오쩌둥) 이후의 중국의 자체적인 경제 '기적'이 뒷받침되면서 청의 역사를 실패한 이야기로 치부하는 인식이 점차 사라졌다는 것이다. 흔히 메이지 시대 일본과 비교되어 비판적으로 제기되었던 "19세기 중국에 자본주의나 산업화가 왜 없었는가?"라는 논점은 지금 잘못되었다거나 심지어 틀린 가정에 기반을 두었다고 여겨지고 있다. 미국의 중국사 연구자뿐만 아니라 비교 사회학자들도 18세기 중엽의 청 제국이 대부분의 서유럽보다 더 번영한 경제와 매우 높은 생활 수준을 보유했다고 주장한다.[12]

사회사 전환의 가장 인상적인 셋째 결과는 시대 구분의 영역에서 나타났다. 청대를 하나의 전체로 보는 관점이 '전통'과 '근대'로 구분하는 경향보다 우위를 점하면서, 왕조 자체도 중국 과거의 구조적 진화 과정에서 단지 표면의 잔물결에 불과한 것처럼 여겨지기 시작했다. 프레더릭 웨이크먼Frederic Wakeman Jr. 은 1975년에 이렇게 주장했다.

---

11) 페어뱅크의 제자이자 하버드 대학교의 후임자인 필립 쿤Philip A. Kuhn의 말이다.

12) Arrighi, *Adam Smith in Beijing*; Frank, *Re-Orient*; Pomeranz, *The Great Divergence*; Wong, *China Transformed*. 대표적인 중국 학자들의 주장은 李伯重, 「控制增長以保富裕」; 方行, 「論淸代江南農民的消費」 참조.

사회학자들은 점차 1550년대부터 1930년대까지의 전 기간이 일관성 있는 완전체로 구성되었다고 인식하기 시작했다. 학자들은 이제 청을 과거의 복제로 여긴다거나 1644년과 1911년을 중대한 종착역으로 보지 않게 되었고, 중국 역사의 마지막 400년을 공화정으로 계속 이어져가는 과정으로 인식하게 되었다. 양자강揚子江 하류 지역의 도시화, 요역의 은납화, 각종 지방 교역의 발전, 대중 문학의 성장과 신사층의 확대, 지방 경영 활동의 상업화와 같은 명말明末의 이 모든 현상은 청대淸代 동안 발전을 계속해서 20세기 초 사회사에서 여러 면으로 정점을 이루었던 행정적, 정치적 변화를 촉발했다.[13]

그러나 명·청의 구분을 뛰어넘는 이 새로운 시대를 무엇이라 부를 것인가? 표현이 미약했지만 큰 무리가 없었던 유행어는 '제국 후기late imperial'라는 용어였다. 이 표현은 청뿐만 아니라 명의 전체 또는 일부가 완전히 단일한 역사적 시대였다는 의미를 내포했다.[14] 필자가 지지했던 더 강한 표현은 '근대 초기early modern'라는 용어였다.[15] 그러나 이

---

13) Wakeman, "Introduction" to Wakeman and Grant, eds., *Conflict and Control*, p. 2.

14) '제국 후기' 또는 '몽골 제국 이후'의 중국이라고 규정하는 관점은 대체로 몽골의 원 제국이 핵심적인 분기점이라는 가정을 기반으로 삼고 있었다. 하지만 최근에 몇몇 역사학자들은 원 제국(본질적으로 원 제국을 당과 송 제국의 경제적·사회적 발전의 연속선 위에 있는 것으로 보고 있다)보다 명 태조 주원장의 문화적 보수주의와 통제적 경제주의 정책이 중국의 역사 발전을 실질적으로 중단시켰다고 주장한다. Smith and von Glahn, eds., *The Song-Yuan-Ming Transition in Chinese History* 참조.

15) 필자가 본 중국 역사에 관한 미국의 저서 제목 중 처음으로 '근대 초기'를

러한 구분 역시 몇 가지 분명하게 짚고 넘어가야 할 것들이 있었다. 우선 이 용어는 성숙한 근대로 가기 위해 반드시 거쳐야 하는 과도기라는 의미를 내포하고 있다는 것이다. 그리고 이 '근대'는 대개 산업화와 대의大義 정부를 가진 '서구화'를 의미한다는 것이다. 이것은 수정주의 역사학자들이 가장 집요하게 천착했던 개념이기도 했다. 더 일반적으로 쓰인 '근대성 초기early modernity'는 유럽의 역사가들이 의도적으로 차용했던 개념이다. 이 용어의 사용은 서양 역사에서 영향을 받은 사고들을 중국에 무리하게 적용한 측면이 있었다. 즉, 중국 역사 자체의 고유한 현실들을 간과하는 위험성을 안고 있었던 것이다.[16] 이 주제에 대한 평가는 아직 이루어지지 않았다.

둘째, 청대 역사의 기초적인 재개념화는 지금 흔히 내륙 아시아로의 전환이라고 언급되고 있는 것이다.[17] 이것은 사회사 변혁을 뒤따랐던 문화사 변혁의 결과였다. 문화사는 '사실'을 넘은 '표상'을 강조하면서, 성gender이나 인종과 같은 범주들에 대한 탈본질화를 주장한다. 그

의식적으로 사용한 것은 Ropp, *Dissent in Early Modern China*였다. 필자는 이러한 시대 구분에 대해 많은 연구를 진행했다. 이에 대해서는 필자의 *Hankow*(1989), "Introduction: An Early Modern Chinese City" 참조.

16) 청사 연구에서 수정주의의 가장 뛰어난 개척자라고 할 수 있는 웨이크먼은 열정적으로 '근대 초기'라는 용어를 사용한 필자를 통렬히 비판했다. Wakeman, "The Public Sphere and Civil Society Debate" 참조. 이보다는 호의적으로 비평했던 필립 황Philip Huang은 중국에 유럽식의 초기 근대성을 도입한 필자의 주장을 '정곡을 찌르는' 것이라고 언급했다. Huang, "The Paradigmatic Crisis in Chinese Studies," p. 321 참조.

17) 이러한 사고의 선구자인 패멀라 카일 크로슬리Pamela Kyle Crossley는 장기간에 걸쳐 발간된 일련의 저작들에서 자신의 생각들을 다듬어나갔고, 이것들을 모두 모아 Crossley, *A Translucent Mirror*에서 완벽하게 개념화했다.

리고 그러한 범주를 생물학적으로 주어진 것이라기보다는 문화적으로 협의되고 역사적으로는 우연한 것이었다고 본다. 비록 성별 역할의 변화에 주목하는 새로운 현상이 지난 몇십 년 동안 중국사 인식에서 가장 결실 있고 눈부신 발전 중의 하나였지만, 청을 하나의 역사 시기로서 재개념화하는 것과 더 직접적인 관련을 가진 것은 종족宗族이나 민족 정체성에 대한 연구였다.

수정주의자들이 진전시켰던 주요 논의들은 '만주족'의 정체성이 그 자체로 역사적 구성체였고, 대체로 명을 정복한 후에 자체적으로 만들어졌다는 것이다. 청의 점령은 인종이나 민족성이 중요했지만 대체 가능하다는 인식하에서 신중하게 진행했던 '정복 집단'의 행위였다. 이 새로운 만주족 중심의 청은 이전 대부분의 중국 왕조들, 특히 명과는 근본적으로 달랐다. 명대의 중국은 분명히 가장 중심적이고 경제적으로 풍요로운 지역이었지만, 청은 그것을 여러 구성 요소의 하나로 보았고, 결국 자신들을 세계적 제국, 다민족 정치체라고 인식했다. 일부 학자들은 청 제국이 중화제국 왕조와 다르다는 점에서 청의 건국 시기를 명을 정복한 1644년이 아니라, 청이라는 국호를 선포한 1636년으로 보아야 한다고 주장했다.[18]

청의 통치자들은 그들의 영역을 전적으로 '중국화'하지는 않았다. 단지 수많은 종족-민족적 구성원들을 통치하기 위해 많은 역할들 중 천자天子라는 유가적 배역을 맡았을 뿐이었다. 이 구성원들의 이질적인 민족성은 중국화 과정에서 사라지지 않았다. 대신에 청 조정은 한

---

18) Waley-Cohen, "The New Qing History," p. 195.

족 관료들을 앞에 내세워 이들을 신중하게 교화했다. 비한족은 오늘날 일반적으로 '소수 민족'이라는 정치적 명칭으로 불린다. 이들은 새로운 활동적 주관성과 자율적인 통치 기구를 인정받았다. 이러한 시각에서 보면, 이 소수 집단들과 개인들은 한족과 만주족 이웃들, 그리고 그들의 통치자들과 매일 자신들의 정체성에 대한 협상을 진행했던 것이다.[19]

이러한 신청사의 시각은 점차 우위를 점하게 되었고, 연구 영역도 제국의 변경 팽창사 방면으로 확장되었다. 당시 한족 지식 관료들은 중국 내지의 물자가 분산된다는 이유로 제국의 팽창을 반대했다. 연구 초점은 중국을 19세기 말 서양이나 일본 제국주의의 수동적인 피해자로 보는 대신에, 18세기에는 가장 활발했고 19세기와 20세기 초까지도 적극적이었던 제국주의 행위의 참여자로 바꾸어 바라보는 데 있었다. 이와 동시에 "중국에서 역사를 발견한다"라는 초기의 운동이 유럽 중심적인 역사학 방법론의 편견을 극복하려 했던 것처럼, 신청사의 시각은 중국 중심적인 편견과도 맞서 싸웠다. 남아시아 역사가들이 이끈 민족주의적 탈식민주의 비평postcolonial critique의 영향을 받은 신청사는 청대가 근대 한족漢族 민족 국가의 출현을 위한 긴 도입부라는 관점과 더 나아가 민족 국가 역사의 필연적인 결말이라는 관점에

---

19) 청 황제의 여러 역할에 관해서는 Crossley, "Review Article" 참조. 청 정치의 다민족주의는 만리장성의 밖에 있던 열하熱河에 여러 민족 집단을 위한 건물과 함께 황실의 '피서 산장'을 지었던 것에서 상징적으로 드러난다. 이에 대해서는 Millward et al., eds., New Qing Imperial History 참조. 청대의 민족 정체성의 협상에 대한 학술 회의 성과를 모아놓은 것으로는 Crossley, Siu, and Sutton, eds., Empire at the Margins 참조.

결함이 있다는 것을 보여주었다. 한족 민족주의자의 역사 인식은 중국과 매우 다른 문화에 기반을 둔 서유럽의 우연적인 경험에서 유래한 '역사 진행 모델'을 이용한다는 비판을 받았다. 20세기의 민족주의 엘리트들의 핵심적인 노력들이 없었다면 청대 역사 서술은 이전과는 매우 다른 과정을 밟았을 것이다.[20]

청대 역사 서술의 세 번째 큰 변화는 '유라시아적 시각으로의 전환'이라고도 부를 수 있다. 이 변화는 대체로 두 번째 변화로부터 생겨났지만, 그 동안 '중국 아대륙'에서의 발전에 단속적인 관심만을 보여온 세계사와 생태사의 하위 연구에서도 유래했다.[21] 이 연구 분야에서 중국 역사가들이 가장 중요하게 청과 연계했던 주제는 이른바 '17세기의 전반적인 위기'로, 이것이 어떻게 명·청 왕조의 전환을 갑자기 촉진했는지에 대한 것이었다. 중화제국 후기에 끼친 이 위기의 영향에 관해 많은 학자들은 다국적 경제적 요인, 특히 금과 은의 국제적인 유통 과정에서의 극단적인 불안정과 이른바 소빙기라고 하는 세계적 기후의

---

20) 이러한 경향을 따르는 가장 지속적인 주장은 Duara, *Rescuing History from the Nation*이다. 이 같은 주장에 대한 남아시아인들의 생각은 Chatterjee, *The Nation and Its Fragments*에 잘 나타나 있다.

21) 제국 후기에 대해 관심을 기울이면서 '세계사'를 쓰고자 했던 연구의 예로는 McNeill, *Plagues and Peoples*; Curtin, *Cross-Cultural Trade in World History*; Adas, *Machines as the Measure of Men*이 있다. 그리고 제국 후기의 생태학적 역사에 대한 지역적·지방적 연구의 선구로는 Schoppa, *Xiang Lake*와 Marks, *Tigers, Rice, Silk, and Silt*가 있다. 또한 제국의 생태사를 서술한 대담한 시도로는 Elvin, *The Retreat of the Elephants*가 있다. 전체적인 생태사 내에서 청의 사례를 적용했던 야심 찬 시도로는 Richards, *The Unending Frontier*가 있다.

변화를 강조했다.[22]

  그러나 결국 그것은 근대 초기 제국들의 비교 연구였고, 그 연구는 유라시아의 단일성에 대한 새로운 시각을 불러일으켰다. 유럽의 도전과 아시아의 대응이라는 오래된 이분법적인 역사는, 유사한 발전 궤적을 따라 지역의 다양한 과정들을 추적하면서 전체 유라시아 대륙의 서로 다른 구성 요소를 강조하는 새로운 역사학의 흐름에 자리를 내주었다.[23] 지금 청은 고립된 예외라기보다는 새로운 통신 기술에 도움을 받은 행정적 중앙 집권화, 계획적인 다민족적 구성 요소, 적극적인 영토 개척의 형태 면에서 오스만 제국과 무굴 제국, 로마노프 왕조, 심지어는 나폴레옹 시대의 영토를 기반으로 하는 제국들과 대체로 유사했다고 재인식되고 있다. 동시에 이러한 새로운 유라시아 세력들은 다양한 방면에서 오래된 '유목 문화'를 봉쇄하고 압박했다.[24]

  이러한 유라시아적 시각으로의 수정론은 시대 구분과 관련해서도 중요한 함의를 가지고 있었다. 내륙 아시아적 시각으로의 전환이 중국 중심론적 청사에 대한 문제점을 제기하여 힘든 승리를 얻었다면,

---

22) 이러한 현상에 대한 다른 관점으로는 Adshead, "The Seventeenth-Century General Crisis in China"; Atwell, "Some Observations on the Seventeenth-Century Crisis in China and Japan"; Wakeman, "China and the Seventeenth-Century Crisis" 참조. 논쟁에 대한 최근의 개론적 설명으로는 Marmé, "Locating Linkages or Painting Bull's-Eyes around Bullet-Holes?" 참조.

23) Lieberman, ed., *Beyond Binary Histories* 참조. 청의 역사 편찬에 이러한 개념이 끼친 영향력을 반영하고 있는 학술 회의 논문집은 Struve, ed., *The Qing Formation in World-Historical Time*이다. 특히 Perdue, Millward, di Cosmo, Rawski, Goldstone이 쓴 글들을 참조.

24) 주요 연구로는 Perdue, *China Marches West*가 있다.

러 시 아
이르티시 강
발하슈 호
시르다리아 강
호브드
울리아스타이
준가리아
(준가얼 분지)
외몽골
천산 산맥
우루무치
투르판
바르쿨
하미
카스(카슈가르)
야르칸드
신강
타클라마칸 사막
알티샤흐르
곤륜 산맥
가스
감숙성
파미르 고원
코코노르
(청해성)
서녕
난주
티베트
히말라야 산맥
라싸
성도
네팔
캄
강정
인도
곤명
버마
(미얀마)
벵골 만
크메르
(캄보디아)
안남
(베트남)

지도 1. 1800년의 청 제국

알바지노

헤이룽강

스크

오르콘 강

만주

송화강

헤이룽강

요하

고비 사막

몽골

심양(묵던)

암록강

동해

북경

발해만

조선

일본

제남

황하

황해

개봉

제국

남경

상해

무창

양자강

동중국해

감강

복주

대만

광주

남중국해

1800년의
청 제국

▣	수도
◉	성도와 주요 도시
●	기타 도시

━ ━ ━ 청 제국의 국경(1800년)

- - - - 지방의 경계

—·—·— 현재 중국의 북쪽 경계

〰〰〰 만리장성(1500년 이후)

0   500킬로미터

0   500마일

유라시아적 시각은 청과 명을 포함하는 '중화제국 후기'와 명이 멸망하기 100년쯤 전부터 시작하는 '근대 중국의 초기'라는 수정주의자의 개념에 도전하는 것이었다. 유라시아적 시각으로의 전환을 위한 선언으로 보일 수 있는 것은 에벌린 로스키Evelyn Rawski의 주장이다. 로스키는 1996년에 청이 질적으로 이전 중국 왕조와는 달랐다는 입장을 고수했는데, 2004년 개정판에서는 그런 전례 없는 중앙 집권화된 제국은 만주족 통치의 특별한 기능이었기 때문에 한족이 통치한 명대에는 불가능했다고 단호하게 주장했다. 바꿔 말하면 중국에서 근대성 초기는 실제로 1644년의 왕조 전환과 함께 시작된 것이지 그 이전은 아니었다는 것이다.[25] 고대 유가적 전통의 시대 구분자들이 완전히 틀린 것은 아니었던 셈이다.

　이 책에서 논의할 청 제국은 끊임없이 움직이는 표적이다. 청 제국의 본질은 무엇이었는지, 그리고 청 제국이 장기간의 중국사에서 또는 광활한 유라시아 공간에서 유례없이 뚜렷하게 구별되는 무언가를 어느 정도로 이루었는지는 아직 확실히 밝혀지지 않았다. 이것이 바로, 현재 우리가 역사 속에서 이 시대와 이 공간을 연구하는 것이 왜 가치 있는지 그 이유를 알려준다.

---

25) Rawski, "The Qing Formation and the Early Modern Period."

1

| 정복 |

1688년 팔기八旗 한군 정람기의 무관이었던 동국강佟國綱은 그의 민족 출신을 '한족'에서 '만주족'로 바꾸기 위해 강희제康熙帝에게 청원서를 제출했다. 그의 종조부 동복년佟卜年은 1580년경 요동에서 태어났지만 화중華中의 무창武昌으로 이주했다. 그는 무창에서 1616년 전시殿試에 급제하여 명을 위해 지현知縣으로 일했으며, 후에 명군을 지휘하여 중국 동북 지역에서 방어했다. 불운한 패배 이후 동복년은 반역죄로 기소되었지만, 1625년 감옥에서 사망하면서까지 명에 대한 충성심을 강력하게 주장했다. 그의 아들 동국기佟國器는 무창에서 자랐고, 영웅적인 명나라 군인들의 10대 후손이라고 주장함으로써 중국에 대한 그의 아버지의 애국심을 변호할 수 있는 족보를 만들었다. 그러나 동국기는 1645년 양자강 유역에서 청군의 포로가 되었고, 그와 그의 가족들은 팔기 한군 정람기로 편입되었다.

나중에 밝혀지듯이 동국기가 그의 족보에 올렸던 요동 출신의 동씨 남자들은 동복년이 명나라를 방어한 것처럼 청군의 정복으로 인해 영웅이 되어 있었다. 게다가 이들 중 한 명은 강희제의 외조부가 되었고, 동국강은 강희제의 삼촌이 되었던 것이다. 이러한 이유로 강희제는 청원서를 받아들여 동국강을 만주족으로 인정했다. 그러나 주목할 점은 촌수가 먼 수많은 친족들까지 동일하게 행정적으로 재분류하는 것은 곤란했다는 것이다. 그날 이후 동국강과 그의 일부 친척들만이 만주족이 되었고, 다른 친족들은 한족으로 남겨졌다. 이러한 시공간적 상황에서 민족 정체성은 유전학적으로 운명 지어진 것이 아니라 유동적이고 불명확하고 협상될 수 있는 것이었다.[1]

이와 같은 이야기들은 1644년에 중국의 왕좌를 이어받은 청 통치자들의 새로운 역사적 이해의 중심에 있었다. 얼마 전까지 만주족에 대한 일반적인 상식은 만주족과 같은 종족은 생물학적으로나 유전학적으로 한번 결정되면 끝까지 지속된다는 것이었다. 그러나 다른 한편으로 이러한 관점은, 중국 2000년 역사의 필연적인 종점이 20세기 한족의 민족 국가였다고 보는 목적론적인 한족 민족주의 역사 서술에 기반을 두고 있었다. 이러한 논리에 따르면 이민족들의 통치를 포함한 모든 중국 왕조들은 대체로 유사한 것이었다. 즉, 몽골족이나 만주족 같은 이민족들이 한족의 영토를 정복할 수는 있었지만, 그들이 중국을 계속 점유하려고 한다면 중국인으로서 통치를 해야 했고, 결국 그들 스스로가 중국인이 되어야만 했다.

---

1) Crossley, "The Tong in Two Worlds."

이러한 청의 통치에 대한 가정에 따르면, 만주족 또는 만주 사람들은 명을 정복하기 이전부터 존재하고 있었지만 모든 면에서 '야만족'이었고 한족보다 문화적으로 열등했다. 일단 정복이 이루어지자 만주족들은 약간의 내부적 논쟁 후에 유가적 개념인 천자로서 중국을 통치하는 쪽을 선택했다. 그 결정은 필연적으로 문화적 '동화同化'를 초래했고, 또한 만주족이 생물학적으로 소멸되는 결과도 가져왔던 것 같다. 건륭제乾隆帝를 비롯한 몇몇 만주 통치자들은 만주족이 차별성을 상실했다는 위기감을 인식하고 '만주족의 전통'을 유지하기 위해서 방어적 조치를 취했지만, 결국에는 실패할 수밖에 없었다. 1911년 청이 중화민국으로 대체되었을 때 진정한 만주족은 거의 남아 있지 않다. 만주족들은 완전히 중국인 안으로 녹아들어갔던 것이다. 이러한 담론을 잘 보여주는 실례는 1930년대에 일본 제국주의자들이 중국 동북 지역에 만주족의 민족 국가로서 세운 만주국이 본질적으로 일본의 괴뢰 정권이었다고 비난을 받은 것이다. 중국인들의 시각에서 보면 청의 멸망 이후 만주족은 더 이상 존재하지 않았다.

그러나 1980년대가 되면 청대를 연구하는 역사학자들은 이 담론을 고쳐 쓰기 시작했고, 근본적으로 뒤엎었다.[2] 문화 연구에 대한 영향을 받아 많은 사람들이 종족과 같은 생물학적 범주의 개념들에 대해 의혹을 갖게 되었고, 민족적 분류 대신에 특별한 역사적 상황, 사회·정치적 협상 과정의 산물로 보게 되었다. 이러한 새로운 시각에 따르면, 17세기에 실제로 만주족은 없었고, 명 제국의 동북 변경을 따라서 다

---

2) 이에 관한 내용은 Crossley, *A Translucent Mirror* 참조.

양한 혈통과 문화 전통을 가진 민족들이 있었을 뿐이다. 이들 중 꽤 많은 민족이 완전히 또는 부분적으로 한족의 혈통을 가지고 있었다. 명에 이어 용의 왕좌를 이어받은 집단은 만주족이 아니라 정복의 목적을 위하여 의도적으로 만들어진 사람들의 조직이었다. '청의 정복 조직'을 이끌었던 지도자들은 몽골인, 한족 군인, 그리고 만주족 등과 같은 민족 정체성을 그들의 구성원에게 배정하는 것이 유익하다는 것을 알았다. 그러나 이러한 배정은 이전부터 존재했던 생물학적 실체보다는 정치적 편의에 입각한 것이었다. 앞서 언급했던 동씨 일가의 경우를 볼 때 이러한 초기의 배정은 상황에 따라서 쉽게 폐지되거나 변화되었을 것이다.

기존의 관점이 본래부터 분별 가능한 만주족이 시간이 지나면서 한족에 동화되거나 소멸된 것으로 보았다면, 신청사 담론은 왕조가 흘러가면서 만주족이 실질적으로 생겨난 것으로 보았다. 건륭제를 비롯한 황제들의 노력들은 소멸 위기에 처한 그 민족의 문화를 방어했다기보다는 기원 신화, 민족의 언어와 문학, 일련의 뚜렷한 문화적 특색을 규정하여 만주족의 문화를 창조하는 데에 이바지했다. 그리고 그들은 이러한 계획을 통해 놀라운 성공을 거두었다. 이러한 가정에 따르면 역설적이게도 1644년 이전에는 존재하지 않았던 만주족이 1911년에는 분명히 존재하게 되는 셈이었다. 이러한 시각과 부합되는 만주국의 이야기가 베르나르도 베르톨루치Bernardo Bertolucci의 대작 「마지막 황제」에 잘 드러나 있다. 영화에서 부의溥儀는 동북 지역에 있는 만주족의 국가를 통치해달라는 만주족 백성들의 요청에 진심으로 감동을 받아, 이에 응대하기 위해서 퇴위 이후에 상해에서 한량으로 지내던 것에서 벗어나야겠다는 생각을 갖게 된다. 일본의 만주국 수립 계획에서 위선적이었던 것은 만주국의 기반이 되는 진정한 만주족들이 존재하는 것처럼 꾸며냈다는 것이 아니라, 만주족들이 실질적인 자결권을 가지고 있는 것처럼 위장했다는 것이다.

이 새로운 담론 자체도 과장되어 있다. 만주 중심주의 학자들의 2세대는 적어도 동시대인들의 시각에서 보면 왕조가 건국되었던 바로 그 순간부터 민족적 또는 인종적 차이가 실재했다고 주장한다. 청조의 전 기간을 범주로 하는 만주족의 근거지에 대한 연구는 만주 거주자와 주위 한족 사이에 상당한 정도의 민족적 긴장이 존재했음을 밝히고 있다.[3] 오늘날 대부분의 역사가들은 기존의 담론보다 새로운 담론을 선호하고 있고, 그 일련의 가정들은 이 책의 밑바탕을 이룬다.

정복의 조직화

청의 정복자들이 민족적으로 구분되는 변경 사람들이었든지 아니면 의도적으로 조직된 다민족 정복 조직이었든지 간에, 그들의 성공은 실로 대단한 것이었다.[4] 어떻게 이러한 잡다한 무리가 당시 세계에서 가장 강력한 무기 체계를 가졌을 명나라의 군대를 압도할 수 있었

---

3) Elliot, *The Manchu Way*.

4) 명·청 교체에 관한 대표적인 영문 연구서는 Wakeman, *The Great Enterprise*이다.

을까?

현재 중국의 동북, 즉 만주滿洲(Manchuria)로 알려진 지역에서 군사력과 정치력을 장악한 청의 부상은 아이신 기오로Aisin Gioro(한자 이름은 애신각라愛新覺羅)라고 알려진 씨족에서 잇따라 등장한 세 지도자들, 즉 누르하치(1626년 사망), 홍타이지(1643년 사망), 도르곤(1650년 사망)의 업적이었다. '아이신'은 '금'을 의미하며, 한자로는 '金'이라 쓴다. 금은 1115년부터 1260년까지 북중국을 통치했던 여진족 왕조의 이름으로, 아이신 기오로 씨족은 자신들을 금의 후손이라고 주장했다. 명 정복을 위해 체계적으로 군대를 양성한 이 세 지도자는 동맹, 중앙 집권화, 다소 논쟁의 여지가 있는 중국화(한족의 조직적 기술들과 문화적 특성의 도입)에도 노력을 기울였다.

명대 대부분의 시기에 걸쳐 '만주족'은 존재하지 않았다. 중국 동북의 인구 집단들은 매우 다양했다. 그들 중 일부만이 언어학적, 유전학적 유사성을 공유하고 있었을 뿐, 거대하고 생태학적으로도 다양한 이 지역의 사람들을 모두 통합하는 정체성은 없었다. 과거의 여진족이나 서쪽의 몽골족과 달리 아이신 기오로 씨족과 그 부근 일족들은 유목민이 아니었다. 요하遼河 유역에서는 16세기 후반과 17세기를 거치면서 농경과 수렵이 혼합된 형태로 발전했고, 특히 모피와 값비싼 인삼을 매개로 하는 국제 교역이 큰 규모로 이루어졌다. 누르하치의 지도 아래에서, 아이신 기오로 씨족은 인삼을 명에 수출하는 독점 판매권을 통해 점차 부를 축적했고, 명에서는 토산물이 고갈되면서 인삼에 대한 수요가 급격히 늘어났다. 명의 다른 교역 상대처럼 아이신 기오로 씨족 역시 비단과 품질 좋은 명의 제품들을 교환했지만, 인삼은 누르하치에게 매우 쏠쏠한 교역 흑자 품목이었다. 17세기 초에 명은 유럽과 신대륙에서 들여온 은의 25퍼센트를 아이신 기오로 씨족에게 재수출했던 것으로 보인다. 교역을 통해 얻은 수익은 화기를 비롯한 무기를 확보하고 숙련된 무장들을 고용하는 데 사용되었고, 정복을 위한 자금 조성에도 큰 도움이 되었다.[5]

동북 변경 지대는 세습 부족장들이 통치하고 있었다. 명은 이전에 있었던 대부분의 왕조들처럼 이 유동적이고 호전적인 부족들에 대해 분리 통치 정책을 실시했고, 각 부족장들에게 봉신의 지위를 부여해서 가끔씩 그들의 경쟁을 부추겼다. 누르하치는 명 조정과 신하의 관계에 있었던 부족장 중의 한 사람이었다. 17세기에 접어들면서 명의 압박을 받은 그는 이웃 부족에게 복수를 선언했다. 그의 아버지를 살해한 부족에게 책임을 묻는 것이었다. 이러한 명분을 추구하는 과정에서 그는 혼인, 강압, 정복을 통해서 다른 부족들과 일련의 동맹을 맺으면서 세력을 확장했다.

이런 사건들은 명대에도 이미 몇 차례 발생한 적이 있었기 때문에 그 자체로 놀랄 만한 것은 아니었다. 부족들의 연합이 명에 중대한 위협이 되기 위해서는 다른 영구적인 제도화가 필요했다. 이것이 바로 누르하치가 만들고자 한 것이었다. 첫째 조치는 늘어나는 인구를 위해 문자를 만드는 것이었다. 누르하치는 1599년 학자들에게 몽골 문

---

5) Di Cosmo, "Before the Conquest"에서 허락을 받아 인용했다. 또한 Zhao, "Shaping the Asian Trade Network"에 있는 '만주 중상주의Manchu mercantilism'에 대한 논의도 참조할 것.

자를 차용하여 여진어를 표기하도록 명을 내렸고, 후에 '만주어'라 불리게 되는 문자가 탄생했다. 더 결정적인 조치는 1615년 이전에 있었던 '기旗' 제도의 창설이었다. 처음에는 4개였다가 후에 8개가 되었고, 정백기正白旗, 양황기鑲黃旗, 정람기正藍旗 등이 있었다. 각각의 기는 부대의 단위이자 거주지와 경제 생산의 단위였으며, 병사들뿐만 아니라 가족들까지도 포함하고 있었다. 이 체제가 운영되는 과정에서 민족별 배정과 민족 집단으로의 편입이 편의에 따라 계속 재조정되기는 했지만, 각 기는 만주족, 몽골족, 한족이라는 별개의 민족 집단과 일치되어 갔다. 중세 서남아시아의 노예 군인 맘루크Mamluk처럼 팔기의 군인들은 법적으로는 모두 노예들이었다. 팔기 내부와 팔기 간의 위계 관계가 군사 지휘 체계의 통제를 받는 동시에 행정과 재산 소유의 구조이기도 했기 때문에 기 제도는 봉건 제도와 유사하다고 할 수 있다. 그렇지만 토지가 아닌 노예에 기초를 둔 이 소유권 제도는 완전히 봉건적인 것은 아니었다. 1616년 누르하치는 후금後金을 선포했다.[6]

팔기의 군인들은 강한 전사였다(그림 1). 기병은 그들이 소속된 기와 같은 색의 군복을 입었고, 붉은색 술을 단 철제 투구와 등나무 방패를 사용했다. 각각의 기병들은 세 마리 말을 유지할 책임을 졌다. 병사들은 독특한 칼과 때로는 편곤鞭棍을 지녔으나 대부분은 활쏘기에 능했

---

6) 누르하치가 자신의 주민들이 사용하는 언어의 문자 형태를 고안한 이후 처음으로 시행한 조치는 중국 왕조인 금(1115~1234)의 역사를 '만주어'로 번역하라는 것이었다. 니콜라 디 코스모Nicola di Cosmo는 만주어로 번역된 중국 문헌 덕분에 17세기에 아이신 기오로 씨족과 주변 부족들이 자신들의 과거와 집단 정체성에 대해서 배우거나 인식할 수 있었을 것이라고 추측하고 있다.

그림 1. 만주족 시위(뉴욕 메트로폴리탄 미술관 소장)

다. 화살통에는 30개 이상의 화살이 들어 있었다. 만주족의 활은 짧았지만(120센티미터) 매우 강했고, 숙달되기 위해서는 몇 년 동안 강도 높은 훈련을 받아야 했다. 전속력으로 말을 타고 달리면서 활을 쏘는 독특한 방법, 즉 오른손으로 활시위를 당기는 동안 왼손으로 활과 말고삐를 동시에 잡는 것은 기인旗人의 매우 독창적인 전투 기술이었기 때문에 만주어에 그 동작을 뜻하는 동사(niyamniyambi, 한자로는 기사騎射)가 있을 정도였다. 보병도 약간의 궁수를 보유하고는 있었지만, 그 궁수들은 대개 머스킷총을 든 병사나 포수들이었다. 사격은 한군 기인들 중에서도 특히 숙련된 전문 분야였다. 또한 그들은 포르투갈 사람들에게서 대포를 주조하는 방법을 배웠고, 그것들을 야전에서 운반할 수 있도록 체력을 단련시켰다. 그래서 그들은 우전 초하ujen cooha(한자로는 중병重兵)라는 별칭을 얻었다.[7]

　이러한 부족적 또는 봉건적 질서에 명의 관료 제도를 채용한 사람은 후금의 제2대 지도자 홍타이지였다. 홍타이지는 더 이상 여러 친왕親王과 동등한 자리에 있지 않았다. 그는 이제 유일한 황제(천자)였고, 기의 수장들은 국가 관료의 일부분이었다. 이 움직임은 적어도 두 가지 이유에서 중요했다. 하나는 남쪽의 광활한 땅을 정복하는 데에 적합한 최상의 정치 조직 형태를 제공했다는 점이고, 다른 하나는 명 황제에게 도전을 할 수 있게 만들었다는 것이다. 명 황제는 이제 동북 지역이 그에게 복종하는 봉신들이 모여 있는 곳이 아니라, 적어도 그 순간에는 별개의 동등한 국가임을 주장하는 정치 체제가 있는 곳임을 깨달

---

7) Elliot, *The Manchu Way*, p. 77, pp. 177-181.

았다.

이제 중국화의 측면을 살펴보자. 과거의 해석은, 만주족은 중국의 다른 야심 찬 이민족 정복자들처럼 그들 지배의 통치나 정당화에 중국식 방법을 적용했고, 그 결과로 사실상 문명화된 중국인이 되었다는 것이다. 그러나 사실 그렇게 된 것은 아니었다. 청 통치자들은 일인 다역의 역할을 했다. 그들은 여러 부류의 신민들(여진인, 몽골인, 티베트인, 한인)을 동시에 각기 다른 방식으로 다스렸다. 청 통치자는 중국 백성에게는 천자였고, 몽골인에게는 칸 중의 칸(대칸)이었으며, 티베트인에게는 차크라바르틴chakravartin(전륜성왕)이었다. 청은 다양하면서도 다민족적인, 그리고 추측건대 '세계 제국'이었고, 이전의 왕조들과는 확연하게 달랐다.[8]

동북에서 누르하치는 정복 조직을 만들기 시작했고, 앞으로 자신들의 신민이 될 중국인들에 대한 지배력을 행사하려는 과정에서 매우 열정적이면서도 노련하게 중국식 방법을 적용하려 했다. 그들은 명에 불만을 품거나 단순히 새로운 국가의 관료나 군 지휘자가 되려고 갈망하는 중국 엘리트들을 열정적으로 끌어들였다. 명의 군인들은 만주족들에게 예수회 선교사들에게 배운 유럽식 포술砲術과 새로운 전투 기법을 소개해주었다. 만주족들은 부지런히 중국어를 공부했고, 중국 고전의 번역 사업을 시작했다. 그 과정에서 유가적 윤리 강령, 공공사업, 정치술 등을 들여왔다. 그들은 내각과 6부 등 면밀하게 명을 모방한 예비 제국의 정치 체제를 서서히 수립해나갔다. 그리고 그들은 명

---

8) Crossley, "Review Article."

의 조공 국가들, 특히 조선과의 외교 관계를 구축하기 시작했다.

1629년 11월 홍타이지는 군대를 이끌고 처음으로 명의 영토로 진격했다. 그는 중원의 4개 도시—난주灤州, 천안遷安, 준화遵化, 영평永平—를 점령하기 위해 만리장성을 침범했다. 거주민들을 관대하게 다루라는 홍타이지의 명령이 무색하게도, 야전 지휘관들은 천안과 영평의 주민들을 살육했다. 그것은 대민 관계에 악영향을 미쳤고, 변방민들을 회유하려던 홍타이지의 노력에 큰 흠집을 냈다. 홍타이지는 죄를 범한 부하들을 공개 재판을 통해 처벌했다.

3년 후인 1631년, 홍타이지는 현재의 요녕성遼寧省의 해안을 따라 견고하게 방어된 대릉하大凌河(다링 강)의 명군의 요새와 무역 도시를 포위했다(지도 3 참조). 견고한 요새와 원형으로 이루어진 대릉하성을 공격하기는 쉽지 않았다. 홍타이지는 2만 이상의 병력으로 성을 포위했고, 포르투갈에서 갓 들여온 대포로 성을 공격했다. 몇 주간의 전투, 협상, 그리고 지방 지휘관들의 갑작스런 변절 후에 대릉하성은 홍타이지에게 함락되었다. 이것은 점차 새롭게 떠오르고 있는 신흥국으로서는 중요한 승리였다.[9] 1636년이 되자 홍타이지는 매우 도발적인 방법으로 명에게 도전했다. 제국의 이름을 후금에서 청淸으로 바꾼 것이다. 중국의 오행론에 따르면, 왕조의 이름에 불[火]의 성분을 가진 명은 쇠[金]의 특성을 가진 후금을 이길 수 있었다. 하지만 이제 물[水]의 성분을 가지고 있는 청이 필연적으로 명이라는 불을 끌 수 있게 되는 것이었다.

---

9) Wakeman, *The Great Enterprise*, pp. 164-224.

1640년대 초에 청 제국의 완전한 체제가 갖추어졌지만 아직은 순탄
하지 않았다. 청의 백성들은 흉작으로 고통을 받았고, 굶주림을 면하
기 위해서 습격과 약탈을 할 수밖에 없었다. 팔기의 군대는 중원으로
들어가는 입구인 산해관山海關을 지키고 있던 명의 장수 오삼계吳三桂
에게 막혀 고전하고 있었다. 쉽게 성공을 거듭했던 청의 사기는 급격
하게 떨어졌다. 그 뒤 1643년 9월 홍타이지가 죽자 그의 어린 아들 복
림福臨이 승계했고, 홍타이지의 동생인 도르곤이 섭정을 맡았다. 이듬
해가 되자 오랫동안 기다렸던 정복의 기회가 저절로 찾아왔다. 중국
의 반군 지도자 이자성李自成이 북경을 점령했는데, 그가 세운 순順이
곧바로 약탈, 만행 등의 악행을 자행한 것이다. 이에 충격을 받은 오삼
계는 청에 투항한 후 이자성을 몰아내기 위해 북경으로 돌아왔다. 이
자성은 서안西安으로 도망쳤고, 1645년 여름까지 화중 지역을 전전했
다. 그때 몇몇 살아남은 이자성의 추종자들이 양식을 구하기 위해 어
느 마을을 습격했고, 이자성은 마을의 민병대에게 죽음을 당했다. 청
의 군대와 행정 기구들은 오삼계를 따라 북경으로 들어왔다. 여섯 살
의 복림은 1644년 10월 30일 북경에서 순을 정복했다는 의미로 순치
順治라는 연호를 가지고 황위에 올랐다.

이민족의 통치

중국은 자신들이 중국인이라고 생각하지 않거나 피정복자들에게

중국인으로 인정받지 못했던 민족들에게 주기적으로 지배당했던 오랜 역사적 경험을 가지고 있었다. 물론 누구도 이민족의 통치를 진심으로 달가워하지는 않았지만, 몇 가지 방법을 통해 관념적으로 정당화될 수 있었다. 무엇보다도 천자는 우주와 하늘, 그리고 단순히 중국인만 포함되는 것이 아닌 모든 인간 사이의 중개자였다. 실제 논리적으로 하늘은 통치를 위해 천명을 받은 다른 대리인을 선택할 수 있었다. 그리고 천명을 받는 것에 대한 기준은 혈통보다는 유교의 문화적 용어에서 명확하게 정의되어 있는 개인적인 덕성이었다.

그렇지만 중국은 오랫동안 본질적으로 어쩌면 생물학적으로 다른 민족들과 다르다는 자체적으로 만들어낸 인식을 가지고 있었다. 청의 정복은 그런 내부적인 인종 차별적 사고가 표면화된 계기였다. 이 점에 대해서는 호남성湖南省의 사상가이자 반청反淸 운동 지도자였던 왕부지王夫之(1619~1692)보다 더 강경한 사람은 없었다. 물갈퀴를 가진 동물과 갈라진 굽을 가진 동물들이 필연적으로 그들 스스로 서로를 구별하는 것에 대해 언급하고 나서, 왕부지는 다음과 같이 썼다.

신체 구조, 군집성, 배타성 면에서 중국인은 오랑캐와 구별되지 않지만, 그래도 중국인은 전적으로 오랑캐와 구별되어야 한다. 왜 그러한가? 만약 인간이 스스로를 사물과 구별하지 않는다면, 그것은 하늘의 법칙을 어기는 것이다. 중국인이 스스로를 오랑캐와 구별하지 않는다면, 그것은 지상의 법칙을 어기는 것이다. 천지가 인간들을 서로 구별하여 통제하고 있는데 인간들이 스스로 사회 집단을 구별하지 않

는다면, 그것은 바로 인간의 법칙을 어기는 것이다. …… 심지어 개미
들도 우두머리를 두어 자신들의 영역을 지킨다. 만약 다른 곤충들이
그들의 안식처를 공격한다면, 우두머리는 무리를 이끌어 그들을 깨물
어 죽이고 더 이상의 침입을 막고자 할 것이다. 그런즉, 무리를 이끄는
우두머리는 반드시 그들을 보호할 수 있어야 한다.[10]

놀랄 것도 없이 왕부지의 저작들은 청대 내내 금서가 되었다. 하지
만 19세기 말에 이 책들은 큰 인기를 끌면서 다시 나타났는데, 태평천
국군 진압의 영웅이자 (아마도 충신이었던) 증국번이 왕부지의 책들을
재간행했기 때문이다.[11]

실제로 청의 화북 지역 정복은 매우 수월했고, 그 과정에서 피를 흘
리지도 않았다. 산동성山東省의 한 현縣에서 명말 통치의 약탈과 무능
력에 환멸을 느낀 지역 엘리트가 이끄는 민병대는 이자성의 순順 관리
에게 투항했고, 그다음 순이 명보다 더 무능력하다는 것이 증명되자
마자 기꺼이 자진해서 이자성의 순 관리를 쫓아내고 다시 청에게 순종
했다.[12] 그러나 이러한 초기의 성공은 신뢰할 수 없는 것이었다. 청이
북경을 점령한 이후 명의 영토 전체를 완전히 장악하기까지는 40년이
나 걸렸고, 이 시기 동안 청은 완전히 승리한 것이 아니었다.

---

10) 왕부지의 『황서黃書』를 영문으로 번역한 책은 다음과 같다. de Bary et al., eds.,
　　Sources of Chinese Tradition, vol. 1, pp. 544-546.

11) 청말의 왕부지 숭배에 대해서는 Platt, *Provincial Patriots* 참조. 증국번의 재간
　　계획에 대해서는 이 책의 pp. 23-28에서 논의되고 있다.

12) I Songyǔ, "Shantung in the Shun-Chih Reign."

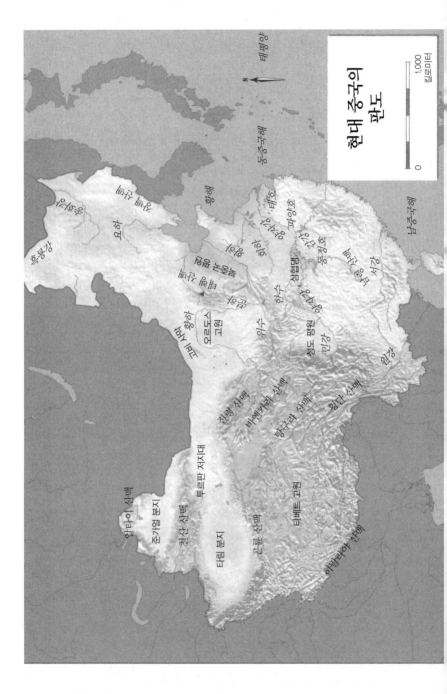

현대 중국의
판도

태평양

동중국해

남중국해

황해

0 ⟨scale⟩ 1,000
킬로미터

흥안링 산맥

후룽강

아무르 강

쑹화 강

요하

황하

웨이허

원수

민 산

창 강

한수

삼협댐

성도 평원

민강

둥팅호

진링 산맥

바옌카라 산맥

탕구라 산맥

티베트 고원

황토 고원

오르도스 고원

웨이수

타이항 산맥

베이징

텐진

다이

친링

황하

타이

타이산

타이호

포양호

둥팅호

둥장

주 장

시 장

엄강

황단 산맥

쿤룬 산맥

히말라야 산맥

타림 분지

차이담 분지

톈산 산맥

투르판 저지대

준가얼 분지

알타이 산맥

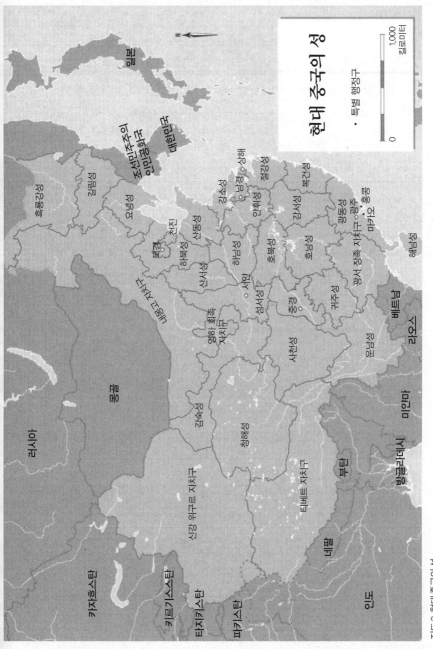

러시아

카자흐스탄

키르기스스탄

타지키스탄

파키스탄

몽골

신장 위구르 자치구

티베트 자치구

네팔

부탄

인도

방글라데시

미얀마

흑룡강성

길림성

요녕성

내몽고 자치구

북경   천진
하북성

산서성

영하 회족
자치구

감숙성

청해성

사천성

운남성

라오스

베트남

일본

조선민주주의
인민공화국

대한민국

산동성

강소성

하남성

남경 ● 상해

안휘성   절강성

호북성

중경

호남성

강서성   복건성

귀주성

광서 장족 자치구   광동성

광주 ● 홍콩
마카오

해남성

현대 중국의 성

● 특별 행정구

0   1,000
    킬로미터

지도 3. 현대 중국의 성

초기의 성공에 고무된 청은 중원의 대부분을 점령하기도 전에 모든 남자들에게 머리 앞부분은 깎고 남아 있는 머리는 뒤로 길게 땋아서 늘어뜨리는 동북 지역의 전통적인 머리 형태인 변발을 하도록 지시했다. 1645년 초 섭정 도르곤은 예부에 칙령을 공포했다.

> 안팎으로 우리는 한가족이다. 황제는 아버지와 같고 백성은 자식과 같다. 아버지와 자식은 한몸이니 어찌 그들이 서로 다를 수 있겠는가? 만약 그들이 하나가 아니라면 그것은 마치 두 개의 심장을 가진 것과 같으니 그들은 다른 나라의 백성과 다를 바 없지 않겠는가? …… 경사京師와 그 주변의 모든 거주자들은 이 칙령이 반포된 후 열흘 이내에 변발의 명을 수행하라. 직예直隸와 다른 지방은 예부의 칙령을 받고 열흘 이내에 수행해야 할 것이다. 이 나라의 백성들은 모두 이 명령을 따라야 한다. 주저하는 자들은 반역자로 취급하여 엄벌에 처할 것이다. 이 명령을 회피하거나 이것에 대해 간교한 말로 논하는 자는 그 누구라도 좌시하지 않을 것이다.[13]

청 조정은 변발의 강요가 한족 남자들 사이에서 불러일으킬 분노의 정도를 과소평가했던 것 같다. 한족 남자들은 자신들의 전통적인 머리 모양을 청이 이해했던 문화적 정체성의 반영으로 보았을 뿐만 아니라, 앞머리 깎는 것을 부모가 물려준 신체를 훼손하는 불효라고 받아들였다. 화중華中의 산간 지대에서 청 관리의 통치를 받아들였던 지

---

13) Cheng and Listz, eds., *The Search for Modern China*, p. 33.

방의 엘리트들은 반란을 일으킴으로써 변발 칙령에 항거했다. 그들은 산악 요새로 후퇴해 5~6년을 버텼고, 최후의 한 사람까지 저항했다.[14]

양자강 하류 지역에서는 유혈 사태가 발생했다. 명의 장수 사가법史可法은 유려하고 유서 깊은 도시인 양주揚州를 죽음으로 지킬 것을 명령했다. 1645년 5월 청군에게 양주가 함락당했을 때 수많은 사람들이 살해당했고, 살아남은 사람들도 통제되지 않는 한족 용병들에게 강간당하고 살해당했다. 이러한 험악한 사례가 있었는데도 양자강 하류 지역의 지방 엘리트들은 변발 칙령에 반발하여 반란을 일으켰다. 이에 대한 보복으로 청군은 가정嘉定현에서 20만 명이 넘는 사람들을 학살했고, 심지어 강음江陰에서는 이보다 더 많은 사람들을 죽였다.[15]

이러한 잔학 행위들을 기록한 문서들, 특히 양주 학살을 목격한 후 기록한 왕수초王秀楚의『양주십일기揚州十日記』는 그 후로 계속 암암리에 유포되어 끊임없이 청을 괴롭혔다. 왕수초는 양주가 철저히 파괴되는 동안에 생존자들이 어떻게 강제로 끌려다녔는지를 다음과 같이 생생하게 묘사하고 있다.

몇 명의 여자들이 올라왔고 그들 중 두 명이 나에게 다가왔다. …… 두 여자 모두 머리는 산발인 채로 일부 속살이 드러나 있었다. 발은 진흙탕 속에 정강이까지 빠져 있었다. 한 여자가 여자 아이를 꼭 껴안고

14) Rowe, *Crimson Rain*, chap. 6.

15) Dennerline, *The Chia-ting Loyalists*; Wakeman, "Localism and Loyalism during the Ch'ing Conquest of Kiangnan," in Wakeman and Grant, eds., *Conflict and Control*.

있었는데, 병사가 채찍질하고 진흙 속에 처넣었으며, 곧이어 그녀들을 끌고 갔다. 한 병사가 칼을 들고 사람들을 이끌었고, 다른 병사는 긴 창을 들고 뒤에서 몰았고, 또 다른 병사는 중간에서 앞뒤로 돌아다니면서 사람들이 도망가지 못하도록 지켰다. 수십 명이 소나 염소처럼 끌려갔고, 조금이라도 뒤처지면 채찍을 맞거나 바로 죽음을 당했다. 긴 밧줄로 여인들 목을 묶었는데, 마치 진주를 연달아 꿴 것 같았다. 여인들은 몇 걸음 가다 넘어져서 흙탕물을 뒤집어썼다. 땅에는 온통 갓난아이들이 가득했는데, 어떤 아기는 말발굽에, 어떤 아기는 사람 발에 채어 뇌와 내장이 터져 흙에 뒤범벅되었고, 살아남은 아기들의 울음소리가 들판에 가득했다. 그들이 거쳐갔던 도랑과 연못에는 시체들이 쌓였으며, 팔과 다리들이 엉망으로 엉켜 있었다. 푸른 물에 붉은 피가 어지러이 섞여들어갔다. 수로는 시체로 쌓여 평평해질 지경이었다.[16]

19세기 말과 20세기 초 서양에서 들어온 인종적 차이에 대한 과학적 개념, 즉 사회 진화론social Darwinism의 도입과 동시에 왕부지 같은 배외주의 사상가들의 저술들이 재발견되면서 이러한 생생한 이야기들은 반만정서反滿情緒와 한족주의를 부추겨 1911년 청 왕조의 멸망에 크게 일조했다.

청 조정은 유교적 통치 수법을 어떻게 실행해야 하는가에 대한 결정을 내리지 못하고 있었다. 과거 여진의 의정왕대신회의는 도르곤, 지

---

16) Struve, ed., *Voices from the Ming-Qing Cataclysm*, p. 36의 번역이다.

르갈랑(한자 이름은 제이합랑濟爾哈郎, 1650년 도르곤 사후 섭정의 지위를 계승), 그리고 오보이(한자 이름은 오배鰲拜, 1661~1669년에 어린 강희제를 대신해 섭정) 치하에서 상당한 권위를 가지고 있었다. 지식층의 의견은 대부분 무시되었고, 한족은 그저 피정복민의 하나일 뿐이었다.[17] 그러나 강희제가 오보이를 체포(바로 감옥에서 처형되었다)하고 친정을 시작한 이후 청의 정책 방향은 급선회되었다.

왕조의 통합

청 정복자들이 북경에 입성하여 왕조의 창립을 선포하고 경쟁자들을 완전히 제거하기까지 거의 40여 년이 걸렸다. 이 기간 동안 청은 자신들이 궁극적으로 승리할 것이라고 확신할 수 없었다. 첫 번째 경쟁자는 타도되었던 왕조의 잔당 정권인 남명南明이었다. 통치 기간 내내 친왕에게 영지를 부여했던 명의 정책은 1644년에 사망한 숭정제崇禎帝를 계승할 많은 후보자들을 남겨주었고, 이들이 명을 추종하는 신하들에게 주목을 받게 되면서 저항이 발생했다.

---

17) 오보이의 섭정 기간에 정복 이전의 통치 방식을 향한 (일시적인) 복귀와 청 조정의 일부에서 중국화된 지배에 대한 거부가 얼마나 강력하게 나타났는지에 대한 학문적 논쟁이 있다. 반反중국화 논지를 제시한 고전적 논의로는 Oxnam, *Ruling from Horseback*과 Miller, "Factional Conflict and the Integration of Ch'ing Politics"가 있다. 그리고 최근 이를 반박하는 논의로서, 전환 과정이 좀 더 순조롭게 진행되었다고 주장하는 것으로는 Struve, "Ruling from Sedan Chair"가 있다.

1644년 6월 남경에서 복왕福王 주유숭朱由崧은 설득을 당해 마지못해 스스로 홍광제弘光帝라고 선포했지만, 청군에게 체포되어 죽게 되면서 그의 치세는 겨우 1년밖에 지속되지 못했다. 그 후 잇따라 몇 명의 친왕들이 저마다 명의 계승자라고 자처했고, 다양한 준군사적 저항군이나 산채의 수장들로부터 은신처와 후원자들을 찾기 위해 중국 곳곳을 배회했다. 이들 중 가장 오래 존속했던 영명왕永明王은 1646년에 영력제永曆帝로 즉위한 후에 광동성廣東省, 광서성廣西省, 호남성 남부 지역으로 쫓겨다니다가 마지막에 버마로 도망가기 전까지 12년간 운남성雲南省에 있었다. 영력제가 오삼계에게 체포되어 1662년 5월에 처형됨으로써 명은 완전히 소멸되었다.

청에 더 심각한 위협이 되었던 것은 오삼계의 반란이었다. 그는 명의 장군이었지만 청에 투항하여 청군을 북중국으로 인도했고, 운남성을 영지로 부여받았다. 명을 배신한 상가희尙可喜와 경계무耿繼茂 역시 각각 광동성과 복건성福建省을 영지로 받았다. 1670년대 초 강희제는 자치권을 가지고 있는 이 '삼번三藩'에 대해 큰 경계심을 가지고 있었고, 이들에게 퇴진하여 남쪽 지역을 청의 관료 행정에 완전히 통합시키라는 압력을 가했다. 오삼계는 1673년 12월 28일 청을 멸하고 명을 복원한다(반청복명反淸復明)는 기치를 들고 반란을 선언함으로써 이에 대응했다. 그는 자신이 통치하고 있는 백성들에게 변발을 자르라고 명령했고, 멸망한 명 왕조를 애도하기 위해 휘하 병사들에게 흰색 군복과 모자를 착용하도록 명했다.

동시에 오삼계는 새로운 주周 왕조를 선포했다. 그는 신속하게 호남성 서부로 진출하여 1674년 초에 성도省都인 장사長沙, 호남성 북부의 악주岳州와 호북성 서쪽의 형주荊州를 점령했다. 오삼계가 양자강 유역으로 진출하려 하자, 강희제는 다른 두 변왕으로부터 오삼계를 떼어놓기 위해 군대를 강서성江西省 남쪽으로 파견했고, 오삼계의 북쪽 거점인 악주를 탈환하기 위해 호남성으로 들어가는 다른 경로를 찾았다. 강희제는 5년간의 힘든 싸움 끝에 1679년에서야 승기를 잡았다. 그의 승리는 사활이 걸려 있었던 왕조 사이의 팽팽한 전세를 뒤엎었고, 2년 만에 삼번의 난을 진압했다.[18]

청을 위협하는 세 번째 도전자는 가장 집요하면서도 가장 흥미로운 상대였다. 그 상대는 바로 복건성 해안의 상인이었던 정씨 일족의 3대 지도자가 건설하고 유지한 해상왕국이었다. 이 왕국은 광대하고 조직화되었으며, 무장을 갖춘 데다가 관료 체제까지 완성했다.[19] 15세기 말부터 이 대규모 무장 함대가 동아시아 영해에서 무역을 통제했고, 일본과 신대륙에서 들여온 은을 중국의 값비싼 비단, 자기, 다른 상품들과 교환했다. 명의 해금 정책은 오히려 이 해상 세력들의 힘을 증대시켰다. 반면, 도쿠가와 막부가 포르투갈 세력을 축출하고 1630년대에 데시마出島라는 작은 섬에서만 네덜란드와 무역을 하도록 규제를 가한 것은 다른 해상 세력들이 가진 경쟁력을 극도로 위축시켰다. 정

---

18) 삼번의 난에 관한 상세한 영문 연구는 아직 없다. 현존하는 역사서 중에서 가장 훌륭한 것은 劉鳳雲, 『清代三藩研究』이다.

19) 정씨 정권에 대해 일반적으로 수용되는 내용을 뛰어넘는 것으로, 필자는 출간되지 않았던 논문인 Hung, "The Ming-Qing Transition in Maritime Perspective"의 영향을 받았다.

지룽鄭芝龍은 1624년에 1개 해적 선단만을 물려받았지만, 26세가 된 1630년 무렵에는 해상 세력을 모두 통합하여 장악했다.

정지룽은 포르투갈인(중국 상품을 받는 대가로 최신 서양식 군사 기술을 제공했다), 대만의 네덜란드인(정지룽이 한때 통역을 맡았으며 후에 이들과 상호 보호 협정을 체결했다), 일본인(고위 다이묘大名의 딸과 정지룽을 혼인시켜주었다), 심지어 명(내부 반란과 청의 동북 침입 시기인 1628년 정지룽을 수군 제독에 임명했다)과도 외교적인 관계를 맺었다. 이제 그의 강력한 왕국은 복건성 연해인 하문廈門에 본부를 두었고, 흉년이 들면 정부의 곡물을 약탈해 몇 년 동안 연해 주민들에게 나누어줌으로써 대중의 영웅이 되었다. 1644년에 청이 북경을 점령했을 때, 명의 추종자들은 정지룽을 그들의 투사로 보았다. 그러나 1646년 정지룽은 복건성에서 군대를 철수시켜 청이 명의 계승자를 자처하던 융무제隆武帝를 체포하도록 내버려두었다. 그러나 그의 배신은 또 다른 배신에 직면했다. 청은 자신들을 도와준 정지룽을 우대하기는커녕 체포하여 북경의 감옥에 처넣었던 것이다. 청은 정지룽의 후계자들을 견제하기 위해 15년 동안 정지룽을 인질로 잡고 있었고, 더 이상 이용 가치가 없어지자 1661년 그를 처형했다.

정지룽의 아들 정성공鄭成功은 1646년 하문에 근거지를 둔 부친의 해상왕국을 통치하게 되자 곧바로 관료 체제를 확립하기 시작했다. 동·서 함대 및 5개의 내륙 부대와 5개의 해상 부대를 조직하고, 각각 몇 개의 부대로 편성하고, 몇몇 중앙 장관들이 감독하는 모든 것들을 자신에게 보고하게 했다. 그는 항주杭州에 있는 내륙 기지의 대리인을 통해 가장 좋은 강남江南 상품을 구매했고, 이를 통해 상업적으로나 군사적으로 동중국해의 지배자가 되었다. 그러나 그는 어린 시절 융무제에게 황족의 성을 하사받았기 때문에 아버지보다도 명에 진정으로 충성을 다했다. 1658년에 그는 강남을 공격했고, 이것이 운남성에 도망가 있는 영력제에게 강남을 되돌려주려는 시도라고 밝혔다. 10만이 넘는 병력을 이끌고 그는 몇몇 해안 도시를 점령했고, 그다음 양자강을 거슬러 올라가 진강鎭江을 장악했다.

1659년 9월 9일 정성공은 남경을 공격했으나 많은 사상자만 발생했다. 이듬해 청은 이 계속되는 위협을 완전히 제거하기로 결정하고 정성공의 하문 기지를 포위했다. 청의 포위는 무위로 끝났으나 정성공은 중국 본토에서 철수하기로 결정했다. 수십 년 동안 네덜란드와 정성공 정권의 관계는 좋지 않았다. 1661년 4월 30일 정성공은 900척의 배와 함께 대만 해안 안평安平에 있는 열란차성熱蘭遮城 앞에 나타났다. 무사히 입성한 그는 네덜란드 세력을 축출하고 1662년 2월 1일에는 네덜란드가 대만에서 바타비아Batavia(현재의 자카르타)로 철수한다는 협정을 받아냈다. 이로 인해 정성공은 중국 민족주의자들의 영웅으로 추앙받게 되었다.

그러나 같은 해에 그는 우울증에 빠졌고, 결국에는 자살했다. 청에 오랫동안 억류되어 있으면서도 연락을 유지했던 아버지가 처형되었다는 소식에 일부 영향을 받은 것으로 보인다. 후계자 분쟁 이후 그의 아들 정경鄭經이 여전히 번성하고 있는 해상왕국을 통치하게 되었다. 중국의 민정民政과 유사한 제도인 세관, 서당, 구빈원, 과부당이 새로운 정권의 대만 본거지에 설치되었다. 정경 정권은 20여 년 동안 존속했다. 청 조정은 정경 정권의 경제적 기반을 파괴하기 위해 동남해 연안의 주민들을 강제로 이주시켰지만, 이 정책은 다른 무역 활로를 쉽게 찾아냈던 정경보다 청에 더 큰 재앙이었다. 대만에 대한 청 수군의 공격은 일부는 성공하고 일부는 실패했다. 항복을 하면 그 대가로 대만에 반자치적인 지위를 부여하겠다는 청의 반복되는 제안은 계속 지체되었다. 그러나 결국 대만은 1674년에 신중하지 못하게 오삼계의 삼번의 난에 참가하면서 치명적으로 약화되었고, 계속된 생계 위기 때문에 고통을 겪었으며, 형제 간의 계승 다툼으로 피해를 입었다. 정경 정권은 1683년 강희제가 지시한 대규모 공격을 받고 무너졌다. 마침내 청은 전 중국 영토의 주인이 되었다.

타협

중화제국의 왕조가 성공적인 창건을 이루는 데 관건이 되는 것은 지방 신사紳士층과 중앙 관료와의 동맹을 만들어내는 것이었다.[20] 왕조가 교체되는 동안에도 지식층은 안정된 상태로 남아 있었다. 어떤 이들은 새로운 조정에 저항하다가 목숨을 잃었고, 어떤 이들은 출세에 성공했다. 그러나 그들은 대체로 자기 지역의 이익을 유지하는 일에

---

20) Dennerline, "Fiscal Reform and Local Control," in Wakeman and Grant, eds., *Conflict and Control*.

서는 흔들림이 없었다. 제국 후기의 신사층은 스스로 왕좌를 차지할 위치에 있지 않았다. 그들은 일본의 사무라이처럼 무장한 전사 계급이 아니었다. 결국 새로운 왕조는 명의 창립자와 같은 반체제적인 평민이나 청과 같은 외부 정복자들에 의해서 건립되었다. 그러나 누가 제국 통치의 고삐를 잡든 간에 다양한 방식을 통해 새로운 왕조를 강화하기 위해서는 신사층의 도움이 절대적으로 필요했다.

신사는 제국의 관료층 역할을 하는 것 이외에, 지방에 거주하면서 교육, 강연, 제사, 그리고 다른 공공 예식들을 통제하는 역할도 맡았다. 그러므로 그들은 새로운 정권의 정통성을 밝혀주는 대단히 중요한 목소리가 되었다. 사실상 그들은 자선 활동과 지방 사무를 처리하는 과정에서 지도력을 발휘해 지역 사회를 안정시켰고, 법적·준법적인 범위 안에서 정부의 재정 모금 체제에 매우 중요한 역할을 했다. 왕조 창설의 열망을 가지고 있는 이들로서는 반드시 신사층과 효율적으로 제휴해야 했고, 청은 왕좌를 차지한 다음 몇십 년 동안 부지런히 이 작업을 했다.

문화 영역에서 청은 과거 제도를 즉시 복구하여 사회적 신분 상승의 기회를 제공했고, 과거에 응시하려 했던 사람들에게서 왕조의 정통성을 묵인받았다. 1679년에 청은 원래 있었던 과거와 별도로 박학홍사과博學鴻詞科라는 시험을 실시했고, 그 의도는 아직까지 명에 우호적인 감정을 가지고 있는 학자들을 포섭하기 위한 것이었다. 1658년에 청은 역사적으로 골치 아픈 정치적 비판의 근원으로서 명 말년에 사라졌던 한림원을 재건했다. 1680년대 초반에는 이전 왕조의 역사를 보존하기 위해서 대규모로 『명사明史』 편찬 과업이 시작되었다. 그 목적은 무엇보다도 이전 왕조에 대해 특별한 지식과 향수를 가지고 있었던 지식인들의 열정을 다른 곳으로 돌리는 데 있었다.

청은 문화적 흡수를 위한 여러 가지 과업을 주도할 출중한 관료들을 선발하면서 큰 도움을 받았다. 예를 들면 17세기 말 양주—정복이 이루어지는 동안 야만적인 파괴를 겪었지만 한때는 번성했던 양자강 하류의 도시—에서 지방의 지식층은 시를 창작하고 출판하며, 공연장과 교각과 실질적이거나 창조된 역사적 의미가 있는 장소를 만들고, 술을 마시거나 담론을 나누고 경치를 감상하며 문화적 우수성을 심사하는 모임 등을 통해서 문화적 주도권의 재건을 추구했다. 이 과정은 대부분 산동성 출신의 젊은 왕사진王士禛(1634~1711)의 주도로 이루어졌다. 양주에 추관推官(추국할 때 죄인을 신문하는 관원)으로 파견된 왕사진은 자신의 문학적 재능, 개인적 권위, 엘리트 재건 계획에 대한 지원 등 여러 경로를 통해 양주에 청의 통치 이념을 관철시켰다. 단기적으로 보면 적어도 1645년의 대학살은 양주 사람들의 기억에서 거의 사라졌다.[21]

청은 놀랍게도 과거에 잘 선택하지 않았던 현실적인 방법을 동원하여 지주 엘리트와 관계를 맺으려고 했다. 과거에 명은 '농민에게 토지를' 준다는 기본 방침에 힘입어 정권을 잡았고, 신속하게 많은 대규모 개인 토지들을 압류해서 호 단위 경작자들에게 소규모로 재분배했다. 그러나 청은 그렇게 하지 않았다. 청은 북경 주변과 화북의 여러 지역

---

21) Meyer-Fong, *Building Culture in Early Qing Yangzhou*.

에서 황제, 기旗, 관료의 토지를 차지했지만, 이것은 이자성의 반란으로 많은 사람들이 죽었던 지역에서 우선적으로 시행한 것이었다. 다른 곳에서 청은 기존 소유주의 권리를 존중하고 반란으로 쫓겨난 토지 소유주에게 그들의 재산을 되찾아주겠다는 계획을 발표했다.

또한 청은 엘리트들이 그들의 노동력을 다시 통제할 수 있도록 도와주었다. 예를 들면 하남성 남부 산악 지대의 광산光山현과 상성商城현의 경우, 농사는 집안의 노예들이 담당하는 것이 일반적이었다. 다른 지방과 마찬가지로 여기에서도 이 노예들이 일으킨 반란의 물결이 왕조의 교체 징후를 보여주었다. 1658년에 새로운 청 왕조가 전국의 노예 해방을 선언할 것이라는 소문이 돌자 이 지방의 노예들은 바로 폭동을 일으켰다. 그러나 때마침 부임한 청의 지부知府는 신속하게 그 소문이 사실이 아니라고 밝혔고, 민병대를 지원하여 지주의 지배에 항거한 노예들의 반란을 무자비하게 진압했다. 이 중요한 사건은 명의 추종자들과 지방의 반항 세력들이 강경하게 저항하고 있던 제국의 골칫거리 지역에서 지주와 정부 간에 이익의 일체성을 공고화했다.

왕조 – 신사 동맹에서 가장 심각했던 시험대는 세금 징수 지역 중 특히 양자강 하류 지역의 반청 부호 가족들이었다. 이곳은 중국 전체를 통틀어 농업 생산성이 가장 높은 지역이었으며, 그만큼 다른 지역보다 세금을 많이 납부해야 했다. 14세기에 명 태조는 새로운 제국의 수도 남경을 유지하기 위해 양자강 하류 지역에 거의 몰수와 다름없는 세율을 도입했고, 이러한 과세액은 이후 수도를 북경으로 옮겼을 때에도 계속 유지되었다. 지방의 지주들과 관료들은 이에 대응하여 수

세기에 걸쳐 양측이 합리적인 세율에 합의할 때까지 매년 정해진 분량만을 거두었고, 각종 자연재해나 다른 이유를 들어 더 이상 거둘 수 없다고 보고했다. 이런 협의 결과로 청대 초기 이 지역에 막대한 세금이 체불되어 있었지만, 어떤 지방 당국도 연체금을 거두려고 하지 않았다.

그런데 1661년 오보이의 섭정 시기에 청 조정은 이러한 세금 연체를 없애겠다는 의지를 갑작스럽게 발표했다. 강남 신사층 정치인들에 대한 깊은 의혹을 가지게 되면서 청은 그들의 자치적인 경제력의 근본을 무너뜨리겠다는 의도로 강압적인 연체 세금 징수 계획을 통보했고, 강남에 관료들을 파견하여 연체된 세금을 징수하는 임무를 수행하게 했다. 지방의 지주들이 이러한 요구를 들어줄 수 있는 능력이 없거나 요구를 들어주지 않으려 하자 영향력 있는 수많은 신사들을 감옥에 가두었다. 당연히 격분한 신사층들의 반발이 전국을 뒤덮었고, 청 조정은 곧바로 실수를 인정했다. 청 조정은 구금된 신사들을 석방했고, 양측의 체면을 세우기 위해서 재정적 합의가 이루어졌으며, 연체된 세금을 징수하는 임무를 맡았던 관료들은 속죄양으로 파직되었다. 강남에서 황제와 신사의 동맹은 불안정하게 출발했지만, 끝까지 유지되었다.

2
| 통치 |

청은 이질적인 여러 민족들을 아우르는 제국이면서 또한 중화제국의 전통을 가진 왕조였고, 통치 가문은 이전 왕조들이 겪었던 많은 동일한 문제에 직면했다. 기원전 3세기 최초의 황제인 진시황제의 유산이라고 할 수 있는 중화제국은 정복될 수는 있지만 영원히 해체되지는 않는다는 사실을 긴 역사를 통해서 보여주었다. 어떤 내재적인 복원 구조가 분열의 시기 다음에 더욱 긴 재통합의 시대가 오도록 어떤 영향력을 행사하는 것 같다. 제국은 '중국 본토' 또는 '내지 중국'으로 알려진 지역에서 2000년 동안 거대한 영토를 유지할 수 있었다. 이와 견줄 만한 규모의 어떠한 정치 체제, 즉 서양에서의 로마 제국이나 신성 로마 제국, 이슬람 세계의 맘루크 왕조나 오스만 제국, 중앙아시아의 몽골 제국도 그렇게 오래 살아남지는 못했다. 왜 그런 것일까?

일반적으로 제국은 국내 행정과 안정 유지에 드는 비용과 더불어 점점 확장되는 국경선을 따라 인접국에 비해 군사력 우세를 유지할 수 있는 한계점을 넘어 감당할 수 없을 정도로 커져버린다.[1] 제국 정부가 통치 영역의 경제적 생산량을 확대시키면서 경제는 큰 압박에 놓이게 되고, 늘어나는 재정 수요를 충당하려는 세금 징수 구조는 불평등을 가속화하여 사회가 균열된다. 일반적으로 부유층보다 빈곤층에 세금을 징수하기가 쉽다. 그 결과로 발생하는 긴장과 적개심은 내부의 안정을 유지하는 비용을 더욱 증가시킨다. 대부분의 경우 제국은 이러한 불안정 속에서 더 규모가 작고 통치가 용이한 정치체 또는 국가로 분열되며, 이 시점에서 제국은 역사 속으로 사라진다.

계속 확대되던 천자天子의 제국이 이러한 운명을 피할 수 있었던 것은 당·송과 명말청초에 제국의 생산성을 크게 확대시켰던 두 가지 경제적 개혁 덕분이었다. 이를 통해서 청 제국은 백성들을 궁핍하게 하지 않고 세력을 키울 수 있었다. 청 중기에 기하급수로 증가한 인구가 이 전략을 더 이상 실현할 수 없게 만들었을 때까지 이러한 상승세는 지속되었다. 성장하는 경제적 생산성과 더불어 조직적 병참도 성공을 거두어, 청 제국의 예산은 사회 전체의 경제 생산에서 낮은 비율을 유지할 수 있었다. 그것이 잘 작동했을 때 청의 행정은 저비용으로 유지되었다.

예를 들면 청 제국의 군사 조직들은 갑자기 상황이 급박해져도 효과적으로 인력과 물자를 공급할 수 있는 체계를 잘 갖추고 있었다. 수대(589~618)에 건설되었던 대운하는 화중과 화남 지역에서 생산되는

---

1) Elvin, *The Pattern of the Chinese Past*.

엄청난 양의 곡물을 배로 운송하여 불안정하고 생산력이 떨어지는 북쪽 지역의 군대에 식량을 공급할 수 있게 했다. 또한 둔전屯田 체제는 변경 요충지에 둔전병과 그 가족들이 경제적으로 자급자족할 수 있는 분리 지대를 만들어 유사시에 정규군을 지원하도록 했다. 또 하나의 군사 혁신은 명 중기에 생겨났다. 명은 상인들이 배로 운송해온 곡물의 양에 비례하여 그들에게 수익성이 좋은 소금 독점 판매권을 승인해줌으로써 북쪽 변경을 따라 배치된 군 주둔지에 저렴한 비용으로 곡물을 조달할 수 있었다.[2] 이러한 효율적인 군사 조치 덕택에 제국은 저비용, 소규모 상비군으로 거대한 국경을 방어할 수 있었다. 최고조로 팽창하던 시기에 청 제국은 팔기와 한족 녹영綠營을 포함한 100만 명의 상비군으로 4~5억의 인구를 안정시키고 방어했다.[3]

군사 분야에서의 효율성만큼 중요했던 것은 전체 사회와 경제의 규모에 비해 민정 관료를 작은 규모로 유지할 수 있는 제국의 능력이었다. 한 가지 중요한 요소는 질서와 안정을 유지하는 도구로서 이학理學(신유학)의 정치 이데올로기를 국가 차원에서 이용한 것이었다. 여기에는 분명한 한계점들이 있었다. 즉, 복종과 사회적 화합을 추구하는 유교 윤리의 우위에도 불구하고, 제국 후기의 중국 사회는 최소한 동시대의 서양과 다른 지역들처럼 폭력이 끊이지 않았다. 그러나 전반적으로 과거 제도처럼 교화를 위한 제도들은 사회 통제를 위해 규범적이고 의식적인 수단을 이용함으로써 유례없는 성공을 거두었다. 또 한

---

2) 이 제도와 그 영향에 대한 가장 훌륭한 분석은 藤井宏, 「新安商人の研究」이다.

3) Hucker, *A Dictionary of Official Titles in Imperial China*, p. 92.

가지 중요한 요소는 질서 유지, 복지 제공이라는 국가 목표를 달성하기 위해 제국 후기의 자치 단체들, 즉 종족宗族 조직, 향촌, 물 관리 공동체, 그리고 상인 조합과 장인 조합을 적절하게 이용한 것이었다.[4] 마지막으로 중요한 요소는 정부 기구 자체가 비교적 엄격하고 매우 효율적인 관료 기구로 조직되었다는 것이다.

인사와 예산 면에서 청의 정부 기구가 작았던 것은 단지 현실적인 이점에만 그치는 것이 아니라 신망과도 관련이 있었다. 청은 번다하고 간섭적인 기구들보다 소수의 유능한 사람들에 의한 통치, 즉 '인정仁政'을 긍정적인 유교적 가치로서 의도적으로 강조했다. 대부분의 통치 기간에 이 개념은 그럭저럭 잘 작동했다. 이는 청의 광활한 영역을 통치하기 위한 최선의 방법이었을 것이고, 활용할 수 있는 기술도 제공했을 것이다. 그러나 청의 마지막 세기에는 내부적으로는 증가하는 인구압, 사회적인 복잡성, 지리적 유동성에 직면했고, 외부적으로는 만인의 만인에 대한 경쟁적인 국제전이 벌어지면서 중국의 경제적·인적 자원을 예전보다 더 많이 동원할 수 있는 정치적 실체가 필요하다는 것이 명백해졌다. 그러나 그렇게 개혁하기란 매우 어려운 일이었다. 가장 적절하게 국가의 규모를 결정하고, 외국의 침략과 국내의 반란을 막고 국가를 지키는 문제는 청의 역사에서 핵심 사안이었다.

---

4) 이러한 간접 지배의 한 측면으로 청 정부가 준정부적인 임무를 맡기기 위해 상인들을 체계적으로 활용했다는 분석은 Mann, *Local Merchants and the Chinese Bureaucracy* 참조.

정치 기구

청은 명을 정복하기 전에 명을 모방하여 일련의 정부 조직을 만들었고, 1644년 북경에 입성해서도 중국 전역을 통치하기 위해 이 조직들을 그대로 이용했다. 당시 사람들은 이 행정 기구를 개념적으로 북경에 위치한 '내관內官'과 지방에 위치한 '외관外官' 두 부분으로 나누었다. 내관 또는 중앙 행정은 '내각內閣'을 포함했으며, 명 태조가 승상제를 폐지한 후 내각은 공식적인 관료제 내에서 집행 기구와 유사한 역할을 수행했다. 청은 정복 전후로 소규모 행정 기구들을 결합하여 명대 내각의 기능을 보완했다. 1658년에 청은 명보다 더욱 세밀하게 기구를 재조직했고, 명대와 동일하게 '내각'이라는 이름을 붙였다.

내각 안의 몇 개의 '대학사' 직위는 청대에 한족이나 비한족 민정 관료들이 갈망하는 최고위직이었다. 내각대학사들의 권력은 매우 강력했다. 그 이유는 그들이 이 직위를 가지고 있어서라기보다는 그전에 이미 권력을 장악하고 있었기 때문이었다. 내각대학사직은 단지 그것을 명백하게 인정하는 것이었다. 내각은 정책 결정권을 거의 행사할 수 없었지만, 다른 중앙 관료나 지방 관료들이 황제에게 보낸 제본題本이나 상소를 수집하여 승인하고 전송함으로써 의사소통의 통로 역할을 했다. 이 제도를 불편하게 여긴 청의 황제들은 18세기 초부터 간소한 통신 체계를 고안하여 내각을 회피했다.

내각 아래에는 6부(호부, 이부, 형부, 병부, 공부, 예부)가 있었다. 6부는 집행 기구라기보다 자문 기구였고, 각 부에 있는 두 명의 상서와 몇 명의 시랑이 예하의 많은 관리들을 통솔했다. 이들은 중요한 지방의 독무督撫 지위를 겸했다. 특히 영향력 있는 것은 예부였다. 유교 국가인 중국에서 '의례'의 개념이 포괄하는 광범위한 활동은 황실의 제사, 궁중의 예절과 의전뿐만 아니라 과거 제도, 교육, 더 나아가 학위 보유자들 간의 도덕적 품행, 그리고 이른바 조공 체제의 감독 기구로서 외부 세계와 제국의 외교 관계의 다양한 측면들도 담당했기 때문이다. 이전 왕조들로부터 물려받은 또 다른 중요 중앙 정부 기관은 젊고 야심만만한 50명 이상의 관리들로 구성된 도찰원都察院이었다. 도찰원은 지방 행정 관료들을 감찰하는 일을 맡아보았으며, 필요하면 내부 고발자의 역할도 수행했다.[5]

특히 민감했던 기관은 청 초기에 다시 설치된 한림원이었다. 한림원은 겉으로는 역사 기록물들과 공문서들의 편찬을 담당했지만, 실제로는 고위 관료로 승진하기 위해 대기하고 있는 출중한 학자들을 모아놓는 역할을 했다. 그리고 한림원은 점차 스스로 현직의 관원들보다 더 일을 잘할 수 있다고 자신하는 야심 찬 젊은 인재들의 정치적 비평의 중심지로서의 역할을 맡게 되었다. 한림원 학자들의 정치적 시위는 명말 조정이 한림원을 폐지하는 원인이 되었지만, 좀 더 과시적이고 자신감 넘쳤던 청은 1658년에 한림원을 재건하여 조정 지식인들의 호의를 얻고자 했다.[6]

---

5) 청대의 도찰원을 다룬 상세한 영문 연구는 없다. 명대 감찰 기관의 운영에 대한 연구로는 Hucker, *The Censorial System of Ming China*가 있다.

6) Lui, *The Hanlin Academy*.

그림 2. 북경의 천단

 '외관'의 지방 관료들에는 중첩되는 사법권을 가진 여러 단계의 직위가 있었다. 청은 제국의 18개 성省에 각각 순무巡撫를 두었고, 또한 인접한 몇 개의 성을 하나로 묶거나 특별히 큰 성에는 순무와 유사한 기능을 수행하는 총독總督을 두었다(지도 4). 따라서 호북성과 호남성, 그리고 광동성과 광서성에는 각각 그 지역의 순무가 있었고, 두 성을 결합한 단위인 호광(호북성-호남성)과 양광(광동성-광서성)에는 각각 총독이 있었다. 넓고 인구가 많은 사천성四川省에는 순무와 총독이 모두 존재했다.

 순무와 총독은 명대의 산물이었으나 청대 초기에 변형되고 더 강화되었다. 명대에 지방의 통치는 대부분 몇 명의 상설 관원인 포정사布政

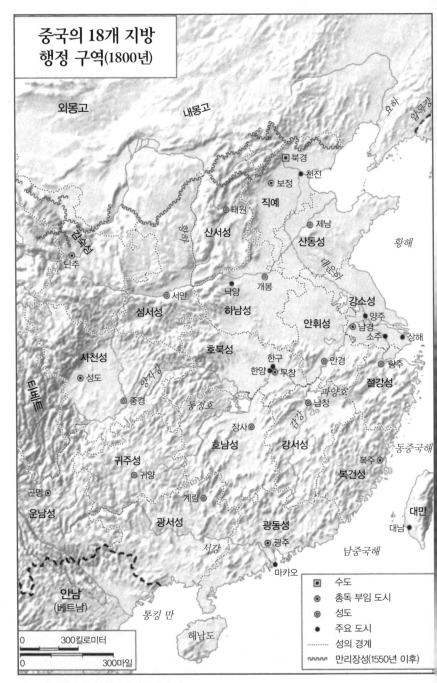

중국의 18개 지방 행정 구역(1800년)

외몽고

내몽고

요하

압록강

북경

천진

보정

직예

태원

산서성

제남

산동성

황해

황하

운하

난주

황하

서안

낙양

개봉

하남성

강소성

양주

섬서성

안휘성

남경

소주

상해

사천성

호북성

한구

안경

항주

성도

한양

무창

절강성

중경

양자강

동정호

파양호

남창

감강

장사

호남성

강서성

동중국해

귀주성

복주

귀양

복건성

곤명

계림

대만

운남성

광서성

광동성

대남

서강

광주

남중국해

마카오

안남
(베트남)

통킹 만

해남도

| 0 | 300킬로미터 |
| 0 | 300마일 |

수도
총독 부임 도시
성도
주요 도시
…… 성의 경계
∿∿∿ 만리장성(1550년 이후)

지도 4. 중국의 18개 지방 행정 구역(1800년)

使, 도지휘사都指揮使, 안찰사按察使들에 의해 이루어졌다. 1430년 초에 중앙 정부의 고관들이 지방관들의 활동을 조정하기 위해 참모를 대동하지 않거나 상설 거주지를 두지 않은 채 각 성으로 임시 파견되었다. 이렇게 지방으로 파견된 '대 협조관grand coordinators'이나 '순무'는 점차 각 성의 상설 행정 관료로 제도화되었다. 이와 유사하게 명대에 군사를 감독하기 위해 관원을 파견했는데, 청대 초기에는 대체로 기인旗人들이 그 역할을 맡았고 이들이 '총독'으로 제도화되었다.[7]

　지역과 성의 행정관들은 제국 후기의 정부에서 실질적인 정책 결정권을 가지고 있었다. 종종 정책 구상은 황제가 아닌 이들로부터 나왔다. 황제는 이론적으로 절대적인 권력을 행사했지만, 실질적으로는 의례의 정확성, 선조들이 정한 선례를 준수해야 할 필요성, 업무에 열의를 쏟고 흥미를 가져야 할 책임성(이러한 강요는 명말 통치자들의 효율성을 심하게 감소시켰다), 그리고 특히 소통의 한계로 인해 제약을 받았다. 황제권의 집행은 전화 교환원과 유사하다. 황제가 현지 관료를 통해 현장에서 계획된 지역의 정책 구상을 듣게 되면, 황제는 정책 구상의 건전성을 결정하고, 지역 관료들의 관할 지역에서 활용할 수 있을 것이라고 판단한 좋은 정책들을 다른 지역 관료들에게도 실행하라고 명을 내렸다. 대부분의 성급 관료들은 충실하게 그들의 현황을 황제에게 보고했고, 가능하면 지침까지 받았다. 그러나 이유가 어찌되었든 간

---

7) Hucker, *A Dictionary of Official Titles in Imperial China*, p. 88, p. 255, p. 534. 지방의 현지 행정이 제도화되는 과정은 켄트 가이R. Kent Guy가 주된 연구 과제로 삼아 연구를 진행했고, 그는 이것을 '청의 성省 발명The Qing invention of the province'이라고 언급한다.

에 황제는 자신의 주목을 끌지 못한 일들을 처리할 수 없었다.

성省 밑에는 지부知府가 관할하는 부府가 있었고, 부 밑에는 지현知縣이 관할하는 현縣이 있었다. 일반적으로 1개의 부에는 5~6개의 현이 있었고, 1개의 성에는 대략 7~13개의 부가 있었으며, 18개의 성에는 대략 2000여 개의 현이 있었다. 대체로 현은 가장 낮은 단계의 공식적 행정 조직이었고, 중앙에서 임명한 관료가 배치되는 가장 말단의 행정 단위였다. 인구가 많은 현은 대략 100만 명이 넘었고, 지현은 관할 지역에서 진행되는 모든 사건들을 숙지해야 했으며, 지역의 방어와 치안, 부역의 유지, 백성의 생계, 교육, 지역 문화, 특히 관할 지역 내에서 벌어지는 민사 소송 등 모든 방면에 책임이 있었다. 그것은 수행 불가능한 과업이었고, 당시 사람들도 그것을 잘 알고 있었다. 조너선 스펜스Jonathan Spence는 『왕 여인의 죽음 In the Death of Woman Wan』에서 청대 초기 산동성의 한 외진 현에서 지현이 당면한 범죄 사건의 수사와 분쟁 해결의 과정들을 서술하고 있다. 각각의 사건에서, 소송과 결부된 집단들을 위해 사회 정의를 실현하고자 하는 지현의 근면하고 현명하며 매우 공정하고 영민한 노력이 있었는데도 불구하고, 죄를 지은 사람들은 거의 항상 이득을 보았고, 죄가 없는 사람들은 고통을 받았다.[8] 저비용으로 운영되고 있는 제국 후기의 체제에서, 과중한 업무에 짓눌린 지현들은 유교적 도덕 교육이 강요했던 업무를 수행하기 위한 자원들을 가지고 있지 못했다.

청의 이러한 지방 행정 체계에 더하여 성급에는 포정사, 안찰사, 학

---

8) Spence, *The Death of Woman Wang*.

정學政과 같은 기능적 전문 관료가 있었고, 현급에도 유사한 전문가가 있었다. 이들은 모두 그 관할 지역을 다스리는 지방 관료들이 아닌 북경에 있는 6부 중의 한 기관에 사안을 직접 보고했다. 그리고 성과 부의 중간 단계라고 할 수 있는 도道라는 관할 지역을 감독하는 공식적 임무를 보유한 도태道台도 있었다. 그러나 도 행정 단위가 점점 퇴화하면서 도태는 한직으로 전락하거나 수로를 유지하는 특별한 임무를 수행했으며, 상해처럼 외국인들과의 접촉이 많은 지역에서는 외교 사무를 지역적 차원에서 관리하는 임무를 맡았다. 이러한 전체적인 민정 행정과 함께 군사 관료 체계도 존재하고 있었다.

그러므로 청대의 지방 행정 체계는 지방 관료에 대한 효율적인 중앙의 통제를 보장하기 위해서 고안된 견제와 균형의 정교한 체계였다. 순무와 총독의 업무는 상당 부분 중첩되었고, 서로 중앙의 지시를 잘 따르는가를 감시했다. 기능적 전문 관료들도 일반 관료들에 대해 유사한 기능을 담당했다. 군사 관료들은 그들과 동급의 문관을 감시했다. 상급자들은 하급자들의 고과를 매년 작성하여 보고했다. 그리고 수도에서는 각 지역을 담당하는 전문 감찰관들이 계속 모든 사람들을 감시했다.

특히 중앙의 통제 목적을 위해 중요했던 제도는 바로 회피제도回避制度였다. 이는 청이 명으로부터 물려받은 제도인데, 관료들의 배치를 다루는 관행법으로 청대에 확대되어 엄격하게 집행되었다. 회피제도의 가장 중요한 원칙은 현직 관료들을 그들의 고향으로부터 분리시키는 것이었다. 관료들은 대개 필연적으로 부유한 지주이자 종족의 지도자였고, 그들의 경제적·사회적 힘은 황제의 명을 받고 근무했던 그들의 관할 지역이 아니라 멀리 떨어져 있는 자신들의 고향에 집중되어 있었다. 관료는 그가 태어난 현이나 심지어 성에서 근무하는 것도 허가되지 않았고, 견제와 균형 차원에서 친척이나 심지어 동향인들과도 가깝게 지내는 것이 금지되었다. 한족 관료들은 대개 만주족이나 몽골족 관료와 함께 근무해야 했고, 반대의 경우도 마찬가지였다. 관료들이 장기간 근무하면서 배정된 관할 지역에서 자리를 잡을 가능성을 배제하기 위해 관료들을 정기적으로 순환시켰다. 성급 수준의 관료들은 재임 기간이 3년을 넘기지 못했고, 지방 수준 관료들은 단지 1년 6개월만 근무했다. 이 기발한 제도는 청대 대부분의 시기에 잘 운용되었다. 그러나 황제는 중앙 통제를 위해 관료들에게 독립적인 주도권을 넘기는 경우도 있었다. 황제는 시종일관 무기력한 자, 출세 제일주의자, 시류에 편승하는 지방 관료들을 비난했지만, 그들의 역기능적인 행동은 청의 통치 체계 내에서 만들어진 것이었고, 그것들은 용인되었고 심지어 장려되기도 했다.

행정 혁신과 중앙 집권화

청대 초기 100년간 청 조정은 중앙 행정에서 이번원理藩院, 내무부內務府, 군기처軍機處의 창설이라는 세 가지 중요한 혁신을 이루었다. 이는 정권의 능력을 향상시켜 팽창주의적이고 다민족적인 초기 근대 제국으로서의 기능을 하도록 마련된 것이었다. 이 세 기구는 정규 관료제 밖에서 작동되었고, 과거를 통해 출사한 관료 후보자보다 황제가 개인적으로 임명한 인물들로 충원되었다.

첫 번째 행정 혁신 기구인 이번원은 정복 이전인 1638년에 설치되었으며,[9] 만주어로는 '바깥 지역을 통치하는 기구Tulergi golo be dasara jurgan'를 뜻한다. 이번원은 중국 본토의 외부 지역, 즉 몽골과 티베트 등을 관리하기 위해 특별히 만들어진 중화제국 역사상 최초의 행정 기관이었다. 6부와 동등한 지위를 가진 이번원은 수도에 관청을 두고 있었으며, 이번원에 소속된 지방 관료들의 규모도 거대했다. 한족 지식층은 거의 모두 이번원에서 배제되었고, 대부분 중국어가 아닌 다른 언어들로 행정이 운용되었다.

이번원의 가장 중요한 업무는 통치 가문이 내륙 아시아 민족의 일원임을 널리 알리고 내륙 아시아 민족들을 상징적으로 청 제국에 통합하기 위한 여러 가지 치밀한 의식을 수행하는 것이었다. 이러한 의식들 중에는 황제의 사냥이 포함되어 있었다. 사냥에는 조정 신료들이 공동으로 참여했고, 변경 지도자들의 황제 알현과 조공도 계획되었다. 황제의 사냥은 정복 훨씬 이전에 존재했던 여진족 사이에서 생겨났고, 알현과 조공은 명의 관례에서 유래했지만, 청대에 유목 민족 간의 특별한 유대를 반영하기 위해 다시 만들어졌다. 또한 이번원은 커지고 있는 무역 시장을 관리하게 되었는데, 정부가 후원하는 공무역과 문화적 변경 지대를 따라 18세기에 점점 번성하고 있는 사무역을 모두

---

9) Chia, "The Li-fan Yuan in the Early Ch'ing Dynasty."

관할했다.

두 번째 행정 혁신 기구는 황제에 대한 봉사와 황제의 사적인 재정 업무들을 담당했던 내무부였다. 순치제順治帝 사후 섭정 오보이가 1661년에 설치한 내무부는 사실 더 오래된 역사를 가지고 있었다. 그 기원은 여진족 족장의 인삼 무역 독점과 중국 정복 이전에 통치 가문이 소유했던 장원莊園으로 거슬러 올라간다. 내무부는 한족 환관들이 경제적·정치적 권력을 장악하는 것을 막기 위해 설치되었다. 1660년대에 내무부 설치를 정식으로 승인한 오보이의 결정은 주로 순치제 말년에 환관들의 권력이 부활하고 있다는 인식에서 비롯된 반응이었다. 얼마간의 환관은 황제를 위한 사적인 봉사를 전담하기 위해 여전히 남아 있었지만, 내무부는 대부분 포의包衣(booi)로 충원되었다. 포의는 여진 문화에 깊은 뿌리를 두고 있는 개인적 노예를 말하는데, 여진인·몽골인·중국인·조선인으로 다양하게 구성된 상삼기上三旗(정황기, 양황기, 정백기를 지칭)에서 배출되었다.

황제에 대한 개인적 봉사, 황실의 일상 경비를 위한 자금 지출, 궁궐을 건설하고 유지하는 것과는 별도로 내무부는 중국의 동북 지역과 화북 지역에 있는 농경지를 운영했고, 남경과 소주蘇州에 있는 황실의 직물 공장들을 경영했으며, 세관, 염정鹽政, 목축, 구리 채광과 교역, 인삼 교역, 조공 체제와 연관된 공물 교환을 통해 상당한 이득을 확보했다. 18세기 말이 되면 내무부는 1600명이 넘는 관료들과 많은 일반 사무 관리를 보유한 거대한 기구로 성장하게 된다.[10]

---

10) Torbert, *The Ch'ing Imperial Household Department*. 직물 공장에 관해서는

청의 가장 중요한 세 번째 중앙 행정 혁신 기구는 군기처였다. 군기처는 군사 업무를 위한 비공식적인 자문 기구로 출발했다. 강희제는 여러 차례의 원정에 가장 믿을 만한 군사 전략가들을 데리고 갔고, 그들은 원정 사령부에서 국가 업무가 잘 운영될 수 있도록 강희제를 보좌했다. 치세 말년의 강희제와 특히 열정적으로 중앙 집권화에 힘쓴 그의 후계자 옹정제雍正帝는 이 비공식적인 조직을 조정 내에 있는 상임 비밀 회의 조직으로 발전시켰고, 그 권한의 영역을 모든 분야로 확대했다. 그렇지만 군기처는 청 제국의 공식적인 관료 구조로 제도화되지 않은 채 일종의 개인적인 '특수 기구' 또는 황제에게 사적인 조언을 해주는 '개인 고문단'으로서 계속 남아 있었다.

일반적으로 내정內廷의 3~5명이 군기대신에 임명되었다. 특별히 믿을 만한 한족이 가끔 임명되기는 했지만 군기대신은 만주족이 압도적으로 많았고, 그 수석 군기대신은 종종 황제의 가장 가까운 친척과 친구의 범주 안에서 배출되었다. 실제로 군기처는 유능한 청 황제들의 개인 통치를 보좌한 기구였으며, 청 말에는 명대 내각도 하지 못했던 일을 이루어냈다. 즉 황제가 유약해졌을때 군기처가 지도력을 발휘하여 기강을 바로잡았던 것이다.[11]

군기처의 예외적인 권력은 대체로 강희제 말기와 옹정제 치세의 제도적 혁신에서 비롯된 결과였다. 청은 정보 소통에 많은 주의를 기울

Spence, *Ts'ao Yin and the K'ang-hsi Emperor* 참조. 화북의 소유 토지에 관해서는 Huang, *The Peasant Economy and Social Change in North China* 참조.

11) Bartlett, *Monarchs and Ministers*.

었는데, 그것은 광대한 영토를 통치하는 황제의 능력을 결정지었다. 청 왕조 초기 몇십 년 동안에는 명 왕조의 선례를 따라서 관료들이 올린 상소문들은 예부, 공부, 이부 등 담당 부서를 통해 전달되었고, 황제에게 전해진 후 내각에서 수발을 담당하는 부서에 의해 기록되었다. 그러나 군기처의 설치와 함께 주접奏摺이라는 보고 체계가 따로 만들어졌다. 황제는 6부를 거치지 않고 바로 내조로 올라온 주접을 군기처와 상의하여 살펴보았고, 그 후 지침이나 실행 방안을 내각과 담당 부서로 하달했다.

주접이 일반적인 상소문들을 대체하지는 않았고, 이론적으로는 단지 즉각적인 조치가 필요한 가장 긴급한 사안들에 국한되었다. 그러나 상소를 올리는 사람들은 당연히 그들이 보고해야만 하는 것이 모두 긴급한 사안이라고 생각하는 경향이 있었다. 심지어 비교적 중요성이 떨어지는 정책 결정에 관한 사안에 대해서도 주접을 쓰는 일이 다반사였다. 여전히 의사 전달의 대부분을 구성하고 있었던 일반 상소문들은 날씨, 수확량, 곡물 비축, 소소한 범죄 사건들, 공공사업의 유지와 같은 통상적인 사무에 관한 것이었다.[12]

정책 결정을 위한 주요 토론 수단으로서 주접의 출현은 청 통치에 몇 가지 다른 중요한 결과를 가져왔다. 황제의 귀에 직접 접근할 수 있는 이 새로운 제도를 운용하기 위해 군기처는 주접을 작성하여 제출할 권한을 부여받은 관료의 수를 엄격하게 제한했다. 대체로 이 명단에 오른 인원은 100명을 넘지 않았으며, 6부의 상서와 시랑, 총독, 순무,

---

12) Wu, *Communication and Imperial Control in China*.

고위 무관들, 그리고 별도로 선발된 사람들로 구성되었다. 이러한 통제가 빚어낸 영향 가운데 하나는 성급 관료의 지위가 하급 부, 현의 관료보다 지나치게 높아진 것이었다. 또 다른 영향은 주접을 올릴 권한을 갖고 있는 고위 관료 집단이 스스로 엘리트 집단이 되었다고 생각한 것이었다. 황제의 입장에서는 이러한 거북한 상황에 대해서 지속적인 주의를 기울여야만 했다.

주홍색 먹물을 찍은 붓을 사용해서 황제는 대개 각각의 주접에 의견을 달거나 '주비硃批(주접에 대한 황제의 답)'를 내렸고, 그 사본을 송신자에게 되돌려 보냈다. 당연히 상소문의 양을 고려해볼 때 열성적인 황제는 매일 주접을 읽었고, 이에 대한 주비는 종종 간단하게 '알았다'로 썼다. 그러나 관료들의 정신을 바짝 차리게 하고 싶었던 황제는 매우 사적인 구어로 주접의 주비를 작성해서 관료들을 괴롭히고 회유하고 위협하고 자극했다. 성급 관료들이 제출한 주접에 건륭제가 휘갈겨 쓴 다음의 예가 그 전형이다. "형부에 근무할 때 너는 훌륭한 관료였다. 그런데 그 성에 부임하자마자 우유부단하고 부패한 타성에 물들었으니 정말 가증스럽다. …… 너는 시간만 헛되이 보내고, 보고한 문서에 진실한 말은 한 글자도 없도다. 너는 진실로 짐의 신의를 저버렸으니 배은망덕하도다!"[13] 건륭제는 안이한 관료 집단이 자신의 지위에 안주해서 성의 실제 상황들을 제대로 보고하지 않는다고 느끼게 되었다. 그는 즉시 그들을 일깨우기 위해 정기적으로 의도적인 훈계와 위협을 가하기 시작했다.

---

13) Kuhn, *Soulstealers*, p. 213.

고위 관료의 역기능적인 배타성을 피하는 더욱 전면적인 방안은 정기적으로 '언로言路'를 여는 것이었다. 황제는 주접이 너무 현 상태에 안주하여 중요한 문제에 대한 사고가 고루하거나 진부하다고 느낄 때마다, 새로운 제안을 구하고 또한 정치에 큰 관심이 있는 대중의 정서를 알아보기 위해 하부 관리 집단, 심지어는 관리가 아닌 지식층까지 그 범위를 크게 확대하여 특정 기간에 특별한 정책 문제에 대해 상주를 허용했다.

재원과 인재

청 정부의 재정 수입은 농업 생산물에 대한 세금이 압도적인 비율을 차지했으며, 이것이 제국 경제의 기반이 되었다. 복합 과세인 지세地稅는 한 호戶의 성인 남자에 대한 세금과 단위 토지에 대한 과세가 결합된 것으로, 호가 경작하는 농지의 예측된 수확량에 따라 매겨졌다. 1720년대까지 이 두 가지는 분리되어 부과되었으나, 제3대 황제인 옹정제는 인두세를 없애고 토지에만 세금을 부과하는 호구세를 걷기로 결정했다. 소유한 재산에 비례하여 세금 부담을 지우는 것으로 방침을 바꾼 이 개혁의 혁신적인 성격을 지주들이 훼손하지는 못했다. 지주들이 저항했지만 별다른 소용이 없었던 것이다.[14]

청 초기에는 대체로 각 호들이 소유한 것을 기록한 명대의 호적에

---

14) 郭松義, 「論攤丁入畝」.

의존해 지세를 부과하고 거두어들였다. 하지만 이 호적은 불완전한 데다가 오래되었다. 1712년에 청은 제국 전역에 대한 유일한 토지 대장을 발간했다. 현에서 거둔 세금은 성으로, 최종적으로 중앙의 국고로 보내졌다. 현과 성에서는 모두 자체 지출을 위해서 세금의 일부를 보유했으며, 성급에서는 때때로 세금의 일정 부분을 이를 더욱 필요로 하는 인접 성으로 보냈다. 그러나 현이나 성 모두 자치적으로 사용하기 위해서 지세를 거두는 권한은 없었다. 그들은 단지 황제를 위한 세금 징수 대리인에 불과했다. 그러나 현 내부에서 분배되었던 일정 액의 세금은 지방관들의 수중에 남겨졌으며, 이는 지방의 정치와 사회에서 수많은 분쟁의 근원이 되었다. 지방 행정 재원을 충당하는 이러한 방식은 청이 해결할 수 없었던 중요한 난제였다.

시간과 공간이 달라서 생기는 중요한 차이점들이 어떤 지방에는 불리하게 작용했지만, 청대 대부분의 시기 동안 백성들의 전체적인 세금 부담은 과도하지 않았다.[15] 실제로 사람들은 십중팔구 세금을 적게 냈다. 특히 18세기 중엽에 청 조정은 특별한 개혁을 통해 세금 부담을 줄이면서 번영을 누렸다. 이것은 확실히 유교에서 말하는 '인정仁政'이 었지만, 새로운 위협이나 예상치 못한 요구에 직면했을 때 정부의 해결 능력을 감소시킬 수도 있었다. 그리고 경제적 잉여를 생산자와 시장의 힘에 남김으로써 결국 청의 통치 능력에 부담을 줄 수 있는 인구의 증가를 자초했다.[16] 18세기 초부터 청의 통치자들은 인구가 위험할

---

15) Wang, *Land Taxation in Imperial China*.

16) 1712년 강희제의 토지세 동결과 1740년대 건륭제의 토지세와 부역세 감면의

정도로 급격히 증가하고 있다는 것을 인식했다. 하지만 보편적으로 인구 증가는 훌륭한 통치의 증거로 인식되었기 때문에 출산을 제한하는 재정적 수단이나 다른 수단들의 사용은 상상할 수 없었다.

상점, 수공업 공장 같은 자산 그 자체에는 세금이 부과되지 않았지만, 지방관들은 소유권과 매매 계약서를 등록해주는 과정에서 수수료를 받아 챙겼다. 그러나 공식적으로 중앙 정부가 아닌 지현의 관아에서 소유권을 등록하게 되면서 대부분의 재산가들은 이러한 수수료를 간단하게 회피할 수 있었다. 대부분 국고 수입의 원천으로 여겨지지 않았던 제조업, 도매업, 소매업 같은 상업 부문에는 거의 세금이 부과되지 않았지만, 상당한 간접세가 상업 활동에 부과되었다. 내지 세관과 해관은 장거리에 걸쳐 운송된 상업 제품에 대해 약간의 통행세를 징수했고, 정부는 주요 교통 중심지에 있는 도매 상품의 중개인들에게 인가증을 발행해주었다. 이 중개인들은 지방 시장을 잘 돌아가게 해주는 대가로 상인들에게 수수료를 청구했고, 그들에게 인가를 내준 중앙 정부에 수수료의 1퍼센트를 납부했다. 중앙 정부 또한 상품의 독점과 필수 소비품 중의 하나인 소금의 분배를 통해 수익을 거두어들였고, 더 나아가 광업 분야, 특히 화폐 금속인 은과 동을 취급하여 수입을 얻었다.

다른 잡다한 수익으로는 벌금으로 압류된 재산, 다양한 공공사업을 지원하기 위해 부자들이 낸 '기부금', 그리고 각 지방의 상평창常平倉의

정책 속에서 인구가 급격히 증가한 것은 우연한 일이 아니었다. Rowe, *Saving the World*, p. 159.

재원을 마련하기 위해서 과거 시험 학위와 관직(대부분 명목상의 직위)을 팔아서 생긴 비용이 포함되어 있었다. 18세기 말이 되면 학위와 관직의 판매는 내륙 변경에서 벌어진 여러 차례 전쟁의 비용을 충당하기 위해 점점 더 많아졌고, 19세기 중엽에는 국내 반란을 진압하기 위한 비용을 마련하기 위해서 전례 없는 수준에 도달했다.[17] 그렇지만 이러한 것을 통틀어도 1860년대까지도 비농업 분야에서의 세입은 지세에 비하면 일부에 불과했다.

정부 관료들은 어떻게 충원되었을까? 중국에서 당대(618~906)까지 제국의 관료들은 현직 관료들의 추천으로 선발되었다. 이것은 관직을 세습했음을 의미한다. 즉, 초기 제국 시기의 중국은 귀족 사회를 기반으로 한 정치적 엘리트가 지배하는 사회였다. 그 후 당말송초부터 과거 제도의 비중이 커져갔다. 과거 제도는 중국사에서 가장 근본적인 변화의 하나였고 오랫동안 존속되었다. 명대와 청대에도 과거 제도는 관료를 선발하는 주요한 수단이었고, 조정은 공정성과 효율성을 확보하기 위해 큰 노력을 기울였다.[18]

청대에는 3단계로 과거 시험이 치러졌으며, 가장 낮은 단계의 시험이 1년 6개월마다 지방에서 실시되었다. 과거에 급제할 확률은 희박했고, 어떤 응시자들은 수십 차례 도전하고도 급제하지 못했다. 그러나 급제자에 대한 보상은 컸다. 그들은 생원生員으로서 신사 계층의 일

---

17) 許大齡, 『清代捐納制度』.

18) 청 제국에만 국한하지 않고 그 시대를 포함하여 더 넓은 범위를 다룬 두 권의 중요한 연구서로는 Miyazaki, *China's Examination Hell*; Elman, *A Cultural History of Civil Examinations in Late Imperial China*가 있다.

원이 되었다. 생원이 되면 신사층 예복을 입을 수 있는 자격, 일반 범죄에 대한 면책, 부역 면제 등의 혜택을 받았고, 어떤 경우에는 나라에서 녹봉을 받기도 했다. 그리고 가장 중요한 것은 지방관과 동등한 자격으로 만날 수 있는 특권을 누렸다는 점이다.

2단계 시험은 3년마다 성省에서 실시했다. 응시자들은 1~4퍼센트의 비율로 급제했다. 급제자 수는 과거의 시행 시기와 장소에 따라 달랐다. 이 시험에 급제한 사람을 거인擧人이라고 불렀다. 거인은 이론적으로는 관직에 임명될 자격이 있었으나 더 높은 학위 없이 관직에 임명되기는 거의 불가능했다. 그렇기는 했지만 거인은 상층 신사 집단에 들어갔다. 상층과 하층 신사 지위의 구분은 실제로 당시에는 민감한 문제였다.

세 번째이자 가장 높은 단계의 시험은 3년마다 북경에서 실시되었던 전시殿試로, 급제자를 진사進士(이들은 황제를 알현하거나 당대 학자들을 접견했다)라고 불렀다. 이들이 진정한 국가 지도층이자 인재로서, 관료들 대부분이 진사 출신이었다. 그들의 이름은 제국의 수도에 있는 공묘孔廟의 비석에 관등 순서대로 새겨졌다(그림 3).

3단계의 모든 과거 시험에서 출제되는 문제들은 유교 경전과 시로 구성되었다. 응시자들은 주어진 도덕적 문제에 대해 경전을 이용하여 논의하는 문체인 '팔고문八股文'으로 답안을 작성해야 했다. 시험 문제에는 행정 기법과 경제적·정치적 쟁점에 관한 정책적 질문도 다소 있었다. 그러나 이것들은 급제와 낙방을 결정하는 것에서는 그다지 중요하지 않았다. 과거에 급제하고 관료로 진출한 이들은 행정 실무를

그림 3. 공묘의 진사 명단 비석

스스로 익혀야 했고, 그것은 과거를 준비하면서 습득했던 지식과는 크게 동떨어진 것이었다. 시험 과목이 정책 중심의 문제를 더욱 강조해야 한다는 논쟁이 청대 전 기간을 통해서 끊임없이 제기되었지만, 본질적으로 개선되지는 않았다.[19] 과거는 무엇보다도 정제된 문장을 읽고 쓰는 능력을 측정하는 데 주안점을 둔 시험이었다. 광대한 제국을 관리하기 위해서는 문서를 통한 명확한 의사소통이 결정적으로 중요하다는 것을 고려한다면, 과거 시험은 어느 정도의 실용성을 충족하고 있었다.

그럼에도 불구하고 과거는 특정한 의도를 가지고 있는 사람이 시

---

19) Nivison, "Protest against Convention and Conventions of Protest," Elman, *Cultural History of Civil Examinations in Late Imperial China*는 일반적인 고정 관념으로 간주되는 것보다 정책에 대한 질문이 전반적인 과거 성적에서 적어도 얼마 정도는 더 중요했다고 주장하고 있다.

험 문제를 내고 성적을 매겼으며, 시험 문제는 정치적 목적을 위해 교묘하게 조정되었다. 예를 들면 명대에 지식층의 비평에 민감했던 황제는 응시자들에게 군주에 대한 정치적 충성의 미덕을 자세히 설명하라는 문제를 자주 제시했다. 이른바 '고증학考證學'의 전성기라 불리는 18세기 청대에, 경전의 문자 훈고학에 정통했던 관료들은 종종 과거 시험에 고증과 관련된 문제들을 출제했다. 당연히 개인 문집들이 풍부하게 널려 있었던 강남과 다른 지역들(이 지역들은 대개 시험관들의 출신지였다) 출신의 응시자들은 적은 수의 경전만 집중적으로 습득한 변두리 지역 출신의 응시자들보다 유리했다. 청 말기에는 고대의 산문체 운동에 충실했던 시험관들이, 스스로 터득하여 답안을 고전적 형식으로 쓴 응시자들을 급제시켰다. 그 형식은 적어도 이론적으로는 정통적인 도덕·정치관의 공통 신념을 암시하고 있었다.[20]

청 조정은 매우 철저하게 공명정대한 과거를 실시했다. 과거 응시자의 필체와 신원을 그에 대해 호의를 가진 시험관이 알아채지 못하도록 응시자의 답안지를 필사하는 서기 집단을 고용했다. 이것을 속이는 한 가지 방법은 응시자와 시험관이 사전 모의하여 시험 답안지에 부호나 문구를 적어놓는 것이었다. 회피제도는 과거에도 적용되었고, 시험관과 혈연이나 지연으로 연계되어 있어 의혹을 살 만한 응시자들은 특별한 '회피검험廻避檢驗'을 통해 관리되었다. 시험의 공정성을 위반하는 행위들이 종종 발생했고, 발각되면 연루된 시험관과 응시자는 엄한 처벌을 받았다.

---

20) Guy, "Fang Pao and the *Ch'in-ting Ssu-shu wen*."

청 조정은 과거 급제자들이 지역적으로 골고루 배출될 수 있도록 하는 데 전념했다. 실제로 어떤 경우에는 사회적·문화적 여건이 불리한 대상자들이 시험의 준비, 실시, 급제에 있어서 풍부한 기회를 가질 수 있도록 지역적·민족적인 차별을 철폐하는 조치를 취했다. 할당된 급제자 수가 3단계 시험 모두에 정해져 있었고, 다양한 집단 출신의 사람들을 관료로 채우기 위해 지속적으로 재조정했다. 물론 제국에서 경제적으로 더 부유하고 문화적으로 더 발달된 지역 출신의 관료들과 가족들은 그와 반대되는 입장이었다. 이로 인해 조정과 엘리트 사회 간에 복잡한 쫓고 쫓기는 경쟁이 발생했다. 예를 들면 과거에 급제하기 위한 경쟁이 극심한 부유한 지역의 친족 집단은 일반적으로 남서부 지역처럼 벽지이면서 교육적으로 덜 경쟁적인 지역으로 가족 일부가 이동하거나 입양 또는 견습을 통해 특별히 똑똑한 아이를 출생지보다 과거에 급제할 기회가 더 큰 지역의 가정으로 보내기도 했다.

과거의 목표 중 하나는 특히 출신 지역, 사회 계층의 측면에서는 불리하지만 유능하고 야심 찬 사람들에게 어느 정도의 신분 상승을 허용하는 것이었다.[21] 엄격한 제한 속에서 이 목표는 어느 정도 충족된 듯했다. 대부분의 학위 소지자들은 학위 소지자들의 자식이 아니었다. 하지만 상당수는 꽤 가까운 친척 중에 학위 소지자가 있었다. 그리고 이러한 신분 상승의 기회들을 얻을 수 없었던 분명한 사회적 하층이 있었다. 이 계층은 과거 응시에 필요한 집중적이고도 오래 지속

---

21) 영문으로 된 고전적 연구로는 Ho, *The Ladder of Success in Imperial China*가 있다. Ho의 의견에 관해 중요한 반론을 제기하는 연구로는 Wou, "The Extended Kin Unit and the Family Origins of Ch'ing Local Officials"가 있다.

되는 교육 비용을 감당할 수 없었다. 이 계층에게는 서적 구입과 교육에 들어가는 비용보다 한 명의 노동력이 과거 준비로 빠져나가는 것이 더 큰 문제였다. 과거를 준비하는 가정은 사내 아이(경전 공부와 과거를 위한 훈련에는 상당한 체력이 필요하기 때문에 아이는 건강하기도 해야 했다)의 노동력을 희생하고, 과거를 치르기 위해 준비하는 몇십 년 동안 뒷바라지할 수 있을 만큼 경제적으로 여유가 있어야 했다. 그리고 심지어 장기간 공부와 비용을 지불했음에도 불구하고 끝내 과거에 급제하지 못할 수도 있었다.

이에 대처하는 방법들이 있었다. 예를 들면 전도 유망한 인재를 교육하는 비용을 지원하기 위해 종족이 공동 기금을 모으기도 했다. 이는 종족 중 한 사람이 실제로 과거에 급제하게 되면 전체 종족이 누릴 수도 있는 커다란 지위, 재부에 대한 희망에서 비롯된 것이었다. 그러나 이것은 매우 제한적이었다. 그러므로 성인 남성의 2퍼센트의 신사로 이루어진 상위 계층에 주기적인 순환이 있었다고 하지만, 그 순환은 경제적 수준의 서열로 따지면 인구의 상위 약 10퍼센트 내에서만 이루어졌다. 나머지 90퍼센트는 국가 공인의 문화적 수단, 즉 과거를 통해서 출세할 가능성이 전혀 없었다.

과거 제도가 공무를 맡을 유능한 인재들을 배출하고 제한된 범위에서나마 어느 정도의 신분 상승에 대한 가능성을 허용했다고 한다면, 통치자가 누리는 가장 큰 이익은 또 다른 것이었다. 과거는 정부가 승인한 정통 지배 이데올로기에 세뇌되는 집약적이고도 일반적인 과정을 자발적으로 따르는 거대한 집단을 양산했던 것이다. 이 집단이 각각의 지역 공동체에서 가장 부유하고 영향력이 큰 인재들이었다는 사실은 더욱 유용한 것이었다. 이 절묘한 교육 제도는 청 제국 말기까지 운명을 같이했다.

지방 통치

청 조정이 작은 정부를 지향한다는 것은 청의 지방 행정 인력을 보충하기 위해 관료가 아닌 인물들과 조직들(거주 공동체, 종족, 상인과 장인들의 조합)에 지속적으로 의존해야 한다는 것을 의미했다. 이 집단들을 통제하기란 쉬운 일이 아니었고, 제국 중앙 정부와 지역 사회 그리고 대부분의 업무를 담당하는 관리들의 이익 사이에 끊임없는 긴장 상태가 존재했다.[22] 현의 행정 비용이 비공식적인 재원에 의존했기에 부패한 것처럼 보일지 모르지만, 사실 이것 자체가 체제의 일부로 만들어진 것이었다. 바꾸어 말하면, 지방 수준에서 기능했던 정부는 문헌에 기록된 것보다 훨씬 더 규모가 컸다.

가장 기층의 지방관인 지현은 모순적인 상황에 직면했다. 관할 지역에서 매우 짧은 기간만 직무를 수행하는 외부인인 지현은 중앙에서 교육과 녹봉을 받았다. 그러면서도 지현은 현에서 일어나는 모든 일과 현에 거주하는 모든 사람들의 복지에 대한 책임을 지고 있는 '부모'와 같은 존재였다. 지현의 업무는 중화제국의 지난 1000년 동안보다

22) Ch'u, *Local Government in China under the Ch'ing*; Hsiao, *Rural China*.

청대에 들어 더욱 험난해졌다. 제국의 인구는 늘어나는데 현의 숫자는 거의 늘지 않아서 지방 행정관의 수가 매우 조금씩만 증가했기 때문이다.

지현의 개인 수입과 지방 행정에 드는 비용 사이의 관계는 모호했다. 예를 들면 지현은 수행해야 할 지역 사업에 필요한 사적 기부금을 조성해야 했고, 심지어 세금 부족분이나 공식 행정 비용보다 더 많이 들어간 '접대' 비용을 사비로 메워야 했다.[23] 모두 인정하듯이, 지현이 받는 녹봉은 너무나 적었다. 청대 전반적으로 물가가 계속 오르면서 청 조정은 공식적인 녹봉에 '양렴은養廉銀'이라는 우아한 이름의 수당을 보충했다. 다른 말로 말하면 양렴은은 횡령을 많이 하지 않더라도 지현이 살아갈 수 있도록 하는 상여금이었다.

1720년대 말 옹정제는 현에서 중앙으로 올려 보내는 세수에서 화모火耗를 공제하는 중요한 조치를 취했다. 화모는 세금으로 거두어들인 은 조각을 황제에게 보내기 위해 커다란 은덩어리로 다시 주조하는 과정에서 상실한 은의 양을 보충한다는 명목으로 징수하는 부가세였다. 그러나 실제로 화모는 지방 행정 비용을 충당하기 위한 것이었다.[24] 화모는 공식적으로 지현들에게 지방의 세금을 부과할 권한을 부여하기보다는 뻔한 눈속임을 활용하는 청 조정의 특징을 잘 보여준다. 그리고 이는 임시방편에 불과했다. 옹정제 이후 황제들은 물가 상승, 인구

---

23) 이에 대한 고전적 연구로는 Watt, *The District Magistrate in Late Imperial China*가 있다.

24) Zelin, *The Magistrate's Tael*.

증가, 더 복잡해진 사회의 요구에 직면해서 화모를 징수하지 않았다. 공공사업에 드는 비용, 지방관과 그 수하들의 개인 수입은 누규陋規라는 이름의 부가세 징수를 통해 계속 채워졌다. 누규에는 불법 수수료와 뒷돈이 포함되었고, 모두가 원칙적으로 이를 비난했지만 실제로는 꼭 필요하다는 것을 인정했다.[25]

지현이 청의 행정 구조에서 가장 낮은 단계의 지방 행정 관료였지만, 많은 현들에는 중앙에서 임명한 지현의 보좌관인 현승縣丞이 있었다. 많은 지방에서 현승들은 장래 지현으로 부임될 것이라는 기대를 가지고 그들의 경험을 통해 배울 수 있었던 것 이외에는 별다른 일을 하지 않았던 것 같다. 그렇지만 종종 현승들은 하루 근무의 대부분을 차지했던 소송 관련 업무를 일부 넘겨받아서 지현을 보좌했고, 몇몇 현에서는 현승이 별도의 구역을 맡아 이러한 일을 했다. 현승이 자신의 지역에서 다기능적인 행정 관료로 성장할 수도 있었던 가능성이 1720년대에 생겼다. 상급 관료들이 옹정제에게 중앙에서 임명하는 향관鄕官을 각 현에 6~8명 향 또는 진鎭에 배치할 것을 건의했던 것이다. 이 의견은 본질적으로 현지 행정망을 한 등급 낮추도록 변경해서 정식 관료들의 수를 늘려 지현의 늘어나는 업무량에 대처하기 위한 것이었다. 이 사안은 조정에서 논의 끝에 결국 부결되었다. 황제가 보기에, 새로운 향의 관료들은 각자 자신의 참모들을 필요로 할 것이고, 이것은 이미 비대해져 있는 지방 통치의 관료화를 더 악화시킬 뿐이었

25) Park, "Corruption and Its Recompense."

다.[26] 화모의 시행 및 방치가 그러했던 것처럼, 청 조정은 지방 정부의 최소화라는 제도에 결함이 있다는 것을 인식하고 있었지만, 최종 결정은 이 제도를 개혁하지 않는 것이었다.

현을 더욱 작은 단위로 세분화하려는 계획이 좌절되면서 혼자인 지현은 다소 낯설고 광대한 지역을 다스리는 데 도움을 줄 네 부류의 조력 집단에 의지할 수밖에 없었다. 그들은 바로 관료제 하부에 위치한 말단 관리, 개인 참모, 지역 유지, 그리고 임명된 촌장이었다. 첫 번째 집단은 매우 흔한 서리와 아역衙役으로, 각 현에서 극소수만 임명하도록 법으로 정해져 있었으나 실제로는 법으로 규정된 것보다 더 많은 인원들이 있었고, 어떤 현에는 수백 명이 존재했다. 서리는 현의 세금 회계 업무, 법률 서류, 서신 등을 처리했다. 아역은 경호, 세금 징수, 소환장 전달 등의 일을 했고, 문자와는 관련 없는 다른 임무를 맡았다. 이들 중 대부분은 그 지역 사람들이었으나 일부는 외부에서 오기도 했는데, 특히 번창한 양자강 하류 지역, 절강성 동부의 소흥부紹興府 출신이 많았다. 그 이유는 제국 후기에 식자층이 너무 많아진 이 지역에서 그들을 제국 전역으로 확산시켰기 때문이다.[27]

이 사람들이 현지민이든 아니든 간에 지현의 관점에서 그들은 지방에 견고하게 자리 잡은 하급 관리였다. 그들은 현직 관리는 아니었으나 직위는 보장되었다. 지현은 이론적으로는 자신이 적합하다고 생각한 사람들을 고용하고 그렇지 않은 사람들을 해고할 수 있었다. 그러

---

26) Thompson, "Statecraft and Self-Government."

27) Cole, *Shaohsing*.

나 실제로는 그들이 지현의 행정 업무의 성공(이것이 그의 고과로 직결된다)에 큰 영향을 미쳤기 때문에 지현은 무분별하게 하급 관리들을 고용하거나 해고할 수 없었다. 서리는 매우 모순되는 자리였다. 그들은 행정 조직의 일부분이었으나 대부분 명부에 제외되었기 때문에 그들은 중앙의 통제를 거의 받지 않았다. 단지 소수의 현 서리들만이 정식으로 보수를 받았으나 그것도 터무니없게 적었다. 때문에 그들은 봉사료나 스스로 부과한 독단적인 수수료에 의지해 살았다. 결과적으로 청대 중국에서 그들보다 더 보편적으로 비난을 받았던 사회 집단은 없을 것이다. 현지 지역민들은 정부의 대리인으로서의 그들을 두려워하고 복종했으나, 그들은 신사가 아닌 평민이었기 때문에 존경받지 못했다. 또한 위로는 관료 집단, 아래로는 사회에 피해를 끼치면서 자신들의 이익만을 챙긴다는 이유로 개혁가들에게 비난을 받았다. 거의 모든 사람들이 그들을 '백성의 살을 뜯어먹는 쥐와 까마귀'라고 비방했다.

최근까지도 역사가들은 주요한 문헌에 등장하는 이러한 비난을 액면 그대로 받아들였다. 그러나 사천성四川省의 옛 지방지를 보면 적어도 이 지역의 서리들은 명확한 직업 윤리와 의식을 가지고 있었음을 알 수 있다. 그들은 신참자들과 비열한 동료들을 훈육시키기 위한 체계적인 교육을 실시했다. 가장 중요한 것은 그들이 사법 체계를 수익 창출 수단으로 생각했다는 점이다. 다양한 소송 수수료는 그들의 생계는 물론이고, 공공사업과 덜 자립적인 지방 행정 분야에 쓰일 수 있었다. 종종 지현의 등 뒤에서 그들은 심각할 정도로 부족했던 지방 행

정 재원을 채워주고 필요한 행정 업무를 수행할 수 있게 해주는 원동력이었다.[28]

지현의 개인적 참모는 막우幕友였다. 막우는 의존은 하되 신뢰할 수 없었던 서리의 교묘한 술책으로부터 관료를 보호해주고 방어해주는 존재였던 것 같다. 성급 관료들처럼 지현들은 차차 주위에 막우, 즉 소송, 군사 업무, 재정, 그리고 공무 연락 등을 처리하는 개인 참모단을 두었다. 이들은 지방관을 따라다녔고, 근무 지역에서 겪는 낯선 감정과 경험을 지방관과 공유했다. 막우의 보수는 지현의 사비로 지급했고, 막우는 정부나 지역 사회가 아닌, 보수를 지급하는 사람에 대해서 책임을 졌다.[29] 그들은 학위 소지자들이거나 최소한 유교 경전을 공부한 지식인들이었기 때문에 지역 사회에서 서리보다 더 많은 존경을 받았다.

19세기 초 포세신包世臣 같은 개혁가들은 막우를 모두 폐지해야 하고, 막우에게 지불하던 비용을 비현실적으로 낮은 정규 관리의 녹봉을 올리는 데에 사용해야 한다고 주장했다. 청대 서리와 막우의 수는 정부의 임무가 점점 복잡해지면서 급격히 증가했다. 서리와 막우가 중앙에서 보수를 받지 않았다거나 규제를 당하지 않았다는 사실은, 세금을 낮게 유지하려는 인정仁政의 취지에 부응하기 위해 지역에 대한 중앙 통제를 어느 정도는 희생하겠다는 청 조정의 의지를 반영한

28) Reed, "Money and Justice."

29) 조금 오래되었지만 이 제도에 대해 여전히 유용한 연구로는 Folsom, *Friends, Guests, and Colleagues*가 있다.

것이었다.

작은 정부는 지역 사회 내에서 형성된 지도력, 특히 신사들에 상당한 정도로 의존해야 했다. 이 사람들이 적어도 1단계의 과거에 합격했다는 의미에서 보면, 그들이 시험 과목의 핵심이었던 도덕적 행실, 공공 의식, 그리고 황제에 대한 충성심이라는 덕목들을 내면화하고 있었다고 여겨질 수도 있었다. 그러나 그들은 또한 지역 공동체의 보호자였고, 종종 적대 종족과 다투는 종족 구성원이기도 했으며, 다양한 측면에서 소작인들과 다른 가난한 이웃들과 의견 충돌을 빚는 지주들이기도 했다. 그렇다면 지현은 그가 대표하는 청 조정의 임무를 수행하기 위해서 어느 정도까지 그들을 신뢰할 수 있었을까? 이것은 지방 행정에서 풀기 어려운 문제 중의 하나였다.

청은 체제가 강화될 때까지 광범위한 준정부적 업무를 수행하기 위해 지방 엘리트들에게 의존해야 했다. 이런 업무들로는 교육 감독, 공개 강연과 '성유聖諭(임금의 칙유를 높이는 말)'의 낭독을 통한 지배 이데올로기의 전파, 공동체의 신주神酒 의례처럼 지역 사회의 유대와 정치적 충성심을 강화하기 위해 정부가 후원하는 의식의 수행, 소송이나 무력 충돌을 피하기 위한 분쟁 조정, 그리고 지방 수준의 공공사업 계획의 관리 등이 있었다. 시간이 지나면서 엘리트들은 세금을 징수하고 자위 민병대를 지도하는 역할도 맡았다. 제국 중앙 정부를 대신한 지방 엘리트의 국경 내의 징세와 무장 방어 활동은 법적인 테두리 안에 있거나 심지어 벗어나기도 했다. 그러나 이러한 기능을 수행하기 위해 녹봉을 직접 주면서 고용할 믿을 만한 인력이 충분하지 않았다.

대부분의 지현들은 지방 엘리트들이 이러한 활동을 하는 것을 묵과하거나 심지어는 장려하기도 했다.

신사는 이러한 방법으로 지현이 관할 지역을 통치하는 데 도움을 주면서 지현의 이익을 위해 일했으나, 이러한 행위들은 또한 자신들의 사적 권력과 사회적 영향력을 증대시키기도 했다. 조정의 입장에서 이 교환은 가치가 있었을까? 청 초기의 유명한 정치 사상가 고염무顧炎武에 따르면, 일부 동시대인들은 상층 신사들의 경우에는 가치가 있었다고 믿었다. 상위 학위 소지자들은 단지 지방의 시험에만 합격했던 하층 신사보다 더욱 폭넓은 유교 교육을 받았다. 그러므로 상층 신사는 유교의 도덕적 교훈을 더 잘 내면화하고 있었을 것이다. 그들은 시험을 치르면서 지역 수준을 뛰어넘어 동료 응시자들과의 교우 관계를 구축했다. 그래서 그들은 지방주의, 자신의 지역 공동체에 대한 제한된 관심사를 좀 더 쉽게 초월했을 것이다. 특히 그들은 대체로 하층 신사들보다 부유했고 경제적으로 더 안정되었기 때문에 크지 않은 물질적 이익을 위해 이웃을 착취하기보다는 사회적 화합을 위해 일하는 것에 관심을 쏟았다. 명말의 경험을 통해 그들은 불만을 품고 비참해진 평민들의 반란을 가장 두려워해야 한다는 사실을 깨달았던 것이다. 물론 이것은 지방 엘리트가 고분고분하다는 유치한 평가이지만(고염무 같은 상층 신사들에게는 스스로를 과장하는 수단이기도 했다) 그것은 대체로 사실이었다.

지현의 통치에 도움을 주었던 또 다른 사회 집단은 촌장들이었다. 이들은 신사가 아니었기 때문에 의도적으로 양성된 측면이 있었다.

20세기 민족지에 따르면 두 부류의 촌장이 있었다. 하나는 촌의 내부 문제들을 해결하면서 정말로 존경받고 영향력이 있는 지방 농민들이고, 다른 하나는 정부와 촌의 관계에서 대표의 역할(실제 사회적 지위가 있는 남자들은 아무도 원하지 않았던 일)을 수행하도록 촌민들이 지명한 낮은 신분의 사람들이었다. 이러한 상황은 청대에도 지속되었다. 청 조정은 또한 고대의 보갑제保甲制를 이용해서 신사 계층이 아닌 또 다른 형태의 대표에게도 권한을 부여했다. 보갑제는 가구를 십, 백, 천 단위의 집단으로 편성해서 각각의 단위가 공동체 주민의 행동에 대해 연대 책임을 지게 하는 제도였다. 그리고 각 단위는 이론적으로 자신의 친족들은 물론이고 이웃들의 행동에도 책임을 져야 했던 한 명의 보갑장保甲長이 이끌었다. 보갑장은 호적을 기록하고 치안 책임을 맡았으며, 분쟁을 해결하고 지현에게 범죄 사건을 보고하고 형사 재판이나 민사 소송에서 증언을 제공했다.

　연대 책임의 개념은 실제로는 환상에 지나지 않았겠지만, 실질적인 직무를 수행하면서 청대 농촌을 보살피는 보갑장들이 실제로는 셀 수 없이 많았다. 이러한 직위들은 법적으로는 전업 농부와 농경 종사자들을 위해 존재하는 겸직 업무로서, 이웃한 농가들이 교대하며 맡기로 되어 있었다. 그러나 실제로는 보갑장이 전업으로 일했던 것으로 보이고, 이는 영구직이었을 것이며, 심지어 세습되기도 했던 것 같다. 그들은 보수 없이 자발적으로 봉사하기로 되어 있었지만, 실제로는 대부분 후원자들에게 보수를 받거나 일부 몫을 배정받았다.

　이는 직업의 전문화를 향한 청대 사회의 일반적인 경향을 보여주는 예일 뿐이다. 물론 문제는 누가 이들을 선발했고, 누가 그들에게 보수를 지불했으며, 궁극적으로 그들이 누구의 이익을 위해 봉사했느냐에 있다. 문제에 대한 답은 지역에 따라 차이가 있었을 것이다. 어떤 지방에서는 그들이 그 지역의 유력자가 고용한 무뢰배에 지나지 않았지만, 어떤 지방에서는 그들은 봉사에 대한 대가로서 지역 공동체로부터 순수하게 보수를 지급받았고, 지역 공동체에 대해 어느 정도의 책임을 지고 있었다.[30]

청의 행정 능력

중국사에서 제국의 규모와 범위에 대해서는 역사가들의 주장이 서로 엇갈린다. 이에 대한 가장 일반적인 두 가지 관점은 본질적으로 완전히 다르다. 즉 명과 청이 완전한 '동양적 전제 국가'였다는 관점과, 그들의 신민들을 전적으로 자활하도록 내버려두고 '세금 징수, 치안 유지를 맡는 대리인'이라는 최소한의 역할만을 맡았다는 관점이다.[31] 이 두 가지 관점은 모두 어느 정도 오류가 있다. 명과 청은 백성들을 전제적으로 위압하여 통제했지만, 반면에 일상생활에서는 국가의 역할이라고 할 수 있는 많은 기능들을 사적 영역의 개인 및 집단들에게 남겨두었다. 그렇지만 여기에는 또한 실질적인 중간 영역, 즉 청이 왕조

---

30) Hsiao, *Rural China*; Rowe, "Urban Control in Late Imperial China."

31) Morse, *The Trade and Administration of China*.

의 존속과 백성의 복지에 관심을 두어 매우 활동적인 역할을 수행했던 특정 정책 분야가 있었다. 이 분야들 중에서 특히 중요한 것은 식량 공급, 통화의 규제, 민사 소송의 확대와 관리였다.

강희기부터 청의 통치자들은 인구가 급증하고 있으므로 개간을 통해서 경작할 토지를 늘리고, 더욱 집약적인 농법을 통해 토지 생산성을 높여야 한다는 것을 인식하고 있었다.[32] 더 의욕적인 지방관들은 더 좋은 품종의 벼와 기존 작물을 도입함과 동시에 고구마와 양잠에 필요한 뽕나무와 같이 산비탈에서도 잘 자라는 새로운 작물을 적극적으로 보급했다. 또한 그들은 관개 시설들을 확대했다. 심각한 기근이 발생했을 때, 전성기의 청은 기근 구휼 활동에 착수할 정도의 능력을 가지고 있었다. 그 방법은 비상 곡물을 배급하거나 조운 기구가 보유한 세곡을 기근 지역으로 수송하는 것이었다.

그러나 청은 지속적으로 증가하고 있는 수많은 인구 중 일부는 자신들에게 필요한 식량을 생산할 수 없다는 사실을 이해하고 있었다. 도시 거주인, 운송이나 다른 직업에 종사하는 지방 노동자, 식량이나 의복과 무관한 작물을 중점적으로 생산하는 농촌 인구들이 점점 많아졌다. 이러한 사람들을 부양하기 위해 청은 곡물과 다른 식료품이 지역 간에 자유롭게 유통되고 교환될 수 있도록 노력했다. 곡물은 대개 호남성에서 남서부로, 광서성에서 광동성 연해로, 그리고 대만에서 복

---

32) 청의 공급 정책에 대한 연구는 다음의 영문 연구서를 참조. Chuan and Kraus, *Mid-Ch'ing Rice Markets and Trade*; Will, *Bureaucracy and Famine in Eighteenth-Century China*; Will and Wong, eds., *Nourish the People*; Wong and Perdue, "Famine's Foes in Ch'ing China"; Rowe, *Saving the World*, chap. 5; Li, *Fighting Famine in North China*.

건성의 산지와 연해로 이동했다. 그러나 청대에 가장 융성했던 상업적 조운은 주로 양자강 하류 지역에 식량을 제공했다. 당대와 송대에는 양자강 하류 지역이 제국에서 잉여 곡물이 가장 많은 지역이었지만, 16세기부터 양자강 하류는 수공업이 전문적으로 발달한, 무엇보다도 면화와 다른 상품 작물로 재배 품목을 변경한 고도로 도시화된 지역이 되었다. 양자강 하류 지역의 식량 부족이 심각해지자 양자강 수계의 상류 지역인 강서의 감강贛江 유역, 호남의 상강湘江 유역, 그리고 사천의 분지 지역에서 지역 간 무역을 통해 식량을 수입했다. 양자강 하류 지역 인근의 농업이 다각화되고 판매할 곡식이 줄어들면서 원거리 지역이 새로운 농업 지역으로 중요해졌다. 이렇게 장거리로 이루어지는 사무역은 정부의 장려와 보호를 받았으며, 부분적으로 공식적인 운송세를 면제받았다.

그러나 국가가 했던 일들은 이보다 훨씬 더 많았다. 우선 청은 '상평창'을 설치해 국내의 모든 지역에서 곡물의 공급을 적절하게 조정하려고 했을 뿐만 아니라 지방 시장에서 안정적이고 적정한 가격을 유지하려고 했다. 지역의 물가와 시가時價 변동을 통제하려는 이러한 체계적인 시도는 중국뿐만 아니라 다른 나라에서도 전례가 없던 것이었다. 과거에 역사가들은 방대하게 문헌에 기록된 상평창이 그 시작부터 관료주의적 허구에 지나지 않았다고 추정했다. 하지만 상평창은 실질적인 힘을 가지고 있었고, 실제로 왕조의 전성기에는 매우 잘 작동되었다. 상평창의 설치 목적은 추수 후에 곡물의 가격이 낮아졌을 때 지방 시장에서 잉여 곡물을 사들여서 곡물 생산자의 이익을 보호하고, 늦

겨울이나 초봄에 지방 시장의 곡물 공급이 부족할 때는 이 곡물을 팔아서 소비자들의 이익을 보호하는 것이었다. 그러므로 반복적으로 곡물을 낮은 가격에 사고 높은 가격에 팔면서 상평창은 자립적으로 운영되었고, 심지어 이득도 남겼다.

게다가 이것은 청의 경제에 매우 중요했다. 가격 안정은 가격 통제나 심지어 세곡의 거래에 의해서 이루어졌을 뿐만 아니라 지방 시장에 정부가 직접 개입하면서 달성되기도 했다. 청의 전략은 시장을 이용하여 시장을 통제하는 것이었다. 상평창은 곡물을 공급하는 시장의 능력을 대체하기보다 그것을 보완하려는 의도로 만들어졌다. 시장이 발달하지 않고 별도의 자극이 필요했던 중국 북서부와 같은 지역에서는 계획적인 가격 안정화가 가장 강력한 힘을 가졌다. 상평창의 쇠퇴는 청 말기 정부의 능력 감소보다는 곡물 수요에 부응하여 지역 간 상업 시장의 역량이 성장한 것과 더 관련이 있었다.

상평창 제도는 제국의 역사에서 오래된 뿌리를 가지고 있었고, 청의 정복 시기부터 존재하고 있었지만, 1720~1730년대 옹정제 시기에 가장 효과적으로 시행되었다. 이 시대에는 활발하게 운영되면서 비축량이 풍부한 곡물 창고를 제국의 모든 현에서 찾아볼 수 있었다. 그러나 상평창 제도는 옹정제의 아들이자 후계자인 건륭제의 의심을 받게 되었다. 당시 건륭제는 제국 전체에 걸쳐 곡물 가격이 장기적으로 상승하는 추세에 대해 우려하는 한편, 여러 지방에서 곡물 폭동이 늘어나고 있는 현상에 골치를 앓고 있었다. 1748년에 건륭제는 상평창을 채우기 위해 지방 시장에서 곡물을 사는 정부의 시책이 물가 상승의 주요 원인이라고 판단했다. 그래서 그는 해마다 상평창을 다시 채우기 위한 할당량을 삭감하고, 청 제국 전체에 있는 상평창들의 곡물 비축량을 줄일 것을 명령했다. 많은 지방의 관료들이 자신들의 관할 지역 창고에 비축된 곡물이 필요하다고 항의했고, 차례차례 '면책권'을 얻어내는 데 성공했다. 중요성이 감소하기는 했지만 상평창 제도는 18세기 성세기盛世期 이후에도 계속 중요한 역할을 했고, 19세기 중반의 반란 기간에 청 왕조의 제도적 기반 시설이 대부분 파괴되었을 때까지 유지되었다.

청 정부의 관리 능력이 돋보인 두 번째 정책 분야는 통화 공급량의 관리였다.[33] 청은 제국의 광대한 영역에 단일 표준 화폐를 채택하지 않고 은과 동전 두 가지 본위의 화폐 제도를 채택했다. 은의 단위는 냥兩이고 동전의 단위는 문文이었다. 중앙에 네모난 구멍이 있는 동전은 관례상 1000문이 한 꾸러미였고, 동전 1000문은 은 1냥과 같았다. 그러나 정부는 환율을 법령으로 정하려는 시도가 투기, 사재기, 암시장, 위조, 그리고 다른 폐단을 발생시키는 비생산적인 것임을 잘 알고 있었다. 그래서 정부는 유통되고 있는 두 화폐의 상대적인 공급량을 창의적으로 조절함으로써 시공을 초월한 통화 안정을 추구했다. 이는 상평창 제도가 그러했던 것처럼 시장을 활용하여 시장을 효율적으로 관리하는 것이었다. 각 지방은 곡물 생산 상황과 지방 통화의 환율을 매달 상부에 보고해야 했다.

---

33) 이 주제에 관한 중문과 일문 연구는 많이 있다. 영문 연구로는 Vogel, "Chinese Central Monetary Policy"; Rowe, "Provincial Monetary Practice in Eighteenth-Century China"가 있다.

18세기 내내 주요한 문제는 동전이 갈수록 비싸져서 동전 1문의 시장 가치가 은 1냥의 1000분의 1가치를 뛰어넘는다는 점이었다. 이것은 전통적으로 일본에서 수입한 구리의 공급량이 줄어드는 반면, 주로 신대륙에서 들여온 은의 공급량이 증가했기 때문이다. 농촌의 상업화가 급속히 진전되면서 동전에 대한 수요가 증가했고, 화폐 주조와는 관계 없는 구리의 사용이 많아졌다.

처음에 옹정제는 마지못해서, 그다음 건륭제는 커다란 열의를 가지고 사적인 채굴 금지(미혼인 광부 집단이 통제되지 않을 것이라는 두려움으로 인해 촉발되었던 금지)를 해제하는 것으로 이에 대응했으며, 민간업자들은 중국에 매장되어 있던 풍부한 동광銅鑛을 개발할 수 있게 되었다. 18세기 중엽에 촉발된 구리 채굴 열풍은 청 제국의 여러 지역에서 일어났으며, 그중에서 가장 활발했던 지역은 바로 다문화 지역인 남서부였다.

이러한 중앙 정부의 정책들이 도움이 되기는 했지만 안정적인 화폐 공급을 관리하는 중요한 역할은 지역과 지방 관료들의 몫이었다. 시장으로 현금을 내놓거나 회수하고, 인접 관할 지역 사이에서 시기적절하게 화물 운송을 조정하며, 세금을 징수할 때 지불 대금을 동전이나 은으로 바꾸어주기도 하고(돈이나 곡식을 상납하고 정부의 명예직을 얻는 '연납捐納'을 통해서 이러한 교환이 자주 이루어졌다), 구리가 다량으로 유통되면서 생긴 시장 가치의 변동을 반영하기 위해 동전의 구리 함유량을 조절함으로써 지방에서는 이 임무를 잘 수행했다.

청 정부가 확실하게 장악했던 세 번째 분야는 비경제 분야인 민사 소송 재판이었다.[34] 중화제국은 성문화된 민법을 가지고 있지 않았고, 토지 소유권, 수리권水利權, 혼인 생활의 문제, 그리고 채무에 대한 사회 내의 분쟁들은 군주가 주목할 가치가 없는 '사소한 사건'이라는 공식적인 발언을 통해 묵살되었기 때문에, 과거에 학자들은 제국 후기의 사법 제도가 서양에 비해 발달하지 못했다고 생각했다. 그러나 실제로 민사 소송은 청대 행정의 일상적인 부분이었다. 민사 법전이 없었기 때문에 지방관들은 재산 소송을 해결하기 위해서 형법의 하부 조항을 적용했다. 이러한 하부 조항들은 소송 문제와 직접적인 관련성은 거의 없었던 것으로 보이지만, 청이 보유한 상당량의 사법 판례들은 체제 내에서 법령들을 가지고 어떻게 체계적으로 민사 사건을 해석할 것인지를 명백하게 보여주었다. 청 제국은 실질적으로 민법을 반포하려고 하지는 않았다. 그 이유는 민법의 반포가 더 많은 소송을 자초하고, 유교 국가가 모범이라고 선전했던 사회적 화합을 해치게 된다고 우려했기 때문이었다. 그러나 이러한 점이 정부가 민사 소송의 해결에 적극적으로 나서지 않았다는 것을 의미하지는 않는다. 이것은 단지 청 당국의 공식적인 표현과 그것의 실질적인 시행이 제도적으로 일치하지 않았던 또 하나의 영역이었을 뿐이다. 정부는 문헌상으로 나타나는 것보다 더욱 크고 역동적이었다.

민사 소송에 대한 판결은 18세기 말의 평범한 지현의 하루 업무의 거의 절반 이상을 차지했다. 사적인 이권이 달린 사안은 거의 법적 절차를 피할 수 없었고, 이것은 대가가 컸다. 더 정확히 말하면 고소인

34) 특히 Huang, *Civil Justice in China*를 참조.

들은 관련되지도 않은 분쟁에서 단순히 상대방이 이익을 양보하도록 압박을 가하는 수단으로서 자주 하찮은 소송들을 제기했다. 관료들은 증가하고 있는 소송에 대해 규탄했지만, 청은 송사를 들어줌으로써 자신들을 지속적으로 알리려 했다. 인정仁政을 보여주는 이러한 행위는 이론적으로 사적 분쟁을 더 이상 폭력적인 수단을 통해 해결하지 않도록 했다. 뿐만 아니라 소송을 제기하는 행위는 소송 당사자가 국가의 정통성을 실질적으로 승인하고 있음을 나타내는 것이었다. 남의 이목을 의식하는 이민족 정복 왕조에게 이는 사소한 일이 아니었다.

　증가하는 민사 소송 건수를 처리하는 방법들은 지현과 그들의 사법 조언자들에게는 일종의 기술이 되었다. 일반적인 기법은 1심에 근거하여 양쪽에 대해 가혹한 듯 보이는 예비 판결을 내린 다음에 일단 모든 증거가 법정에 회부되었을 때, 만약 그들이 이러한 판결로 고통받기를 원하지 않는다면 비당국 중재자를 찾으라고 그들을 회유하는 것이었다. 민사 사건을 판결할 때 법조문이 참조될 뿐만 아니라 뛰어난 합리적 도덕성, 판결이 사회에 미치는 실질적인 결과에 대한 인식까지 녹아들어간 복잡한 논리가 채택되었던 것이다. 그리고 재판관의 목표는 일단 분쟁이 해결되면 소송 당사자들이 그들의 지역 공동체로 되돌아가서 서로가 평화롭게 잘 살 수 있도록 만드는 것이었다.

지방 행정 제도에 대한 청대의 비평

송대 이후 이학理學 사상에서 지속되었던 특징은 특히 지방 수준에서의 실용적 행정 기술들을 강조했다는 점이다. 갈수록 강해진 이러한 전통은 일반적으로 경세經世라 알려져 있다. '경세'는 문자 그대로는 '세상을 다스린다'는 의미이고, 특별한 의미에서 '국가' 개념을 배제하고 행정적 질서뿐만 아니라 우주적 질서를 위해 노력하는 정신을 담은 표현이다.[35] 명 말기에 양자강 하류 지역의 개혁파 학자인 진자룡陳子龍(1608~1647)은 경세에 관한 당대 역사 자료들의 모음집인 『황명경세문편皇明經世文編』을 출간했다. 이 책에서 진자룡은 훌륭한 통치에 대한 논의문들을 소개했고, 청대에 들어서는 지속적으로 내용이 추가되었다.

17세기 말부터 19세기 초에 걸쳐 경세 사상은 처음에는 이와 무관했던 '실학實學'과 연결되었고, 의례 도덕의 적절함과 약간 어울리지 않았지만 도덕과 무관한 실용적 기술을 강조하게 되었다. 실학 추종자들이 공유했던 것은 팔고문 작성과 시험을 치르기 위한 벼락치기 공부로 인해 생기는 무익한 지식, 문어체의 정제된 탐미주의, 일부 형이상학적 사색의 형태, 왕양명王陽明의 심학心學과 관련된 부류의 초연한 도덕적 묵상, 그리고 그 시대에 일어난 '고증' 학파가 옹호했던 현학적 원전주의原典主義 학문에 대한 혐오감이었다. 그들은 역사와 지리

---

35) 송대의 '경세' 운동에 대해서는 Hymes and Shirokauer, eds., *Ordering the World* 참조.

학, 수리학水理學과 군사 과학 같은 기술 과목을 집중 연구하고, 이를 잘 습득한 지식인들이 시대의 긴급한 정치적·경제적 문제들에 대처하고, 문화적 엘리트로서 자신들의 지위를 정당화해야 한다고 주장했다.[36]

적어도 청대 초기에 경세와 실학은 어느 정도 '봉건封建'이라는 용어로 요약되는 제국의 관료 행정에 대한 끈질긴 개혁적 비평과 연계되어 있었다. '봉건'이란 용어는 영어의 'feudal'에 해당하지만 서양의 역사 서술과 마르크스주의 이론이 반영된 특별한 의미는 내포되어 있지 않다. 봉건제는 군현郡縣제와 대조된다. 군현제는 중앙에서 임명되어 녹봉을 받으면서 교대로 근무하는 전문 관료들이 통치하는 부와 현 같은 인위적인 행정 구역으로 제국이 분할되는 체제였다. 봉건제는 군현제의 기능 장애를 방지하기 위해 현지 통치를 지방 엘리트들에게 맡기고, 이들은 나라로부터 어느 정도의 봉토를 받는 체제였다.[37]

경세, 실학 그리고 봉건에 담긴 관계를 잘 연결시켜 요약하는 것에 있어서 소주의 지주地主이자 명의 충신이면서 유능한 대학자였던 고염무를 따라올 사람은 없을 것이다. 1660년경에 쓰여 널리 유포된『군현론郡縣論』에서 고염무는 기원전 3세기에 진시황제가 시행한 관료적 지방 행정의 시행이 중국 행정의 역사에서 원죄와도 같은 것이었지만, 그 후 누구도 그것을 완전히 피할 수는 없었다고 주장했다. 고염무

---

36) 청대의 '실학'에 관해서는 de Bary and Bloom, eds., *Principle and Practicality*; Rowe, *Saving the World*, chap. 4 참조.

37) 제국 후기의 봉건과 군현의 구분에 대해서는 Yang, "Ming Local Administration"; Min, *National Polity and Local Power* 참조.

는 '제국을 잘 다스릴 수 있는' 대담한 수단으로서 '봉건제의 정신을 다시 군현제의 주요 부분에 주입할 것'을 제안했다. 고염무는 관료제에 기생하는 서리들과 아역들의 급증, 업무에 대한 진취성과 진실성이 결여되어 그저 출세주의에 젖은 외지 관료들의 행태, 지나친 규제와 감시를 시행하는 대규모 중앙 행정 방식에 들어가는 과도한 비용에 대해 비난을 가했다. 그리고 제국의 가장 번성한 지역의 엘리트 현지민이었던 고염무는 재정이 부족한 다른 지역에 사용하기 위해 재정이 풍부한 일부 지역에서 세금을 빼내는 것에 대해 다음과 같이 비판했다. "서쪽 변경 지역에 군수 물자를 제공하기 위해서 동쪽 지방에서 군량을 가져오고, 북쪽에 있는 역참을 지원하기 위해 남쪽에서 양식을 가져오는 경우만큼 극단적인 법의 악용은 없다. 나의 계획은 현에서 산출되는 모든 것들을 그 현 안에 남기도록 하는 것이다."[38]

고염무의 해결책은 지역의 엘리트를 지현으로 임명하는 것이었다. 지현의 부패를 예방하고 자질을 판단하기 위해서 최초의 임기는 3년 동안의 수습 기간이 된다. 만족스러운 실적이 있으면 재임용되고, 일을 매우 잘하면 그 직위를 평생 보장한다. 임무를 잘 수행한다면 지현의 직위는 세습될 수도 있다. 총독, 순무, 포정사, 안찰사, 조운총독漕運總督, 염운사鹽運使 같은 불필요한 감독직들은 폐지한다. 고염무는 자신을 비난하는 사람들에게 반박하기 위해서 다음과 같이 주장했다.

---

38) 이 구절과 앞으로 나올 『군현론』의 내용은 필자가 번역한 것이지만, de Bary et al., eds., *Sources of Chinese Tradition*을 참고했다.

사람들이 가족을 아끼고 자식을 사랑하는 것은 불변의 진실이다. 황제와 백성을 위하는 마음은 결코 이와 같지 않다. …… 만약 지현에게 그의 관할 지역에 대해 사랑하는 마음을 가지게 할 수 있다면, 현의 백성은 모두 지현 자신의 자식과 같이 될 것이고, 현의 땅들은 모두 지현 자신의 땅이 될 것이며, 현의 성곽은 모두 지현 자신의 담장이 될 것이며, 현의 창고는 모두 지현 자신의 곳간이 될 것이다. 지현은 자식과 같은 백성들에게 상처를 주기보다는 당연히 사랑을 줄 것이고, 자신의 땅을 방치하기보다는 당연히 비옥하게 할 것이며, 자신의 울타리와 담장과 곳간을 훼손하기보다는 당연히 보수하려 할 것이다. 그러므로 지현이 나 자신을 위해 살핀다고 생각하는 것은 황제에게는 책임있는 행동으로 보일 것이다. 천하의 참된 통치란 바로 이런 것이 아니겠는가?

고염무의 제안은 적어도 일부 상층 신사들이 가지고 있던 교화된 이기주의를 분명하게 보여준다. 그는 하층 신사와 서리를 불신했다. 반면에 부자와 문화적 학식이 있는 사람들, 그 자신이 속한 계층과 좋은 교육을 받은 사람들은 '보이지 않는 손'에 의해서 모든 이들의 이익을 위해 봉사할 수 있을 것이라고 확신했다. 그는 단순히 순진하게 이러한 가정을 했을까? 고염무의 의도대로 지현의 직위가, 불충했다고 의심하여 집안에서 3대째 일해온 하인을 때려 죽였던 고염무 같은 사람들로 채워졌다면 제국이 진정으로 더욱 잘 통치될 수 있었을까?[39]

---

39) Peterson, "The Life of Ku Yen-wu." 하인이 살해된 사건에 대해서는 pp. 154-

『군현론』만을 근거로 삼으면 고염무가 개개 엘리트의 사리사욕을 옹호했다고 판단하기 쉬울 것이다. 그러나 그의 저작인 『일지록日知錄』에서 드러나는 고염무의 정치관은 더욱 미묘한 차이를 품고 있다.[40] 그의 주장의 핵심은 '상'과 '하' 두 영역 사이의 체계적인 구별에 있다. 그것은 중앙 행정과 지방 행정, 국가와 사회 또는 부자와 가난한 자를 의미하는 것일 수도 있었다. 상하의 위계적 차별을 유지하는 것은 문명 그 자체의 기본 원리였지만, 동시에 한쪽으로만 정치적 권력과 경제적 자원이 집중되는 자연스러운 경향을 억제하는 것이 필요했다. 상위 계층이 모든 것을 독점하는 것은 지속적인 위협이 되겠지만, 그만큼 서리나 지방의 유력자가 세력을 장악할 위험도 적었다.[41]

고염무의 이상적인 세계에서 부는 모든 계층에서 자유롭게 순환하는 것이었고, 정치적 권위는 황제에 의해서 그 지역에 대해 잘 알고 있는 유능한 현지 관료에게 위임되는 것이었다. 지나친 규제나 정밀 조사를 통해서 사소한 일까지 관리하려는 시도는 지방 관료들의 권위를 약화시키고 오히려 보잘것없는 서리들에게 힘을 실어주는 것이었다. 그리고 이들은 '사악한 신사'와 공모하여 자신들의 이익을 위해 이러한 규제들을 교묘하게 조종했다. 공공심이 투철한 지방 엘리트에게 지현의 직위를 주자는 고염무의 제안은 그들에게 권력을 양도한다기보다는 지방 신사를 제어하겠다는 발상에서 나온 것으로 보인다. 또

156에서 논하고 있다.

40) 초판은 1670년에 발간되었고, 재판은 더 많이 보강되어 그의 사후 1695년에 발간되었다.

41) Delury, "Despotism Above and Below"를 허락하에 인용했다.

한 진정한 반전제주의적인 '만인의 통치'를 이룩하려는 의도 역시 있었던 것 같다.

고염무는 임종 직전의 모친에게 했던 약속과 그의 선조들이 봉사했던 명에 대한 충정 때문에 청의 관료에 임명되는 것을 거부했고, 끝까지 자신의 계획을 황제에게 제출하지 않았다. 그리고 고염무는 자신의 계획을 실행할 기회가 왔다고 생각하지도 않은 것 같다. 그러나 그의 『군현론』은 다른 방대한 학문적 출판물들과 함께 널리 유포되었고, 그 대담한 내용은 청 제국의 정치 개혁가들에게 영감을 주었다. 대의 정치와 국민 주권이라는 서양식 개념에 영향을 받아 이를 접목하기 위한 중국 고유의 전통을 찾으려 했던 청말, 중화민국 시기의 학자들이 고염무의 '봉건' 제안에서 그 전통을 찾아냈다는 사실은 역설적이면서도 의미심장하다.[42]

---

42) 고염무의 제안이 남긴 유산에 대한 선구적인 영문 연구는 Kuhn, "Local Self-Government under the Republic"이다.

3

| 성세 |

1661년 2월 5일, 23세의 순치제가 천연두에 걸려 급사했다. 복림福臨(순치제의 이름)은 공식적으로 8년 동안 친정을 했으나 강력한 군주는 아니었다.

순치제의 사후에 궁정에서 권력 투쟁이 발생했고, 의심스러울 정도로 신속하게 황제의 시신이 화장되었으며, 황제의 유언이 위조되었고, 측근 환관들이 처형되었다.

순치제의 일곱 살 된 셋째아들 현엽玄燁이 강희제로서 보위에 올랐다. 강희제는 아버지를 죽음으로 몰아넣은 질병인 천연두를 어릴 때 이미 앓고 살아남았다는 다소 석연찮은 이유로 선택되었다. 청의 체제 구축 완성은 아직 멀었고, 새로운 청 왕조가 살아남을 전망도 그리 밝지 않았다.

그렇지만 청 왕조는 살아남았고 얼마 지나지 않아 중국 사료에 '성세盛世'라고 기록된 유명한 시기에 접어들었다.[1] 성공의 가장 큰 요인은 '장기 18세기'[2]에 걸쳐 강희제, 옹정제, 건륭제라는 매우 능력 있고 열심히 일하고 특히 장수한 사람들이 황제가 되었다는 것이다. 이는 청의 행운이었다. 이들 중 두 명은 각각 60년 동안 재위했다.

강희제(재위 1662~1722)는 중국 역사에서 가장 위대한 황제 중의 하나로 널리 알려져 있다(그림 4). 1669년 16세의 나이에 그는 자신을 보위에 올렸던 섭정들에게 단호한 행동을 취했다. 상세한 죄목으로 섭정 오보이를 체포한 후 감옥에 집어넣었고, 오보이는 곧 감옥에서 사망했다. 만주식의 사냥을 열렬하게 추종했던 강희제는 탁월한 군사 지휘관이었다. 그는 삼번의 난을 진압했고, 내륙 아시아로 진출했다. 게다가 명석하고 혁신적인 행정관이기도 했다.[3] 또한 강희제는 광범위한 호기심과 명석한 사고력을 가지고 있었고, 서양에서 온 예수회 선교사들을 포함해서 여러 학파의 사상가들이 벌이는 장시간의 강의와 토론을 끝까지 앉아서 들었다. 그는 과학적·수학적 원리에 대한 강연회를 개최했고, 자신이 이해한 내용이나 세부 사항들을 자랑하는

---

1) '성세'에 대한 평가 논의 중에서 중문 연구로는 戴逸, 「十八世紀中國的成就局限與時代特徵」이 있다. 이 시기를 특성화하려는 시도를 보여준 선구적인 영문 연구로는 Wakeman, "High Ch'ing, 1683-1839"가 있다.

2) 1680년 즈음에 강희제가 청의 지배를 완전히 공고화했던 시기부터 1799년에 건륭제가 사망하는 시기까지가 '장기 18세기'에 해당된다. Mann, *Precious Records* 참조.

3) 강희제 초기의 행정 정책에 대해서는 Kessler, *K'ang-hsi and the Consolidation of Ch'ing Rule* 참조.

그림 4. 붓을 들고 있는 강희제

것을 좋아했다.[4] 그는 예수회 학자들의 후원을 통해서 서양의 약학과 해부학 연구를 받아들였다.[5] 그리고 그는 당시唐詩와 기타 방대한 양의 문집을 집대성하는 일을 후원했을 뿐만 아니라 한어 표준 사전인 『강희자전康熙字典』의 편찬을 명하기도 했다.

또한 강희제는 특별한 감성의 소유자이기도 했다. 그는 백성들의 관심사, 60여 명의 자식들(이들은 자주 강희제를 실망시켰던 것 같다)을 양육하는 기쁨과 고통, 그리고 자신의 감정에 예민했다. 그는 노화와 죽음이 나타나는 것에 대해서 다음과 같이 썼다.

> 노인들이 병에 걸렸을 때 돌보아주지 못하는 것은 참으로 안타까운 일이다. 의원을 부르고 병구완을 하는 데 필요한 돈은 물론, 환자들의 말동무가 되어줄 오랜 벗들도 보내주어야 한다. 병자가 오랫동안 충성을 바쳤던 신하든, 짐의 형제들의 노예든, 또는 만리장성 북쪽에서 수종에 걸려 퉁퉁 부은 예수회 선교사 돌제Dolzé든, 자신의 궁궐에서 살고 있는 나이 든 공주든 간에, [홍타이지의 딸] 바린 숙혜巴林淑慧 공주가 [북경에서] 죽어갈 때, 짐은 정기적으로 문병했으며 필요로 하는 모든 것을 주었다. 공주는 얼굴에 미소를 띤 채 임종하셨다. …… 또 선물을 줌으로써 노인들을 즐겁게 해줄 수도 있다. 해마다 숙혜 공주는 할머니와 짐에게 기름에 튀긴 과자와 말린 양고기를 보내주었다. 그러면 할머니와 짐은 담비 가죽과 검은 여우 가죽, 수놓은 비단을 보내

---

4) Jami, "Imperial Control and Western Learning."

5) Hanson, "Jesuits and Medicine in the Kangxi Court."

주었다. 짐은 언제나 받는 사람이 필요로 하는 것이나 기뻐할 것들을 선물하려고 애썼다. 대충 되는 대로 물건을 준다면 상대방도 정성 들이지 않고 줄 것이다. 그러면 기껏해야 물건을 교환하는 것에 불과하며 선물에 담긴 진정한 감정의 교류가 사라진다. …… 애정과 효성은 자발성과 자연스러움 속에서 우러나는 것이지, 고정된 규칙을 만들거나 공식적인 방문을 한다고 생겨나는 것은 아니다.[6]

강희제의 가장 유명하고 큰 영향을 미친 정책 결정은 긴 통치의 말년 무렵에 발생했다. 1713년에 강희제는 청 제국의 경제력이 명의 전성기 정도로 완전히 회복되었고 관료들이 한동안 실시했던 토지 측량이 완료되었다고 공표했다. 청 제국의 재정적 기초는 영구적이고도 안정적으로 확보될 것이었다. 증가하는 인구의 수요에 따라 새로운 토지들이 계속 개간되어 그에 맞춰 세금을 거둘 수 있고, 심지어 신기술과 작물의 선택, 그리고 상업화로 토지의 생산성이 더 증가할 수 있었지만, 향후 농지에 대한 기본 과세율을 올릴 필요가 없었다.

이 선언과 더불어 강희제는 물가 상승, 더 복잡해진 사회, 그리고 풀어야 할 여러 문제들이 산적한 상황에서도 후계자들에게 정부의 몫을 감소시키면서 통치하라고 지시했다. 후계자들은 농업 분야에서 다양한 부가세를 통해 정부의 수입을 증가시킬 방법을 알았고, 세금을 거둘 다른 경제 분야를 발견했다. 그러나 그들은 효심 때문에 1713년의 표준 지세를 유지하라는 강희제의 유지를 어기지 않았다. 19세기가

---

6) Spence, *Emperor of China*, pp. 105-106.

되어서야 청 중앙 정부는 재정 상황이 지속적으로 약화되고 있음을 스스로 인식하게 되었다.

아이신 기오로 윤진胤禛, 옹정제(재위 1723~1735)는 아버지 강희제와는 매우 다른 사람이었다(그림 5). 보위에 오를 자격이 있었던 강희제의 열다섯 명의 아들 중 넷째아들인 윤진은 확실히 총애를 받은 것은 아니었다. 그는 자신의 승계를 반대했던 형제들을 모두 인정사정없이 제거했고, 치세 내내 찬탈자라는 소문을 들어야만 했다.[7] 45세에 황제가 된 옹정제는 아버지의 치세 말년에 이미 수정이 필요한 문제들에 대한 적절한 대책을 생각하고 있었다. 13년밖에 안 되는 그의 치세는 청 제국, 나아가 중국 역사에 지울 수 없는 발자취를 남겼다. 기록에 따르면 그는 무뚝뚝한 사람이었고, 아버지 강희제와는 달리 허세와 과시욕, 그리고 정제된 지적·심미적 취향을 거의 가지고 있지 않았다. 옹정제는 자신과 비슷하게 바른말을 하는 하위층의 만주 귀족과 배경이 잘 알려져 있지 않은 변경 출신의 한족 관료들을 종종 주변에 두었다. 그는 정기적으로 자신의 계획에 대한 그들의 비평을 들었고 합의제와 실용주의 정신으로 일을 진행했다.

옹정제 치세의 기본적인 성격은 바로 '엄격함[嚴]'이다. 그러나 그는 호전적이거나 잔혹하지는 않았다. 그는 위험스러운 군사 정책을 펼치지 않았고, 범죄자들을 비교적 관대하게 다루었다. 그의 '엄격함'은 비용이나 저항에 상관없이 관료 행정을 합리적으로 운영하고 중앙 집권을 확립하려 했던 완강한 추진력을 일컫는 것이었다. 화모를 거두게

---

7) 옹정제의 계승에 대한 상세한 설명은 Wu, *Passage to Power* 참조.

그림 5. 옹정제

함으로써 현을 더욱 자립적으로 만들려고 했던 옹정제의 계획은 이러한 관심사의 상징적인 것이었다. 팔기를 관료 체제화하는 것, 신사층이 누리는 세금 면제 특권을 축소하는 것, 그리고 세금의 단일화를 위해 인두세를 지세에 통합하는 것 등, 옹정제가 했던 노력들도 이를 상징했다. 그는 청 제국의 모든 현에 고아원인 육영당育嬰堂, 구빈원인 양제원養濟院, 초급 학교인 현학縣學을 설치하려고 했다. 또한 그는 일시적이고 효과는 없었지만 만다린어(북방 중국어, 관화라고도 한다)라고 부르는 토착 중국어를 표준 구어로 만들려는 운동을 일으키기도 했다.[8]

종교적 일탈을 단속하려는 대책으로 옹정제는 북경 외의 전 지역에서 기독교 선교사들을 추방했다. 그는 상평창 제도를 통해서 지방의 예비 식량을 중앙에서 통제하려는 야심 찬 계획을 주도했으며, 가능한 한 많은 곳에서 비옥한 경작을 할 수 있게 하고, 비천한 소작민과 농민, 그리고 다른 천민 집단을 해방하기 위한 선구적 계획을 후원하기도 했다. 요컨대 옹정제는 처음으로 초기 근대 국가를 만든 사람이었던 것이다.[9]

1735년 옹정제가 죽자 그의 아들 홍력弘曆이 황위를 계승했다. 그가 바로 '중국'이라고 알려진 더욱 넓은 세계를 통합한 건륭제이다. 홍력은 할아버지처럼 어리지도 않고 아버지처럼 나이 든 것도 아니었던 25세

---

8) Paderni, "The Problem of *Kuan-Hua* in Eighteenth-Century China."

9) 다소 오래되었지만 영문으로 된 종합적인 연구는 Huang, *Autocracy at Work*가 유일하다. 훌륭한 중문 전기로는 馮爾康, 『雍正傳』이 있다.

의 나이에 황위를 물려받았다. [10] 자신의 잡음 많은 계승에 응어리가 진 옹정제는 홍력이 청년이었을 때 이미 그를 후계자로 선정하고 정성을 들여 통치술을 가르쳤다. 그러나 옹정제가 20년 전에 그랬던 것처럼 젊은 홍력도 아버지의 결점들을 주시했고, 황위를 계승한 후에는 잘 못된 정책들을 바로잡는 일에 힘썼다. 그가 처음 취한 조치 중 하나는 그의 유년기의 스승이었던 덕망 있는 한족 대신 주식朱軾을 과도기 동 안에 다시 불러들여 자신을 보좌케 한 것이었다. 옹정제 치세 말년에 주식은 황제의 엄정嚴政에 불평하는 지식인들의 목소리를 듣는 역할 을 맡았다. 이제 새로 즉위한 건륭제에게 조언을 할 수 있는 권한을 받 은 주식은 새로운 통치자에게 어떻게 이러한 비판들을 다룰 것인지에 대한 충고를 아끼지 않았다.

건륭제는 아버지의 엄격함과는 대조적으로 자신의 통치는 관대할 것이라고 선언하면서, 황위에 오른 후 약 15년 동안 옹정제 치세의 많 은 정책들을 뒤바꾸었다. 이전 황제들과는 달리 건륭제는 새로운 농 지 개간을 잠시 유보했고, 1748년에는 지방의 상평창에 있는 곡물 비 축량을 축소시켰다. 제국의 부가 한정되어 있기 때문에 정부가 부를 가지는 것은 "백성들 가운데 부를 축적시킨다"는 바람직한 전략과 상 반되는 것이라는 그의 믿음을 다시 언급하면서, 아버지의 두 가지 주 요한 재정 정책(화모를 부과한 것, 인두세를 지세로 통합한 것)을 인정仁政의

---

10) 건륭제에 대한 충실한 중문 전기로는 戴逸,『乾隆帝及其時代』; 白新良,
　　『乾隆傳』이 있다.『乾隆帝及其時代』는 개념적으로 기술했고,『乾隆傳』은 더욱
　　상세하다. 최근 발간된 간결한 영문 전기로는 Elliott, *Emperor Qianlong*이
　　있다. 건륭제의 통치 방식의 몇몇 측면들을 논의한 연구로는 Kahn, *Monarchy
　　in the Emperor's Eyes*가 있다.

지침과 상반되는 부적절한 탐욕으로 묘사했다. 그는 조용히 물가 상승에 상응하여 내는 부가세를 올리지 않음으로써 이 관행들을 위축시켰다. 건륭제는 자신의 군사 원정에 드는 비용이 증가하여 세금 감면을 더 이상 실현할 수 없게 되는 첫 번째 시기까지는 조금씩 일련의 세금 감면 조치(지방의 곡물에 대한 과세액, 둔전에 매기는 세금, 부동산 매매와 등록세, 그리고 수많은 다른 종류의 지방세에 대한 감세)를 단행했다.

1745년 즉위 10주년을 기념하기 위해서 건륭제는 은 2800만 냥에 해당하는 지세를 모두 감면하겠다고 선언했다. 실제로 그는 재정적으로 유능하면서도 중앙 집권적인 정부 기구들을 만들려고 했던 아버지 옹정제의 완료되지 않은 실험을 종식시켰다.[11] 건륭제의 정책 전환이 그 당시의 상황에서는 현명했을지 몰라도, 유럽과 동아시아에서 약탈적인 민족 국가들이 경쟁적으로 갑자기 들이닥쳤던 19세기 말이 되면 정책 전환의 후유증은 청을 많이 괴롭혔다.

한족 지식층에 대해 그의 아버지보다 더 동정적이었던 건륭제는 이들을 중앙 집권화의 방해자가 아니라 통치의 동반자로 간주했던 것 같다. 그는 옹정제가 폐지했던 많은 신사들의 세금 면제 특권과 범죄에 대한 면책권을 회복시켰다. 강희제가 발탁한 관료들은 옹정제가 선호한 거칠지만 유능한 기술 관료라기보다는 세련된 탐미주의자 같았다. 건륭기의 과거 시험 과정은 산문과 시 형태의 숙달, 유교 경전에 대한 박식함을 강조하는 방향으로 점차 변했다. 기초적인 문맹 퇴치에 있어서 건륭제는 대중 교육의 진행을 포기했다. 특히 그는 변경 지역에

---

11) 高王淩, 「一個未完結的嘗試」.

서 신뢰할 수 없는 소수 민족에게 교육의 혜택을 제공하는 것이 정치적으로 어리석고 재정적으로 낭비라는 생각을 가지고 있었다.[12] 이러한 모든 결정의 배경에는 청 제국 안에서 사회 계층화와 문화적 차이를 줄이고 절대 군주에 충성하는 비교적 동질의 신민을 만들려고 했던 아버지의 개혁에 대한 건륭제의 혐오감이 자리 잡고 있었다. 신분과 민족으로 구분되는 다양한 별개의 공동체로 구성된 세계적인 제국을 통치하면서 건륭제는 여러 가지 다른 배역들을 맡는 것에 매우 만족해했다.[13]

1728년의 증정曾靜 사건은 옹정제와 건륭제의 차이를 극명하게 보여준다.[14] 이름 없는 선비였던 증정은 고향인 호남성에서 발생한 심각한 홍수를 옹정제의 통치에 대한 하늘의 노여움과 왕조 교체를 알려주는 신호라고 해석했다. 증정은 이민족 정복자로부터 중국의 문화와 독립을 지키려 한 영웅으로 추앙받는 남송의 장수 악비岳飛의 후손인 천섬총독川陝總督 악종기岳鐘琪에게 도움을 요청했고, 곧 증정의 반역 음모는 발각되었다. 옹정제에 대한 증정의 반감은 부분적으로 옹정제의 황위 찬탈과 방탕한 성품에 대한 소문에 따른 것이었다. 그러나 그것은 일반적으로 이민족에 대해 생물학적 우월성을 가지고 있었던 한족의 오랜 화이사상을 반영하고 있었다. 증정은 이러한 사고방식의 근거로서 17세기 절강성의 학자 여유량呂留良의 저서를 인용했지만,

---

12) Rowe, "Education and Empire in Southwest China."

13) Crossley, "The Rulerships of China."

14) 이 사건에 대한 세부적인 설명은 Spence, *Treason by the Book* 참조.

그것들은 증정과 동향인이었던 왕부지가 쓴 글에서 더욱 명백하게 드러났다. 이러한 호남성 배외주의의 비밀스러운 기질은 청의 마지막 세기에 더욱 확실하게 표면화될 것이었다.

증정의 음모를 알게 된 옹정제의 반응은 놀라웠다. 그는 여유량의 시신을 부관참시하도록 했지만, 청 제국의 관용을 보인다는 차원에서 스스로 죄를 뉘우치는 증정을 고향으로 돌려보냈다. 고향에서 증정은 영웅이 되었다. 그 후 옹정제는 증정의 범죄를 유발했던 이론들에 대해 상세하게 반박하면서 이 사건에 대한 기록을 직접 편찬해서 널리 공표했다. 이것이 곧 『대의각미록大義覺迷錄』이며, 이 책에서 옹정제는 '만주'라는 것은 실제로 출생지에 대한 단순한 호칭—북쪽, 남쪽, 서쪽 등과 같은 것—일 뿐이고 종족을 구분하는 지표는 아니라고 설명했다. 확실히 옹정제는 종족의 구분은 일반적으로 전혀 사실이 아니라고 주장했던 것이나 다름없었다.

그러나 옹정제의 후계자인 건륭제는 옹정제의 타협적 통치 개념과 사고방식을 전적으로 받아들일 수 없었다. 초기 통치 행보 중의 하나로서 건륭제는 1736년 1월 증정을 다시 체포해서 '능지처참형'에 처했고, 그다음 아버지가 저술한 『대의각미록』의 사본을 모두 찾아서 없애는 일에 착수했다. 은연중에 종족의 본질적인 실체에 대한 왕부지의 의견에 동의하면서 건륭제는 만주의 전통에 큰 가치를 두고, 만주어·승마술·궁술·사냥을 보전하고, 팔기 내에서 민족의 경계를 명확히 하고, 만주족의 지리적·계보적 기원을 밝혀내고, 민족 대서사시 「성경부盛京賦」를 저술했다. 민족 집단으로서 만주족을 만들어내기 위한 건륭제

의 야심 찬 활동은 결정적으로 문화적 균질화라는 옹정제의 계획에 마침표를 찍었다.[15]

건륭제는 옹정제의 정책들에서 벗어났지만, 아버지의 의도를 거스르는 모습은 보이지 않도록 주의했다. 그렇게 하는 것은 불효에 해당되었기에 건륭제는 과시하듯이 의례를 준수했다. 대신에 그는 아버지가 더 오래 살았다면 확실히 승인했을 방법들을 조금씩 없애나가면서 스스로를 드러냈다. 사실 건륭제는 과시의 측면에서는 경쟁자가 없는 군주였고, 항상 눈에 띄는 제국의 '모범적 중추'였으며, 훌륭하게 성세를 이끌었던 근면하고 견실한 통치자였다. 그의 다양한 군사적 활동들, 즉 제국의 경계를 지키거나 확장하는 중요한 원정들은 깔끔하게 마무리되었다. 후대의 모범으로 삼고자 황제 자신이 그 원정들을 '십전무공十全武功'이라고 통칭했다.[16] 그는 여러 가지 다른 의상들을 입은 자신의 모습을 즐겨 그리게 했다. 예를 들면 그는 티베트 불교를 믿는 백성들에게 다가가기 위해 불교 보살의 모습으로 자신을 그리도록 했고, 예수회 궁정 화가인 주세페 카스틸리오네Giuseppe Castiglione에게는 유럽식의 갑옷을 입고 말에 올라탄 자신의 모습을 그리도록 했다(그림 6).

건륭제는 만리장성 북쪽 승덕承德(하북성에 있는 도시. 예전에는 '열하'로 알려져 있었다)에 있는 황제의 여름 별장인 '피서 산장'에 청 시대의 대중

---

15) Crossley, *A Translucent Mirror*. Farquhar, "Emperor as Bodhisattva in the Governance of the Ch'ing Empire"도 참조.

16) 莊吉發, 『清高宗十全武功研究』.

그림 6. 갑옷을 입고 말을 탄 건륭제

건축 양식을 상징하는 웅장한 정원을 건설했다. 티베트 양식을 잘 보여주는 소小 포탈라 궁, 강남 풍경의 남중국 사원을 비롯해 다른 여러 건물들이 지어졌다.[17] 따분한 그의 아버지 옹정제가 순행을 삼갔던 반면, 건륭제는 남순南巡을 즐겼고, 모든 것이 질서 정연하게 보이도록 만드는 데 비용을 아끼지 않았다. 부유한 상업 도시인 양주를 방문하기에 앞서, 건륭제는 양주에 대한 자신의 상상과 일치하도록 양주를 다시 건설하라고 명하기도 했다. 또한 그는 자신의 재위 10주년 기념식을 성대하게 거행했다.[18] 건륭제의 허세를 보여주는 가장 인상적인 사건은 1795년의 건륭제 퇴위였다. 60년의 재위 이후 그는 할아버지인 강희제의 치세 기간보다 하루 전에 자신의 치세를 끝냄으로써 궁극적으로는 조부에 대한 자신의 효심을 연출했다.

청 제국의 팽창

1919년 5·4 운동 이후로 중국의 민족주의적 역사가들은 청대 중국을 본질적으로는 서양 국가들, 그리고 최후에는 일본의 격렬한 제국주의적 침략을 받은 피해자로 묘사했다. 물론 이런 묘사는 어느 정도 타당하다. 그런데 정작 청이 제국주의적 수법을 어느 정도 사용했는

17) Millward et al., eds., *New Qing Imperial History* 참조.

18) Chang, *A Court on Horseback*; Meyer-Fong, *Building Culture in Early Qing Yangzhou*.

가 하는 문제에 대해서는 얼버무리고 넘어가려는 경향이 있다. 청은 최소한 18세기 말까지는 그 수법을 매우 잘 활용했다. 서양의 역사가들은 청대 중국을 더 이상 피해자 또는 이례적인 사례로 서술하지 않고, 대략 같은 시대에 유라시아 대륙에서 생겨났던 몇몇의 초기 근대 제국들(무굴 제국, 로마노프 제국, 오스만 제국, 대영 제국) 중의 하나로 묘사한다. 우리는 지금 이 제국들의 차이점보다는 제국들의 야심에서 드러나는 공통적인 특징인 광대한 영토를 관통하는 행정적 중앙 집권화, 의도적인 다민족성과 민족 경계의 초월, 그리고 특히 공격적인 공간적 팽창주의에 많이 놀라게 된다.[19]

청은 명을 정복한 후 150년 만에 명 제국의 2배에 이르는 크기로 영토를 확장했고, 오늘날 중국의 대부분의 영토를 물려주었다. 청의 팽창에 기여한 수많은 무인, 정치가, 사상가들에게 있어서, 그들의 정복 활동은 유럽의 경험과 동일한 '문명화 임무'의 일환이었다. 부계 중심적인 가족 제도, 아들에 대한 균분 상속, 근친상간의 금지, 혼인과 장례 의식, 정주 농업, 호적에 등록되어 세금을 내는 호에 의한 농경지 소유, 그리고 한자를 읽고 쓸 줄 아는 능력과 같은 중국 고유의 역사가 만든 이러한 특별한 성과들은 문명 사회의 척도로서 적극적으로 변방이나 식민지에 이식되었다. 그것들이 청 왕조 자신의 목적에 도움이 되었을 때, 청의 통치자들도 그들의 신민들과 동일하게 이러한 사고들을 활용했다. 그러나 청의 팽창주의는 대부분 꽤 색다른 것이었다.

---

19) 이에 대한 최근의 두 논의는 Perdue, "Comparing Empires"; Rawski, "The Qing Formation and the Early Modern Period" 참조.

그것은 역사적 임무에 대한 내륙 아시아적 관념, 제국의 안보를 위해 다양한 민족들의 요구에 귀를 기울이는 것, 때로는 군주들의 개인적인 허세 등을 기반으로 삼고 있었다.

중앙 유라시아 초원 지대의 반유목 민족이 세운 준가르는 명 제국을 상대로 했던 것처럼, 청의 변방 정책의 특성이었던 청 제국으로의 흡수와 분리 통치의 분열화 정책에 맹렬하게 저항했다. 바투르 홍타이지Batur Hongtaiji(1653년 사망) 칸과 그의 아들 갈단Galdan(1697년 사망) 칸은, 청의 초기 형성 과정에서 결정적 역할을 수행했던 청 태종 홍타이지가 했던 것과 비슷한 연맹 형성과 국가 건설 계획에 전념했다.[20] 1660년경 그들은 북쪽과 서쪽으로는 러시아와, 남쪽과 동쪽으로는 청과 국경을 접한 어마어마한 내륙 제국을 만들었다. 그들이 국경을 접하고 있는 동쪽 부분, 즉 만주는 1689년 러시아와 청 사이에 네르친스크 조약이 체결되기 전까지는 안정된 상태였다. 다음 세기에는 준가르의 이웃에 위치했던 두 농업 제국이 이웃한 유목민들을 몰아내기 위해 점점 국경을 확장하고 방비를 강화하면서 세 개의 제국은 점차 두 국가로 축소되었다.

네르친스크 조약을 맺은 바로 그 해에 강희제는 갈단을 제거하기 위해 친정을 단행하겠다고 선언했다. 그는 초원 지대로 진군해서 울란부통Ulan Butong에서 준가르와 대규모 전투를 치렀고, 이 전투에서 강희제의 외삼촌이자 총사령관인 동국강佟國綱이 전사했다. 청이 승리

---

20) 준가르 정복에 대한 설명은 Perdue, *China Marches West*, p. 161, p. 285를 참고하여 인용했다.

를 선언하기는 했지만 잇따라 발생한 전쟁은 이후 몇십 년을 끌었다. 1697년 갈단의 동맹 세력들을 고립시켜 식량 보급을 끊어버린 강희제의 전략은 확실한 경위는 알려져 있지 않지만 결국 갈단을 죽게 만들었다. 갈단의 유해는 승리를 거둔 강희제에게 보내졌고, 강희제는 갈단의 유해를 가루로 만들어 바람에 날려 보냈다. 그러나 갈단의 뒤를 이어 준가르에 새로운 칸이 즉위하면서 전쟁은 계속되었고, 준가르는 청에 굴복하지 않았다.

강희제가 1722년에 사망했을 때, 옹정제는 아버지의 개인적 복수를 하는 대신 휴전 협상과 무역 제공을 통해서 준가르와의 평화를 꾀했다. 그러나 1750년대 후반에 발생한 반란으로 인해 겉으로는 관용적이었던 건륭제는 50만 명이 넘는 준가르의 생존자들을 집단 학살하는 군사 작전에 착수했다. 작전은 성공을 거두었고, 인구가 급격히 줄어든 준가르의 초원 지대로 청의 신민 수백만 명이 이주하게 되었다.

건륭제는 준가르에 대한 승리를 등에 업고, 1757~1759년에 투르크족, 위구르족, 그리고 이슬람교도인 회족回族이 살고 있는 준가리아(준가얼 분지)의 남서쪽의 타림 분지 주변 지역을 침략했다.[21] 초원의 민족들은 전통적으로 중국 본토에 위협이 되지 않기 때문에 이렇게 거대한 목초지를 정복할 필요가 없다고 주장하는 고위층 한족 인사들에게 이 원대한 정책을 납득시키는 일보다 현지에서 군사 작전을 벌이는 편이 더 쉽다는 것이 곧 입증되었다. 대학사 유통훈劉統勳, 북서쪽에서

---

21) Millward, *Beyond the Pass*; Perdue, *China Marches West*, chap. 9; Waley-Cohen, *Exile in Mid-Qing China*; Hsu, *The Ili Crisis*.

순무로 오랫동안 근무했던 진굉모陳宏謀, 그 밖의 다른 관료들은 차례
차례 전쟁 계획에 대해 우려를 표명했고, 1760년의 전시殿試에서는 계
획된 것처럼 보이는 답안들을 통해 전쟁은 황실의 오만하고 무익하고
헛된 과시에 지나지 않는다고 교묘히 비난했다. 건륭제는 이 비판들
을 무시하고, 1768년에 신강新疆('새로운 영토'라는 의미)이라는 이름으
로 이 지역을 공식적으로 합병하겠다고 공포했다. 이 선포는 오늘날
중국이 여전히 그 소유권을 주장하고 있는 광대한 지역까지 제국을 확
대시켰고, 후손들에게 민족주의자와 국가주의자 사이의 충돌을 유산
으로 남겨주었다.

　건륭제는 침략을 반대한 대신들의 조언을 무시했고, 정복 비용을
보상받을 수 있는 신강을 만들어서 그들의 비판을 누그러뜨리려고 부
단히 애를 썼다. 그러나 그는 성공을 거두지 못했고, 이 영토를 유지하
기 위해 청은 계속 재정적 부담을 안아야 했다. 신강 전역에 도입된 둔
전 제도는 자급자족에 필요한 물자를 생산하지 못했고, 신강은 본토에
서 지속적으로 곡물을 수입해야 했다. 새로 은광을 개발하고, 말 사육
장을 설치하고, 정부가 종자와 농기구를 제공(이와 더불어 경작 초기에는
세금을 면제해주는 혜택도 부여했)하면서 반강제로 농민들을 정착시키
고, 한족 상인들에게 그 지역의 무역 통로를 선택적으로 개방하는 등
의 여러 가지 조치들은 모두 도움이 되었지만, 신강에서의 증가하는
군사 유지 비용과 행정 비용을 감당하기에는 충분치 않았다. 신강을
유배지로 활용한 것이 가장 성공적이었다. 1758년부터 1820년까지
근무했던 총독의 약 10퍼센트가 유배형으로 신강에 보내졌고, 수많은

지방 관료들과 수천 명의 일반 범죄자들이 신강으로 유배되었다.[22]

1768년 신강의 유배자 집단들이 만취한 지휘관의 학대에 대항해서 반란을 일으켰고, 이에 대응하여 많은 사람들이 학살되면서 신강은 폭력으로 가득한 골치 아픈 장소가 되었다. 만주족과 한족의 지배자에 대항하여 토착 주민들과 이주해온 이슬람교도들이 벌여온 성전聖戰은 점점 더 격렬해졌다. 불확실한 충성심을 보이는 토착 주민 지배층을 통해서 신강 지역을 간접적으로 저비용으로 관리하려고 했던 노력들은 기껏해야 절반의 성공만을 거두었다. 그리고 제국의 국경선을 획정하기 위한 주기적인 협상에도 불구하고 팽창하는 러시아 제국과의 국경 분쟁은 그치지 않았다. 19세기 중반 이후에 발생한 거대한 내부 반란과 외세의 침탈은 청 조정이 이에 효과적으로 대응할 수 없도록 만들었고, 이 시기에 신강에 대한 방어는 위기점에 도달했다.

인도에 있는 영국 세력의 지원을 받은 이슬람 전략가 야쿱 벡Ya'qub Beg(1820~1877)은 1865년에 신강으로 진출하여 점점 팽창하는 자치 국가를 만들어냈다. 1871년에 러시아는 야쿱 벡의 침입을 막기 위해 국경선을 방어하고, 더욱 중요하게는 영국에 대응하기 위해 신강 북동부로 진출했다. 청은 천천히 대응했다. 가장 유능한 군사 지휘관이자 태평천국 운동의 진압 영웅이었던 좌종당이 신강과 인접한 섬서성陝西省과 감숙성甘肅省에서 일어난 이슬람교도 반란을 진압하느라 정신이 없었기 때문이다. 좌종당은 1873년에 이 임무를 완수했다. 4년 후 영국의 중재가 너무 느려서 야쿱 벡 세력을 도울 수 없게 되자, 좌종

---

22) Waley-Cohen, *Exile in Mid-Qing China*.

당은 신강으로 들어가서 야쿱 벡 정권을 소멸시켰다. 신강은 완전히 청 제국으로 다시 편입되었고(이리Ili 강의 일부 지역은 러시아의 수중에 남겨졌다), 1884년에 신강은 다른 지역처럼 중앙에서 파견한 관료가 관리하는 성省으로 선포되었다. 눈앞의 위기는 해결되었지만 식민화의 비용은 계속 늘어났고, 이슬람 분리주의 운동은 사라지지 않았다.

21세기에 지속적으로 중국을 괴롭히고 있는 또 다른 지역은 티베트이다.[23] 명 제국은 광대한 티베트에 대한 직접적인 개입을 주장하지도 추구하지도 않았다. 단순히 티베트의 다양한 종파와 부족 공동체에 대한 전통적인 중국식의 분리 통치 정책을 선호했을 뿐이었다. 중국 정복 이전의 청 또한 처음에는 티베트에 대해 관심이 거의 없었지만, 몽골과의 동맹 및 맞수 관계가 티베트의 종교적 중요성에 대한 인식을 불러일으켰다. 이에 홍타이지는 1639년 달라이 라마에게 황궁 방문을 요청했다. 달라이 라마는 거절했지만 홍타이지를 보살과 문수보살로 동일시하고 있다는 답장을 보냈다. 달라이 라마는 결국 청의 중국 정복 이후인 1652년에 북경을 방문해 순치제에게 여러 높은 작위를 받았다. 청의 역사 기록들은 이러한 의례상의 교환들을 티베트가 청의 종주권을 수용한 것이라고 인식했지만, 이것이 티베트의 견해는 아니다. 제5대 달라이 라마는 청의 침략자들이 명을 처리하던 때와 비슷한 시기에 통일 티베트를 세웠다. 18세기 내내 티베트에 대한 청의 영향력은 미미했다.

---

23) 이어지는 단락들은 Dabringhaus, "Chinese Emperors and Tibetan Monks"를 참고했다. 이것은 독일어로 된 저자의 많은 글들을 요약한 것이다.

이러한 상황은 티베트가 귀족들의 불화로 인해 국내적 혼란에 빠졌던 18세기 말에 달라졌다. 찬탈자인 상게 갸초Sangye Gyatso(1653~1705)가 청의 적대국인 준가르와 동맹을 맺자 강희제는 그의 암살을 계획했다. 준가르가 1717년에 정치적으로 분열된 티베트를 침공하자 강희제는 동일한 방법으로 대응해서 1720년에 라싸를 점령했다. 강희제의 후계자 옹정제는 군대를 철수하려 했으나, 티베트의 국내 불안이 심해지면서 1728년에는 더 많은 병력을 파견할 수밖에 없게 되었다. 이후에 청의 티베트 침공은 1750년과 1791년에 이루어졌다. 청은 점차 암반Amban이라고 불리는, 황제의 권한을 대행하는 관료를 통해 티베트를 통제했다. 청은 불교 세계의 보호자임을 자처하면서 다양한 민족들 고유의 문화적 특성을 이용하여 그들을 통제하기 위해『예기禮記』에서 취한 격언을 그대로 따랐지만, 티베트의 지역 사회를 중국화하거나 개조하지는 않았다.

1683년에 강희제가 대만의 정씨 정권을 타도한 후, 청은 대만을 원칙적으로 지세를 거두어 행정 비용을 충당하는 점령지로 만들고자 했다. 정성공과 그 이전의 네덜란드에게서 얻은 경험을 통해서, 옹정제와 건륭제는 안보상의 이유로 그곳에 명대보다 더 강력한 식민 통치를 할 필요가 있다고 생각했다. 그러나 18세기 내내 청은 한족 이주민과 토착 대만 주민, 그리고 이주민들 사이의 평화 유지에 드는 비용을, 대만에서 체계적인 토지 개발을 통해 얻는 이득으로는 감당할 수 없었다. 결과적으로 많은 저술을 남긴 지방 관료인 남정원藍鼎元 같은 급진적 팽창주의자들의 주장에도 불구하고 청 조정은 한족들이 해협을 건

너 이주하는 것을 금하는 법안을 일관되게 유지했다. 1684년에 대만
을 완전히 정벌한 직후 강희제는 격리 정책을 선포했고, 이후 10년 동
안 대만의 중국인 인구는 정씨 정권 시기보다 줄어들었다. 옹정기에
는 강희제의 격리 정책이 다소 느슨해졌지만, 청 중기 조정은 준가리
아와 신강에서 했던 것과 같은 정부가 후원하는 이주 정책을 대만에서
는 실시하지 않았다.[24)]

이후에 밝혀지듯이 조정은 이주 정책을 실시할 필요가 없었다. 토
지가 척박했던 복건성 남부의 인구 증가는 중앙 정부의 명령을 무시하
고 대만으로의 개척 이민을 야기했던 것이다. 심지어 더 급격하게 인
구가 증가하면서 점점 더 해상 교역과 다른 비농업적 경제 활동에 의
존하게 된 해안 지역 주민들이 겪는 식량 부족은, 대만 중·북부 해안
평야의 농민들이 풍부하게 생산할 수 있는 쌀에 대한 강력한 수요를
창출했다. 수지가 맞는 설탕 수출의 상업적 가능성은 더 많은 이주민
들을 끌어당겼다. 간헐적인 해금海禁에도 불구하고, 식량 공급이라는
문제를 염두에 두고 있었던 연해 지역 성의 총독들은 원칙적으로는 인
가를 받아야 했던 해협 사이의 교역을 묵인했다. 결국 대만 지역으로
의 한족 이주는 빠른 속도로 진행되었다.

1722년에 일어난 지역 반란 이후 취해진 청 조정의 대응 조치 중 하
나는 청의 정착민들에게 허용된 지역과 원주민, 즉 번민番民을 위해 법
적으로 설정된 지역 사이에 경계선을 긋는 것이었다. 이 선은 18세기

24) 대만 합병에 대한 청의 신중함은 Shepherd, *Statecraft and Political Economy on the Taiwan Frontier*에 잘 드러나 있다.

에 여러 차례 확장되어 변경되었다. 섬 전체에 대해 청 조정이 취한'산을 개방하고 원주민을 달래는(개산무번開山撫番)'이 적극적인 정책은, 담수淡水(대만 북부를 흐르는 강)와 안평安平이 무역항으로 외국 상인들에게 개방되고 대만의 청 소유권 전체가 메이지 일본의 도전을 받은 이후인 1875년이 되어서야 시행되었다.

값비싼 방위 비용에 대한 18세기 조정의 걱정은 그대로 현실로 드러났다. 관료와 주둔군이 충분치 않은 상태에서 청 중기 대만에 등장한 엘리트는 대체로 자신의 사병 집단을 거느린 부유한 실력자들이었다. 시간이 지나면서 이들은 신사 계층화되었고, 과거에 응시하여 학위를 취득했으며, 세련된 생활 방식을 받아들였다. 게다가 대만에 있는 유능한 지방 행정관들은 청 제국의 다른 지역에서처럼, 선택한 지방 실력자들을 노련하게 끌어들여서 황제의 권위에 저항하며 종종 폭동을 일으킨 사람들을 진압했다. 그러나 갈수록 커지는 대만 사회의 복잡성은 결국 저비용으로 섬을 지배하려 했던 청의 계획을 좌절시켰다.

1786년 임상문林爽文은 반란을 일으켜 몇몇 현 소재지를 장악했다. 건륭제는 노련한 복강안福康安 장군이 이끄는 10만 대군의 원정으로 응수했고, 반란은 2년 만에 진압되었다. 가경제嘉慶帝는 아버지가 거둔 이 '무공武功'을, 청 제국이 거두었던 일련의 영광스러운 팽창주의적 승리들의 전환점이었다고 평가했다. 가경제는 이것이 청의 정규군이 지방 향용鄕勇의 지원을 받아야 했던 첫번째 전역戰役이라고 지적했다. 더 이상 필요가 없어진 이 부대들을 해산시키려던 계획의 실패는 이후 10년간 일어났던 백련교도의 난뿐만 아니라 청 왕조의 멸망

때까지 계속해서 문제가 되었다.[25]

남서부의 운남성, 귀주성貴州省과 이에 인접한 사천성, 호남성, 광서성 지역에서 청은 다수의 토착민들과 관련해서 비슷한 난관에 봉착했다. 학자들은 이들의 언어적·문화적 집단의 다양성을 인식하고 그 민족적 특징을 연구했지만, 동시에 동질의 문화 구조로 축소시키려 했다. 청은 문명화된 자신들과 대조되는 '다른' 야만족으로서 그들을 묘족苗族이라 불렀다.[26] 18세기 묘족에 대한 정책은 격리와 강요된 문화 변용 두 가지였고, 때로는 두 정책이 서로 번갈아 시행되거나 다른 관료들에 의해 동시에 이루어지기도 했다. 예를 들면 호남성 서부의 산악 지대에서 비한족 주민들이 주로 모여 살았던 묘강苗疆은 때때로 한족의 이주를 제한하거나 금지하기 위해서 봉쇄되었지만, 다른 시기에는 이 지역에서 상업적·농업적 발전이 활발히 이루어지기도 했다.

묘족이 연루된 범죄 사건은 상황에 따라 다르게 처리되었다. 현지 관습법을 반영한 특수 법조문에 따라 처리하거나(이것은 나중에 연해 지역 유럽인들에게 인정해주었던 치외 법권의 선례가 되었다) 일반 청의 신민과 동일한 법으로 처리했다. 청의 규범을 따르려는 호남성 서부 주민들의 문화 변용은 18세기 내내 대체로 심화된 상업적 관계를 통해서 점진적으로 발생했으나, 문화 변용이 완벽한 동화는 아니었고, 더구나

---

25) Woodside, "The Ch'ien-lung Reign," in *Cambridge History of China*, vol. 9, p. 269.

26) Lee, "Food Supply and Population Growth in Southwest China"; Rowe, "Education and Empire"; Herman, "Empire in the Southwest"; Herman, "The Cant of Conquest" 참조.

중국화의 과정인 것도 아니었다. 18세기 말에 청군의 약탈로 인해 공공연히 저항이 발생하자, 자의식이 강한 5개 부府의 비한족 주민들은 1795년의 묘족 대반란 때에 하나로 결집했다.[27]

운남성과 귀주성에 한족이 출현한 지 이미 1000년이 넘었고, 이 지역은 초기 왕조 때부터 중화제국의 일부라고 여겨졌다. 그러나 이 지역으로의 한족 이주는 명대와 청 초기 100년간 대규모로 이루어졌다. 토지를 열망하고 무역 기회를 잡으려는 사람들, 특히 1720년대 이후에는 구리와 다른 화폐 금속이 풍부하게 묻혀 있는 광산을 개발하려는 사람들이 이 지역으로 쇄도했던 것이다. 게다가 오삼계의 본거지였던 남서부 지역은 1670~1680년대 삼번의 난으로 파괴되었고, 그 재건 시기에 청 조정은 미래에 일어날지도 모를 위협을 줄이기 위해 이 지역을 행정적으로 통합하는 노력을 강화했다.[28] 그러나 청 조정은 토착민들의 토지를 모두 빼앗거나 그들을 쫓아내려고 하지는 않았던 것 같다. 분쟁의 발생 빈도가 증가하고 그 양상이 더욱 흉포해지면서 그것들은 단순히 쌍방의 분쟁으로만 끝나지 않았다. 불만을 품은 사람들은 매우 복잡하고 특별한 지역적 이익을 지키기 위해 무력에 의지했지만, 이것이 반드시 엄격한 민족적 경계에 따라 이루어진 것은 아니었다.

대만에서처럼 초기의 청은 큰 비용을 치르지 않고 조정의 대행자로서 토착 부족장인 토사土司들에게 선택적으로 봉토를 하사해서 이 지

---

27) Sutton, "Ethnicity and the Miao Frontier in the Eighteenth Century."

28) Herman, *Amid the Clouds and Mist*, chap. 6.

역을 지배하려고 했다. 그러나 한족의 부계 상속 관행이 점차 도입되면서 새로운 분쟁들이 토사의 계승 문제에서 터져나왔다. 1705년 청이 한어漢語 학교에서 교육을 받은 사람들만을 부족장으로 인정하겠다고 공포하자, 이 분규들은 자주 파벌 싸움으로 번졌다. 1720년대에 토사 출신 관리를 폐하고 중앙에서 직접 관료를 파견하겠다는 청의 결정(개토귀류改土歸流)은 대체로 이미 그 지역에서 벌어지고 있었던 정치적 무질서에 대한 대응이었다.

16세기에 명이 관료주의적 행정을 시도한 적이 있었지만 실질적인 효과는 거의 없었다. 1660~1670년대에 오삼계가 이 계획을 부활시켰으나 토사들은 없어지지 않고 오히려 증가했다. 가장 큰 지역들이 부府로 분할되면서 효율적인 행정은 단순히 부급 아래의 관할 구역인 한 단계 낮은 수준에서 이루어졌을 뿐이었다.

옹정제는 북서부 개척에서는 강희제나 건륭제보다 덜 호전적이었지만 남서부 식민지 개척에서는 가장 적극적이었다. 옹정제의 신임을 받은 운귀총독雲貴總督 오르타이Ortai(한자 이름은 악이태鄂爾泰)는 개간, 사적 소유, 그리고 세금 징수를 목적으로 호구 등록을 포함한 토지 개혁들을 의욕적으로 실시했다. 지방이 이러한 정책들에 저항하자, 청 조정은 지방에 점점 더 많은 군대를 배치하게 되었다. 수도에 있던 한인 지식층이 예상대로 그 비용에 대해 불평하자, 옹정제는 1728년에 그의 합병 정책에 대해 다음과 같이 변호했다. "짐은 단지 이 변방 지역에 살고 있는 불운한 사람들이 짐의 무고한 자식들이기 때문에 이 조치를 취했다. 짐은 그들을 그러한 어려움에서 벗어나게 하고, 그들의 삶을 안전하고 행복하게 해주기를 원한다. 이 지역에 짐이 이용할 수 있는 사람들과 땅이 있다는 잘못된 인식 때문에 짐이 제국의 크기를 확대시키려는 것은 결코 아니다."[29] 그러나 폭력은 확대되었고, 집단 학살에 가까운 결과를 초래한 1735~1736년의 귀주 반란 때에 절정에 달했다. 청의 통계에 따르면, 거의 1만 8000명의 지방민들이 학살되었고, 1224개의 마을이 불에 탔다. 야심만만한 건륭제의 즉위와 동시에 발생한 이 잔학한 살육은 남서부에서 청의 주도권을 확장하는 첫 번째 단계를 효율적으로 마무리 지었다.

운남성 서부와 메콩 강, 이라와디 강 상류를 망라하는 중국과 미얀마의 국경 지대에서 중국화 과정은 문제가 더욱 심각했다.[30] 1659년 오삼계와 그의 녹영군이 도착하면서 비로소 이 지역에 한인들이 등장하기 시작했고, 그 이후에는 급격히 늘어났다. 오삼계와 청 조정은 봉토를 받은 토사들을 기반으로 행정 기구를 마련하려고 했다. 현지 토착 귀족들(타이족과 다른 언어 집단의 복합 문화의 혼합)은 자주 다른 인접 정치체로부터 직위를 받아들여 형평성을 유지하려 했다. 청은 그중의 하나일 뿐이었다. 유사하게 몇몇 지방 도시들은 문화적 요소들도 선택적으로 받아들였다. 예를 들면 번창하는 국경 마을에서는 유학을 가르치는 학당이 오래된 소승 불교 사원 부근에 생겨났다.

유동적인 정체성과 혈통, 그리고 정치적 충성심이 특징인 이 지역

---

29) Herman, "Empire in the Southwest," p. 47의 번역을 인용했다. Smith, "Ch'ing Policy and the Development of Southwest China"도 참조.

30) 이어지는 단락들은 Giersch, *Asian Borderlands*를 참고했다.

은 새롭게 개척한 농장에서 생산되는 면화, 차뿐만 아니라 훈제 햄, 코뿔소 뿔, 그리고 그 지역의 특산 목재 등과 같은 토산물과 함께 중국산 물품이 교역되는 큰 상업적 중심지였다. 종족, 상회, 지연으로 이어진 끈끈한 조직망과 함께 중국 상인들은 이 지역의 상업에서 지배적인 역할을 담당했고, 수요에 따라 중국과 동남아시아 도처로 진출했다. 청 조정은 안보 상황에 따라 교역을 권장하거나 억제하는 조치를 번갈아 시행했다. 중요한 금지령은 청의 버마 원정 시기인 1760년대에 나왔다. 건륭제는 자신의 십전무공에 버마 원정을 포함하여 또 다른 승리였다고 찬미했지만, 사실 그것은 대실패였다. 수천 명의 만주족과 한족 군대가 거의 성과를 거두지 못하고 열대병에 걸려 사망했던 것이다. 전쟁이 끝나자 금수 조치는 해제되었고, 무역은 더욱 빠르게 성장했다.

18세기 후반과 19세기 초반에 버마와 시암(타이의 옛 이름)에 있는 군소 국가들을 제거하고 군주권을 강화하는 과정에서 국경 지대에는 더욱 다극적인 정치적·문화적·경제적 상황들이 생겨났다. 그러나 다른 지역에서와 마찬가지로 초기 근대 국가들 사이의 국경 강화는 과거에 존재했던 애매한 변경 지대를 점진적으로 없애나갔고, 커져만 가던 문화적 긴장은 결국 19세기 중반의 판타이Panthay 난*에서 정점에 달했다.

---

* 중국에는 두문수杜文秀의 난(1856~1873)으로 알려져 있다. 이슬람교도와 다른 소수 민족들이 청의 통치에 반대하여 일으킨 난이다.

성세의 문화

명말의 지적인 자유와 심미적 실험과 비교하면 청초에는 여러모로 규율과 통제로 복귀하는 현상이 나타났다. 예를 들면 유학 분야에서 명말 태주泰州 학파의 급진적 자유 사상은 강희제의 조정에서 철저히 부인되었고, 사회적 위계와 의례적 순응을 강조하는 송대의 이학理學이 부흥했다. 이러한 현상은 1713년과 1715년에 각각 『주자전서朱子全書』와 『성리정의性理精義』가 도학자道學者 이광지李光地에 의해 간행되면서 그 정점에 달했다. 그런데 이러한 이학의 부흥은 나름대로 혁신적 요소를 가지고 있었다. 송대의 전통이었던 사변적인 우주론적 요소와 개인적인 깨달음에 대한 추구를 극도로 경시하고, 대신에 사회, 경제, 행정 문제들을 실용적으로 해결하려는 이학의 창조적 탐구를 강조했던 것이다. 이것은 훗날에 실학이나 경세의 관념으로 발전하게 된다.[31]

옹정기와 건륭기가 되면, 대도시에 사는 광범위한 계층이 누리는 번영의 정도가 커지면서 명말에 출현했던 중간 지식층 계급의 문화가 부활되고 더욱 확대되었다. 중간 지식층에 속하는 상인들과 장인들의 취향은 상류 지배층이 가지고 있는 매우 엄격한 동질의 철학적·문학적·예술적 전통들과 상류 지배층이 자주 비난했던 활기차고 다양한

---

31) Chan, "The *Hsing-li ching-i* and the Ch'eng-Chu School of the Seventeenth Century"; Rowe, *Saving the World*, chap. 3.

대중문화 사이의 간극을 메웠다.[32] 그런데 이러한 청 중기의 도시 문화
가 어떻게 조정이 지배했던 정통 문화로부터 독립했던 것일까? 학자
들은 18세기의 위대한 시인인 원매袁枚(1716~1798)의 사례를 연구하
면서 이 문제에 대해 논의했다. 원매는 소설, 비소설, 소설에 가까운
산문을 쓰는 가장 인기 있고 경제적으로도 성공한 전문 작가였고, 사
회·경제적 정책에 대한 논평가이기도 했다. 원매의 생각이 반드시 받
아들여졌다고는 할 수 없지만, 많은 고위 관료들은 원매의 견해를 신
중하게 참작했다. 일부 역사가들은 그의 작품 대부분이 고질적인 고
전 문인의 전통을 이어받았다고 지적하는 반면, 또 다른 역사가들은
원매가 전통적 가치에서 벗어나 자유분방한 사고방식을 가지고 있다
고 평가했다. 최소한 원매의 사례는 도시의 지식층 인사들이 어떻게
해서 제국의 도시들 안에서 번창하고 있는, 뚜렷이 다른 부르주아 문
화의 영향을 받을 수 있었는지를 보여준다.[33]

　글을 읽고 쓰는 능력이 사회의 하위 계층으로 빠르게 확산되면서 이
러한 경향은 문학과 공연 예술 분야에서 가장 현저하게 나타났다.[34] 고
전학자 전대흔錢大昕(1728~1804)은 빠르게 성장하는 상업적 출판 시
장에 대해 역설이 녹아 있는 다음과 같은 말을 남겼다. "고대에는 유

---

32) Ropp, *Dissent in Early Modern China*. 특히 제1장에서 Ropp은 이러한 경향을
　　'부르주아화bourgeoisification'라고 규정하고 있는데, 약간은 지나친 감이
　　있다.

33) Waley, *Yuan Mei*; Wakeman, *The Fall of Imperial China*, pp. 52-53; Ropp,
　　Dissent in Early Modern China, pp. 49-50.

34) Rawski, *Education and Popular Literacy in Ch'ing China*; Johnson,
　　"Communication, Class, and Consciousness in Late Imperial China."

교, 불교, 도교 세 가지 교리가 있었다. 명대 이래로 거기에 한 가지가 추가되었는데, 그것은 바로 대중 소설이다. 교리는 아니지만 모든 사회 계층에서 대중 소설을 접하지 않은 사람은 아무도 없다. 심지어 문맹인 여자와 아이들도 공연을 통해 그것을 보고 듣는다. 그것은 이러한 사람들에게 유일한 교리인 셈이다. 그러므로 그것은 유교, 불교, 도교에 비해서 더 널리 퍼져 있다."[35] 전대흔이 주장했던 것처럼 빠르게 확대되는 출판 문화와 오래된 구전 문화 사이에는 상당한 연관성이 있었고, 대중적인 만담과 공개 낭독, 심지어 신성한 성유聖諭(임금의 칙유) 등의 매체도 포함되어 있었다.[36]

새로운 소설 유형으로는 산동성의 작가 포송령蒲松齡(1640~1715)의 『요재지이聊齋志異』에 수록된 초자연적인 이야기 같은 단편 소설이 있었다.[37] 그러나 청의 독자들은 동시대의 근대 초기 유럽 사람들처럼 장편 소설의 양식에 관심을 가졌다. 청의 성세에 나온 가장 위대한 소설은 의문의 여지 없이 『유림외사儒林外史』였다. 이는 과거를 치르는 유생들의 가치와 열망을 무작위로 풍자하는 소설이었고, 그들은 이 소설에서 사회적·경제적 변화의 현실들로부터 점점 멀어지는 인물들로 묘사되었다. 이 작품의 작가 오경재吳敬梓(1701~1754)는 몰락해가는

---

35) Ropp, *Dissent in Early Modern China*, p. 53의 번역을 활용했다.

36) Mair, "Language and Ideology in the Written Popularizations of the Sacred Edict."

37) Zeitlin, *Historian of the Strange* 참조. 포송령의 이야기를 청대 사회사 연구의 자료로 활용한 대표적인 연구로는 Spence, *The Death of Woman Wang*이 있다.

관료 집안의 자손으로, 수재였으나 과거 시험에는 계속 낙방해서 남경과 양주에서 반$\frac{1}{2}$자유 작가로서 근근이 생계를 유지했다. 그의 소설은 18세기 중엽에 필사본 형태로 유포되다가 그가 죽은 지 20년 후에 처음으로 발간되었다. 이 작품은 19세기에 굉장한 인기를 끌어 이후 몇 차례나 재간되었다.

청 제국에는 매우 다양한 연극 형태가 있어서 그 형식과 문학적 특징도 광범위했다. 서민들의 꼭두각시극이나 그림자 인형극에서부터 항주 출신 이어李漁(1611~1680)의 작품처럼 익살맞고 종종 노골적으로 선정적인 희곡戱曲 작품까지 다양했다. 이어는 극작가로서 안정된 생활을 영위한 최초의 중국 문인이었을 것이다.[38] 향촌에서는 오래된 각본의 의례적이고 역사적인 연극과 야외극이 마을과 사원의 축제에서 공연되었다. 때로는 공연이 며칠 동안 계속되었고 멀리 떨어진 곳의 수많은 관중들을 끌어들였다.[39] 강남에서 사천성까지의 도시들에서는 상인 조합들이 일반 도시 대중들을 위해 지방 희곡 공연을 후원했고 길거리에서는 종종 무료 공연이 이루어졌다.[40]

비교적 예술 수준이 높은 사설 공연 극단들의 전통 희곡은 도시 엘리트들의 사랑을 받았고, 대략 30여 개의 극단들이 양주에서 소금 무역으로 새롭게 부상하고 있던 '부상富商'들이나 북경의 조정과 관료들의 후원을 받았다. 개개의 유명 배우들과 때때로 극단 전체가 후원자

38) Hanan, *The Invention of Li Yu*.

39) Johnson, *Spectacle and Sacrifice*.

40) Wang, *Street Culture in Chengdu*, pp. 42~44.

를 바꾸었고, 자신들을 위해 계속해서 더 좋은 조건의 계약을 맺었다. 수많은 국제적인 도시에서는 다양한 지역의 전통 희곡들이 병존하면서 상호간에 영향을 주고받았다. 북경에서는 경극京劇으로 알려진 혼합 양식의 연극이 18세기 후반에 점점 형태를 갖추게 되었고, 청말민국 시기에는 국가적 예술 양식으로서의 역할을 맡게 되었다.[41]

중간 지식층 문화의 발전은 시각 예술에서 다소 덜 두드러졌지만, 이 분야에서도 분명한 변화가 나타났다. 명말이 되면 궁정 그림에 대한 조정의 후원은 이미 매우 다양해진 도시 예술 시장으로 대체되었다. 왕조의 교체로 인해 기능이 정지되었던 이 시장은 1690년대에 활기차게 부활했다. 그것은 유행에 민감한 지식인들의 취향에 의해 좌우되었다. 청대 도시의 신상紳商들은 호화로운 상품들에 대한 품평을 통해서 문화적 우월성을 확립하려고 했다. 지역 특산품들이 장식 예술(소주의 옥공예, 가정嘉定의 대나무 공예, 송강松江의 금속 공예, 양주의 칠기 공예)을 발전시켰던 것처럼, 특정한 지방들은 소주의 오파吳派, 항주의 절파浙派, 양주揚州 학파 같은 다양한 지식인들의 화풍과 연계되었다.

양주의 위대한 화가 중 한 사람인 석도石濤(본명은 주약극朱若極, 1642~1707)는 명 황실의 후손으로 1690년대 말 승려의 유랑 생활 이후에 전문 예술 사업가로 변신했다. 그는 소금 무역으로 부를 축적하고 있는 양자강 하류 지역의 발전하는 도시에서 그림과 서예 작품을 생산하여 판매했다. 석도와 함께 또 다른 명나라 황실 후손인 팔대산

---

41) Mackerras, *The Rise of the Peking Opera*. 청말민국 시기의 국가 건설에서 이러한 전통을 활용한 것에 대해서는 Goldstein, *Drama Kings* 참조.

인八大山人(본명은 주탑朱耷, 1626~1705)은 그 당시에는 '기사畸士'파로 불렸는데, 오늘날의 미술사학자들은 '개인주의'라고 부른다. 석도 작품의 특색은 전통 규범에 대한 강렬한 거부("나의 스승은 하늘이다"), 부활되어 변형된 주관적 반응의 중시, 관점의 다양성, 화가와 관람자 사이의 소외, 그리고 의혹감에 있었다(그림 7). 새로 등장하고 있는 성세의 도시 상업 세계에서는 이러한 감성들이 환영받았다.[42]

제국의 역사를 통해서 중국 예술의 가장 위대한 분야인 자기磁器는 강희제 시대에 기술적 발전의 정점에 도달했다. 17세기 말에 강서성 북동쪽에 있는 거대한 도자기 제조 도시인 경덕진景德鎮에서 생산되는 양은 명말의 최고점을 회복했고, 곧 이를 능가했다. 정부에서 운영하는 가마는 1677년에 전체적으로 재건되었고, 그것들은 개인 자본가들에 의해 경영되는 다른 많은 가마와 연계되었다. 청대 중기 경덕진에서 생산된 많은 자기들이 중국풍에 대한 서양의 취향을 만족시키기 위해 유럽과 북아메리카 시장으로 수출되었다. 이 자기의 대부분은 서양의 구매자들에 의해 직접 주문되었고, 유럽 가문의 문장紋章과 서양의 고대 미술품이나 성경에 있는 삽화가 자기에 그려지기도 했다(그림 8). 이렇게 자기의 수출이 폭발적으로 늘어났지만, 유럽풍 자기가 중국인의 취향에는 별다른 영향을 끼치지 않았던 것으로 보인다. 청 조정은 그림보다 자기를 더 통제했다.

건륭제 말기에는 자기 수출 시장이 유럽 제조업자들과의 경쟁 때문에 심각하게 침체되기 시작했다. 유럽 제조업자들은 유럽에서 새롭게

---

42) Hay, *Shitao*.

그림 7. 석도의 「하당荷塘」

그림 8. 크리켓 시합 광경이 그려진 경덕진의 도자기 대접

발견된 고령토와 예수회 선교사 사비에르François Xavier d'Entrecolles 같은 산업 스파이가 중국에서 훔쳐온 제조 기술을 활용했다.[43]

수출된 자기가 유럽 취향의 국내 모조품을 많이 생겨나게 하지는 못했지만, 18세기 말이 되면 '유럽풍'이 중국에서 유행했다. 이는 유라시아 대륙의 다른 편에서 일어나고 있는 유행에 상응하는 것이었다. 시계와 손목시계, 담배와 담배 보관함, 영국의 모직물과 면직 옷감 등이 모두 광주 같은 항구 도시를 통해 들어왔고, 도시 부유층 사이에서 일상적으로 쓰이게 되었다. 세련된 도시였던 양주와 다른 주요 도시들은 세계적인 유행에 참여하려는 근대적 의식을 특징적으로 드러냈고, 도시들은 저마다 고유의 독특한 감각을 개발하려고 경쟁했다. 청의 전성기에 주요 상업 도시들은 의복을 비롯한 소비재의 최신 유행에 매우 민감했다. 가발, 애완동물, 겉옷, 바지, 주름치마들은 갑자기 인기

43) Vainker, *Chinese Pottery and Porcelain*, chap. 5, chap. 7.

의 물결을 타다가도 하룻밤 사이에 사라지곤 했다.[44]

심지어 고전 학문 분야에서도 성세에 주요한 혁신이 있었다. 18세기 중엽의 지배적인 경향은 고증학考證學, 즉 옛 문헌에서 확실한 증거를 찾아 실증적으로 음성학, 금석학, 지리학, 훈고학을 연구하는 것이었다. 고거학考據學 또는 한학漢學이라고도 알려진 고증학에는 예수회가 들여온 서양의 과학 및 수학과 고염무의 선구적인 언어학 연구들도 영향을 미쳤다.[45] 한학 학자들은 선천적인 도덕적 자율성을 강조한 명말의 태주 학파가 명조 멸망의 주된 이유였다고 비판했지만, 고증학 옹호자들의 회의주의식 태도는 명백히 이지李贄와 태주 학파에 속했던 다른 학자들로부터 유래했다.

한학 지지자들은 경전의 내용에서 후대인들이 삽입한 것과 필사자들의 오류를 밝히고 이를 바로잡기 위해서 훈고적 연구 방법을 사용했다. 염약거閻若璩(1636~1704)의 『상서고문소증尚書古文疏證』(염약거가 살아 있을 때는 필사본 형태로 유포되었다가 1743년이 되어서야 처음으로 간행되었다)과 혜동惠棟(1692~1758)의 『고문상서고古文尚書考』와 같은 중요한 저서들은 현존하는 경전 판본이 위조된 것임을 폭로했다. 초기의 한학 학자들은 주희朱熹를 비롯한 송의 이학자들의 기여에 대해서는 경의를 표했지만, 한학 운동이 절정에 이르면서 송대의 이학을 주요한 문제로 인식했다. 예를 들면 1768년에 나온 논쟁의 여지가 있는 대진

---

44) Finnane, "Yangzhou's 'Mondernity.'"

45) 주요 작품으로는 고염무의 『음학오서音學五書』가 있으며, 1667년에 처음으로 발간되었다. 박학했던 고염무는 18세기 고증학자들의 우상이었고, 또한 고증학자들을 배척했던 19세기 '경세' 학자들의 우상이기도 했다.

戴震(1724~1777)의『맹자자의소증孟子字意疏證』에서, 대진은 주희가 고대에 사용되었던 이理(원리), 기氣(물질적 힘), 성性(본질), 정情(정서 또는 감정적 대응)과 같은 핵심 용어의 의미를 명백히 잘못 이해하고 있었다고 주장했다.

고증학 운동은 도시화, 상업화된 양자강 하류 지역에서 추진되었던 집단 사업이었다. 그것은 그 당시의 통속 소설과 다른 중산층 독서물의 성장을 촉진했던 출판업의 호황으로부터 혜택을 입었다.[46] 남부의 훈고학자들은 주희의 권위에 도전하면서 북경의 청 조정이 정통이라고 천명했던 고전을 읽는 것에 저항했다. 그러나 이유가 어찌됐든 청 조정은 예외적으로 이 행위에 대해서는 관용을 베풀었다. 시간이 흐르면서 훈고학 교육을 받은 사람들이 고위 관직을 얻었다. 그들은 과거 시험 문제를 출제하고 그 답안에 등급을 매기는 임무를 맡았고 자신들과 같은 생각을 하고 있는 응시자들을 합격시켰다. 이후이 운동은 정통이 되었다. 이것은 일정 정도 양자강 하류 지역의 학자들에 대한 계획적인 편애였다. 왜냐하면 그들은 그 지역에 흩어져 있으면서 비교 훈고 연구를 가능하게 해준, 개인이 소장한 막대한 희귀 서적을 접할 수 있는 기회를 많이 가졌기 때문이었다. 건륭제는 1761년에 직접 그 해의 전시 급제자들의 순위를 다시 매기면서 이런 식의 지역 파벌주의를 저지하고자 했다. 그는 강남 출신의 학자를 장원의 자리에서 밀어내고, 상대적으로 궁벽한 섬서성 출신 사람으로

---

46) Elman, *From Philosophy to Philology*. 고증 운동에 대한 전반적인 논의는 이 획기적인 연구를 참고로 한 것이다.

대체했다.[47]

20세기의 민족주의 중국 역사가들은 제국 후기 문화의 초기 과학적 특징에 대한 증거로 고증학을 찬양했던 반면, 일부 혁신적인 연구들은 고증학의 복고적이고 원리주의적 측면을 더욱 강조했다. 이러한 연구들은 18세기의 학자들이 경전 안의 위조와 삽입된 부분을 제거하기 위해 점점 더 정교한 기술들을 이용했지만, 대진을 포함한 많은 사람들의 실질적인 목표는 진실의 보고寶庫로 간주되는 진본 경전들을 복구해 그들이 규정한 사회적·도덕적 질서를 재구축하는 것이었다.[48]

성세를 가장 잘 드러내는 학문적 사업은 10년에 걸친 『사고전서四庫全書』의 편찬으로서, 이는 1772년 2월에 건륭제가 내린 칙령으로 시작되었다. 제국 내에서 간행된 모든 서적과 미간행 원고들까지도 북경에 있는 제국의 위원회에 제출되었고, 모두 1만 편이 넘는 작품들이 검토되었다. 이 중에서 약 3450편의 작품이 총 3만 6000여 권의 표준판 전집으로 필사되었고, 그 사본들은 북경의 황궁, 수도의 북쪽에 있는 원명원(이곳의 사본은 1860년에 제임스 브루스 8세 엘긴 경 James Bruce, 8th earl of Elgin의 지시로 원명원이 파괴되면서 함께 소실되었다), 그리고 승덕과 봉천奉天(지금의 심양瀋陽, 만주어로는 묵던이다)에 소장되었다. 이후의 사본들은 양주, 진강鎭江, 그리고 항주에 보관되었다. 주해가 달린 이 작품

---

47) Man-Cheong, *The Class of 1761*.

48) Chow, *The Rise of Confucian Ritualism in Late Imperial China*, chap. 6, chap. 7; Brokaw, "Tai Chen and Learning in the Confucian Tradition."

들의 목록은 1781년 2월에 황제에게 제출되었다.[49]

　『사고전서』편찬 사업을 실질적으로 주도한 사람은 훈고학자이자 한림대학사였던 주균朱筠(1729~1781)이었다. 항주 출신이기는 했지만 주균의 가문은 3대에 걸쳐 북경에 거주했다. 그러므로 그의 학문적인 도약은 강남을 대신할 수 있는 문화적 중심지로서 성장한 북경 자체의 위상을 반영하는 것이었다. 주균과 그의 일파는 청의 학계에 자신들의 한학 안건을 받아들이도록 강요했고, 기회가 있을 때마다 송학의 경전 해석을 공격했다. 이런 이유로 황실 도서관인 장서루藏書樓를 만드는 사업은 지식층 사이의 파벌주의를 심화시켰고, 결과적으로 이 파벌 싸움은 1790년대에 관료 사기를 떨어뜨리는 데 일조했다.[50]

경고의 징후들

　대부분의 학자들은 건륭제가 아들 가경제에게 양위하기 위해서 1795년에 공식적으로 퇴위하면서 성세가 끝난 것으로 생각한다. 세기가 바뀔 즈음에 심각한 기능 장애가 다소 뚜렷하게 나타났기 때문에

49) Hummel, ed., *Eminent Chinese of the Ch'ing Period*, pp. 120-123.
　　『사고전서』에 있는 모든 장서의 단어를 완벽하게 검색할 수 있는 CD-ROM은 홍콩의 중문대학교에서 제작되었다. 香港中文大學, 『文淵閣四庫全書電子版』.

50) Goodrich, *The Literary Inquisition of Ch'ien-lung*; Guy, *The Emperor's Four Treasuries*.

전체적으로 이런 시대 구분이 타당해 보인다. 그러나 관료의 적극성과 사기 면에서 문제의 징후들은 이전부터 이미 나타나고 있었다.

1774년 천희千禧불교 비밀 교파의 교주인 왕륜王倫이 일으킨 반란은 산동성 서부에서 대운하를 따라 발생했다. 겉으로 보기에는 경제적 고통이 아닌 종교적 신념이 동기가 되어 반란을 일으킨 세력은 몇몇 현 소재지를 점령했고, 결국 중요한 운하 포구인 임청臨淸까지 압박했다. 매우 놀란 건륭제의 조정은 반란을 평정할 충분한 병력을 보낼 수는 있었다. 그러나 반란 진압에 착수하고도 현 소재지들조차도 점령할 수 없었다는 사실은 청 조정의 사회 통제력이 약화되고 있음을 알리는 충격적인 암시였다.[51]

약 7년 후인 1781년, 엄청난 부정부패 사건이 청의 국정 운영의 걸작이었던 상평창 제도를 두고 발생했다. 현급 상평창은 이전 반세기 동안에 지역의 식량 부족을 막고 수확기와 춘궁기에 청 전역의 물가를 안정시키는 역할을 톡톡히 해냈다. 상평창을 유지하는 주요한 수단 중의 하나는, 곡물이나 은을 기부하는 사람에게 학위를 파는 것이었다. 그러나 1770년대에 감숙성의 포정사였던 왕단망王亶望을 필두로 그 지역에서 횡령이 발생했다. 그는 곡물을 구매할 목적으로 모아 두었던 막대한 양의 은을 착복했고, 곡물을 구매하지도 않은 채 기근 구제를 위해 곡물을 배급했다고 허위로 보고했다. 1781년 건륭제가 우연히 이 부정부패 사건에 대해 제보를 받았을 무렵 왕단망은 절강성 순무로 승진해 있었고, 그의 재산은 은 100만 냥을 넘었던 것으로 밝

---

51) Naquin, *Shantung Rebellion*.

혀졌다. 18세기가 거의 끝나가면서 '성세'가 거의 막을 내리는 것처럼, 청의 관료주의적 통치가 이룩한 최고 업적 중의 하나인 상평창 제도는 분명히 정상적인 상태가 아니었다.[52]

52) Will and Wong, *Nourish the People*, pp. 226-232.

4

| 사회 |

　19세기에 중국을 알게 된 유럽인들과 미국인들은 중국의 사회와 문화를 오랜 역사적 시간에 걸쳐 '안정된' 것으로, 또는 더 악의적으로 '정체된' 것이라고 기술했다.[1] 자신들의 독특한 발전 경험을 세계의 광대한 변두리 지역으로 전파해야 한다고 여기는 서양 문명에게 있어서 이것은 편리한 믿음이었다. 불행히도 서양뿐만 아니라 중국에서도 20세기 후반기 동안 일반적인 역사는 정체되었다. 중화인민공화국에서 '정체'는 '봉건 제도'와 연계되었고, 대만에서는 국민당을 매혹시켰던 미국식의 '근대화'와 대비되는 개념이었다. 이러한 '제국 후기의 정체'라고 하는 시각을 지지하는 사람들을 오늘날에도 여전히 찾아볼 수 있다.

---

1) 이 장의 일부는 필자의 "Social Stability and Social Change," in *Cambridge History of China*, vol. 9, pp. 475-562에서 인용했다.

물론 청대 사회의 많은 요소들이 상대적으로 변함없이 유지되거나 심지어 강화되면서 과거와 연속되는 모습을 보여주었다. 여기에는 시가媤家에서 이루어지는 혼인 생활, 부계 친족, 남성 분가 상속, 가정 중심, 정주 농경, 토지 소유권, 그리고 엘리트와 평민을 나누는 본질적인 구분선인 과거 제도가 포함되었다. 점점 더 '기계가 사람들을 대신하는 수단'이라고 인식했던 서양의 연구자들이 청 제국에서 기본적인 기술 혁신의 증거를 거의 발견할 수 없었다는 것은 틀린 사실이 아닐 것이다. 그러나 청이 정체되었다는 개념은 환상에 불과하다. 서양의 '초기 근대'와 상응하는 시기에 청의 사회는 다양한 크고 작은 구조적 변화들을 모두 경험했다. 1911년 청 왕조가 멸망할 무렵, 심지어 1839~1842년 아편 전쟁 시기의 중국은 17세기 중엽의 위기와 정복을 경험했던 중국과는 다른 사회였다.

인구 증가와 이동

청 제국의 건국부터 멸망에 이르는 과정에서 가장 놀라운 변화는 인구의 증가였다. 유라시아 대륙의 동서 양쪽에서는 15세기와 16세기에 '근대적 인구 증가'를 경험하기 시작했다. 이는 부분적으로 감자, 고구마, 땅콩 등 신대륙에서 들여온 내한성 작물이 있었기에 가능했다. 기후의 영향을 크게 받지 않는 이러한 작물들은 주식인 쌀과 밀의 작황이 좋지 않을 때에 발생하는 기근에서 사람들을 구제하는 역할을 했다.

17세기의 위기 이후 청의 인구는 다시 증가하기 시작했고, 얼마 안 되어 가속화되었다. 인구 조사 수치를 보면, 1700년의 인구는 대략 1억 5000만 명 정도로 추산되는데, 이는 한 세기 이전 명대의 수치와 거의 같은 수준이었다. 1800년 무렵에는 인구가 3억 명 또는 그 이상에 도달했고, 1850년경 태평천국 운동이 발생할 무렵에는 4억 5000만 명 정도까지 증가했다. 2000년에는 중국의 인구가 12억 5000만 명을 넘어섰다.[2]

명 말기의 중국과 동시대의 유럽처럼, 청 초기의 빠른 인구 증가 요인은 확실히 사망률의 감소였다. 열성적인 지방 및 성급 관료들이 감자와 땅콩을 내지에 보급하면서 영양실조로 사망하는 사람들이 줄어들었다. 17세기의 주요 사망 원인이었던 천연두는 예방 접종이 일반화되면서 제어되기 시작했다. 그리고 전문화된 의원과 산파, 상업적으로 출판된 의학 서적들이 보급되면서 향상된 출산 기술들과 육아 방법은 유아 사망률을 감소시키는 역할을 했다. 그러나 중국의 인구 증가에 가장 크게 기여한 것은 대체로 여자 아이들과 일부 남자 아이들에게 가해졌던 영아 살해의 비율이 낮아진 것이다. 17세기 말이 되면, 국내적으로 평화가 정착되고 생계를 위한 새로운 경작지와 기회들이 주어지면서 청의 신민들은 신생아를 살해하거나 유기하는 관행을 의도적으로 줄여나갔다. 비록 19세기에 그 관행이 다시 모습을 드러냈지만 말이다. 피임 방법들이 개발되면서 20세기 유럽의 인구가 더디

---

2) 청의 인구에 관해서는 많은 추정치들이 있지만 가장 믿을 만한 연구는 Ho, *Studies on the Population of China*이다.

게 증가한 반면에, 동시대 청 제국에서는 정부의 영아 살해 반대 운동이 성공한 결과 인구 증가에 대한 전통적인 '예방적 억제' 요인이 제거되었다.[3]

경제 면에서 농업에서 제조업으로 전환되는 구조적 변화를 겪었던 유럽에서 인구가 가장 크게 증가한 지역은 주요 도시들과 그 주변의 농촌이었다. 청의 경우에는 그 반대였다. 다른 지역의 인구가 급속히 증가했던 기간에도 청의 가장 도시화되고 번창한 지역인 양자강 하류 지역에서의 인구 증가는 무시해도 될 정도였다.[4] 그러나 외딴 국경 지대와 고원 지대의 정착지에서는 인구가 급증했다. 왜냐하면 이 지역들에서 넓은 지대가 개간되어 사람들의 생계를 향상시키기 위한 좋은 여건들을 제공했기 때문이다.

물론 이런 현상은 단순히 인구의 증가뿐만 아니라 사람들이 복잡한 지역을 빠져나가 새로운 기회가 있는 땅으로 이동했음을 의미한다. 청 조정은 거주지 이동에 대한 명의 금지령(금지령은 명의 마지막 세기쯤에는 이미 무시되었다)을 대부분 폐지하고, 면세 기간, 종자와 가축에 대한 적극적인 장려책을 제공함으로써 의도적으로 서쪽으로의 전례 없는 이주를 장려했다. 명말 장헌충張獻忠의 대학살 때문에 사천성의 비옥한 분지 지역 인구가 급감하게 되었다. 19세기 초기의 학자 위원魏源은 "호광인은 사천성을 채우고, 강서인이 다시 호광을 채운다"라고 말했다. 1720년대에 사천성의 인구 중 70~80퍼센트가 토착민이 아

---

3) Lee and Wang, *One Quarter of Humanity*.

4) 李伯重, 「控制增長以保富裕」.

니었고, 100년 후에는 그 비율이 85퍼센트 정도로 올라갔다. 청대의 사천성 내에서 일어난 사회적·문화적 혼합은 연쇄적이고 복잡하면서 긴장으로 가득한 것이었다.[5]

　일단 중국 본토에서 사람들이 장기간 살았던 지역들은 18세기 초가 되면서 안정을 되찾았고, 제국의 변경으로 유입되기 시작한 청의 신민들은 늪과 숲을 경작지로 바꾸어나갔다. 주지하듯이 1700년대를 통해서 수백만 명의 한족들은 면역력이 떨어졌던 열대병을 무릅쓰면서까지 남서부(오늘날의 운남성과 귀주성)로 이주하여 비옥한 산간 지대를 경작하고 구리나 다른 귀금속들을 채굴했다.[6] 18세기 대만도 마찬가지였다. 청 조정은 내지인이 대만으로 이주하는 것을 통제했지만 소용없었다. 내지인은 토지를 강하게 열망했고, 이는 만성적으로 식량이 부족한 내지인에게 식량을 공급하고 수익을 창출하려는 대만의 상업적 논농사로 인해 더욱 촉발되었다. 실제로 청 중기를 거치면서 대만은 사회적·경제적으로 복건성에 통합되었다.[7]

　1750년대와 1760년대에 서북부의 신강을 정복한 이후 건륭제는 의도적인 농업 식민화 정책을 시행했다. 일부는 그곳에 주둔하고 있는 대규모의 파견군을 위한 안정적인 식량 확보가 목적이었고, 일부는 내지에 위치한 성들의 인구압을 완화하려는 목적도 가지고 있었다.

---

5) Entenmann, "Szechwan and Ch'ing Migration Policy."

6) Lee, "The Legacy of Immigration in Southwest China"; Herman, "Empire in the Southwest."

7) Shepherd, *Statecraft and Political Economy on the Taiwan Frontier*; Meskill, *A Chinese Pioneer Family*.

식민지는 다양한 형태로 이루어졌다. 동투르키스탄의 이슬람교도·기인·한인들로 구성된 군사 식민지, 유배 범죄자들의 식민지, 그리고 자유민들의 식민지가 있었다. 정착민에 대한 정부의 우대책들은 무상 토지 지급, 무상 농기구와 종자, 융자금, 가축 제공으로 이루어졌다. 19세기 중엽까지 신강의 360만 무畝(대략 60만 에이커, 즉 2400제곱킬로미터)의 땅이 정주민들이 사는 농경지로 전환되었다.[8]

여진족이 발원한 동북부에서 한인의 이주는 처음에는 서북부보다 꽤 느리게 진행되었다. 1668년 이전에 청 조정은 요동의 식민화를 장려했고, 1670년대와 1680년대에는 길림성과 흑룡강성 변경 지역에 약간의 식민지 개척자들을 보냈다. 그러나 만주로의 이동은 대체로 제국의 법을 무시한 채 진행되었다. 이주에 문제가 있다고 생각한 건륭제는 재위 첫 해에 만주(여진)의 땅을 한족 민간인들에게 임대하는 것을 불법이라고 선언했다. 그러나 19세기 후반까지도 이 칙령을 강제로 시행하려는 시도는 전혀 없었다. 1890년대부터 20세기 초에 걸쳐 2500만 명이 산동성과 하북성에서 만주로 이주했다. 이는 근대에 나타난 가장 거대한 인구 이동 중의 하나였다.[9]

청대 변방 지역으로의 이주는 중국 본토에서 새롭게 개간된 지역으로의 이주와 병행되었다. 중국의 농업은 전통적으로 평야와 하천 유역에서 이루어졌고, 고원 지대에는 그곳의 토착민들, 비적, 밀수업자,

8) Millward, *Beyond the Pass*, pp. 50-51.

9) Lee, *The Manchurian Frontier in Ch'ing History*; Gottschang and Lary, *Swallows and Settlers*.

그리고 기타 부류의 사람들이 거주했다. 고원 지대에 거주하는 것을 금지한 명의 법령은 청 초기까지 이어졌으나, 지리적인 이동에 대한 다른 금령처럼 준수하기보다는 어기는 것이 더 당연하게 여겨졌고, 청대에는 점차 폐지되었다. 결과적으로 18세기는 중국의 문명이 명백히 고원 지대로 올라가는 시기가 되었다. 산간 지대의 한 가지 매력은 금속 지하 자원이 있다는 것으로, 특히 구리와 납은 빠르게 상업화되고 있는 경제에서 동전의 원료로 중요했다. 그 결과 18세기의 2/4분기에 청 제국 전체에 걸쳐 본격적인 광물 개발 열풍이 불었다. 그러나 더욱 큰 추동력은 역시 새로운 농지에 대한 갈망이었다.

화중과 화남 지역에 위치한 성의 경계와 서북부에 있는 한수漢水를 접하고 있는 고원 지대로 이동한 초기 이주자들은 종종 화전 농업을 했다. 그들은 나무를 베어서 목재나 숯으로 팔았고, 남아 있는 초목을 태워서 비료로 만들었으며, 다음 농사를 위해 인접 지역으로 이동했다. 산지인의 화전을 비롯한 여러 형태의 산지 생활 방식은 점차 이들과 저지대 거주자들을 구분 짓게 했고, 그들은 긴장된 관계로 살아갔다. 산지 화전민은 등에 지고 날라서 임시 거주지를 만드는 데 사용하는 판자 때문에 '붕민棚民'으로 알려지게 되었다. 그들은 민족적으로 한족인데도 무시를 받는 사회 계층이었다.[10]

부유한 토지 개발업자들은 또 다른 이주 물결을 일으켰다. 그들은 고지의 드넓은 땅을 개간하기 위해서 청 조정과 계약을 맺고, 그 땅을

---

10) Averill, "The Shed People and the Opening of the Yangzi Highlands"; Osborne, "The Local Politics of Land Reclamation in the Lower Yangzi Highlands"; Leong, *Migration and Ethnicity in Chinese History*.

여러 개의 구획으로 나누고 소규모의 사업가들에게 하도급을 주어 경작하게 했다. 이로 인해 하나의 농지에 여러 명의 임대인과 다중의 소유주가 생겨났다.[11] 개개의 호들이 실질적인 농사를 위해 충원되었다. 처음에는 산비탈에서도 잘 자라는 고구마 같은 밭작물들을 재배했으나, 나중에는 산비탈을 자르고 계단식 논을 만들어 벼농사를 지었다 (그림 9).

토지 개간의 추동력은 본질적으로 민간 부문에서 발생했다. 그러나 식량 공급을 확대하여 증가하는 인구를 부양할 필요가 발생하자, 1730년경 옹정제는 새로운 땅을 개간하는 데 현지 관료들의 경쟁을 통해서 동기를 부여하는 계획적인 정책을 전개했다. 개간지에는 5~10년의 면세 기간이 보상으로 부여되었다. 관료들은 옹정기에 경작이 가능한 4000제곱킬로미터 이상의 새로운 땅을 토지 대장에 추가했다. 토지가 개간된 것으로 기록하기 위해서 거짓으로 보고하거나 지방의 호戶를 경작할 수 없는 땅에 배정하는 것으로 인한 혼란은 충분히 예측할 수 있는 결과였다. 면세 기간이 끝나게 되면 새로운 조세 부담(토지 대장에 등록되어 있는, 존재하지도 않거나 비생산적인 땅으로 인해 조세 부담은 더욱 커졌다)이 관할 지역의 농가들 사이에 분배되었기 때문에 추가로 위기들이 발생했다.

이를 해결하기 위해서 시도된 방안 중의 하나는 과거에 이러한 농민들이 불법으로 개간해서 실제로 농사를 짓고 있는 땅을 찾아내어 그

---

11) 鈴木中正,『淸朝中期史硏究』; Rawski, "Agricultural Development in the Han River Highlands." 총괄적인 연구로는 彭雨新,『淸代土地開墾史』가 있다.

그림 9. 계단식 논

토지에 세금을 부과하는 것이었다. 하지만 이는 또 다른 부정부패 관행을 낳을 뿐이었다. 1735년에 신중하고 스스로를 '도량이 크다'고 여기던 건륭제가 즉위하면서 조정은 새로운 토지의 대부분을 모두 납세 대장에서 없애기로 결정했다. 하남성의 순무를 포함한 몇몇 관료들은 개간 사업의 실책을 이유로 파직되었다. 그러나 청 조정은 합법적인 토지 개간에 대해서는 지속적으로 지원하겠다고 공포했고, 어떤 경우에는 현존하는 정착지 내에서 새롭게 경작한 작은 토지에 대해서 영구적으로 세금을 면제해주었다.[12]

---

12) Rowe, *Saving the World*, pp. 56-68.

의심할 여지 없이 농지 개간을 향한 열정은 식량 생산을 크게 증가시켰고, 18세기 말까지 1인당 식량 소비의 감소 없이도 급격한 인구 증가를 뒷받침할 수 있었다. 그러나 토지 개간이 낳은 예상하지 못한 재앙은 바로 생태 환경의 황폐화였다. 삼림의 벌채는 대량의 표토를 유출시킴으로써 땅을 계속해서 황폐화했을 뿐만 아니라 수로를 메웠고, 강바닥이 높아지면서 강가의 폭을 좁혀 결국 범람을 일으켰다. 화북 평원의 황토 지대를 흐르는 황하와 수로들은 1000년간 만성적으로 범람했지만, 화중과 화남의 잘 정비된 양자강과 하천들은 그렇지 않았다. 그러나 청 중기와 후기에 전체적으로 생태 환경이 파괴되면서 이러한 현상은 영구히 바뀌었다. 문제는 화중에서 가장 큰 두 호수인 호남성의 동정호洞庭湖와 강서성의 파양호鄱陽湖의 호수 유역이 급격히 줄어들었다는 것이다. 이 호수들은 역사적으로 고지대에서 내려오는 해빙으로 인한 홍수를 강줄기에서 감당하지 못할 때 그 물을 담는 저장 공간 역할을 했다. 청대에 지속적으로 토지 소유욕에 사로잡힌 농민들은 벼농사를 위해 호수 연안에 간척지나 제방을 만들었고, 이로 인해 홍수의 피해를 줄이는 호수의 저장 능력이 크게 감소했다.

18세기 말부터 커져가는 생태학적 문제들을 인식한 청 조정은 심각한 홍수 이후 주기적으로 발생하는 재해를 방지하기 위해 새로운 개간 계획들을 규탄하고 파기했다. 첫 번째 사례 중의 하나가 1788년에 발생했다. 호북성 서부에서 양자강의 제방들이 붕괴되자 청 조정은 강에서 사적으로 개간한 섬을 몰수하여 없애버리는 계획을 추진했다.

그러나 시간이 흐르면서 새로운 경작지에 대한 끊임없는 열망은 더 이상의 개간을 막으려는 청 조정의 모든 노력들을 앞질러나갔다.[13]

토지와 노동력, 천민과 노예

지역 차이가 있기는 했지만 대체로 제국 후기 시대에 토지의 집중 현상은 광범위하게 일어났다. 명초에는 토지가 대농장 단위의 형태로 소유되고 있었다. 일정 부분 농업 개혁가였던 명 태조는 소자작농의 시대를 열었던 '경자유전耕者有田(경작자에게 토지를 주는 것)' 정책으로 대농장들을 해체했다. 그러나 명대에 걸쳐 이전과 동일한 형태는 아닐지라도 토지는 다시 소수 소유자들의 손에 집중되었다. 그 주요 수단의 하나는 위탁이었다. 토지에 늘어나는 세금 부담을 감당할 수 없었던 소농들은 세금 부과의 압박에서 벗어나고 토지를 자신이 영구히 임대하는 조건으로 소유권을 부유한 이웃이나 세금 우대를 받는 신사에게 양도했던 것이다. 17세기 초가 되면 제국의 농지 대부분을 근대 학자들이 말하는 '부재지주不在地主'가 소유하고, 평민 소농들이 관리하게 된 것 같다.

중국을 정복한 청은 체계적인 토지 개혁을 실시했던 명 태조의 선례

13) Liu, "Dike Construction in Ching-chou"; Perdue, *Exhausting the Earth*.
니컬러스 멘지스Nicholas Menzies는 18세기 화중 지역의 산림 벌채의 현실을 인정하면서도 생태에 무관심했던 청 조정과 사회 때문에 '원시림'이 장기간에 걸쳐서 파괴되었다는 일반화된 관점에 대해서는 신중한 접근을 하고 있다.
Menzies, *Forest and Land Management in Imperial China*.

를 따르지 않고 대신에 청 정복자들의 정치적 합법성을 받아들이는 대가로 한족 지배층의 경제적 지배권을 인정하는 방침을 선택했다. 그렇지만 명·청 교체기의 농민 전쟁은 소작농의 지위를 높이는 데 부분적으로 기여했다. 많은 지주들이 불안해진 향촌 지역에서 탈출하면서 그들의 토지를 포기하거나 싸게 팔았던 것이다.

인구압이 감소되면서 전쟁은 토지에 대한 노동력의 가치를 증대시켰다. 이로 인해 나타난 한 가지 결과는 소자작농의 부활이었다. 또 다른 결과는 노동력이 부족해진 지주들이 의지와 능력이 충분한 소작인들에게 영구적인 소작권, 즉 영전권永佃權이나 표면적인 토지 소유권, 즉 전면권田面權을 인정하거나 조건부적인 임대료만을 지불하도록 한 것이었다. 이 방식은 소작인들에게 안정감을 주었고, 또한 그들에게 신작물을 개량하고 실험할 수 있는 자금을 만들어주었다. 그 결과, 청대의 농업 생산성은 그 시대의 급격한 인구 증가와 대체로 보조를 맞추었다.

향촌 엘리트들이 지속적으로 크고 작은 도시에서 다양한 직종으로 이동하면서 많은 소작농들은 재배 작물 선택과 다른 경영상의 결정에 있어서 상당한 자율성을 행사할 수 있었다. 양자강 하류 지역의 일부 부府 및 다른 곳에서도, '조잔租棧'이라고 하는 관리인이 도시에 사는 지주들을 위해 소작인들을 찾고 소작료를 거두었다. 도시 거주 지주들은 대개 자신들의 땅에 실질적인 농사를 지을 생각이 없었고, 심지어 자신들의 재산이 어디에 있는지도 몰랐다.[14] 그러나 상대적으로

14) Lojewski, "The Soochow Bursaries," pp. 43~65.

자유로운 소작인들이 누린 이익은 인구 증가의 영향으로 감소되었다. 노동력에 대한 토지의 가치가 다시 올라가면서 결과적으로 소작료가 더 높아졌던 것이다. 특히 심각한 영향을 받은 일부 지역들에서는 19세기 중엽에 일어난 반란들과 이로 인한 인구 감소가 이러한 효과를 반전시켰다. 결국 이 지역에서는 청 초기의 상황이 다시 조성되어 지주들이 유능한 소작인에게 매우 우호적인 조건을 제공했다. 어느 학자는 1851~1864년에 일어난 태평천국 운동에 뒤이은 노동력의 부족이 1920~1930년대까지 영향을 미쳤고, 양자강 하류 지역에서 소작인 반란을 선동하려던 공산주의자들의 시도들을 지연시켰다고 주장하기도 했다.[15]

지주 제도와 소작권의 경제적 실체는 개인 신분의 문제들 때문에 복잡하게 얽혀 있었다. 청 제국의 일반 백성들은 대부분 양민이었지만 모두 이 지위를 누린 것은 아니었다.[16] 양민의 아래에는 천민과 노예가 있었다. 천민과 노예는 양민처럼 법적으로 과거에 응시할 자격이 없었고, 재판에서는 그들의 권리와 의무가 양민과 달랐다. 노예의 지위는 '반은 사람이고 반은 재산'이었지만 법을 준수해야 했다. 관행적으로 천민과 노예는 양민과 혼인할 수 없었고, 허리를 굽히고 인사를 하거나 또 다른 방법으로 그들의 열등한 사회적 신분을 인정하도록 강요받았다. 청대에 황실과 관료는 천민과 노예를 폭넓게 황제의 자유 신

---

15) Bernhardt, *Rents, Taxes, and Peasant Resistance*.

16) 韋慶遠·吳奇衍·魯素, 『淸代奴婢制度』; 經君健, 『淸代社會的賤民等級』. 특정 지방에서의 경작지 강제 노동에 관한 연구로는 葉顯恩, 『明淸徽州農村社會與佃仆制』; Rowe, *Crimson Rain*을 참조.

민으로 통합하려 했지만, 그 시도는 간헐적인 것이었고, 청 제국 말기까지 여전히 천민과 노예는 없어지지 않았다.

카스트 제도처럼 천민은 묵형墨刑을 당한 범죄자들, 매춘부, 간음한 여자, 동성애자, 기타 사회적 약탈자들로 구성되었다. 또한 여러 지역에서 특정 직업에 종사하며 이를 세습하는 집단들 또한 불결한 천민 계층으로 분류되었다. 산서성의 악호樂戶, 소주의 걸인들, 남동쪽 해안을 따라 배에서 거주하는 단호蜑戶가 그 예이다. 대체로 천민의 수는 청 인구의 극히 일부에 불과했고, 종종 천민 신분에서 벗어날 수 있었다. 경제적으로 성공한 천민들은 몇 세대 후에 자신들 나름의 방법으로 이 신분에서 벗어났다.

노예로 살아가는 백성들의 수는 매우 많았다. 노예의 범주 자체가 애매한 데다가 청의 법령 아래에서는 불법적인 많은 종류의 예속 상태들이 존재했기 때문에 노예가 전체 인구에서 차지하는 실제 비율이 잘 드러나지 않았다. 노예는 경제적 위계의 여러 수준에서 존재했다. 예를 들면 청 제국의 고위 관료 대부분을 포함한 팔기의 모든 구성원들은 팔기의 수장과 궁극적으로는 황제의 노예로 정의되었다. 게다가 화북을 점령하는 과정에서 청이 명말의 반란기에 휴경지로 남아 있던 땅을 제외한 황실, 친왕 또는 관료들의 토지를 몰수할 때, 이 땅에 속한 농민들은 모두 노예가 되었다. 토지의 관리자들 또한 노예가 되었다. 그러나 그들은 매우 부유했으며, 강력한 권한을 행사할 수 있었다. 청이 건국되고 150년 정도가 지나자 이러한 토지에 속했던 많은 땅이 사실상의 사유지가 되었고 종종 관리자들의 손에 떨어졌다. 이전의

땅들은 점점 농촌으로 발전해갔고, 여기에 거주하는 이들은 사실상 자작농이나 소작농이 되었다.[17]

수많은 노예들은 명 또는 심지어 그 이전부터 있었던 고유한 한족 제도의 산물이었다. 이들 중에서 가정의 노예 수는 상대적으로 적었고, 세습적으로 자유롭지 못한 농민들과 농노화된 소작농의 숫자가 많이 더해졌다. 바로 그러한 집단의 반란은 명의 붕괴에 일조했고, 사실상의 수는 감소했으나 그들은 청초에도 여전히 도처에 존재하고 있었다.

새로운 나라가 노예들에게 보편적인 자유를 줄 것이라는 소문이 청의 건국 후 처음 10년 동안 종종 지방의 노예 반란을 유발했다. 그런 소문은 거짓이었고, 게다가 새로운 정권의 황제−신사 동맹 수립은 부분적으로 노예들의 반란을 제압하기 위해서 지주들을 돕고자 하는 실질적인 의지로 발전했다. 그렇다 하더라도 청 초기에 조정은 다양한 분야에 존재하는 비자유민들을 해방시키려고 노력했다.

예를 들면 1680년대에 강희제는 정부 소유지에 계약되어 있는 노예들이 자유를 구입하여 평민이 될 수 있는 정책을 시행했다. 17세기 말과 18세기 초에 모든 계층의 사법 관료들은 조정의 승인하에 고용주들에 의해 법적 구속을 받는 농업 고용인의 범주를 점진적으로 좁혀나갔다. 자유민과 비자유민을 구별해내는 여러 가지 방법들이 시도되었다. 즉 몇 년 동안 주인에게 고용되었는지, 가족과 떨어져 살았는지 아니면 주인의 집에 얹혀 살았는지, 그 선조가 주인의 가족 공동 묘지에

---

17) Huang, *The Peasant Economy and Social Change*, 1985.

매장되었는지, 고용 계약이 있는지 없는지, 만약 있다면 고용 계약 기간이 명기되어 있는지 등을 확인했다.[18]

가장 직접적으로 천민과 노예의 문제를 공략했던 사람은 의욕적으로 국가를 건설했던 옹정제였다. 1720년대 후반 통치 초기에 그는 악호와 단호 같은 지방의 다양한 천민 집단들에게 청의 신민으로서 완전한 법적 권리를 부여하고 또한 경작 노예를 해방하는 과감한 법률을 제정했다. 옹정제의 노예 해방 정책들에 대해서는 많은 기록들이 남아 있는데, 그 정책들의 범위가 때로는 과장되어 있다. 옹정제는 주인과 노예 사이의 관계, 즉 관습적으로 인정된 상하급자 사이의 차별의 존엄성을 보호하기를 원했다. 그러나 합법적인 상황에서 그러한 관계들을 지탱하기 위해서는 먼저 이러한 굴종적 협의가 부적절하게 강요된 사례들을 인식하고 바로잡는 것이 우선적으로 필요하다고 생각했다.

그중 옹정제가 가장 중요하게 생각했던 것은 농지의 임차였다. 대부분의 경우 농지의 임차는 농가들에게 임차지에 대한 관리 권한을 주고, 상황이 좋아지면 임차지의 계약 만료 기간을 연장할 수 있게 하는 자유로운 계약이었다. 바꾸어 말하면 임차는 신분의 협의라기보다는 토지와 노동력이 가장 생산적인 활용에 지속적으로 배치될 수 있게 하는 실용적인 방책이었던 것이다. 옹정제가 그의 생각들을 청 제국 전체에 얼마나 효율적으로 실행했는지는 불명확하다. 어쨌든 건륭제와 이후 황제들의 통치 시기에는 후속 조치가 거의 없었다. 안휘성安徽省

---

18) 劉永成, 「論淸代前期農業雇傭勞動的性質」.

휘주부徽州府 같은 고립 지대에서는 굴종적 임차 관계가 여전히 널리 퍼져 있었다.[19]

민족

다민족 국가인 청 제국의 민족 정체성 문제는 이전의 왕조에서는 없었던 논쟁거리였다. 이에 관한 여러 이유들 중에서 가장 중요한 것은 청의 통치자가 비한족 가문 출신이었고, 그에 따라 궁정 내에서도 통치자의 민족적 성격에 대한 매우 공공연한 이견이 있었다는 사실이다. 두 번째 이유는 청이 수행한 엄청난 제국주의적 팽창이다. 이로 인해 명 영토의 2배 이상으로 통치 영역이 확대되었고, 민족 분리주의라는 골칫거리가 생겨났다. 그리고 세 번째 이유는 주변부와 변두리 지역을 내지로 편입시킨 것이다. 이 지역들은 거의 2000년 동안 제국의 일부로 주장되었으나, 정작 근대 초기까지도 한족은 이곳에 드문드문 거주하고 있었다.

청 제국의 영토가 확장되면서 필연적으로 다양한 문화를 가진 사람들이 부딪히게 되는 것은 청의 신민들에게는 커다란 문제였다. 이는 초기 근대의 유럽인들이 신대륙 사람들과 조우하면서 겪었던 경험과 크게 다르지 않았다. 중국인과 오랑캐 또는 미개인을 구별하게 하는

19) 옹정제의 '노예 해방'에 관한 고전적 연구로는 寺田隆信, 「雍正帝の賤民開放令について」가 있다. 간략한 영문 연구로는 Huang, *Autocracy at work*를 참조.

것은 단순히 일련의 문화적 관습, 예를 들어 젓가락의 사용, 정주 집약 농경, 부계 중심 가족 제도, 장례 의식과 사당 건립 그리고 (최소한 엘리트들에게는) 한자 교육이었을까? 아니면 왕부지가 왕조의 교체 시기에 주장했던 것처럼 더욱 본질적인 생물학적이고 '인종적'인 차이점이 중국인과 오랑캐들 사이에 존재했던 것일까?

물론 이러한 질문은 이민족들을 동화 또는 '교화'시키는 가능성에 대한 커다란 함의를 담고 있었다. 1725~1750년에 운남성에 도입되었던 집중적인 초급 교육 정책을 통해서 이민족을 교육하려는 시도를 해야 하는가? 이 계획은 성과가 없었는가, 또는 바람직하지 않았는가? 야만인들이 고상해지는 것보다는 중국인들이 변절한 혼혈아 또는 인종적 배신자로 퇴화되는 결과가 나타나고 있는 상황에서 다른 민족과의 혼인은 장려되어야 하는가, 아니면 금지되어야 하는가? 정교한 청의 민족지학이 제시했던 것처럼 토착민들은 무한히 다양했는가? 아니면 그들은 모두 똑같아서 묘족의 범주에 통합할 수 있는 구분되지 않는 '타자'였는가?

누가 이러한 기이한 존재들이었는가? 그들은 진정한 민民이었는가? 아니면 그들의 한자 명칭에 뱀이나 개 같은 동물을 가리키는 부수部首가 사용되었듯이 완전히 다른 생물 종種이었던 것인가? 만약 그들이 정말 인간이었다면 비록 원시인들일지라도, 16세기 운남성에 유배되었던 양신楊愼이 문화 상대론이라는 급진적인 주장을 했던 것처럼, 민은 실제로 단일한 범주가 아니라 다양한 민이 있고, 어떤 것은 아직 발견되지 않았다고 주장할 수 있었던 것인가? 또는 그들의 존재가 이러한 원시인들이 머나먼 과거에 살았던 중국인들의 모습과 분명히 닮은 것으로서, 그것이 인류 진화의 단일한 기준을 나타내는 것일까? 그들의 문화적 관습은 단순히 한심하고 경멸받을 만한 것이었는가, 아니면 수준을 비교할 수는 없다고 해도 무언가 존경받을 수 있는 '고결한 야만족' 같은 것이 그들 중에 존재했던 것일까? 원주민을 그린 도록(마치 청대판 『내셔널 지오그래픽』과도 같은)의 확산은 그것이 진실일 수도 있음을 말해주는 것 같다.[20]

그리고 이 야만족들이 정말로 한족의 조상이었다면, 문명화 과정을 통해서 얻었던 것만큼 무언가를 잃어버렸을 가능성은 전혀 없는 것인가? 이것은 1820년대에 대만 원주민을 관찰한 중국 학자 등전안鄧傳安에 의해 제시되었다. 경제적 침체, 반복되는 자연재해, 그리고 유럽의 팽창이라는 불길한 위협이 겹치면서 불안해진 도광제道光帝(재위 1820~1850) 시대의 문화적 부진에 깊게 영향을 받았던 등전안은 당시 사회에 만연하고 있던 상업화가 '우리'의 고유한 예절을 붕괴시켰으므로 '우리'는 이 귀족 원주민에 의해 나타났던 그 모델을 따라 '고대인처럼 근본으로 되돌아가야 한다'고 주장했다.[21]

심지어 모두 본질적으로 한족이라고 동의했던 사람들 중에서도 그들 중에 누가 진정한 민인지에 대한 논쟁이 있었다. 단민蜑民은 복건성과 광동성 연해에서 대체로 배에 거주하는 어민과 행상인 집단이었

---

20) 이에 대한 예는 *The Art of Ethnography* 참조. 유형에 대해서는 Hostetler, *Qing Colonial Enterprise*에 분석되어 있다.

21) Teng, *Taiwan's Imagined Geography*, pp. 194-203.

다. 단민이 주변 농경민과 같은 생김새에 같은 말을 쓰는데도, 육지에 재산이 없고 조상들의 묘지를 갖고 있지 않으며 일반적으로 매춘 여성들과 관련되었기 때문에, 예법과 도덕을 중시하던 지방 현지인들은 단민과의 혼인을 기피하게 되었고, 점차 단민을 경멸하고 천대하기에 이르렀다. 단민은 청 제국의 초·중기에 발생했던 지속적인 이주(화북과 화중에서 남쪽을 향한 이주)의 막바지에 온 사람들의 후손인 것으로 알려져 있다. 그러나 최근에 학자들은 단민의 구분이 이주한 시기에 따른 것이 아니라 이주하여 농경지를 획득했느냐 못했느냐에 따라 결정된다고 주장한다.

단민의 지위 또한 유동적이고 협상 가능한 것이었다. 만약 배에서 거주하는 단민이 상업이나 해적질을 통해 경제적 성공을 거두어 재산(토지)을 얻게 된다면, 단지 한두 세대만 지나면 단민의 지위에서 벗어날 수 있었다. 복주福州 지역의 유력 가문을 면밀히 조사한 결과, 최소한 몇몇 가문들은 청대의 단민을 기원으로 하여 출현했음이 밝혀졌다. 자신들의 부계 혈통을 흠이 없는 다른 민 집단과 결부시키고, 심지어 몇 세대 이전의 조상들이 이 집안에 양자로 들어왔다고 설정하여 성姓이 다른 사실을 교묘하게 해명하면서, 새로운 부자 가문들은 중국의 중부 평원에서 가장 일찍 남쪽으로 이주한 사람들의 후손이라고 주장했다. 이로써 그들은 단민을 벗어났다. 다문화 청 제국의 다른 신분들처럼 이것도 본질적으로 지방 합의의 산물이었다. 단민이 아니라 민이라는 것을 이웃들에게 납득시킬 수 있다면 민이 되는 것이었다.[22]

---

22) Siu and Liu, "Lineage, Market, Pirate, and *Dan*"; Szonyi, *Practicing Kinship*.

이와 비교될 만한 것이 '객가客家'인데, 객가는 원래 화남의 본지인本 地人이 자신들과 구별하려고 붙인 명칭이었다. 객가는 남쪽으로의 이 주 시기 막바지에 화북에서 내려온 사람들의 후손으로, 몇백 년 동안 근친 결혼과 고립된 생활로 인해 다소 독특한 외모와 방언, 음식, 여 성의 전족을 거부하는 등의 사회적 관습을 발전시킨 사람들이다. 고 지대(이주 막바지에 남쪽에서 이용할 수 있는 땅은 이곳뿐이었다)에 대규모로 정착하면서 그들은 산림 관리와 염료 생산, 차와 담배의 재배 등, 그들 의 환경 영역에 적절한 기술들을 발전시켰다. 객가는 저지대 이웃들 과 긴장된 상태에서 서로에게 적응했고, 그들에게 곡물을 사들였다.

청 중기는 객가에게 우호적인 시대였다. 그들이 생산하는 물품에 대한 수요가 높았을 뿐만 아니라 옹정제와 건륭제 초기에 일어난 채광 열풍은 이미 오랫동안 고지대 생활에 적응했던 그들에게 새로운 삶을 열어주었다. 그러므로 객가의 이주는 초기의 중심지인 광동성의 매 梅현에서 대만을 포함한 남동쪽의 산지로 확산되었고, 새롭게 부유해 진 객가 남자들은 학위를 얻고 청의 문화적 엘리트로 편입되기 시작했 다. 이 집단이 이전 몇 세기 동안 도처에 있었는데도, 18세기가 되어서 야 '객가'라는 신분 자체가 널리 용인되기 시작했고, 19세기 초에야 새 로운 객가 지식층의 지도 아래 지리적으로 흩어져 살던 객가인들에게 일종의 우월적이고 자존심 강한 문화적 동질감이 형성되었다. 그들은 정치적으로 적극적이었고, 심지어 태평천국 운동과 1911년의 신해혁 명에서 중요한 역할을 했다.[23]

---

23) Leong, *Migration and Ethnicity*.

　물론 민족성은 지리적인 이주가 심한 청대 중국 사회에서 출신 지역
이 다르기 때문에 나타난 것에 불과했을 수도 있고, 시대 상황이 사회
적인 소외를 야기했을 수도 있다. 양자강 중류에 있는 거대한 무역항
인 한구漢口에서 섬서성 출신의 상인들은 마을에서 가장 부유한 사람
들이기는 했지만, 복장이나 음식 그리고 고립된 집단 거주 형태에 의
해서 구별되었고, 완고하고 은둔적인 행동으로 인해 이웃들의 의혹을
받았다. 호남성의 하항河港 도시인 상담湘潭에서 1819년 강서성 출신
의 '객상客商'들은 강서 지방의 희곡 공연이 진행되는 동안에 호남성 군
중들에게 공격을 받기도 했다. 그리고 무역항으로 급속히 성장한 상
해에서는 영파寧波, 무석無錫, 소주와 같은 부유한 강남 지역 출신의 이
주민들이 도시 엘리트를 구성했고, 강소성江蘇省 북부에서 온 가난한
이주민들은 열등한 문화 집단으로 간주되었다. 그들은 조악한 '소북蘇
北' 방언과 촌스러운 생활 방식들로 인해 천대를 받았고, 제도적으로
가장 비천하면서 보수도 열악한 직업에만 종사했으며, 태평천국 운동
과 훗날에는 일본에게 협력했다는 의심까지 받았다. '소북'이라는 정
체성이 강소성 북부 내에서는 그다지 중요하지 않는데도 일단 상해
에서 다른 사람들이 그렇게 규정하자, 그것은 집단적 정체성, 심지어
집단적 자존심의 단위가 되었다.[24]

　청 제국에서 민족적 소외를 보여주는 가장 객관적인 지표들 중의 하
나는 과거 제도에 접근할 수 있는 기회이다. 매우 적은 과거 급제자 수
의 분배는 주요한 경제적 불화가 그랬던 것처럼 정착해서 살고 있는

24) Perdue, "Insiders and Outsiders"; Honig, *Creating Chinese Ethnicity*.

주류 인구와 그들에게 문화적으로 멸시를 받았던 이웃들 사이에 분쟁을 유발했다. 이 특별한 문제가 결과적으로 제국의 민족 정책의 아주 중요한 초점이 되었다. 예를 들면 소수 민족을 교화하려 했던 옹정제는 1720년대에 본지의 식자층을 육성하기 위해 운남성에서 특별히 묘과苗科를 시행했고, 1734년에는 귀주성의 시험에서 비한족을 위해 특별한 할당 인원을 따로 두었다. 향시에서 자신들을 배제했다는 이유로 강서성의 붕민棚民이 1723년에 반란을 일으키자, 옹정제는 토지를 보유한 붕민에게 과거에 응시할 자격을 부여했다. 반란을 일으킨 붕민의 대부분은 객가였다. 옹정제는 원래 살고 있던 주민들과 붕민의 적대감을 줄이기 위해 두 집단의 과거 급제자 할당 인원을 분리시킬 것을 지시했지만, 실제로는 이것도 붕민이 본지인과는 다르다는 인식을 현실적으로 보여준 것이었다.

옹정제는 1729년의 칙령에서 단민과 기타 천민을 범민凡民이라고 선언하면서 그들에게 과거 응시를 포함하여 범민 신분에 주어지는 특권을 부여했다. 그러나 옹정제의 후계자인 건륭제는 그의 치세 동안 점차 이러한 적극적인 정책들을 거의 모두 폐지했다. 1771년에 건륭제는 심지어 옹정제가 1729년에 반포했던 범민 칙령을 수정했다. 그는 천민의 과거 응시 자격은 그들이 세금을 납부하는 재산 소유자가 되고 난 이후 4대가 지나야만 부여한다는 조건을 덧붙였다.[25]

---

25) Rowe, *Saving the World*, chap. 12.

여자와 남자

청 제국에서 성性의 역할은 끊임없이 변화했다. 예를 들면 18세기 말 소주 출신의 심복沈復이라는 이름의 막료幕僚는 혼인 생활에 대해 다음과 같이 기록했다.

집에 돌아왔을 때 거의 새벽 3시였다. 촛불은 거의 타들어갔고 집은 고요했다. 나는 슬그머니 방으로 들어갔는데, 잠자리 옆에서 꾸벅꾸벅 졸고 있는 아내의 여종과 화장을 지웠으나 아직 잠자리에 들지 않은 아내 운蕓을 발견했다. 촛불이 아내를 밝게 비추고 있었다. 아내는 책에 열중해 있었고, 나는 아내가 집중해서 읽고 있는 것이 무엇인지 알 수가 없었다. 나는 아내에게 다가가서 어깨를 만지면서 물었다.

"당신 요 며칠 동안 많이 바빴을 텐데 왜 늦게까지 책을 읽고 있소?"

운이 돌아섰다.

"막 자러 가려고 했는데, 책장 서랍을 열어보다가 『서상기西廂記』라는 책을 발견했어요. 종종 이 책에 대해서 들었지만, 이번에 이 책을 처음으로 읽을 수 있었어요. 사람들이 말했던 대로 작가가 정말로 재능이 있어요."……

운의 습관과 취향은 나와 같았다. 아내는 내 눈과 눈썹을 보고도 내가 무엇을 말하는지 알아차렸다. 아내는 내 표정에 따라서 모든 것을 했고, 아내가 했던 모든 것들은 내가 원하던 것이었다. 한번은 내가 아내에게 이렇게 말했다.

"당신이 여자여서 집에만 갇혀 있는 것이 안타깝소. 만약 당신이 남
자가 될 수 있다면 우리는 유명한 산들을 방문하고 웅장한 유적들을
찾아낼 수 있었을 것이오. 우리가 같이 전 세계를 여행할 수 있었을 것
이오. 아주 멋지지 않았겠소?"[26]

심복과 그의 부인의 관계는 과거 중국 사회의 전형적인, 냉담하고
기계적인 혼인 모습과는 거리가 멀었다. 가장 단순하게 표현하자면
그들은 '사랑에 빠졌고' 명말에 출현했던 우애 결혼 같은 것이었다. 그
러나 그들이 청 중기 부부들의 전형적인 모습은 아니었을 것이다.[27] 그
당시 결혼의 지배적인 형태에서 여성들은 제도적으로 남성들이 자신
들을 위해 만들었던 공자의 도덕 체제를 구현한 많은 규제들에 시달
렸다. 여성들은 영아 살해로 더욱 고통을 받았을 것이다. 여성들은 혼
인과 동시에 친정으로부터 단절되었고, 사실상 시가의 소유물이 되었
다. 남편은 지나치게 말이 많다는 등의 이유로도 아내를 내쫓을 수 있
었지만, 아내가 남편과 이혼할 수 있는 유일한 법적 사유는 심각한 신
체 손상이나 매춘의 강요였다. 상속과 재산 소유에 대한 여성들의 권
리는 엄격히 제한되었다. 여성의 활동 영역은 집 안으로 제한되었고,
이동과 사회 활동은 허가되지 않았다. 더 좋은 데로 시집을 보내겠다
는 이유로 딸들에게 행한 전족은 여성들을 더 고통스럽게 했고, 일생

26) 沈復,『浮生六記』, p. 28, p. 40.
27) 헬렌 던스턴Helen Dunstan은 심복의 부인이 동성애자였고 심복이 이를
   받아들인 것이 그들의 관계에 매우 중요한 부분이었다고 주장했다. Dunstan, "If
   Chen Yun Had Written about Her Lesbianism."

동안 제대로 움직일 수조차 없게 만들었다(그림 10).[28] 동갑인 심복과 운은 14세 때 중매로 결혼했다. 그들은 도시에 살았고, 글을 읽고 쓸 줄 알았으며, 신사층에 속했다. 하지만 경제적으로 매우 부유한 것은 아니었다. 그러나 그들은 우리가 일반적으로 서양 중산층의 모습으로 생각하는 낭만적인 결혼 생활을 누렸다.

우애 결혼이 명말에 처음으로 출현했을 때와 비교해보면, 청의 우애 결혼에 결여되어 있는 한 가지 두드러진 점은 매춘 문화가 제공하는 자극이었다. 남경의 진회하秦淮河처럼 명말의 유명한 사창가에서 남자들은 품격 있고 고상한 이상형 여성들을 만났고, 어떤 남자들은 혼인 상대자로 이들과 비슷한 사람을 찾으려 했다. 그러나 청 초기가 되면 낭만화된 매춘 문화는 완전히 사라진 것은 아니었지만 지하로 숨어들어가 버렸다. 유교의 기본적인 가족관을 방어하고 '문화 혁명'의 지니(알라딘의 램프 속의 거인)를 병 속에 넣으려는 시도의 일부로서, 청 조정은 17세기 말과 18세기 초에 매춘, 외설물, 동성애, 강간 등을 통해 나타나는 성적인 자유 방임을 엄격히 단속했다. 이 계획은 실제로 성공을 거두었지만, 그 효과는 일시적이었다.[29] 최소한 건륭기가 되면 소금 무역으로 부유해진 도시인 양주의 운하에 있는 '화방花舫(아름답게 장식한 놀잇배)'과 같은 홍등가는 나라 전체에서 매춘 문화의 중심지

28) 청 초기 여성들의 인생 경험에 대한 강제적이고 철저하게 부정적인 관점에 대해서는 Spence, *The Death of Woman Wang*을 참조.

29) Ng, "Ideology and Sexuality." 청이 지방 법정을 활용하여 성의 개념을 강제했던 시도와 이러한 시도가 먹혀들지 않았던 사회적 현실에 대한 미묘한 관점에 대해서는 Sommer, *Sex, Law, and Society in Late Imperial China*를 참조.

그림 10. 1870년대의 중국 여성

로 다시 자리매김했다.

그 동안에 천진, 한구, 중경처럼 경제적으로 다양한 위상을 가진 항구 도시들에서 다시 성행하기 시작한 성매매는 큰 사업이 되었고, 상업과 운송에 종사하는 남성 노동자들에게 상급의 매춘부를 공급했다. 결국 19세기 말 급속히 성장한 상해는 이 두 가지 경향이 합쳐서 나타났다. 매춘의 도시 상해에서는 빈곤한 길거리 하급 매춘부부터 전국적으로 이름을 떨친 세련되고 아름다운 고급 매춘부까지 모두 찾아볼 수 있었다. 남성 고객들은 이 여성들을 숭배하고 예를 갖추어 대했으며, 자의든 타의든 이들에 관한 이야기가 끊이지 않았다.[30]

특히 18세기에 청 제국에서 성 역할의 지형을 바꾸었던 특별한 시발점이 된 것은 과부의 수절에 대한 예찬이었다. 아이일 때나 아직 성숙하지 못한 청소년 시기에 혼인을 약속하는 관행은 높은 조기 사망률과 더불어 젊은 과부들을 양산하는 원인이었다. 여성들은 남편이 죽기 전에 시가에 들어갔고, 시가는 대를 이을 아들을 양육해야 할 역할을 수행할 수 없게 된 며느리를 부양해야 하는 짐을 안게 되었다. 반면에 사회의 불균형한 성비(대개 영아 살해로 인한 것이지만, 출산 중에 여성이 사망하는 경우도 있었다) 때문에 여전히 매력적인 여성은 과거의 혼인 여부와는 상관없이 비싼 지참금을 받고 새로운 남편에게 팔려갈 수도 있었다.

이러한 강력한 동기가 젊은 과부를 상품화한다고 생각하고, 과부의

---

30) Meyer-Fong, *Building Culture in Early Qing Yangzhou*; Hershatter, *Dangerous Pleasures*; Yeh, *Shanghai Love*.

수절이 황제에 대한 충성과 극진한 효성을 대변하는 것으로 간주한 청 조정은, 불필요한 며느리를 팔아치우려는 유혹에 저항하고 대신에 며느리의 고결한 과부 생활을 허락했던 가족들에게 명예(의례적인 열녀비를 세울 권리 같은 것)를 수여하는 정책을 시행했다. 남서부처럼 문화적으로 주변부인 곳에서는 제국의 관료들이 문명화의 수단이자 형사취수혼(아이를 낳고 혈통을 보존하기 위해서 형제 중의 한 사람이 죽은 형제의 자식 없는 과부와 혼인해야만 했던 관습)과 같은 '야만적인' 혼인 관습을 근절하는 방법으로서 과부 수절 정책을 활용했다. 그러나 강남 같은 부유한 중심 지역의 많은 유력 가문들이 사회적 명성을 얻기 위해 이웃과의 사회적 경쟁에서 수절 과부라는 조정의 승인을 이용하기 시작했고, 황제는 차츰 이러한 현상을 부적절한 것으로 바라보게 되었다. 특히 남편이 죽었을 때 자살한 정숙한 과부에게 부여되는 명예가 가족들에게 이어지는 경우에, 조정은 점점 과부의 자살이 강요받았을 것이라고 의심했고, 사심이 없었다고 할지라도 과부의 자살은 사람의 목숨을 존중하지 않는 비도덕적인 측면을 보여주는 것이라고 생각했다. 그러면서 조정은 점진적으로 과부 수절의 열기를 누그러뜨리면서 명예 부여를 삼갔다.[31]

고증학 같은 새로운 학문 경향들은 과부 생활을 도덕적으로 만들었던 것에 대해 의심을 제기하는 데 기여했다. 일반적으로 송대 이학에 대한 회의론자였던 왕중汪中 같은 학자들은 과부가 재혼하기보다 굶

---

31) 청대에 절개 있는 과부를 숭배한 것을 다룬 연구로는 Elvin, "Female Virtue and the State in China"; Holmgren, "The Economic Foundations of Virtue"; Theiss, *Disgraceful Matters*를 참조.

어죽는 것이 더 낫다고 말한 정이程颐에게 반기를 들기 시작했다. 그들은 경전을 새롭게 연구한 결과, 과부의 재혼에 대한 비판이 근거 없다고 주장했다. 그들은 의례적인 예절에 대한 과도한 요구와 상식적인 인간의 동정심을 대비시켰고, 대개 후자의 편을 들었다.[32]

청대에 성性의 해석에 반발하고 이의를 제기하게 만든 주요한 자극은 역사적으로 유례없이 높았던 남성의 외지 체류 빈도였다. 여성들은 다양한 이유로 집에 오랫동안 홀로 남게 되면서 상당한 행동의 자유를 얻었다.[33] 남편이 부재중인 여성들은 가정 경제의 관리자 역할도 맡게 되었다. 재능 있는 여성들은 명말에 유행했던 예술 분야에 계속 관심을 가졌고, 특히 시를 써서 종종 출판을 하기도 했다. 여성의 사회활동 분야는 계속 확장되었다. 심복과 그의 아내가 함께 세상을 구경하는 것을 금지했던 전통적인 규범들(심복 부부가 한탄했던 제약들)은 여전히 존재했으나 실제로는 점점 희미해졌고, 보수적인 개혁가들은 반복적으로 이러한 사실에 대해서 경고했다. 여성들은 집을 떠나와 지방 희곡 공연과 사원의 제전을 관람했고, 더 나아가 유명한 성지를 여행하기 위해 활동적인 다른 여성들과 함께 성지 순례 단체들을 점차 만들어나갔다.[34]

---

32) 이러한 경향의 표준적인 연구로는 湯淺幸孫,
「淸代における婦人解放論―禮敎と人間的自然―」이 있고, 영문 연구로는 Ropp,
"The Seeds of Change"를 참조.

33) Mann, *Precious Records*.

34) 순례 단체에 대한 연구로는 Naquin and Yü, eds., *Pilgrims and Sacred Sites in China*를 참조.

심복은『서상기』와 같은 인기 소설들을 아내와 함께 읽고 토론하는 것을 즐겼지만, 대체로 남성들은 여성들이 글을 읽고 쓰는 것을 매우 못마땅하게 여겼다. 여성들의 교육에 대한 18세기의 논쟁은 확실히 변방 비한족들의 교육에 대한 논의와 동일한 차원에서 이루어졌고, 실제로 몇몇의 동일 인물들이 양자에 관여했다. 비판가들은 여성들의 생각이 너무 단순해서 경전의 본질적인 의미도 파악할 수 없기 때문에 여성들을 교육하는 것은 쓸모없는 짓이라고 주장했다. 사실 교육받은 여성들은 사회에 이익이 되기보다 부담이 될 수도 있는데, 그 이유는 여성들이 삼류 통속 소설이나 하찮은 저작만을 읽고, 여성들의 시야가 가정의 영역을 넘어서 불필요하게 확장될 수 있기 때문이라는 것이었다.

여성들의 교육을 지지한 사람들은, 모든 인간이 이理로 채워져 있어서 교육이 가능하다고 생각했기 때문에 어떤 범주의 사람들의 교육 기회를 제도적으로 배제하는 것은 하늘[天]의 뜻을 어기는 것이라 보았다. 어쨌든 그 당시 세계의 여성들이 급속히 글을 읽고 쓸 줄 알게 되면서부터 여성들의 독서 취향을 생산적인 방향으로 유도하는 최선의 방법은 여성들에게 고대 경전 교육을 받게 하는 것이었다. 그리고 남북전쟁 이전 시기 미국의 '공화주의 모성Republican motherhood'을 기묘하게 모방한 것 같은 논쟁에서 대부분의 경우 청의 개혁가들은 자식의 학업 능력 향상과 윤리 교육에 중요한 역할을 하는 것은 어머니이고, 교육받은 어머니가 자식을 더 잘 교육할 수 있다고 지적했다. 행동주의자 관료인 진굉모陳宏謀(1696~1771)는 "문명화의 과정은 여성의 영

역에서 시작된다"라는 결론을 내렸다.[35]

이와 비슷한 시기에, 청 초기의 통치자들과 지배층이 명말의 사회·문화적 자유 방임을 거부하면서 관심 밖으로 밀려났던 '재녀才女'가 대중의 용인을 다시 얻게 되었다. 그 전환점은 성공적인 직업 작가이자 유명한 자유 사상가인 원매였던 것 같다. 원매는 남경에서 여성 문인들의 시작詩作 능력을 계발하기 위해 열정적으로 노력했다. 19세기 초가 되면 고등 교육을 받은 여성은 최소한 상류 사회에서 어느 정도 자리를 잡게 되었고, 정숙하면서도 자신감 있게 저명한 남성 학자들과 함께 문화적·정치적 문제들을 토론했다. 그리고 19세기를 지나면서 산문체 소설 영역이 확장됨에 따라 여성들은 작가, 평론가, 독자로서 문학에서 차지하는 위상을 재정립했다.[36]

성에 관한 또 다른 쟁점은 여성의 전족이었다. 정복 직후에 청은 이 오랜 중국의 관습을 금지했다. 전족의 금지는 한족 남성과 소년들에게 변발을 강요한 명령과 상응하는 것이었다. 두 가지 모두에서 사회적 저항에 부딪힌 조정은 변발을 시행하려는 노력에는 대가를 지불할 가치가 있지만 전족에 대해서는 그렇지 않다고 결정했다. 사실 인체를 훼손하는 전족 관습은 청대에 더 확산되었다. 청 초기에는 부유층만 전족을 했으나 시간이 갈수록 전족 관습은 경제적으로 하층의 노동계층까지 확장되었던 것으로 보인다. 대부분의 가족들은 교육보다 전

---

35) Chen, "On Women's Education," in de Bary et al., *Sources of Chinese Tradition*, vol. 2에 있는 필자의 번역을 일부 활용했다.

36) Mann, *The Talented Women of the Zhang Family*; Widmer, *The Beauty and the Book*.

족이 딸에게 좋은 혼인 상대를 소개해줄 수 있는 불가피한 수단이라고 여겼다.

객가와 같은 특정한 집단들 그리고 분명히 그 수가 줄어들고 있었던 만주족들은 자신의 문화 전통에 맞지 않았던 전족을 받아들이지 않았다. 그렇지만 청 제국 말기에 접어들면서 전족에 대한 반감은 유명한 쟁점이 되었고, 많은 지방에서 천족회天足會가 갑자기 생겨나기 시작했다. 강유위康有爲(강유웨이)를 비롯한 남성 개혁가들은 전족이 야만적일 뿐만 아니라 인구의 절반에 해당되는 여성의 노동력과 잠재력을 막대하게 낭비하는 것이며, '낡은 중국'의 모든 역기능적 특성을 완벽하게 상징하는 것이라고 인식했다.[37]

청의 신사

20세기 중엽까지 전통 중국 농촌 사회에 대한 대표적인 해석은 향촌 지역의 계층 구조가 '농민'과 '신사'라는 두 가지 대조적인 집단으로 구성되었다는 것이다.[38] 그러나 실제로는 농민과 신사 집단 외에도 상인, 행상, 장인, 종교인, 그리고 특히 운송업자 등 매우 많은 사회 집단이 존재했다. 이 두 가지 주요 '계층'에서조차도 개인들과 부분 집단의

---

37) 청말과 초기 중화민국 시기의 전족에 관한 논쟁을 도전적으로 다룬 연구로는
    Ko, *Cinderella's Sisters*를 참조.

38) Fei, "Peasantry and Gentry."

이익은 서로 조화를 이루기도 하고 때로는 대립하기도 했다. 그리고 각각의 집단 내부의 이러한 복잡성은 청대를 거치면서 점점 더 심화되었다.

'신사'를 영어의 '젠트리gentry'로 번역하면 오해의 여지가 있는데, 이는 헨리 필딩Henry Fielding과 제인 오스틴 Jane Austen의 소설 속에 나오는 붉은색 코트를 입은 여우 사냥꾼을 떠올리게 하기 때문이다. 그러나 이 용어를 중국에 적용한 것이 전혀 이유가 없지는 않다. 청의 신사는 세습 귀족의 지위를 소유하지는 않았지만, 영국의 젠트리처럼 제국의 특권을 부여받은 지주 엘리트들이었고, 지방의 행정 업무를 관리하는 데 힘을 보탰다. 영국처럼 중국에도 진정한 귀족이 있었고, 그 흔적들이 근대 초기까지 유지되었지만, 귀족은 대체로 향촌의 지배적인 사회 세력으로 새롭게 부상한 신사들로 대체되었다. 귀족이라는 혈통이 개인적인 학문 성취에 기반을 둔 신사로 대체된 것은 관료제로의 접근 경로와 신분 상승을 위한 결정적인 역할을 과거 제도에 부여한 당말과 송대부터였다.[39] 그러나 신사의 지위가 극적으로 상승한 것은 그들이 경제 상업화와 지방의 운영에 관여하기 시작한 16세기의 일이었다. 이 발전은 그들을 농촌의 지배 계급으로 만들었다.[40]

청의 신사는 영국의 젠트리처럼 본거지인 향촌과 도시에서 동일하게 문화·정치 양식을 실천하는 사람들이었다. 청대 신사는 공적인 역

---

39) Hartwell, "Demographic, Political, and Social Transformations of China"; Hymes, *Statesmen and Gentlemen*.

40) Shigeta, "The Origins and Structure of Gentry Rule."

할 면에서는 적어도 첫 단계의 과거를 통과하여 학위를 소지하여 국가의 인정을 받은 남성 학자이자 민간 관리였다. 그들은 합법적으로 유복儒服을 입었고, 관직에 등용될 자격이 있었으며, 실제 관료는 아니더라도 관료들과 동등한 지위에 있었다. 신사는 흔히 젊었을 때 한두 번의 짧은 관직 경력을 거치고 중장년 시기의 대부분을 고향에서 보내며 관직 경력의 영광을 누리는 '퇴임' 관료들이었다. 상당히 넓은 사적 역할 면에서 향촌의 신사는 대지주였고 '대가문'의 일부였다. 다시 말해서 그는 지방 유력 인사였다. 이 개인적 영역에서 '신사'는 단지 남성 학위 소지자만을 뜻하는 것이 아니라 그의 아내, 자식들, 그리고 일부 방계 친척들은 물론, 일찍이 과거 급제자를 배출했거나 배출하지 못했던 많은 부계 가족들도 포괄하는 용어이다.[41]

청의 신사는 대개 그들의 생활 방식에 의해 규정되었다. 그들은 평민보다 더욱 품위 있고 느긋했으며, 중요한 임무를 위해 이동할 때에는 걷기보다는 주로 가마를 이용했다. 그들은 일반적으로 상당히 박식했는데, 청말에는 이를 입증하기 위해서 안경을 쓰곤 했다. 그들은 집에 예술품(예를 들면 아름다움을 자랑하는 것 이외에는 다른 실용성이 없는 자기)을 소장할 여유가 있었다. 상위 신사들에게 이 '중요하지 않은 것'들에 대한 감식안은 그들의 신분을 상징하는 것이었다.

지역 공동체에서 많은 사람들이 같은 성씨 집단에 속해 있었지만, 신사는 공식적 종족宗族 조직에 참여하는 경향이 일반인보다 더욱 강

---

41) 이 집단에 명칭을 붙이는 문제에 대한 논의로는 Esherick and Rankin, eds., *Chinese Local Elites and Patterns of Dominance*의 '서론'을 참조.

했다. 주요한 삶의 통과 의례들인 관혼상제에 대해서 그들은 12세기 이학자 주희의 정통적이고 비경제적인 지시를 더 고수하려고 했다. 평민들이 가족의 화장식이나 장례식에 종종 천박하지만 오락적인 무당이나 퇴마사를 부르는 경우가 있었는데, 신사는 이러한 사례들을 자신들의 문화적 주도권—"우리는 너희보다 더욱 정통적이고 엄격하므로 너희에게 존경과 복종을 받으면서 더 큰 부를 누릴 권리를 가지고 있다"—을 강화하는 데 활용했다. 상례나 혼례 편람들은 복잡한 정도와 비용 수준에 따라 여러 의식을 규정해놓고 각 가정들이 자신들의 형편에 따라 선택할 수 있도록 했다. 또한 이러한 가족 행사는 신사 종족이 일가 중에서 누구를 초대하고 참석한 사람들의 좌석을 어떻게 배치하는지를 결정하면서 그들의 경계를 확고히 하고 내부의 위계를 규정 지었다. 청대 훈고학자들이 옛 의례 문헌들의 신빙성을 놓고 격론을 벌인 주된 이유는 그것이 어떻게 지역 사회를 조직하고 계층화할 것인가와 같은 실질적인 주제였기 때문이다. [42]

　시간이 흐르면서 좁은 관직 보유자의 범주와 넓은 지방 엘리트의 범주가 합쳐졌다. 그 첫 번째 이유는 과거에 급제하고 관직 임명을 보장받은 사람들이 종종 이미 재정적으로 풍족했고, 고향과 가까운 땅에 새로운 재산을 투자했기 때문이었다. 또 다른 이유는 학위 소지자들이 대부분 경제적으로 풍족한 집단에서만 우선적으로 나왔기 때문으로, 이러한 가문들은 아들의 교육을 위해 몇 년의 세월을 투자할 수 있

---

42) Naquin, "Funerals in North China"; Brook, "Funerary Ritual and the Building of Lineages in Late Imperial China"; Chow, *The Rise of Confucian Ritualism in Late Imperial China*.

는 여력이 있었다. 그리고 가난한 가정에서 뜻밖에 과거 급제자가 나왔을 때, 그는 재빨리 이러한 자격을 누릴 수 없는 부유한 이웃 가족과 혼인을 하곤 했다. 만약 그들이 사전에 충분히 겹쳐지지 않았다고 한다면, 두 집단을 더욱 결속시켰던 결정적인 이익의 공통성은 학위 소지자(법적으로 신분을 구별하는 표식으로)와 대가문(법의 영역 밖에서 지방 정부가 세수 협조자에게 주었던 세금 감면 혜택으로) 양측에 주어진 면세 특권 제도였다.

과거 제도는 끊임없이 공부하면서 동시에 농사에서도 부지런한 것이 과거 성공을 위한 공식이라는 신화에 기초하여 만들어졌다. 그러나 그들이 인정했던 것보다 더욱 많은 경우에, 학위를 소지한 신사들 중에서 지식인 계층 출신이 아니었던 사람들은 농업보다는 상업에 기반한 가문 출신이었다. 상업 활동의 본거지인 안휘성의 휘주부나 비단 생산지인 강소성의 남심진南潯鎭 출신 인물 중에서 특이하게 과거 급제자가 많이 배출되었던 것이다. 많은 경우에 신사의 선조들은 지방의 강력한 실력자들로, 그들은 후손들을 문관 지식인으로 만들어 성공시키기 위해 폭력적인 기업가 정신을 활용했던 향병, 자경단의 지도자들이었다.[43]

신사라는 사회 계층의 실체를 이해하기 위해서는 우선 신사의 수입원을 살펴보는 것이 유용하다.[44] 신사층의 가장 큰 수입원은 사적인 투자, 다른 무엇보다도 토지가 우선이었으며, 또한 전당업과 여러 가지

---

43) Meskill, *A Chinese Pioneer Family*.

44) 이에 관한 고전적 연구로 Chang, *The Income of the Chinese Gentry*가 있다.

형태의 고리대금업(이자를 붙여 돈을 빌려주는 것은 청대에 점점 중요해졌다), 그리고 성장하는 상업 부문도 수입원의 일부였다. 여기에 학위 소지자들이 관여하는 것은 공식적으로 불법이었다. 그다음으로는 그들의 '공식적' 수입이라고 할 것들이 있었다. 그들이 관리로 근무하고 있었다면, 이것에는 그들의 녹봉, 상여금인 양렴은, 그리고 여러 형태의 '수수료'가 포함되었다. 그들이 현학縣學이나 부학府學의 학생이었다면 나라에서 주는 수당이 여기에 포함될 수 있다. 그러나 제국 후기에는 신사의 주요 자산인 글을 읽고 쓸 줄 아는 능력을 활용한 여러 형태의 소득이 더욱 중요하게 되었다.

지방 엘리트는 가정교사나 글방의 훈장으로 일했다. 이것은 관직 진출에 실패한 자가 생계를 잇는 오랜 수단이었고, 명과 청 시대의 소설에 등장하는 빈곤한 시골의 훈장은 고루하고 익살맞은 인물이었다.[45] 19세기에 번창했던 항구인 한구에서는 집의 대문에 '훈장'이라는 간판을 걸면 두 가지 이익을 얻을 수 있다는 농담이 있었다. 이 간판이 학생들을 끌어모으면서도 동시에 집 주인의 빈곤함을 선전하는 기능도 했기 때문에 거지들이 드나들지 않았다는 것이다. 그러나 명말부터 문학에 대한 관심이 증가하면서 이들을 위한 경제적 틈새시장이 생기고 커졌다. 저명한 학자들은 팽창하는 상업 출판 시장에서 작가 또는 대필 작가, 과거 준비를 위한 보조 교재 편찬자, 오늘날 책 표지의 추천사와 유사한 서문을 쓰는 작가로 활동함으로써 그들의 문학적 재능을 팔았다. 그들은 심지어 상업성이 좋을 것 같은 서적의 저명 '교정

---

45) Barr, "Four Schoolmasters."

자' 목록 안에 자신들의 이름을 넣어주는 대가로 돈을 받았다.[46]

한편 수많은 신사들이 현직 관료의 막우로 근무했다. 더 많은 사람들은 종족, 사당, 상인 조합, 또는 장단기의 지역 공동 사업체(관개 시설, 구호 단체), 그리고 다양한 민간 건설 사업의 관리자로 일하면서 수입을 얻었다. 특히 19세기 말에는 치안 유지와 반란 이후의 재건에 자금을 조달하기 위해서 생긴 비정규적인 세금, 기부금, 의연금을 모으고 분배하는 여러 종류의 국局이 많이 생겨났는데, 신사들은 그 안에서 관리직을 담당했다.[47]

이러한 신사 또는 관리자의 일부는 특히 수리학水理學의 분야에서 점점 전문적인 기술자처럼 되어갔다. 그 외의 신사들은 점점 전문화된 의학, 법 분야에 종사했다. 개인적으로 소송에 대해 조언하는 사람들을 '송사 訟師' 또는 '송곤訟棍'이라고 하는데, 그 시대 관료들의 불평을 그대로 믿는다면, 소송 당사자들이 제출한 내용보다 송사들의 태도가 판결을 좌우할 정도였다. 청의 법전은 민사 소송에 대해서 어떤 명쾌한 규정을 하지 않고 있어서 관료들은 항상 이를 비난했다. 민사 소송은 점점 일상적인 일이 되어갔지만, 청 조정은 민사법의 부재에 대한 관료들의 비난을 그저 감수할 뿐이었다. 이러한 '인정仁政' 정책은 개인적인 분쟁 해결에 폭력적 수단을 사용하는 것을 막아주었지만, 법률 소송을 제출하는 행위는 사실상 소송 당사자가 청국의 합법

---

46) Chow, *Publishing, Culture, and Power*.

47) Folsom, *Friends, Guests, and Colleagues*; Elvin, "Market Towns and Waterways"; Rankin, *Elite Activism and Political Transformation in China*.

성을 인정하는 것이었다. 관료들의 시각에서 보면, '송사'들의 주된 관심은 모두가 파산하고 더 이상 지불할 능력이 없어질 때까지 소송들을 질질 끄는 것이었기 때문에, 송사의 소송 개입은 공식적으로 1725년 이후부터 불법이 되었다. 하지만 관의 재판 자체는 성장하는 산업으로 변화했다.[48]

이와 같이 신사에게 나타나기 시작했던 직업화는 청대에 평민이 대규모로 전문화를 추구했던 것처럼 엘리트들의 직업 틈새시장 찾기였다. 이용할 수 있는 소득원이 혼합되면서 사람들의 관심사가 매우 다양해졌다. 그전에는 그렇지 않았겠지만, 청 말기가 되면 단일한 신사 '계층'을 언급하는 것은 실정에 맞지 않게 되었다.[49]

엘리트 신분으로 가는 과정에서 과거 급제의 어려움을 회피하고자 했던 사람들이 선택했던 경로는 학위를 사는 것이었다. 부유한 평민에게 현금이나 곡물을 '기부'받고 신사 계급을 파는 것은 강희제 초기 1680년대에 처음 제도적으로 채택되었다. 그의 후계자인 옹정제 시대에 학위의 매매는 자연재해에 따른 피해를 복구하고, 긴급하게 군비를 마련하고, 확장되는 상평창을 채울 곡물을 확보하기 위한 정규 방법이 되었다. 많은 청의 지식인들은 이 제도에 갈채를 보냈는데, 그이유는 이것이 세금을 올리지 않고 적당한 행정 비용을 충당하는 수단이면서 부를 축적한 백성들의 신분 상승에 대한 열망을 충족시킬 수 있는 방법이었기 때문이다. 그렇다 하더라도 여전히 많은 사람들은

---

48) Macauley, *Social Power and Legal Culture*; Huang, *Civil Justice in China*.

49) Ho, *The Ladder of Success in Imperial China*.

지식층의 도덕적 완전무결함에 흠집을 낸다는 이유로 기부를 통한 학위 매매를 비난했다. 이러한 비난에 대응하는 차원에서, 건륭제는 옹정제의 엄격한 국가 건설 정책들을 제도적으로 번복하기 위한 일환으로서 통치 초기에 학위 매매 관습을 엄격하게 금지했다. 그러나 18세기 후반기가 되면 건륭제는 군사 원정에 필요한 엄청난 비용 때문에 전례 없는 열정을 가지고 학위 매매를 부활시켰다. 1800년경에는 청 제국에서 매매를 통해 학위를 소지한 자가 35만 명인 것으로 추산되었고, 그 수는 정부가 재정적으로 곤궁해졌던 19세기에 더욱 증가했다.[50]

이와 유사하게 오락가락하는 황제의 정책들은 신사 계급의 특권에 대해서도 나타났다. 강희제는 황제와 신사의 동맹을 재확인하는 계획의 일부로서, 범죄로 고소된 학위 소지자들이 관할 지방의 형벌을 면제받는 대신에 현의 교육 담당관에게 지도 교육을 위해 인계되도록 지시했다. 옹정제는 이러한 관행을 없앴으나 건륭제는 그것을 복구시켰다. 옹정제는 1720년대 중반에 '관호官戶'와 '유호儒戶'의 면세 특권 항목을 없앴고, 신사의 부역 의무에 대한 면제는 학위 소지자의 먼 친척들이 아닌 직계 가족들에게만 한정되는 것으로 정했다. 그런데 스스로 '관용적'이라고 여겼던 건륭제가 이러한 정책들을 다시 뒤집었다. 그는 시종일관 지방 지식인들을 중앙 집권화된 권위에 대한 도전자라기보다 그 권위를 실현하기 위한 조력자로 간주했다. 건륭제가 시행한 신사 특권들의 부활은 이후 청의 정책으로 내내 유지되었다.

---

50) Chang, *The Chinese Gentry*, pp. 102-111. 19세기 학위 소지자의 급증에 대해서는 許大齡, 『淸代捐納制度』를 참조.

가족과 종족

청대의 가장 두드러진 특징 중의 하나는 문화적으로나 사회적으로 강력했던 부계 친족의 힘이다. 사람들은 개인의 성공과 실패는 기본적으로 아버지의 지도에 따라 결정된다고 굳게 믿었다. 예를 들면 호북성의 동북 지역에서 청대의 지방 소식통들은 명대 어느 지방의 가장이 고향에서 멀리 떨어진 북경에서 관직에 근무하면서 아들에게 썼던 편지를 반복해서 발간했다. 그는 다음과 같이 썼다.

> 본부인 양씨의 아들 추한에게
>
> 나는 지금 거의 두 해 동안 집에서 멀리 떨어져 있다. 고향의 소식, 친지·이웃·친구들의 왕래, 그리고 집안일·식구·작물·가옥·저수지·나무·가축들, 네 형 가족들의 안부, 아이들의 건강, 이러한 모든 것들에 관해 나는 거의 소식을 듣지 못했다. 네가 나에게 한두 번의 서신을 보냈지만, 단지 개략적인 것만 알려주었을 뿐이다. …… 네 처신이 단정치 못하고 나태하구나! 부모를 이런 식으로 대하니 분명 친척들과 이웃들에 대해서도 어떻게 행동해야 하는가를 알지 못할 것이다. ……
>
> 너는 독서도 거의 하지 않고, 또 인생 경험도 심히 얕다. …… 너는 우리의 이웃들과 어떻게 조화롭게 살아야 하는지, 어른을 어떻게 공경해야 하는지, 괴로움에 처해 있는 사람들을 어떻게 배려해야 하는지, 큰 슬픔에 고통을 받는 사람들에게 어떻게 동정심을 베풀어야 하는지 알지 못한다. 너는 나쁜 영향을 주는 사람들을 어떻게 거절해야

하는지, 좋은 본보기가 되는 사람들을 어떻게 본받아야 하는지도 모른다. 또한 너는 자애로운 사람들에게 어떻게 보답해야 하는지, 해가 되는 사람들을 어떻게 피해야 하는지도 알지 못한다. …… 너는 주량을 알지 못하고 술을 마시고, 술을 마신 후 너의 말들은 예의나 조심성이 없어서 거칠고 난폭해진다. 술을 마실 때, 너는 너를 지켜보는 사람들을 개의치 않고 행동하고, 합리적이고 적절한지에 대해 세심한 주의를 기울이지 않고 돈을 쓴다. …… 적절한 예의를 갖추지 않고 먹은 너는 상류 사회의 웃음거리가 되었다. ……

너는 우리 가족의 부와 지위를 올리기 위해 무엇이 본질적으로 필요한지 파악하지 못하고 있다. 너는 농사를 잘 지으려면 열심히 일해야 하고, 농장의 동물들을 키우려면 먹이와 물이 필요하고, 작물을 키우려면 씨를 뿌려야 한다는 것을 알지 못하느냐? 아이들의 양육에도 훈육과 도덕적 지침이 필요하다. 집은 깨끗하고 보수가 잘 되어야 하며, 안과 밖은 서로 분리되어야 하고, 적절하게 출입을 단속해야 한다. 밤에는 도박을 하지 말아야 한다. 풍년에는 사치를 피해야 한다. 시간을 낭비하지 말아야 한다. 인부들을 따뜻하게 해주고 잘 먹여야 하고, 하인들에게는 동정심과 존중심을 가지고 대해야 한다. ……

재정 문제에서 너는 다른 가정이 어떻게 하는지 보고 세금을 그에 맞춰 내야 한다. 동정심을 가지고 고용한 노동자들에게 임금을 지불해라. 매사에 지출과 수입을 맞추도록 해라. 이러한 것들에 대해 아무리 많은 신경을 쓴다 해도 지나치지 않다! 너는 가족의 부를 늘려야 한다는 것을 우선적으로 늘 염두에 두어야 하고, 내야 할 세금을 미리 저축해놓아야 하며, 수확량이 부족할 수도 있다는 가능성을 걱정해야 한다. 항상 멀리 보고 근시안적으로 생각하지 말아라![51]

지방 사람들의 생각으로는 이러한 아버지의 훈육은 한 가족의, 그리고 전체 지역의 지속적인 번영을 위한 공식이었다.

청대에 친족 집단인 종족은 지역 사회의 주요 조직으로 크게 성장하여 이런 계획을 지원했다. 이것은 역사가들이 '지방으로의 전환localist turn'이라고 불렀던 송대 중국 사회의 변화로 인해 처음으로 나타난 결과였다. 과거 시험이 관료를 임명하는 주요 수단으로서 귀족의 우선권을 대체했을 때, 엘리트들은 점점 혼인 풍습, 정체성, 그리고 그들의 충성을 변경하는 것으로 대응했다. 그들은 제국 내의 준귀족과의 통혼 대신에 자신들의 고향에서 다른 부유한 가문들과 체계적인 혼인 동맹을 맺어나갔고, 그 과정을 통해서 지방의 이익이 그들의 의식 속에서 최우선 사안으로 자리매김했다. 이렇게 해서 개인적으로나 집단적으로 그들의 고향 지역을 후원하고 보호하며 지배하고자 했던, 통혼으로 긴밀하게 맺어진 향 또는 현 차원의 종족들이 출현하게 되었다. 이러한 부류의 지방 종족은 오랜 시간에 걸쳐서 발생했지만, 저명한 가문들이 지역 사회의 기본적인 구성 요소가 되었던 청대에는 매우 활발해졌다.[52]

---

51) Rowe, *Crimson Rain*, pp. 74-75의 번역을 인용했다.

52) 청의 혈통에 관한 상세한 연구로는 Beattie, *Land and Lineage in China*; Rowe, "Success Stories"; Ebrey and Watson, eds., *Kinship Organization in Late Imperial China* 참조.

왜 이 시기에 그 비중이 강조되었을까? 한 가지 요인은 지적知的인 것이었다. 명말에 이지가 보여준 실험적인 자유 사상과 불교·도교 신앙이 사회적으로 유행한 것에 이어서, 청 초기에는 열성적이고도 경쟁적으로 유교 정통론으로의 회귀 현상이 나타났다. 고대 오경의 규범을 고수했든지 아니면 이와 경쟁하는 송의 사서를 취했든지 간에, 종족 조직은 유교를 존중했던 것으로 보인다. 엘리트들은 명말의 사회적 자유주의와 그 결과 일어난 잔인한 계급 투쟁으로부터 물러났다. 이는 엘리트들이 그들의 이웃들에게 사회적 규율을 강요하는 더욱 효과적인 수단을 찾게 만들었고, 종족의 건설은 그 해답을 제공했다. 그러나 종족은 단지 반동적이거나 방어적인 사회적 전략에서 벗어나 공격적인 형태를 가지고 있었다. 청의 통치 강화와 인구 팽창, 그리고 경제적 번영은 그들을 보호할 수 있는 효율적인 조직을 보유한 사람들에게 자원에 대한 더욱 큰 경쟁력과 발전을 향한 거대한 기회들을 제공했다.

청의 종족은 표면적으로는 생물학적 혈통에 근거했지만 결코 자연적인 현상이 아니었다. 그것들은 정교하게 만들어진 인공물이었다. 종족의 형성 첫 단계는 대개 관료였거나 부유한 후세 자신들의 '시조始祖'를 밝히는 것이었다. 그러나 그 시조가 항상 가족이 현재 살고 있는 지역으로 이주했던 그 성씨 집단의 첫 번째 조상인 것은 아니었다. 이러한 시조를 찾으려고 정확히 얼마만큼 멀리 과거로 거슬러 올라가야 하는지, 종족에 포함시킬 후손들의 지파가 얼마나 많은지 하는 등의 내용이 일일이 규정되지는 않았기 때문에 구성원의 제한선을 규정하는 것은 상당히 융통성이 있었다. 종종 내부의 협상 과정을 통해서 종족은 지속적으로 이러한 제한을 넓게 또는 좁게 재규정했고, 그 기준은 그들이 누구를 종족으로 승인할 것인가에 따라 달라졌다.

종족의 수장들은 그들의 시조를 구미에 맞게 만들어낼 수 있었고, 심지어 명문가임을 주장하기 위해 조상의 성을 바꾸기도 했다.[53] 일단 시조에 대해 의견 일치를 보면 특정 돌림자를 세대별로 배정했다. 예를 들면 '홍洪'이라는 글자는 시조 이후 10대 손에 해당하는 모든 남자들의 돌림자에, '전傳'이라는 글자는 11대 손에 해당하는 모든 남자들의 돌림자로 배정되었다. 족보에는 종족의 역사, 이름난 조상의 전기傳記, 각 세대의 모든 구성원들의 계보, 구성원들의 행동을 다스리기 위한 규범, 그리고 종종 공동 재산에 대한 지적도地籍圖와 계약서의 사본이 수록되었다. 족보는 항상 전문적으로 출판되는 것은 아니었고 필사되기도 했다. 마지막으로 종족의 총부 및 매년 제사를 지내는 장소인 사당이 만들어졌고, 이때 모든 종족 구성원들이 참여해서 정교하게 세분화된 위계 질서를 정했다.

종족 조직은 이웃 평민들에 대한 엘리트들의 통제를 위한 도구였을 뿐만 아니라 여러 가지 다른 이점을 제공했다. 그중 하나는 지리적으로나 직업적으로 친족들을 분산시키는 것이었다. 예를 들어 종족은 어느 한 지방에 뿌리를 두지만, 모 지역에 상업 활동이나 다른 이유로 이익을 내는 대표를 두고 있다면, 다른 지역으로 이주했거나 체류했던 가족이 그 종족 구성원의 신분을 유지할 수 있도록 했다. 공동 재

---

53) Szonyi, *Practicing Kinship*.

산, 즉 족산族産의 소유는 종족 조직의 또 다른 장점이었다. 저명한 종
족들 중의 일부는 사당 이외의 공동 재산을 거의 가지고 있지 않았지
만, 많은 종족들은 종족 조직을 통해서 공동의 자본을 동원하고 관리
했다. 광동성의 일부 종족들에서는 유럽에서의 재산 세습과 유사하게
진행되었다. 세대를 거듭할수록 재산이 점점 분할되어 상속되는 것을
피하기 위해서 종족은 실질적으로 모든 구성원 가족들의 재산에 대한
권리를 보유했고, 아버지가 사망했을 때에 실질적인 재산보다는 수입
을 창출하는 종족의 공동 재산 중 일부가 아들들에게 분배되었다.

　청 제국의 많은 지역들에서 사당을 유지하고 제사를 지내는 데 필요
한 비용을 제공하기 위해 종족 위탁 기금이 마련되었지만, 실질적인
목적은 이를 자주 벗어나곤 했다. 몇몇 지역에서는 그것들이 가난한
친족들을 위한 자선 재산의 형태를 취하고 있었고, 양자강 하류 지역
일부에서는 성姓에 상관없이 전체 거주 공동체를 위한 재산의 형태이
기도 했다.[54] 극단적인 경우에 종족 기금은 집단적으로 행동하는 여러
성씨 집단에 의해 마련되었다. 은행 신용 거래라는 효율적인 체계가
부재한 상황에서 종족 위탁 기금은 대규모 투자를 위한 자금을 동원하
는 가장 중요하면서도 유일한 수단이었다. 유한회사법有限會社法이 없
는 상태에서 잘 조성된 자금은 대개 사업 자체에 쓰이지 않고 대신에
종족의 구성원들이었던 개인 사업가들에 대한 신용 대부로 그 쓰임이
확대되었다.

　18세기와 19세기에 종족 위탁 기금은 광동성의 주강珠江 하류 지역

---

54) Dennerline, "The New Hua Charitable Estate and Local Level Leadership."

의 해안 지대에 위치한 논을 개간하는 자본 집약형 산업과 사천성 남부의 규모가 크고 매우 복잡했던 소금 채취 기업에 자금을 조달하는 데 이용되었다.[55] 이러한 기업과 관련된 위탁 기금은 대개 종족의 모든 구성원을 대변하는 것이 아니었고, 후손 집단들(한 종족 안에 여러 개의 위탁 기금이 존재할 수도 있었다) 내에서 선택된 조상의 이름으로 자본을 챙겨두고 마치 현대의 자본 시장에서처럼 담보를 두어 위탁 기금의 일부를 사고팔았던 특정한 투자자 집단과 연계되어 있었다. 즉 조상에 대한 효심이 의심스러운 투기성 투자에 대한 이념적인 도덕적 방패막이가 되면서 그 투명성을 향상시키는 역할을 했다.

청의 관료 집단은 종족 조직에 대해 상반된 시각을 갖고 있었다. 종족은 제국의 정당성을 보장하는 유교적 정통론을 지원하고 있었기 때문에, 이론적으로는 종족에게 갈채를 보내야 했다. 실질적으로 지방의 관료들은 관할 구역 주민들의 복지와 생계를 위해 종종 종족의 자선 활동과 심지어 상업적 활동들에 의지했다. 옹정기와 건륭제 초기 동안에 일어난 몇몇 경우에서 성급 관료들은 과도한 소송 절차로 인한 지현의 부담을 줄여주는 방법으로 심지어 사법 권한까지 종족 수장에게 위임했다. 그러나 종족의 힘은 국가에 득이 될 수도, 해가 될 수도 있었다. 광동성에서는 종족들이 이웃을 괴롭히거나 노예로 삼는 일이 흔히 있었다. 또한 복건성에서는 서로 간의 폭력적 반목을 조장하기도 했다. 그들의 기업 활동은 거시 경제에 역효과를 가져올 수도 있었

---

55) Faure, "The Lineage as Business Company"; Palmer, "The Surface-Subsoil Form of Divided Ownership"; Zelin, *The Merchants of Zigong.*

다. 호북성 서부에 있던 한 종족이 강변에 있는 모래톱을 집단적으로 개간하는 바람에 양자강 중류 계곡에 재앙적인 홍수를 야기한 것이 그 예이다.[56]

혈연 집단은 때때로 중앙 정부의 편의 때문에 너무 크게 성장하기도 했다. 강서성과 호남성에서는 여러 향진鄕鎭, 심지어 여러 현까지 걸쳐 있는 높은 등급의 종족 조직들이 생겨났다. 이러한 경우에 청의 관료들은 조상에 대한 효심을 장려하기 위해 제공했던 지원을 철회하고 친족 집단을 해체할 수도 있었다. 이때 관료들은 그 집단들이 일반적인 후손들이 모여 만든 합법적인 것이 아니라 '우연히 같은 성을 공유하게 된 서로 관련 없는 가정들'이 모여서 만들었다는 이유로 그 종족의 공동 재산을 몰수했다.

자선 활동

청대 종족 설립의 열풍은 중국 근대 초기의 특징이었던 대중적인 조직 건설의 한 사례에 불과하다. 이러한 움직임은 새로운 종류의 사업형 기업, 상인과 장인들의 동업 조직, 그리고 타향살이를 하는 고향 사람들을 위한 동향회 등에서 확인할 수 있다. 또한 부활한 학당, 친목 집단, 정통파에서 이단에 이르는 모든 종교 조직도 이러한 조직에 포

---

56) Watson, "Hereditary Tenancy and Corporate Landlordism in Traditional China"; Lamley, "Lineage and Surname Feuds"; Ts'ui-jung Liu, "Dike Construction in Ching-chou."

함되었다. 이러한 모든 조직은 인구가 밀집된 사회에서 부족해진 자원에 대한 치열한 경쟁, 더욱 커진 유동성과 청대의 문화적 혼합이 야기한 소외감, 그 시대의 복잡한 경제 상황이 가져온 기회 의식 등에 대해서 그들 자신의 방식으로 대응했다.

청대에 조직 건설을 향한 열정을 보여주는 가장 독특한 사례 중의 하나는 바로 자선 활동 영역이었다.[57] 청대 사회는 불교에서 벗어나 정통론적 유교 이념에 따라 자선 활동을 지원했고, 자선 활동의 대행자이자 수혜자로서 '정부' 또는 '개인적' 영역과는 상반되는 '대중적' 또는 '공동체적' 영역의 개념을 명백하게 규정했다. 자선 조직은 점점 복잡해지고 탈개인화했으며, 심지어 관료제화된 형태로 변했다. 이는 자선 조직의 목적이 도덕적 행동 또는 모범적인 행동을 하는 것에서부터 더욱 성분이 복잡해진 인구들이 정말 필요로 하는 것들을 실용적으로 지원하는 것으로 바뀌었음을 보여준다.

지방의 자선 활동의 본보기는 명대부터 청대 초기까지 지속되었던 불교의 방생회放生會일 것이다. 방생회는 사람에게 잡힌 물고기, 새, 또는 다른 작은 동물들을 사다가 살려 보내어 공덕을 쌓는 의식이다. 이런 모임을 기반으로 하여 더욱 확장된 조직 형태가 강남의 상업 도

---

57) 제국 후기의 자선 활동에 대해서 일문과 중문으로 출판된 다음 두 권의
개설서가 있다. 夫馬進,『中國善會善堂史硏究』; 梁其姿,『施善與教化』.
19세기 특정 지방에 있었던 이러한 과정에 관한 가장 자세한 영문 연구서는
Rowe, *Hankow: Conflict and Community*이다. 강한 유교적 도덕 부활의
취지를 가지고 조직 건설에 대한 열정을 표현했던 후기(주로 태평천국 운동
이후)의 두 단체는 여기에서 논의하지 않았다. 그 두 단체는 청절당清節堂과
석자회惜字會이다.

시들에서 명말에 널리 유행했던 동선회同善會이다. 이들이 명시한 목표는 사회 전체적인 불행을 치료하는 것이 아니라 '모임의 동지'인 구성원들의 도덕적 행복을 보살펴주는 것이었다. 그러나 그들은 불교 또는 유교의 미덕을 키우기 위한 방편으로 점차 빈곤 구제와 같은 사회적 임무를 수행해나갔다.

성세 동안 만족할 만한 통치가 이루어짐에 따라 조정은 의욕적으로 지방의 자선 영역에 개입했다. 옹정제는 지방의 발의로 나타나기 시작한 육영당育嬰堂과 양제원養齊院 같은 기구를 모든 현에 만들 것을 명령했고, 또한 그들의 활동들을 표준화하려고 애썼다. 이 기구들의 운영 재원은 현의 회계 장부에는 '공공 자금' 등의 명목으로 기록되었지만, 실질적인 지원은 대부분 국고가 아닌 개인의 기부나 유증遺贈을 통하여 이루어졌다. 이러한 조직들은 빈곤 구제를 통해 진정한 사회적 수요에 봉사했다. 그러나 그들은 지방의 가난한 인구에 대한 완전한 책임을 지려는 시도를 하지 않았고, 대신에 개인적인 이익이 가난한 사람들에게 어떻게 돌아가야만 하는가를 보여주는 담론의 시범을 제시하고자 했다.

19세기 초에는 새로운 형태의 선당善堂이라는 조직이 등장하게 되었다. 육영당이나 양제원과는 달리 선당은 대개 지방 관청에 등록되어 있었지만 근본적으로는 비정부 조직이었다. 선당은 1820년대에 처음으로 양자강 유역의 상업 도시와 그 하안을 따라 출현했고, 태평천국 운동 이후의 혼란했던 중건 시기에 더욱 많이 생겨났다. 지방의 상인과 도시의 자산가가 출자하고 운영한 선당의 기원은 지방의 소방 조직, 구익救溺 단체, 그리고 도심지의 연고자 없는 시체들을 매장하는 단체였다. 이러한 역할에 더하여 죽을 쒀서 나눠주고(처음에는 홍수나 다른 자연재해를 입었을 때 등장했지만, 점차 매년 겨울에 생겨나곤 했다), 의술을 베풀어주며, 일부 지역에서는 그 지방의 치안을 담당하는 의용군을 후원하는 기능까지 맡았다.

선당의 운영 재원은 후원자들의 정기 기부금과 그들의 도시 임대 재산의 기부 투자로 생긴 수익이었다. 선당의 운영은 일부 후원자들이 자발적으로 봉사하던 방식에서 준전문가들의 손으로 넘어갔다. 선당의 분명한 목표는 이익이 많은 지방 상업이 증가하고 있는 도시 빈곤층의 불완전 고용자들을 일정 정도 책임을 지게 함으로써 도움이 필요한 모든 사람들을 돌보는 것이었다. 대부분의 선당이 자선 대상으로 도시의 특정한 사람들(종종 특정 지역 출신자들이 압도적으로 많았다)만을 취급했지만, 많은 도시에서 선당은 점차 그들의 활동을 상호 조정하는 역할을 했고, 궁극적으로 19세기 말 수십 년 동안 시市 차원에서 산하 조직들이 형성되었다. 선당은 청대에 건립된 가장 놀랍고도 역동적인 조직이었다.

5

| 상업 |

중국 인구 중에서 농민이 차지하는 비율은 항상 압도적으로 높았고, 서양에서는 중국을 오랫동안 전형적인 농업 사회라고 생각했지만, 중기의 청은 세계에서 가장 상업화된 나라였다. '경작과 독서耕讀'라는 이상적인 신사-농부의 삶을 살고 있다고 주장했던 중국의 엘리트 가문은 상업을 통해 돈을 벌었다. 19세기에 중국에 들어와 중국인들에게 교역의 미덕을 전파했다고 자부한 서양의 자칭 '상업 개척자들'의 생각은 단지 착각에 불과했다.[1] 물론 청 제국의 총 무역량은 16세기부터 19세기까지 외국 무역의 증가와 아편 전쟁 이후 중국 본토로 침투한 서양 상인들로 인해 조금 더 상승했다. 그러나 이러한 상업은 청 제국의 광대하고 번창했던 국내 무역의 규모에는 전혀 근접할 수 없었다.

---

[1] 그 예에 대해서는 Cooper, *Travels of a Pioneer of Commerce*를 참조.

청의 국내 무역은 서양인들이 들어오기 전에 이미 잘 발달되어 있었다. 우리가 일반적인 제국 초기의 시기를 자급자족할 수 있는 '자연경제'라고 규정한다면, 제국의 경제는 두 단계의 근본적인 변화 기간으로 구분된다. 첫 번째는 대략 11~13세기 송대의 상업 혁명 시기이다. 이 시기에 동남아시아와의 외국 무역이 시작된 것을 비롯하여 대규모의 장거리 무역이 이루어졌다. 향상된 운송로(특히 운하와 여러 수로)를 통해 중국 전역으로 상품이 이동했고, 상업으로 먹고 살았던 항주와 같은 대도시들이 이로 인해 성장하고 번성했다. 비교적 적지만 매우 부유한 상인 계층이 출현해 혁신적인 조합을 만들어 자본을 축적했다. 송대의 상업 혁명은 의심할 여지 없이 중국 경제의 중대한 변화였다.

그러나 송의 상업은 중요한 한계를 지니고 있었다. 지역 간 무역에서 많은 양을 차지한 것은 비단, 향신료, 약초, 그리고 자기·칠기·금속 세공류 같은 예술품 등의 사치품들로, 대부분 도시에서 생산되고 소비되었다. 이미 당대부터, 늘어나는 도시의 인구를 부양하고 군량을 확보하고 기근을 구제하기 위해 많은 양의 곡물과 다른 주요 생산물들이 농촌에서 도시로, 비옥한 동남부 지방에서 수도가 있는 북서쪽으로 이동되고 있었다. 그러나 대부분의 경우에 생산물의 선적은 상업 시장의 유동성에 의해서가 아니라 사용료와 세금과 같은 통제 수단들에 의해 이루어졌다.[2]

2) 중세 중국의 '상업 혁명'에 관한 요약으로는 Shiba, *Commerce and Society in Sung China*; Elvin, *The Pattern of the Chinese Past*, part 2를 참조.

14세기 말에 명 태조는 무역, 직업 활동, 지리적 이동을 엄격히 제약했고, 이 때문에 중국 국내 무역의 발전 속도는 매우 느려졌다.[3] 그러나 16세기 중반부터 18세기 말까지 중국은 첫 번째 상업 혁명보다 더 혁신적인 두 번째 상업 혁명을 겪었다.[4] 역사가들이 종종 '유통 경제' 또는 '상품 경제'라 부르는 발전이 이루어졌던 이 시기에, 상업화는 전례 없는 수준으로 지방의 농촌 사회까지 침투했다. 처음으로 수많은 농가들이 상당한 양의 곡물을 '판매'하기 위해 생산했고, 일상 소비품의 수요를 시장 교환에 의존했다. 지역 간 무역에는 주요 산물과 목화, 곡물, 콩, 식물성 기름, 목재, 축산물, 비료와 같은 대량의 저가 물품들이 포함되었다. 대부분의 농업 생산품들이 지속적으로 생산자들에 의해 소비되는 자급자족의 형태를 보여왔지만, 18세기 말에는 곡물의 10퍼센트 이상, 면화의 25퍼센트 이상, 면직물의 50퍼센트 이상, 생사의 90퍼센트 이상과 차의 대부분이 시장 판매를 위해 생산되었다.[5]

지방에서는 일부 무역 작물들을 특화 재배하기 시작했는데, 그 시초는 면화를 집중적으로 경작했던 양자강 하류 지역(강남)일 것이다. 명나라 초기에는 거의 알려지지 않았던 면화는 청 말기가 되면 중국 전역에서 가장 일반적인 의복 재료가 되었다. 강남이 시장의 수요를 충족시킬 만큼의 양을 더 이상 생산해내지 못하자, 면화 재배는 대운

---

3) 원 제국이 장기적인 경제적 발전에 끼친 영향은 적었다고 주장하는 몇몇 수정주의자들의 연구에 대해서는 Smith and von Glahn, eds., *The Song-Yuan-Ming Transition in Chinese History* 참조.

4) 鄧拓, 『論中國歷史的幾個問題』.

5) 吳承明, 「論淸代前期我國國內市場」.

하를 따라 북쪽의 산동성과 하북성으로 퍼져나갔고, 그다음에는 서쪽으로 양자강을 거슬러 올라가 호북성으로 확산되었다. 양자강 하류 지역은 과거에 중국 최고의 쌀 생산지였으나 면화 재배로 인해 갑자기 곡물 부족 지역으로 전락했고, 이로 인해 발생한 극심한 곡물 수요는 다른 지역에 수출 지향적인 상업적 벼농사의 문을 열어주었다. 첫 번째 반응은 강서성의 감강 유역에서 나타났다. 감강 지역의 벼생산이 부족해지자 결국 더 상류로 올라가 호남성의 상강 지역과 사천성의 분지 지역에서도 부족한 식량을 채우기 위해 벼농사를 짓게 되었다. 1730년대 즈음에는 매년 10~15억 파운드(800~1300만 석)의 쌀이 양자강을 따라 강남으로 들어갔다.[6] 17세기에 이 거대한 지역 간 무역에서 중심 수출입항이 되었던 양자강 중류의 새로운 항구 도시 한구가 번영했으며, 제국 도처에서 장거리를 이동하는 다른 많은 상품(호남성과 복건성 지방의 차, 안휘성의 소금, 사천성의 약초, 산서성의 목재와 옻, 동북지방의 수수와 삼, 북서 지방의 가죽과 담배, 그리고 동남 지방의 설탕, 해산물과 다른 아열대 식품)들이 청 전역을 장거리로 이동했다.[7]

이 두 번째 상업 혁명은 첫 번째 상업 혁명의 필연적 결과로서 발생했으며 그 시작점은 당 후기와 송대에 변혁의 시작점이었던 양자강 하류 지역이었다. 상업화는 종종 양자강 하류 지역에서 다른 곳으로 퍼져나갔다. 명 말기에는 국력이 쇠퇴하여 명 초기에 시행했던 반상 정책을 관철시킬 수 없었는데, 이는 적극적인 개혁을 수반하게 했다. 예

---

6) Chuan and Kraus, *Mid-Ch'ing Rice Markets and Trade*, p. 77.

7) Rowe, *Hankow*.

를 들면, 명은 16세기에 상인들이 식량과 전쟁 물자를 북쪽 변방을 수비하던 군대에게 운송해주는 대가로 그들에게 소금 독점 판매권과 다른 상업 이익을 주는 정책을 시행한다. 이러한 상황은 청대에 더 활발한 상업적 발전이 일어날 수 있는 밑바탕이 되었다. 청은 개인적 이동을 금지했던 법령들을 폐지하고, 상업적 계약과 재산권을 보호했으며, 상품 유통을 가로막는 가장 큰 걸림돌이었던 독점(중국어로는 把持라고 함)과 다른 제약들을 제거함으로써 적극적으로 시장의 능률을 증진시켰다.

그러나 두 번째 상업 혁명의 가장 중요한 요인은 멕시코 오악사카Oaxaca, 포토시Potosí의 신대륙 광산에서 생산된 대량의 은이 마닐라를 통해서 갑자기 중국에 유입된 일이었다. 명 중기부터 점차 은본위 화폐 제도로 바뀌어가다가 청에 이르러 이른바 일조편법—條鞭法이라는 세제 개혁을 시행했다. 강희제 통치 말기에 막을 내렸던 이 복잡한 조세 제도의 핵심은 지세地稅의 과세와 납부를 은으로 하는 것이었다. 세금을 납부할 현금이 필요하자 지주들은 소작료를 현금으로 요구하기 시작했고, 이것은 다시 소작농들이 개인적 소비나 물물 교환보다 현금을 얻기 위한 작물 재배로 전환하게 만드는 강력한 촉매제 역할을 했다.

경영 혁신과 도시화

제국 후기에 나타난 토지 소유의 전형적인 형태는 부재지주제였다. 가족 노동력을 이용해 효율적으로 경작할 수 있는 것보다 많은 경작지를 가지고 있는 소유주들은 소작농에게 작은 규모의 땅을 임대해주곤 했다. 그러나 그 땅에서 상품 작물의 재배가 가능해지고 시장에 접근하기가 용이해지면서, 일부 대지주들은 그들의 땅을 호 단위의 소작농에게 나누어주지 않고 대신에 수익성 높은 농업 기업 형태로 경영하기 시작했다. 남북 전쟁 전 미국 남부에서의 면화 농장이나 담배 농장과 비교해보면, 중국의 농장이 노예가 아닌 임금 노동자들에 의해 운영되었다는 것을 제외하고는 매우 유사하다. 이는 중국 농장의 수익성이 활용성이 커져가는 자유롭고 유동적인 노동력에 의존하고 있음을 의미했다.

이러한 종류의 '경영 지주제'는 17세기에 양자강 하류 지역에서 처음 발전되기 시작했을 것이다. 하지만 이러한 현상이 문헌을 통해 가장 잘 드러나는 지역은 대운하 북쪽의 산동성 서부와 하북성 동부로, 18세기 말부터 이 지역에서는 상업적 면화 재배 열풍이 일어나기 시작했다. 여기에서 경영 개념을 가진 농장주들은 강남의 방적공과 방직공들에게 면화를 팔아 이익을 남기기 위해서 남쪽으로 돌아가는 조운선漕運船의 값싼 운송료를 활용했다.[8] 이러한 자본주의식 농업이 관

---

8) '경영 지주제'에 관한 고전적인 연구로는 Jing and Luo, *Landlord and Labor in Late Imperial China*가 있다.

행적인 부재지주제를 대체하지 못한 것은 분명하지만, 어떻게 이러한 농업 방식이 청대에 널리 퍼졌는가 하는 문제들은 논쟁의 대상이 되고 있다. 그리고 경영 지주제가 두드러지게 나타났던 화북에서도 토지의 질, 개인적인 관리의 실질적인 한계에 따라 제약이 발생했기 때문에 이러한 방식으로 농경을 할 수 있는 토지 소유자들의 숫자는 늘어나지 않았다.[9]

그러나 새롭게 확대되었던 상품 작물의 개량과 가공으로 인해 청 초기 150년 동안 수공예 제품 생산은 폭발적으로 증가했다. 면직물과 견직물의 방적 및 방직 같은 수공업 제품 생산은 대부분 농촌 경작자들의 부업으로 이루어졌을 것이다. 그러나 이 분야에서 임금 노동자 또는 성과급 노동자를 고용했던 대규모 수공업 작업장들이 적지만 점점 늘어나고 있었다. 예를 들면 18세기 중엽의 소주에는 33개의 제지 공장과 450개가 넘는 직물 염색장이 있었고, 한 사업가 아래에는 평균 24명 이상의 직공들이 있었다. 마르크스주의 역사가들이 강조했던 것처럼 이 기업들은 '자본주의 맹아'였고, 이곳에서 일했던 노동자들은 중국의 도시 무산 계급의 출현을 상징했다.[10]

자본주의적 기업들은 어쩌면 가장 극적으로 광산 지역을 장악했다. 18세기 전반기에 구리를 비롯해 화폐와 관련된 광물의 개발 열풍이 개척 지역인 운남성과 귀주성 지역에서 시작되어 다른 지방으로 퍼져나갔다. 이러한 현상을 달갑지 않게 생각했던 옹정기와 건륭기의 조정

9) Huang, *The Peasant Economy and Social Change in North China*.

10) 劉永成, 「試論淸代蘇州手工業行會」.

은 마지못해 동전의 소비 경제의 수요를 인정했고, 재산과 가족이 없는 난폭한 광부들에 대한 두려움을 극복하고, 점진적으로 상인들이 새롭고 더 많은 광물 자원을 채굴할 수 있도록 허가해주었다. 신용 대부나 회사에 관한 법이 따로 존재하지는 않았지만, 재산권과 법적으로 효력이 있는 서면 계약이라는 매우 정밀한 제도가 만들어진 상황에서, 이들은 자본을 마련하고 사업 규모를 확대하기 위해 혁신적인 수단들을 개발했다. 예를 들면 18세기경 북경 주변에서 탄광업자들은 다량의 보통주를 판매하는 식의 자금 조달 체계를 고안했다. 남부 사천성의 염정鹽井을 경영하는 상인들은 종족 위탁 기금을 통해서 자본을 동원했고, 유연성을 갖춘 대규모 조합을 설립했으며, 다양한 사업들을 감독하기 위해 전문 경영 부서를 만들었다. 그리고 주로 상호 출자를 통해 생산과 지역 간 판매의 다양한 단계들에서 상당한 정도의 수직적 통합을 달성했다.[11]

두 번째 상업 혁명의 가장 중요한 결과 중의 하나는 도시화였다. 중화제국은 언제나 지역 행정 중심과 군사 요새 역할을 겸하는 큰 대도시들을 가지고 있었다. 중세 시대에 이 도시들은 항주와 같은 거대한 상업 도시들과 연결되었다. 항주는 13세기에 마르코 폴로가 자신의 고향인 베네치아보다 더 크다고 말했던 도시였다. 그러나 이 두 가지 형태의 도시는 모두 향촌 지역의 도시 섬들이라고 할 수 있었다. 대도시와 향촌 사이를 연결하는 중소도시의 수는 많지 않았다. 규모가 작은 도시들은 실제 필요가 없었다. 왜냐하면 역사적으로 향촌 지역의

11) 鄧拓,『論中國歷史的幾個問題』; Zelin, *The Merchants of Zigong*.

잉여품을 받아서 도시 지역에 공급하는 것은 상업적 필요가 아닌 정부의 의도에 의해 이루어졌기 때문이다. 그러나 명말과 청 중기 초가 되면 향촌과 도시의 상품 교환은 더욱 깊숙이 자유 시장 경제로 전환되어갔고, 다량의 농산물이 국내의 무역로를 통해 공급되었으며, 대부분의 지역에서 점차 도시와 농촌 사이의 계층화가 심화되어갔다. 청대의 북경, 소주, 광주, 남경, 무창은 송대보다 더 거대해지지 않았다. 청대의 진정한 도시화는 다른 곳에서 일어났다.

향촌 지역에서 정기적으로 열리는 시장이 늘어나고 그 일정도 길어지면서 일부 지역은 점점 진정한 시진市鎭(읍, 비교적 크고 번화한 마을)으로 발전했다. 더욱 활발한 지역들은 다기능적인 소도시가 되어 시진과 큰 지방 도시들 사이를 연결하는 역할을 했다.[12] 18세기의 중국 강남 지역에서 많이 발생한 이러한 계층화는 근대 초기 이탈리아의 토스카나Toscana나 저지대 국가들(네덜란드와 벨기에, 룩셈부르크 지역), 오늘날 미국의 북동부 회랑 지대Northeast Corridor에서 있었던 것과 크게 다르지 않다. 농가는 상당한 크기의 성진城鎭으로부터 불과 하루 정도 거리의 위치에 있었다. 광동성의 주강 하류 지역, 사천성의 분지 지역, 호남성의 상강 유역을 포함한 제국의 다른 지역들도 비슷한 발전을 경험했다. 예를 들어 상강 유역에 위치하여 쌀을 수출했던 상담현의 경우 문헌에 기록된 시진의 수는 1685년에는 3개였지만, 1818년에는 100개 이상으로 늘어났다.[13]

---

12) Skinner, "Marketing and Social Structure in Rural China," part 2.

13) Rawski, *Agricultural Change*, p. 112. 또한 劉石吉, 『明清時代江南市鎭硏究』도 참조.

　　새로운 시진들과 작은 상업 도시들은 그들만의 독특한 문화를 발전
시켰고, 확대된 중산 계급의 동질감과 의식이 일정 부분 내재되어 있
었다. 모든 거리들이 특정 무역에 종사하면서 시가市街는 더욱 복합적
으로 계획되었다. 상인들은 가게 점원, 기술공들과 함께 시가 찻집에
서 그들이 좋아하는 전쟁 이야기와 낭만적인 사랑 이야기를 들었다.
그러나 졸부 상인들은 사인士人 계층에 합류하고자 하는 열망을 포기
하지 않았을 뿐만 아니라 아들들을 위한 고전 교육도 등한시하지 않았
다. 예를 들어 절강성의 비단 도시인 남심진에서는 청대 100여 년 동
안 최소한 58명의 상위 학위 소지자와 69명의 하위 학위 구매자를 배
출했다.[14]

무역 활동

　　윌리엄 스키너G. William Skinner는 중화제국 후기의 상업 시장 위계
를 10개의 대지역권macroregion으로 나누어 설명했다(지도 5).[15] 각 대지
역권의 도시 체계는 전체적으로 과거의 제국보다 더 통합적이고 일관
성이 있었고, 상품의 흐름은 사람과 정보의 이동과 더불어 더 활기를
띠었다. 특히 청의 성세기 동안에 지역 간 무역은 더욱 성장했다. 대지

---

14) 楊念群, 『儒學地域化的近代形態』, p. 162.

15) 이 부분과 다음 부분은 Rowe, "Domestic Interregional Trade in Eighteenth-century China"에서 인용했다.

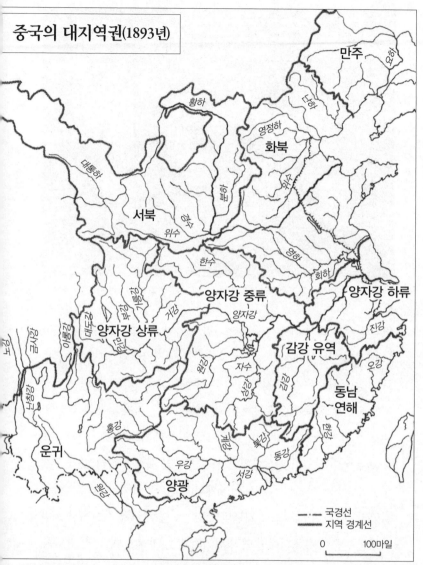

중국의 대지역권(1893년)

만주

요하

황하

난하

영정하

화북

대통하

영하

운하

경수

서북

위수

한수

영하

회하

양자강 중류

양자강 하류

진강

양자강 상류

거강

양자강

가릉강

금사강

감강 유역

오강

자수

상강

원강

운귀

누강

난창강

금사강

동남
연해

계강

북강

민강

홍강

우강

서강

동강

양광

원강

┈ 국경선
━ 지역 경계선

0   100마일

도 5. 중국의 대지역권(1893년) (Skinner, "The Structure of Chinese History.")

그림 11. 1860~1864년의 중국 상인과 가족들

역권 안에서 도시 위계가 주로 이러한 무역의 흐름을 형성했다. 즉 어느 대지역권의 상대적인 주변부에서 다른 대지역권의 상대적 주변부로의 상품 이동은 생산 지역의 수집 위계를 상승시키고, 소비 지역의 지방 도시로 상품이 운송되게 하고, 그다음에는 지방 자체의 시장 위계를 거쳐 더 하급의 소비 지역으로 상품이 분배되도록 했다. [16]

중국 국내 상업이 활성화되면서 전문 상인 계층이 전례 없이 크게 성장하게 되었다(그림 11). 시장 체계와 마찬가지로 상인들의 역할도 지역적으로나 위계적으로 차별화되었다. 지방의 생산자에게서 소비자에게 상품이 유통되려면 여러 상인의 손을 거쳐야 했다. 상품 유통의 각 분기점에서 상인들은 수집의 위계에서는 상위로, 분배의 위계에서는 하위로 상품을 이동시키는 경향이 있었다. 일부 상인들은 중

---

16) Skinner, "Cities and the Hierarchy of Local Systems."

개인 역할만 했지만, 대부분의 상인들은 자기 자본으로 상품을 매매
했다.

청의 지역 간 무역에서 보이는 독특한 분산적 특징은 상업에 긍정
적 효과와 부정적 효과를 모두 가져왔다. 많은 개별 상인들이 적은 자
본으로 무역에 참여하고 단거리에서 도매 화물을 운송할 수 있었다는
것이 경제를 활성화하는 데에 일조했음이 분명하다. 이익이 광범위하
게 분배됨에 따라 영세 상인들이 손쉽게 상업에 종사했고, 국내 시장
은 지속적으로 확장되었다. 반면에 상품 유통의 각 단계에서 지속적
으로 가격이 인상되었고, 또한 매번 소유권 변경에 앞서 상품의 질을
떨어뜨리려는 충동이 존재하는 체계에서 품질이 잘 관리되지 못했다.
이로 인해 인도산 면화, 일본산 차, 실론(스리랑카의 옛 이름)산 비단, 그
리고 미국산 담배와 경쟁하게 되었을 때 중국의 상품들은 국제 시장뿐
만 아니라 국내 시장에서도 경쟁력을 잃어갔다. 청의 장거리 무역이
상대적으로 폐쇄된 체제에 놓여 있던 때에 그 분산적 성격은 긍정적인
효과로 작용했지만, 중국의 상인들이 세계 경제에 진입했을 때에 이
러한 자산은 부채로 변했다.

국내 지역 간 무역의 거물들은 생산자로부터 소비자에 이르기까지
가장 긴 상품 유통 경로를 관할했던 대형 도매상인들이었다. 이들은
생산 대지역권과 소비 대지역권의 주요 대도시들 사이에 위치하고 있
었다. 그들이 그 수준 이하의 지역 경제에 침투하는 일은 거의 없었다.
외국인들이 18세기에는 광주, 19세기에는 상해, 한구, 천진, 그 밖의
다른 항구 도시들에서 이러한 무역에 직접 참여하기 시작했을 때, 대

형 도매상인들은 상위 단계(대양을 횡단하는 운송 단계)에 참여하면서 단지 상품의 유통 체계에 한 단계를 더 추가했을 뿐이었다. 중국의 지역 간 운송업자들처럼 그들도 개인적으로 주요 도시 수준 이하를 대상으로 하는 무역에 뛰어들거나 현존하는 상인 내부의 위계를 파괴하는 행위는 거의 하지 않았다.[17]

그렇지만 대형 도매상인들은 선구매 방식을 통해 특정 상품들에 대한 지방의 생산과 집화集貨망을 간접적으로 통제했다. 농작물의 생장 시기에 지방 대도시에서 지역 간 상인은 생산자들에게 계약금을 주고 나중에 상품이 시장에 나왔을 때 우선 구매할 권리를 확보했다. 대개 이러한 계약금은 상품 유통의 각 단계에서 하향식으로 반복되었고, 이를 통해 생산자들은 종자를 확보하고, 농작물의 생장 기간 동안 생계를 유지할 수 있었다. 서양인들이 가장 상위에서 이러한 무역에 진입했을 때, 그들은 외국 은행들을 통해 신용과 자본 흐름의 하향식 흐름에도 참여했다. 서양의 '경제 제국주의'와 이와 관련된 경제 종속은 단순히 기존의 국내 무역을 통해 익숙해진 과정의 확장을 의미했다.

중국 상인들은 위계의 각 단계에서 무역 상대들에게 상품 신용을 보증하기 위해서 무엇보다도 혈연과 지연으로 연결된 '관계關係(중국어로는 '관시'라 한다)'에 의존했다. 다른 곳에서 이주해온 다양한 지역 출신들이 많았지만, 18세기의 청 제국에서 세력이 가장 현저했던 상인들은 휘주徽州와 산서성 출신 상인들이었다. 19세기에 들어 그들은 오랫동안 외국 무역을 개척해왔던 영파寧波(절강성)와 광주 출신 집단과 통

---

17) Cochran, *Encountering Chinese Networks*.

5 상업 | 233

합되었고, 결국에는 자취를 감추었다.

동향 출신이라는 유대감으로 결합된 객상들은 지역 밖의 시장을 대상으로 특산품 개발에 집중함으로써 그들이 목표로 삼은 거점 지역으로 진출했다. 이러한 '내부 식민주의'는 종종 지역 주민들 사이의 강도 높은 분쟁을 일으켰다. 예를 들면 1819년 호남성의 하항河港인 상담에서는 강서성 출신의 곡물 수출업자들에 대항하는 폭동이 일어났다.[18] 그러나 대부분의 경우에 이러한 특정 상품의 '식민지화'와 이주 상인의 복잡한 중첩 현상은 대개 착취에 대한 지방의 인식을 무디게 하는 경향이 있었다.

다른 규모나 다른 지방 출신의 상인들이 상품 교환을 위해 만났던 주요 화물 집산지에서는 중개인들이 상거래 관계를 중재했다. 이들은 지방 방언이라는 장애물을 뛰어넘어 구매자와 판매자를 연결해주고, 양측의 신뢰를 보증해주고, 도량형과 거래 절차를 표준화하고, 정부를 위해 상업 간접세를 징수하고, 창고와 마구간과 숙박 시설을 운영했다. 9세기 중세 상업 혁명 시기에 이미 개별 상품들에 대한 시장의 관리는 관료에게서 제국 정부의 대리인 역할을 수행했던 민간 상인 집단으로 이관되기 시작했다.[19] 이 상인 조합들은 중화제국 후기에 독특한 형태로 나타났고, 그들은 도시에서 새롭게 두각을 드러내기 시작했다. 방帮, 행行, 공소公所라는 여러 이름들이 병행해서 사용되었고, 다양한 회원 기준(대개 같은 무역에 종사하고 같은 지역 출신이라는 사실이 결

---

18) Perdue, "Insiders and Outsiders."

19) Twitchett, "The T'ang Market System."

합된 것)에 따라 구성된 상인 조합들이 크고 작은 상업 소도시 도처에서 경제적 환경에 따라 각각 다른 목적에 종사했다.

제국의 국내 무역에서 우월적 지위를 차지하게 되는 상인 조합의 성장은 청의 상업에서 가장 두드러진 특징이었다. 지역 간 무역의 집산지였던 한구에서 상인 조합이 처음으로 설립된 것은 1656년의 일이었다. 북경·소주·불산(광주 근교)·중경·상해에서 간행된 상인 조합 관련 기록을 보면, 청 초기에 회관 건설, 공식적으로 승인된 상인 조합들의 탄원, 그리고 회칙과 가격표 발행 등이 급증했음을 알 수 있다.[20] 새로운 성질의 발전이 진행 중이었던 것 같다. 예를 들면, 지역 간 국내 무역은 18세기 초에 관례화되어, 이제 제국의 모든 주요 도시들에는 여러 지역에서 온 체류 상인들의 영구적이고 견고한 공동체들이 생겨나게 되었다. 그리고 이들이 도시들을 매우 세련되고 다문화적이고 시장 주도적인 소비자 중심 도시로 변화시켰다.

19세기가 되면 상인 조합은 경제 분야 이외에도 도시 사회의 다양한 영역에서 영향력 있는 세력이 되었다. 그들은 특히 출신 지역의 희곡을 수많은 관중들 앞에서 공연하도록 했다. 또한 그들은 주요 지주와 부동산 개발업자가 되었고, 돈이 많은 선당과 더불어 자선 사업과 다른 사회 복지 분야에서도 경영자가 되었다. 예를 들면 1880년대 만주의 개항장인 영구營口에서 주요 상인 조합들의 연맹은 점포세와 유통세를 거두었고, 교량 통행세를 부과했으며, 지방의 곡물 시장과 금융 시장을 관리했다. 그들은 수익의 일정 부분을 도시의 거리 정비, 식

---

20) Rowe, *Hankow*; Rowe, "Ming-Qing Guilds."

수 공급, 상하수도 시설의 유지, 광범위한 복지·구호 활동에 사용했다.[21]

농업이 으뜸이며 이윤 추구는 도덕적 타락이라는 유교 규범을 액면 그대로 받아들인 중견 서양 학자들은 얼마 전까지만 해도 청의 행정이 상업 장려와는 거리가 먼, 상인들을 멸시하고 고의로 상업을 저해하는 정책을 채택했다고 주장했다.[22] 하지만 오늘날에는 그렇게 생각하는 학자들은 거의 없다. 무엇보다도 정복 이전에 동북 지방에 있었던 아이신 기오로 씨족과 그 동맹자들은 엄밀하게 말해서 상업 활동의 이익을 기반으로 하여 세력을 키웠다. 통제 정책이 실패하면서 시장의 힘이 메울 수밖에 없는 공백을 만들었던 명의 통치자들과는 달리, 청은 처음부터 적극적으로 민생의 향상에 전념했다. 가파르게 증가한 인구는 정부에 모든 경제 분야의 육성을 요구했고, 결과적으로 청은 이전의 어떤 중화제국보다도 더 열정적으로 무역에 신경을 썼다.

정부보다는 사회의 수중에 잉여—자주 반복되는 문구인 "백성들 가운데 부를 축적시킨다"라고 표현되는 개념—가 남게 되면서, 통치자들과 관료들은 한결같이 제국의 천연 자원과 인간의 생산 능력의 잠재성을 파악하기 위해 노력했다. 그들은 가능한 한 시장이라는 수단만으로 가격이 정해지는 상품의 최대 유통이라는 원칙을 유지하려고 했다. 그들은 정부의 권한으로 바꿀 수 없는 천명天命을 받은 상법商法의

---

21) "Newchwang," in *Decennial Reports, 1882-91*, pp. 34-37.

22) 이 같은 정책의 예에 대해서는 Wright, *The Last stand of Chinese Conservatism*, p. 170; Ch'u, *Local Government in China*, p. 169를 참조.

존재를 인정하고, 가격 조정과 같은 통제 정책들을 시행하지 않았다. 그리고 그들은 최소한의 한도 내에서 상업적 이익 추구를 하늘이 인간에게 부여한 이성의 발현으로 간주했다. 이것은 정부가 제국의 목적과 공익을 달성하기 위해 시장 개입을 피해야 한다고 주장한 것은 아니었지만, 청은 시행 과정에서 시장의 힘에 맞서기보다는 자주 이를 이용하는 방식(상평창 제도가 대표적인 예이다)을 종종 선택했다. 관료들은 늘 발전을 목표로 유망한 상인(초상招商)들에게 우대 방안들을 제공함으로써 제국 상업 경제의 새로운 분야 개발에 매진했다.[23]

저명한 학자이자 보수적 주자학자인 방포方苞(1668~1749)는 청 중기의 시장 운영에 대해 다음과 같이 긍정적인 견해를 표명했다. "대개 물가가 치솟는 곳에 상인들이 모이게 되면, 물가는 반드시 어느 정도 떨어진다. 일단 물가가 한 곳에서 떨어지면, 상인들은 다투어 다른 곳으로 가려 할 것이다. 만약 상인들에게 적절한 가격이 형성되게 한다면, 유통은 더 빨라질 것이다."[24] 방포가 언급한 것은 제국의 외국 무역이 아닌 장거리 국내 무역이었고, 그가 유통 경제의 긍정적 미덕이라고 했던 합의는 반드시 외국 상업까지 확장되는 것은 아니었다. 하지만 그의 말년에 외국 무역은 빠르게 그 중요성을 획득했고, 이를 지지하는 사람들도 많아졌다.

23) Rowe, *Saving the World*, part 2 참조.

24) Dunstan, *Conflicting Counsels to Confuse the Age*, p. 325에서 인용했다.

조공 무역

최근까지 중화제국 후기에 국제적 외교와 외국 무역 모두를 수행한 방식을 설명하는 지배적인 모델은 페어뱅크와 그의 공동 연구자들이 1968년에 출간한 『중국적 세계 질서*The Chinese World Order: Traditional China's Foreign Relations*』라는 독창적인 책에서 구상되었다.[25] 이 책의 관점에 따르면, 중국인들은 인간의 세계를 '천하天下'로 인식했고, 중국의 황제는 천자天子이기 때문에 우주의 정통 원리와 인간 세계의 매개자였다. 따라서 그는 모든 인간들의 진정한 통치자였다. 중국中國은 세계의 중심이었고, 중국 엘리트의 문화적 풍습들은 문명의 보편적 규범이었다. 중국의 주변 지역에 살았던 민족들은 어떠한 형태가 되었든 모두 야만족이었다.

이것은 인종적 차별이 아닌 문화적 차별이었다. 중국의 영향에 충분히 오랫동안 노출된다면, 모든 야만족들은 때가 되면 교화(또는 동화)될 수 있고 필연적으로 그렇게 될 것이었다. 실제로 일부 민족은 이미 다른 야만족보다 더 문명화되어 있었다. 한국, 베트남, 특정 시기의 일본을 포함해 더 문명화되었거나 '성숙한[熟]' 야만족들은 정주定住 농경, 부계 및 가장 중심의 가족 제도, 장례 절차, 음식과 젓가락을 사용한 식사법, 그리고 한자를 비롯한 중국의 문화적 풍습을 채용했다. 이들의 왕이 중국의 천자에게 승인을 받아 책봉되기는 했지만, 이러한

---

25) Fairbank, ed., *The Chinese World Order*. 이 책의 개념들 대부분은 사실 페어뱅크와 등전우鄧嗣禹가 약 25년 전에 쓴 다음의 긴 논문에 설명되어 있다. Fairbank and Teng, "On the Ch'ing Tributary System."

특징들은 군주 중심의 관료제적 정권을 통해 그들 스스로 통치할 수 있는 능력을 만들어주었다. 서남부의 여러 부락 민족들, 때때로 일본인, 그리고 아마도 유럽인들 같은 덜 문명화되었거나 '미개한[生]' 야만족들에게 있어서 문명화의 길은 멀어 보였지만, 그들은 더 수준 높은 대우를 요구했다.

중국과 인접 정치 세력들은 공식적으로 외교적 접촉을 유지했지만, 이는 제도적인 불평등과 중국의 패권이라는 전제 조건에서 이루어졌다. 외교 관계에서는 한자와 중국의 책력만이 사용되었고, 중화제국에 대해 비굴할 정도로 존경한다는 미사여구가 사용되었다. 각각의 국가에 상주하는 특사들은 없었지만 주변 국가들은 정기적으로 중국에 사신을 보냈고, 사신들은 중국의 황제 앞에서 비굴하게 머리를 땅에 조아려 절하는 '고두叩頭'를 해야만 했다.

또한 속국들은 중국에 해마다 조공을 바침으로써 종속 관계를 인정했다. 조공품은 규정된 수량의 토산물로 구성되었고, 조공은 정해진 일정과 경로에 따라 행해졌으며, 중국 황실은 조공품보다 훨씬 가치가 큰 중국 물품으로 답례를 했다. 페어뱅크의 견해에 따르면, 청은 유럽과 미국을 포함해서 모든 외국들을 이러한 '조공 체제朝貢體制'에 편입시키려 했다.

조공 사신들은 규정된 조공 품목과 수량 외에 약간의 추가적인 상품을 가져올 수 있었고, 조공국들에게 각각 따로 할당된 무역항에서 지정된 중국 상인들과 교역했을 것이다. 중국은 외국과의 접촉이나 상업적 유혹이 초래하는 오염으로부터 제국의 백성을 보호하기 위해 이러한 조치를 취한 것 같다. 물론 이러한 제도를 확장할 기회는 충분히 있었다. 이익을 얻기를 갈망했던 중국과 외국 상인들 모두 규정 내에서 허용된 사신단의 수와 상품의 종류 및 수량을 초과했던 것이다. 가끔씩 외국 상인들은 위험을 무릅쓰고 정치적 조직체나 정권을 꾸며내 조공을 빌미로 수익성 좋은 중국 무역의 배당을 요구했다. 중국 조정은 규정된 제도가 사적 이익을 위해 어떻게 이용되고 있는지 모르지 않았지만, 대체로 이른바 조공 무역이 모든 참여자들에게 호응을 얻고 있다는 사실에 만족했다. 페어뱅크의 견해에 따르면(일본 역사가 하마시타 다케시濱下武志는 이에 대해 더 상세한 설명을 덧붙였다), 이 조공 무역 제도는 제국 후기의 모든 국제 교역을 통제했고, 또한 동아시아 지역 전체가 이 체제를 따랐다.[26]

이 '중국적 세계 질서' 모델은 중국이 고립주의적이고, 외국인 혐오증을 가지고 있으며, 상호 주권과 존중을 기반으로 한 민족 국가 체제에 적응하지 못하고, 실용적인 국가 이익에 반응하기보다 본질적으로 문화와 의식 절차가 요구하는 것에 매여 있었다는 것을 암시했다. 중국의 대외 무역의 기반으로서 조공 무역을 인식하는 것은 이성과 진보의 영향(중국적 세계 질서 모델이 자신 있게 주장했던)으로 인해 발생한 자유 무역과 이윤 추구의 동기를 중국이 완강히 폄하했음을 암시했다. 페어뱅크의 저서의 부제*Traditional China's Foreign Relations*에서 나타나듯이, 이 정체되고 경직된 문화는 암암리에 청뿐만 아니라 '전통 중국' 전

---

26) 그 예에 대해서는 Hamashita, "The Tribute Trade System and Modern Asia"를 참조.

부를 포괄하는 것이었다.[27]

그러나 이러한 유력한 설명이 나온 이후 수십 년 동안, 페어뱅크의 제자들을 포함한 서양의 중국 역사가들은 점차 유럽 중심의 편견인 '중국적 세계 질서' 모델에 의구심을 드러냈고, 그 이론과 사료의 실증 연구를 일치시키기가 어렵다는 것을 알아냈다. 예를 들면 그들은 한국, 베트남과 같은 주변국과 청 사이에 범죄자 인도와 국경 통제가 동등한 주권 국가의 모델에 기초해서 어떻게 이루어졌고, 청 초기 포르투갈과 네덜란드와의 관계가 중국의 현실 정치적 동기와 어떤 관련성이 있는지 보여주었다.[28] 조공 무역 체제가 반드시 틀렸다는 것은 아니지만, 확실히 그것은 너무나도 고착화된 것이었다. 역사가들은 면밀하게 어떤 면에서 그 체제가 유효했고, 어떤 면에서 그렇지 않았는지를 계속해서 밝혀나가고 있다.

조공 무역 체제의 실체는 중국적 세계 질서 모델이 인정하는 것보다 역사적으로 훨씬 불확실하다. 거슬러 올라가면 무역은 한나라 때부터 조공 납부와 결부되어 시행되었다. 그러나 1000년이 넘게 제국의 전체적인 대외 무역에서 조공과 관련된 상업이 차지하는 비율은 매우 낮았다. 그러나 명 태조 주원장은 국가 독점의 조공 무역을 유일한 대외 무역 통로로 만들려고 했다. 주원장은 대외 무역의 경제적 필요성을 약간은 인식했지만 정치적으로 외국 상인과 중국 상인 모두를 경계했

27) Fairbank, *China: The People's Middle Kingdom and the U.S.A.* 를 참조.

28) Edwards, "Imperial China's Border Control Law"; Wills, *Pepper, Guns, and Parleys*; Wills, *Embassies and Illusions*.

다. 때문에 그는 1370년대와 1380년대에 조공 무역 경로를 조심스럽게 발전시키면서 해상 사무역을 단호히 금지하는 해금海禁 정책을 동시에 시행했다. 15세기 초가 되면 조공 무역은 사실상 중국의 전체적인 대외 무역의 주요한 방식이 되었다.

그러나 조공 무역 체제는 청의 정복 100년 전 또는 훨씬 이전에 이미 주도적인 위치를 상실했다. 밀무역을 모두 차단하는 것이 불가능했을 뿐만 아니라 또한 조공 무역 체제를 유지하는 비용 그 자체가 갈수록 국고에 부담을 주었다. 1500년대 초 포르투갈인이 남동부 연안을 따라 출현했을 때, 중국 조정은 즉시 조공 무역의 절차를 따라 상거래를 추진하려 했다. 그러나 수십 년 안에 이것이 실행 불가능하다는 것이 입증되었다. 16세기 내내 명나라 조정은 포르투갈이 광동성 남부에 위치한 마카오 반도를 차지하고 그곳을 사무역의 중심지로 건설하는 것을 묵인했다. 또한 점진적인 과정을 통해서 공식적으로 중국 상인들의 감독하에 해상 사무역을 할 수 있도록 복건성의 월항月港을 개방했다. 하지만 이러한 조치들은 단지 법적으로 조공 무역 체제를 통해 이루어지고 있는, 번성하는 대외 무역의 실체를 편의상 인정해주는 것에 불과했다.

주원장의 비현실적이고 역사적으로도 이례적인 무역 정책을 단번에 모두 포기하는 것은 청이 해야 할 일로 남겨졌다. 1683년에 대만의 정성공 정권에 결정적 승리를 거둔 1년 뒤, 강희제는 해금과 천계령遷界令(연해 지역을 비우고 내륙으로 이동)을 폐기했다. 국가 재정과 백성의 생계에 모두 이익이 생기기를 바라면서, 강희제는 공식적인 허가와 규제가 따르기는 했지만 해상 사무역을 위한 모든 연안 항구의 개방을 허가하고, 세금을 거두기 위한 세관 조직망을 설립했다. 아시아 국가들과의 외교 관계를 체계화하는 도구로서 조공 체제는 그대로 유지되었지만, 강희제는 그것의 경제적 중요성을 사실상 축소시켰다. 공식적으로 중국의 조공국이었던 나라들은 조공 사절단을 통한 청과의 상품 교역량을 줄이고 그 밖의 다른 통로로 이루어지는 무역을 늘려야만 했다. 1684년 이후 청 제국의 해상 무역이 크게 증가한 현상은 끝까지 조공국이 되지 않았거나 그 지위를 추구하지도 않았던 포르투갈, 영국과 같은 국가들이 주도한 것이었다. 중국인들의 해상 사무역은 번창하게 되었을 뿐만 아니라 매우 합법적이고 개방적으로 행해졌다.[29]

청과 내륙 아시아 국가들 사이에서의 육상 무역에서도 이와 유사한 발전이 나타났다. 명은 몽골과 티베트와의 조공 관계를 구축했고, 청도 중국 정복 이전에 동일한 관계를 구축하기 시작하여 중국 정복 이후에는 이를 계승했다. 조공 무역은 많은 사신들을 동반했고, 그들이 북경에 올 때 가져온 양, 말, 낙타, 향신료, 직물 등은 명대에 경제적으로 매우 중요한 가치가 있는 물품들이었다. 16세기 명 또한 내륙 아시아 국가들과의 넘쳐나는 무역량에 대처하기 위해 변경 시장을 설치했다. 하지만 명은 조공 무역을 대외 무역의 중심 통로로 만들기 위해서 이 시장들에 변덕스럽게 개입했다. 변경 시장에 너무 많은 사람들이 몰려 혼잡해지면, 명은 즉각 시장을 폐쇄했던 것이다.

이와 대조적으로 청은 건국 후 100년 동안 지속적으로 내륙 아시아

29) 위의 단락은 Zhao, "Shaping the Asian Trade Network"를 인용했다.

무역을 조공 무역과 분리했고, 조공 무역을 순수하게 종속 외교의 상징적인 표현으로 만들었다. 해금을 풀기 1년 전인 1683년에 강희제는 증가하는 북경 관내의 조공 무역 상인들을 의례의 성격에서 벗어난 교역을 하고 있는 변경 시장으로 이동시키라는 명을 내렸다. 2년 후 강희제는 내륙 아시아 국가의 조공 사절단이 북경으로 가져올 수 있는 물품의 양을 엄격히 제한하는 첫 번째 칙령(다음 칙령은 1702년, 1713년에 공표)을 반포했다. 이러한 조치가 내륙 아시아 무역에 대한 청의 평가절하를 의미하는 것은 아니었다. 실제로 청은 1689년 영하寧夏에 일련의 새로운 변경 시장을 설치했고, 이후의 시기에는 규제되기는 했지만 사무역을 장려했다. 해상과 마찬가지로 육상 무역에서 18세기 초기까지 조공 체제가 그대로 유지되었고, 사적인 대외 무역은 활성화되었다. 그러나 조공 무역은 점점 쇠퇴했다.[30]

최근 발견된 일본의 문헌에 따르면, 1684년에 강희제가 무역 개방 칙령을 반포한 이후 40년 동안 1000척이 넘는 중국 상선들이 중국 연안과 여러 동남아시아 항구 사이의 왕복로에 있는 나가사키를 방문했다.[31] 물론 이는 전혀 새로운 사실이 아니었다. 동남아시아 지역으로의 중국인 이주의 기원을 적어도 당대에서 찾을 수 있었다. 명말이 되면 동남아시아 지역에는 상당한 크기의 중국 식민지들이 생겨났고, 청 초기에도 그 확장은 지속적으로 급속하게 이루어졌다. 근대 초기 동남아시아에서 시작된 유럽의 식민지화는 중국인들의 이주를 촉진했

---

30) Chia, "The Li-fan Yuan in the Early Ch'ing Dynasty."

31) Zhao, "Shaping the Asian Trade Networks," chap. 6.

다. 또한 복건인, 광동인 같은 중국 이주민들은 공통의 방언을 통해 연계되었고, 대륙에서부터 시작된 대인 관계를 통해 연결되어 있었다. 이들은 식민지 경제권에서 해운업자로서 성공적으로 자신들의 활동 영역을 개척했고, 또한 원주민, 유럽 영주들, 시암(타이의 옛 이름) 같은 현지의 왕족들 사이를 잇는 중개자 역할도 성공적으로 수행했다.[32]

1639년에 마닐라에는 대략 3만 3000명의 중국인들이 거주하고 있었다. 그 해에 발생한 종족 폭동으로 인해 인구가 절반 이상 감소했지만, 곧 빠른 속도로 회복되었다. 1619년에 네덜란드가 공식적으로 바타비아(현재의 자카르타)를 발견했을 때, 그곳에는 이미 중국 이주민 공동체가 존재하고 있었다. 중국인들은 대부분 네덜란드가 중국의 상인 대표들을 통해 간접적으로 관리하고 있는 사탕수수 재배와 수출 업무에 종사했다. 17세기에 중국 이주민 공동체는 공관公館이라 알려진 준상업 회관을 중심으로 절, 묘지, 학교, 병원 등을 설립했다. 1740년에 발생한 종족 폭동은 8000명이 넘는 중국인들의 생명을 앗아갔다고 하는데, 19세기가 되면 중국인들은 이보다 몇 배로 늘어났다.[33]

1717년에 강희제는 국외로 진출한 청의 신민들이 오히려 국가 전복 활동에 가담하게 될 수도 있다는 것에 대해 경계심을 갖게 되었다. 그는 특히 자카르타의 중국인 재상처럼 중국인들이 다른 국가와 외부 정권 밑에서 관직에 기용되지나 않을까 우려했다. 이 때문에 강희제는

---

32) Kuhn, *Chinese among Others*, chap. 1, chap. 2.

33) Blussé, *Strange Company*; Blussé and Chen, eds., *The Archives of the Kong Koan of Batavia*.

상인들과 그 가족들의 국외 체류 기간을 엄격히 제한했다. 기간을 초과한 자는 누구라도 귀국을 금지했고, 당시 남양南洋(동남아시아)에 거주하고 있던 중국인들은 3년 이내에 돌아와야 했으며, 그렇지 않으면 귀국할 권리를 영구히 박탈하라고 지시했다. 동남아시아 해상 무역의 중요성과 해외 장기 체류의 필요성에 대해 잘 인지하고 있던 남동쪽 연안의 관료들은 항상 꾸물거리면서 이 법을 집행하지 않았다. 그들은 1727년에 2년의 해외 체류를 허가하도록 옹정제를 설득했고, 1742년에 건륭제는 1년의 유예 기간을 추가해주었다. 1754년 청 조정이 국외 거주와 복귀에 대한 모든 방침을 각 성의 재량에 맡긴 이후 이전의 조치는 대부분 사문화되었다.[34]

중국 안의 외국인

초·중기의 청에 거주했던 유럽인들은 소규모였지만 무시할 만한 수준은 아니었다. 17세기에 가장 두드러진 세력은 예수회 선교사들이었다.[35] 1601년 비범한 이탈리아 출신 예수회 선교사 마테오 리치 Matteo Ricci(중국명은 이마두利瑪竇, 1552~1601)는 북경에 영구적인 예수회 거주지 설립을 허가받았다. 그는 명 조정의 호감을 얻기 위해 서양

---

34) 莊國土, 『中國封建政府的華僑政策』.

35) 다음 단락은 여러 자료들과 Mungello, *The Great Encounter of China and the West*를 활용했다.

의 천문학, 수학, 공학 지식들을 알려주었다. 마테오 리치는 상당 수준의 한자 실력을 갖추었고, 한자로 쓴 그의 저술들은 명말 지식인들의 문화에 큰 영향을 주었다. 키케로와 다른 서양 저작물들의 편집본인 『교우론交友論』(1595)은 이학의 인간관계 개념들을 확장하여 명말의 개혁론자들의 파벌 운동에 이념적 기반을 제공했다.[36] 중국인을 위해 기본적인 기독교 교리를 한자로 소개한 『천주실의天主實義』는 여러 고위 관료들이 개종하는 데 도움을 주었다. 이들 중 가장 유명한 사람은 상해 출신의 농학자이자 개혁 지도자이면서 생애 말기에는 대학사를 지냈던 서광계徐光啓(1562~1633)였다.

청 초기에는 조정과 지식인 사이에서 예수회의 영향력이 다소 약해졌지만 완전히 사라지지는 않았다. 성경을 중국어로 번역하는 것보다는 표음 문자인 만주어로 번역하는 것이 유럽 선교사들에게는 더 쉬웠기 때문에 만주어 성경은 빠르게 퍼져나갔다. 독일 출신 아담 샬 폰 벨Johann Adam Schall von Bell(탕약망湯若望, 1592~1666), 벨기에 출신 페르디난트 페르비스트Ferdinand Verbiest(남회인南懷仁, 1623~1688), 포르투갈 출신 투메 페레이라Tomé Pereira(서일승徐日昇, 1645~1708), 나폴리 출신의 예술가이자 성직자인 마테오 리파Matteo Ripa(마국현馬國賢, 1682~1746) 등은 모두 청 조정의 총애를 받았다. 전하는 바에 따르면, 순치제는 기독교로 거의 개종할 뻔했고, 무신론자였던 강희제는 예수회의 과학에 깊은 인상을 받아 그가 배웠던 것들을 공개적으로 과시하기를 좋아했다고 한다. 뛰어난 예수회 화가인 주세페 카스틸리오네(낭

---

36) McDermott, "Friendship and Its Friends in the Late Ming."

세령郎世寧, 1688~1766)는 궁중 화가로 재직하면서 강희제, 옹정제, 건륭제의 초상화를 그렸다. 또한 그는 웅장한 이탈리아 바로크 양식의 건축물·분수·미로로 이루어진, 북경 북쪽에 위치한 원명원圓明園의 서양루西洋樓를 설계하는 데 도움을 주기도 했다.

그러나 곧 문제들이 발생했다. 1664년에 예수회의 영향력에 놀란 조정의 반기독교 관료들이 사망한 지 얼마 되지 않은 순치제를 이용해 예수회에 힘을 행사한 것이다. 그들은 흠천감欽天監(천문·역수·점후 따위를 맡아서 보던 관아)의 수장으로서 황제의 어린 아들의 장례식을 불길한 날짜로 잡아 황제와 그가 총애한 귀비의 죽음에 원인을 제공했다는 이유로 아담 샬을 고소했다. 당시 뇌졸중으로 마비 상태였던 아담 샬은 이듬해에 능지처사를 선고받았다. 하지만 청 조정은 이튿날에 발생한 지진을 이 판결에 대한 하늘의 진노라고 여기고 아담 샬을 석방했다. 그러나 북경에 있던 대부분의 교회들은 폐쇄되었다. 그리고 1720년경에 마테오 리파는 시종으로 고용한 몇몇 중국 소년들과의 친밀한 관계 때문에 동성애로 알려져 많은 비난을 받았다.

그러나 청 초기에 기독교 선교사들을 끊임없이 따라다녔던 가장 심각한 문제는 그들의 종파 내분이었을 것이다. 마테오 리파를 포함한 다른 교단의 많은 선교사들은 예수회를 싫어했으며, 이들의 명성에 몹시 분개했다. 이러한 적대감은 부분적으로 이른바 '예의지쟁禮儀之爭(종교 의례 논쟁)'을 불러일으키는 요인이 되기도 했다. 마테오 리치와 그의 예수회 후임자들은 유교 문화를 높이 평가했고, 기독교 신앙이 최대한 유교 문화를 수용할 것을 희망했다. 예를 들면 그들은 기독교 서적에 대한 초기의 번역문에서 기독교 용어인 신God을 포기하고, 중국식 명칭인 상제上帝, 천天을 사용했다. 또한 그들은 조상과 공자에게 제사를 지내는 것이 우상 숭배가 아닌 민간 의식들이기 때문에 기독교 개종자들에게 반드시 금지시킬 필요가 없다고 주장했다. 다른 기독교 교단들은 이에 동의하지 않았고, 18세기 초에 로마 교황청의 재결을 통해서 그들은 예수회를 '영합주의accommodationism' 이단 문파라고 선언했다. 이것은 중국에서 장기간 열정적인 노력을 기울여 지배층의 인정을 받았던 기독교 교단의 지위를 치명적으로 약화시켰다.

치세 말년에 강희제는 점차 지방에 있는 기독교도의 존재를 우려하게 되었고 몇 차례 선교 활동 금지령을 내렸다. 청은 백련교와 천희불교 종파가 점점 늘어나면서 발생하는 소동에 시달렸는데, 기독교도들은 종말론적 시각과 자신과 믿음을 같이 하지 않는 외부 세계에 대항하는 집단적 결속이라는 특징 면에서 이들과 유사했다. 1720년대 초에 옹정제는 이 둘을 하나로 간주하고 북경과 광주 지역 외곽에서 활동하는 외국 선교사들에 대한 강희제의 선교 금지령을 강화했다. 외국 사제들은 정중한 대우를 받았지만 추방되었다. 기독교 교회들은 지방 관공서로 전용되거나 천후天后 같은 토속 신들을 모시기 위해 다시 지어졌다. 이 정책은 지방의 종교적 풍습을 '교화'하고 국가가 수용할 수 있는 공동체 종교 의례에 대한 기반을 수립하기 위해 시행했던 옹정제의 전반적인 활동과 밀접한 관련이 있었다.[37]

1740~1750년대에 건륭제는 주기적으로 반기독교 운동을 전개했

---

37) 馮爾康, 『雍正傳』, pp. 402-406.

고 일정 부분 성공을 거두었다. 18세기 초에는 약 30만 명이었던 중국 내의 가톨릭교도의 수가 18세기 말에는 20만 명으로 감소된 것으로 추정된다. 이 중 4만 명이 사천성의 남동부에 밀집되어 있었는데, 이 지역에서는 다른 종교들 사이에서 기독교가 확산되었고, 특히 '기독교 정녀회基督教貞女會'로 알려진 중국 여성들 사이에서 부모가 정해준 혼인을 거부하는 운동이 발생하기도 했다. 사천성과 그 외 지역에서 기독교 공동체가 완전히 토착화되어가는 동안 외국 선교사들은 청 제국을 계속 돌아다니며 곳곳에 산재해 있던 신도들을 방문했다. 예를 들면 프란체스코회는 포르투갈과 이탈리아 신부들을 근거지인 마카오에서부터 지하 선교 조직이 잘 발달되어 있던 사천성, 호남성, 섬서성, 산동성, 직예로 정기적으로 파견했다. 이 조직은 1784년에 갑자기 발각되었고, 청군에게 막 진압된 이슬람교도 반란 조직과 연관이 있다는 의심을 받았다. 건륭제는 10개월 동안 조사를 통해 중국인 사제 수십 명과 외국인 선교사 19명을 체포했다.[38]

청대에 기독교로 개종한 중국인 중에서 명말의 서광계처럼 저명하고 영향력 있는 사람은 없었지만, 아예 존재하지 않았던 것은 아니다. 그중 한 명인 위예개魏裔介(1616~1686)는 직예 출신으로 도어사都御史와 대학사를 역임했고, 개인적인 기독교 신앙과 17세기 말 송학宋學의 부흥과 연관되어 공개적으로 주창되었던 유교적 도덕 열정을 결부시켰다. 또 다른 이는 호광, 복건성, 양자강 하류 지역에서 지방 관료

38) Entenmann, "Catholics and Society in Eighteenth-Century Sichuan"; Ma, "Imperial Autocracy and Bureaucratic Interests in the Anti-Christian Campaign of 1784-85 in China."

의 귀감으로 명성을 얻었던 만주족 종친 간친왕簡親王 덕패德沛(1688∼
1752)이다. 그는 옹정제가 기독교 선교를 적극적으로 금지했던 1720년
대 이후 비밀리에 신앙 생활을 해나갔고, 서양 선교사의 과학을 익히
는 데에도 전념했다. 청 제국 상류 계층의 어떤 탐구 정신 측면에서 그
외국 신앙은 분명 높은 선택성과 독특한 흡인력을 갖고 있었다.

광동 무역 체제

　18세기 초의 선교 금지령으로 인해 청 제국의 거의 모든 지역에서
서양인들의 개별적인 출입은 엄격히 제한되었고, 청과 서양의 무역을
통제하는 이른바 '광동 무역 체제'의 도입은 이를 더욱 감소시켰다.[39]
1685년에 강희제는 제국의 모든 연안에서 해상 사무역을 합법화한 다
음 바로 주요 연안 항구에 해관 조직망을 설치했다. 입항한 선박은 해
관에 등록하고 상품을 판매하기 전에 화물에 대한 관세를 지불해야
했다. 광주의 해관은 가장 분주한 기구 중의 하나였고, 유럽에는 호포
Hoppo라고 알려졌다. 하지만 이 호포는 북경에 있던 호부戶部의 역할
을 해관이 대행한다고 하여 붙여진 잘못된 표현이었다. 사실 다른 모
든 세관들처럼 해관도 내무부의 직접적인 통제를 받았다.
　외국 상인들과만 전문적으로 거래를 하는 중국 상행들이 광주에서

---

39) 필자의 대학원 선임 연구생이었던 강 자오Gang Zhao 교수와 이 주제에 대해서
　　대화를 나눈 것이 광동 무역 체제에 대한 전체적인 서술에 큰 도움이 되었다.

급속히 증가하여 강희제 말년에는 40곳이 넘었다. 1725년에 옹정제는 이러한 상인들이 소속된 상인 조합을 만들었고, 외국인들에게는 이 기구가 공행公行으로 알려졌다. 공행은 무역을 감시하는 법적인 책임이 있었다. 옹정제는 북경 밖의 모든 기독교 선교 활동을 광주에 국한하는 동시에 청과 서양의 상업 활동을 광주 항구로 제한하려 했다. 하지만 외국 무역이 자신들 관할 지역의 민생을 유지하는 데 필수적이라고 여겼던 복건성과 다른 지방의 관료들은 옹정제를 설득했다. 대체로 외국 무역은 큰 사건 없이 꾸준히 성장해갔다.

광동 무역 체제는 옹정제의 계승자인 건륭제가 시행한 세 차례의 결정으로 이루어진 산물이었다. 1757년에 청 조정은 이후로 서양이 청 제국과 무역할 수 있는 항구는 오로지 광주뿐이라고 공표했다. 두 번째로 조정은 1745년경에 광주의 지방 관료들이 발의하여 시행하고 있던 담보 제도를 승인했다. 담보 제도를 통해 입항하는 모든 서양 선박들은 중국 상행으로부터 보증과 감독을 받았다. 마지막으로 1760년에 청 조정은 1년 중 외국 '오랑캐들'이 중국을 방문할 수 있는 기간, 거주 장소, 그리고 무역할 수 있는 대상들을 정한 일련의 상세한 규정들을 발표했다. 외국 상인은 아내와 가족들을 동반해 중국에 들어올 수 없었으며, 상인들의 사적 이동은 극도로 제한되었다.[40)

건륭제의 이러한 규제들은 이미 실행되고 있던 사안들에 대한 법적인 인정이었을 뿐이었다. 서양 상인들은 광주를 청과 서양 무역의 주도적인 항구로 만들기 위해 "발 벗고 나섰다." 명말 이래로 절강성의

---

40) Fairbank, *Trade and Diplomacy on the China Coast*, pp. 23-53.

영파, 복건성의 하문廈門 같은 연안 항구들이 활발한 교역이 이루어지는 장소였는데, 옹정제 통치 이후 서양 상인들은 더 이상 이곳에 기항하지 않았다. 광주가 다른 요인들을 갖추고 있으면서도 주강珠江 수계를 경유하여 내륙으로 접근하는 데 더 효율적이었을 뿐만 아니라, 서양인이 찾는 중국 특산품(특히 차)의 안정적인 공급에도 유리했기 때문이었다. 담보 제도는 청 조정에서 공표하기 이전에 광주의 관료들에 의해 이미 시행되고 있었다. 이 제도의 시행은 해상 무역에 대한 지방과 성에서의 반감을 보여주는 것이 아니라 오히려 그 반대였다. 해관, 부와 현, 심지어 성의 관료들은 광주에 있는 중국 상인들과 결탁하여 광주가 서양과의 외국 무역 중심지로 성장할 수 있도록 조정에 유세 활동을 했다(이것은 영파의 해상 무역에 다소 회의를 느껴 손을 뗐던 절강성 항주의 관료들과는 대비된다). 결국 광주에서만 그러한 무역이 허락되었다(그림 12).

돌이켜보면 외국인의 사적 이동을 엄중히 단속했던 시기가 돌발적인 것은 아니었다. 광동 무역 체제가 실행되기 시작한 1757~1760년은 서북부를 신강으로 편입하려는 청의 시도에 지식인들이 거세게 반대했던 시기와 정확히 일치했다. 그러한 반대 움직임은 건륭제로 하여금 그의 제국 변경과 외세와의 관계에 대해 새로운 접근 방식을 요구했을 것이다.[41] 더 중요한 것은 1750년대 후반에 불법적인 기독교 선교사 집단들을 새로 적발하면서 이루어진 청 조정의 조치와 제국의 영역에서 이교도의 개종이 다시 일어나고 있는 것에 대한 건륭제의 두

---

41) 曹雯, 「清代廣東體制再研究」.

그림 12. 1860년 광주의 번화한 거리

려움이 동시에 발생하고 있었다는 사실이다. 이 두려움은 영파를 통해 선교사들이 침투하고 있다는 절강성 관료들의 보고로 인해 촉발된 것이었다. 건륭제의 나이가 50세에 접어들고 그의 통치도 25년이 되어가면서 주변의 모든 것들은 전례 없는 번영의 시대를 보여주는 모습으로 여겨졌고, 야만적이고 청의 전통 관습을 따르지도 않는 외국인들의 대규모 유입과 같은 예측 불가능한 일들이 그와 그의 선조들이 영광스럽게 이루어낸 것들을 약화시키지나 않을까 하는 건륭제의 두려움이 터무니없는 것만은 아니었다.

영국 동인도 회사와 영국 왕실은 처음에는 광동 무역 체제를 기꺼이 받아들였으나 몇십 년이 지나자 광동 무역 체제의 규제들에 대해 불만을 갖기 시작했다. 특히 그들은 청의 영토 안에서 발생한 외국인의 범죄에 대해 청의 법률로 처벌하는 것을 못마땅해했다. 특히 1785년에 영국 선박 레이디 휴스Lady Hughes호가 예포를 발사하는 과정에서 실수로 청의 하급 관리 두 사람이 사망한 사건 이후에 이 문제는 더 부각되었다. 현장에서 영국인 담당자가 중국의 지방 관아에 체포되었고, 예포를 쏜 사수는 청에 넘겨지지 않았다. 나중에 그 사수는 체포되어 교수형에 처해졌다. 영국은 이 사건이 중국 연안에 상품을 보관하고 무역을 할 수 있는 기지를 확보할 수 있는 좋은 기회라고 생각했다. 이러한 목적을 위해서라면 포르투갈로부터 마카오를 탈취하는 것이 더욱 쉬운 방법일 수도 있었지만, 그것은 청이 승인했을 때에야 가능한 일이었다. 영국은 매력적인 차 생산지에 근접해 있던 복건성 연안의 하문 섬으로 눈을 돌렸다.

이런 문제들을 염두에 두고 1787년에 영국 왕실은 하원 의원이자 벵골군의 병참감인 찰스 카스카트Charles Cathcart 중령을 대표 사절로 건륭제에게 파견했다. 영국 국왕 조지 3세는 다음과 같은 친서를 보냈다.

> 귀국 선조들의 체험으로 설립되었고, 광대한 중국 제국에 대한 오랜 성세의 경험을 통해 강화된 원거리 국가들 사이의 잘 규제된 무역 체제는 진실로 서로 간의 행복, 발명, 산업, 그리고 부에 이바지하고 있습니다. 그리고 하늘의 위대한 신은 전 세계에 흩어져 있는 그의 피조물들에게 다양한 토양과 기후의 축복을 내려주셨습니다.

조지 3세의 편지에 경제 자유주의에 대한 미사여구가 들어 있기는 했지만(애덤 스미스의『국부론』이 11년 전에 폭넓은 인정을 받으며 출간되었다), 영국 국왕이 그런 관점을 공유하지 않은 청 황제에 대해 어떤 표현도 하지 않았다는 사실이 중요하다. 오히려 조지 3세는 다음과 같이 썼다. "우리는 귀국의 정신이 우리들 각자의 신민들 간의 상품 교역과 같은 것을 장려하는 정책을 오래전부터 염두에 두어왔고, 그것이 공정하고 공평한 원칙에 입각해 시행되고 있으며, 양국의 명예와 안전에 지장을 주지 않을 것이라 확신합니다."[42] 공교롭게도 카스카트는 바다에서 폐결핵으로 사망했고, 조지 3세의 편지는 건륭제에게 전해지지

---

42) Morse, *The Chronicles of the East India Company Trading to China, 1635-1834*, vol. 2, pp. 167-168.

않았다.

5년 후 조지 3세와 동인도 회사는 다시 한 번 사절을 파견했다. 이때에는 매우 유능한 조지 매카트니George Macartney 자작을 특사로 보냈다. 매카트니는 전직 러시아 대사, 아일랜드 총리, 영국령 카리브 제도·마드라스 식민지 총독을 역임한 인물이었다. 카스카트의 실패를 염두에 두고 있었던 영국 국왕은 "[매카트니의] 사망과 같은 사건으로 인해 우호적인 소통이 이루어지지 않을 수도 있는 모든 가능성을 피하기 위해서" 조지 스톤턴George Staunton을 부대사로 임명했다. 특사는 영파·천진·주산舟山(절강성 항주만 입구에 위치한 섬)에 대한 직접적인 무역 개방, 보급 기지로 사용할 광주와 주산에 인접한 작은 섬들의 할양, 그리고 수도인 북경에 상업용 창고를 열 수 있는 권리(영국은 이 권리를 러시아는 이미 가지고 있었다고 믿었다)를 요구하도록 지시받았다.

영국 국무장관인 헨리 던다스Henry Dundas는 매카트니에게 개인적인 상업 부채 해결을 무례하게 요구하지 않도록 주의를 주었고, 다음과 같은 내용을 덧붙였다.

귀하에게 요구될 수 있는 한 가지 규정에 대해서 주의할 필요가 있습니다. 청 영토 내에서의 아편 무역은 배척되고 있는데, 이는 청 제국이 법에 의해 금지하고 있는 것입니다. 이 주제는 매우 신중하게 논의되어야 합니다. 인도 식민지에서 증가한 적지 않은 양의 아편을 청에 판매할 수 있는 방법을 찾을 수 있다는 점은 의심할 여지가 없습니다. 그러나 어떤 마약도 우리가 중국으로 보내면 안 된다는 요구 또는 통상 조약의 조항이 제시된다면, 귀하는 자유를 위한 투쟁이라는 관점에서 어떤 본질적인 이익을 위해 위험을 감수하기보다는 그것을 받아들여야 할 것입니다. 이 경우 벵골에서 생산되는 아편은 개방된 시장에서 판매할 기회를 얻거나, 동쪽 바다의 분산되고 에두르는 항로를 통한 소비를 찾는 방편으로 가야 합니다.[43]

조지 3세는 재차 친서를 건륭제에게 보냈다. 이번에 그는 '대영제국·프랑스·아일랜드의 왕, 신앙의 수호자' 등의 표현을 썼을 뿐만 아니라 스스로를 '바다의 제왕Sovereign of the Seas'이라 칭했다. 그는 영국의 식민지 사업과 그 문화적 사명을 이렇게 설명했다.

> 우리 신민들의 번영을 촉진하려 했던 것이 여러 면에서 만족스럽지 못했습니다. …… 우리는 배를 정비할 다양한 기회를 얻었고, 멀리 있어 잘 알려지지 않은 지역을 발견하기 위해 우리 신민들 중에 현명하고 박식한 사람들 일부를 보내고 있습니다. 이들을 보내는 목적이, 정복이라거나, 이미 우리의 욕구를 충분히 만족시킬 정도로 넓은 우리의 영토를 또 확대하려 한다거나, 부를 축적하려 한다거나, 신민들의 상업을 유리하게 하기 위해서는 아닙니다. 오히려 세계에 대한 우리의 시야를 넓히고, 세계의 다양한 생산물들을 찾고, 지금까지 예술과 생활의 안락함에 대해 거의 알지 못했던 지역의 사람들과 접촉하기 위함입니다. 그래서 우리는 물건을 원하고 있는 것처럼 보이는 사람, 섬,

---

43) 위의 책, p. 239.

지역에 가장 유용한 동물, 채소를 실은 선박을 보냈던 것입니다.

조지 3세는 중국의 장엄함과 건륭제의 명성에 대해 칭송하는 내용을 쓴 후, 영국의 군사력에 관한 미묘한 암시를 반복했다. 그리고 카스카트에게 보냈던 편지와 동일하게 그는 국제 무역의 상호 이익에 대해 자세히 설명했다. 그는 "신의 가호가 있기를 기원합니다"라는 문구로 편지를 끝마쳤다.[44]

조지 3세의 서신에 대한 답장에서 건륭제는 영국의 요구를 들어주면 서양에 있는 중국의 다른 많은 교역 국가들로부터 유사한 요청이 쏟아질 것이라는 점을 꽤 길게 언급했다. 건륭제는 "영국인만이 광주에서 무역하고 있는 것은 아니다"라고 지적했다. 계속해서 그는 "우리 제국의 생산물은 다양하고 매우 풍부하기 때문에 다른 나라의 상품이 없어도 살아가는 데 전혀 지장이 없다. 특히 중국은 차, 질 좋은 도자기, 비단, 그리고 다른 재료들이 풍부하다. 이런 물건들은 너희 나라와 유럽의 다른 국가들 사이에서 많은 수요가 있다. 너희에게 관용을 베푸는 차원에서, 짐은 이러한 다양한 상품들을 저장할 수 있는 공적인 창고를 광주에 개설하도록 지시했다"라고 언급했다.[45] 그리고 영국이 인식했던 것보다 더 많은 문제를 일으켰던 종교 문제로 화제를 돌려 다음과 같이 주장했다.

---

44) 위의 책, pp. 244-247. 조지 3세의 편지는 Hevia, *Cherishing Men from Afar*, pp. 60-62에서도 분석되어 있다.

45) 공식적인 번역을 거쳐 조지 3세가 받았던 편지는 Morse, 앞의 책, pp. 247-252에 수록되어 있다.

지난 오랜 세월 동안 너희들은 너희들이 진실한 종교라고 여겼던 것을 추종해왔다. 우리 제국은 초기부터 지금까지 황제들의 지혜를 통해 법도가 확립되어 후대에까지 이어져 내려왔다. 그 안에서 제국의 네 지역은 몇 세기 동안 서로 의견의 일치를 보았다. 그러므로 이 고대 종교의 활동을 방해하는 것은 옳지 않다. …… 지금 너희의 사자 使者는 영국 종교의 전도를 꾀하고 있는 것처럼 보인다. 짐은 결코 이를 허가하지 않을 것이다.[46]

1793년 8월 21일과 10월 7일 사이에, 처음에는 북경에서, 다음은 만리장성 밖에 위치한 승덕의 피서 산장에서, 그 다음은 다시 북경에서 건륭제와 매카트니는 긴밀한 협상을 해나갔다. 황제는 40여 년 전에 편찬을 지시했던 『대청통례大淸通禮』에 규정된 빈례賓禮에 의거하여 매카트니를 접견하려고 했다. 건륭제는 상징적으로 그가 전 세계의 통치자라는 것을 받아들이도록 매카트니에게 강요했다. 매카트니는 건륭제와 완전히 동등한 '바다의 제왕'이 보낸 특사라는 지위를 전적으로 인정받기 위해 자신의 입장을 고수했다. 매카트니는 정교한 서양 기술로 제작된 시계와 여러 물건들을 선물했다. 이것들은 과학적 이해력을 갖고 있는 천자에게 경외감을 주려는 의도에서 이루어진 것이었다. 건륭제는 명료한 이유를 들면서 전혀 감명을 받지 못했다고 주장했다. 그는 이미 수십 년 전에 예수회 선교사들이 준 품질이 비슷하거나 더 좋은 물건들을 갖고 있었던 것이다.

---

46) Teng and Fairbank, eds., *China's Response to the West*, pp. 19-21.

　가장 유명한 것은 매카트니가 고두를 해야 할지 말아야 할지를 고민
한 것이었다. 고두는 황제 앞에서 그를 알현하는 모든 사람들이 해야
하는 전통 의례로서, 황제에게 무릎을 꿇고 머리가 땅에 닿을 때까지
숙여 절하는 의식이었다. 매카트니가 빈손으로 귀국하게 되자, 이미
영국의 선전 기관에서는 몸을 엎드려 그의 왕과 조국에 굴욕을 주려는
요구에 지조 있게 저항했기에 그의 임무는 실패할 수밖에 없었다면서
매카트니를 추켜세웠다. 고두를 뜻하는 kowtow라는 단어는 가련한
중국인을 상징하는 대표적인 말이 되었다. 즉 '고두'는 서양의 합리주
의와 실용주의에 반대되는 낡은 의례에 의존하는 중국의 아집, 그리
고 평등과 인간의 존엄, 국민 주권과 같은 서양의 명제와 대조되는 중
국의 전제적인 권위에 대한 비굴한 순종 등을 의미했다. 그것은 서양
인들이 마음속에 지니고 있던 모험적인 계획을 실행하는 데 유용한 비
유였다.[47]

---

47) '탈식민주의적' 이론의 영향을 받아 매카트니 사절단에 대해 자극적으로
　　수정주의적 서술을 한 것에 대해서는 Hevia, *Cherishing Men from Afar*를
　　참조.

6
| 위기 |

케네스 포머란츠Kenneth Pomeranz는 2000년에 출판되어 폭넓게 인용되고 논쟁을 불러일으켰던 자신의 저서에서 18세기 '성세' 동안 청 제국의 평균 생활 수준이 서양보다 더 높았을 것이라고 주장했다. 설탕 같은 기호품은 평범한 유럽 사람보다 청의 일반 백성들이 더욱 많이 소비할 수 있었다. 그렇지만 19세기로 전환할 즈음 '대분기great divergence'가 발생하면서 이러한 현상이 바뀌었고, 서양은 최소한 두 세기 동안 중국을 앞질렀다. 의미심장하게도 포머란츠는 이 분기를 청 제국이 실패해서 일어난 결과라기보다 기본적으로 서양에서 발생한 것 때문에 일어난 현상으로 보았다. 그는 서양에서 산업 혁명으로 촉진된 그 격차가 과거의 '진보'나 더 혁신적인 사고방식에 의해 벌어진 것이 아니라 오히려 역사적으로 특별한 '우연성'의 연속이었으며, 무엇보다도 아프리카 노예 노동을 이용한 유럽의 신대륙 착취가 그 요인

이었다고 주장했다. [1]

전체적으로 보면 포머란츠의 주장들은 과거 25년간 청 제국의 성취와 능력을 조금 더 긍정적으로 평가하려 했던 신청사의 견해와 일맥상통하는 것이다. 신청사의 견해는 전통적인 '실패의 담론'을 받아들이지 않았을 뿐만 아니라, 근대 초기 유라시아 대륙 동부의 역사적 경험이 대륙 서부 변경의 그것과 상반되는 사례가 아니라 오히려 서부 변경의 모습을 반영하는 것으로 보았다. 그렇다 하더라도 19세기로 넘어갈 때 즈음에 청 제국 내부에서 제도적인 쇠퇴가 명백하게 나타났다는 것은 부인할 수 없는 사실이며(청의 통치자와 신민들 스스로가 이러한 현상들에 불안감을 가지고 있었다), 이것은 19세기의 분기가 단순히 상대적으로 유럽에 뒤처지게 되는 문제만이 아닌, 내재적이고 절대적인 능력 상실의 문제였다는 것을 내포하고 있다.

바꿔 말하면 19세기로 들어설 때 나타난 청 제국의 위기는 동시에 발생한 세 가지 문제들, 즉 팽창하는 서구에 의한 외부적 충격, 장기간에 걸친 사회·경제적 어려움들의 축적으로 촉발된 세속적 위기, 그리고 왕조의 주기적 교체와 관련된 심각한 정치적 기능 장애가 연계되어 발생한 것이었다. 여기에서는 첫 번째 문제는 뒤로 미루어놓고, 시기적으로 먼저 발생했고, 또 당시 사람들 대부분이 보기에 더욱 중대했던 두 번째와 세 번째 문제를 우선 다루겠다. [2]

---

1) Pomeranz, *The Great Divergence*.

2) 이 부분은 유사한 내용을 담고 있는 Jones and Kuhn, "Dynastic Decline and Root of Rebellion," in *Cambridge History of China*, vol. 10, pp. 107-162를 참고했다. 이 선구적인 글은 필자의 생각으로는 가경제와 도광제 시대에 관한

세속적 변화

19세기 청이 직면한 가장 근본적인 누적된 변화는 바로 인구의 증가였다. 1400년 중국의 인구는 대략 1억 명이었을 것으로 추산된다. 1680년경에 청의 지배력이 공고해지고, 그에 뒤이은 중국의 평화 시기Pax Sinica로 인해 중국의 인구는 2세기 만에 3배 증가하여 4억 5000만 명에 이르렀다. 인구 증가에는 신대륙 농작물의 보급, 농업 기술의 발전, 영토 확장, 그리고 새로운 농지의 개간 등이 복합적으로 작용했다. 인구 증가는 도시나 강남 지방과 같이 이미 인구가 조밀했던 지역에서 일어난 것이 아니라 대가족 농업 노동력이 더 생산적이라는 것이 입증된, 비교적 새로운 정착 지역이 있었던 주변 지역에서 급속하게 발생했다.[3]

그러나 청 초기 150년 동안에 개간되었던 엄청난 규모의 새로운 농지들은 서서히 고갈되기 시작했다. 1753년과 1812년 사이에 1인당 경지 면적은 43퍼센트나 감소하여 2000제곱미터에도 미치지 못했다.[4] 19세기 이전까지는 대부분 토지 면적당 증가한 인구 밀도는 식량 수확량을 낮추기보다는 오히려 증가시켰다. 이것은 땅에 비해 노동력이 상대적으로 항상 부족했기 때문이었다. 노동력이 더욱 늘어나면서 집약적인 농업, 관개 시설의 확대와 유지가 가능하게 되었으며, 또한 인

영어권 저술 중에서는 권위 있는 글이다.

3) Lee and Wang, *One Quarter of Humanity*. 李伯重, 「控制增長以保富裕」도 참조.

4) Kuhn, *Chinese among Others*, p. 14

분人糞이 증가하면서 토지가 더욱 비옥해졌다. 그렇지만 19세기에 접어들 즈음이 되면 비용 대 효과의 비율이 역전되었고, 농경지에 비해 과도하게 증가한 인구는 일반적인 생활 수준을 떨어뜨렸다.[5] 또 다른 중요한 지표 중의 하나는 19세기에 증가한 미혼 남성의 숫자일 것이다. 혼인과 출산에 대한 강한 문화적 책임이 있는데도 결국 아내를 맞이하지 못하여 스스로 독립적인 가정을 이루지 못한 남성들의 비율이 늘어났다.[6]

지난 몇 세기 동안에는 상업, 수공업, 광업, 특히 운송업에서 새롭게 생겨난 일자리들이 이러한 잉여 노동력을 흡수했다. 그러나 19세기 초는 청 제국의 대부분 지역에서 상업이 위축되는 시기였다. 광주에서 영국인들은 많은 양의 제조품, 특히 면직물(남경면포南京棉布)을 외국으로 수출했다. 그러나 19세기로 넘어가면서 면직물의 매입량과 수출량이 크게 줄어들었고, 이는 제조업이 위축되었음을 보여준다.[7] 이러한 후퇴에는 여러 가지 요인이 있겠지만, 그중의 하나는 점점 시대에 뒤떨어지고 있는 청의 산업 정책이었다.

예를 들면 구리 채굴 분야에서 청은 동전 주조를 위해 정부 매입용으로 각각의 광산에서 채굴된 산출량의 일정 비율을 고정된 가격으로 요구하고, 추가 생산량은 사설 시장에서 시가에 따라 판매할 수 있게 하는 정책을 시행했다. 그러나 18세기 말과 19세기 초 사이에 구리 광

---

5) Ho, *Studies in the Population of China*.

6) Telford, "Family and State in Qing China."

7) 彭澤益, 「淸代前期手工業的發展」.

석을 캐내는 데 드는 자본금이 상승하면서 구리의 시가도 꾸준히 상승했다. 지방 관료들의 탄원에도 불구하고 청 조정은 화폐 주조에 쓰이는 구리의 조달 비용을 인상하지 않았다. 구리 매장량의 고갈보다 이러한 수익의 감소 때문에 많은 광산들이 문을 닫았다.[8] 바꾸어 말하면 청 조정은 신산업 발전을 일으키고 촉진하는 데 실패했을 뿐 아니라, 시대에 뒤떨어진 정책은 기존의 산업들마저 위축시켰다.

인구 문제의 필연적인 결과는 이른바 인재의 과잉 공급이었다. 이는 오늘날의 많은 개발 도상국들에서 흔하게 보이는 현상으로, 경제 체제나 정치 체제가 인재들을 위한 만족스러운 일자리를 창출할 수 있는 것보다 교육 체제가 더 빠른 속도로 인재를 배출해내기 때문에 발생한다. 이것은 성세 중의 진정한 위기였다. 18세기에 지속된 평화와 풍족한 생활 여건, 확대된 교육 기회로 인해 전체 인구에서 교육을 받은 사람들, 심지어 고전 교육을 받은 사람들이 차지하는 수는 전체적인 인구 증가율보다 더 빨리 증가했다. 하위 학위 소지자의 수는 불완전하나마 이에 대한 지표가 된다. 1400년에 4만 명 정도였던 하위 학위 소지자들의 수는 1700년에는 60만여 명, 1800년에는 100만 명을 훨씬 넘어섰다. 이 지표는 국가가 과거 학위를 수여할 사람들의 수를 할당하여 정한 것이기에 완벽한 것은 아니다. 그리고 18세기 후반에 청 조정은 이 인원을 늘리지 않으려고 여러모로 애썼다. 그러나 계속된 번영기 동안에 조정의 이러한 조치는 학위를 취득하기 위해 공부를 하는 학생들의 수가 늘어나는 것을 늦추지 못했고, 결과적으로는 문

---

8) 韋慶遠·魯素,『淸代前期的商辦礦業和資本主義萌芽』.

제를 더욱 악화시켰다.

고전 교육의 분명한 목적은 능력이 뛰어난 조정 관료층을 만들고, 그것을 지속시키는 것이었다. 그렇지만 열심히 공부한 삶에 대한 보상(보수가 좋은 관직, 그와 연계된 사회적 지위)은 청의 '인정仁政'라는 이상 때문에 큰 제약을 받았다. 국책 사업을 확대하기 위해 세율을 늘리면 민중 봉기가 발생하리라는 두려움 때문에, 청 조정은 세금과 세금으로 감당할 수 있는 일자리의 수를 상대적으로 낮게 유지했다. 이는 급료를 받는 관직의 수가 전반적으로 늘어난 인구보다 많이 부족하고, 또한 법적으로 자격을 갖춘 관리 후보자들의 수보다도 적어짐을 의미했다. 1800년에 상위, 하위 학위를 소지한 인재가 140만 명이 넘었는데 관직의 수는 단지 2만여 개에 불과했다. 이는 70명의 학위 소지자 중에서 단 1명만이 관직을 보유했다는 것을 의미한다.

이 문제는 국책 사업을 위해 금전이나 다른 재산을 기부하는 대가로 학위와 심지어 관직까지 주는 관행에 의해 악화되었다. 매관매직은 한편으로 청 사회에서 뛰어난 재능을 가진 일부 사람들(흔히 상업을 통해 많은 돈을 보유한 가문 출신들)의 신분 상승의 요구를 만족시켰으며 환영을 받았다. 반면에 과거에 급제하기 위해서 열심히 노력했던 사람들은 많지 않은 관직과 명예를 얻기 위한 더욱 격렬해진 경쟁에서 쓰라린 좌절을 맛보았다. 전형적이라고 할 수는 없지만 주목할 만한 한 가지 사례는 시험에 낙방한 홍수전洪秀全이라는 인물이 '태평천국 운동'으로 알려진 반란을 일으킨 것이었다. 그러나 더 일반적이었던 현상은 지역의 하위 학위 소지자들과 지식인들이 관직에 오르지 않은 신사가 할 수 있는 직업으로 전환했다는 것이다. 특히 소송을 처리하고 돈을 받는 부류의 일은 갈수록 긴장된 사회와 경제에서 토지와 물, 여성, 다른 부족한 자원들을 둘러싼 갈등을 고조시켰다.

국가적 수준에서는 최종 과거에 급제하여 실질적인 관직으로 배치되기까지의 시간이 점점 지체되면서, 특히 전시에 급제한 최고 인재[一時之選]의 고위직 발령 대기 장소인 한림원翰林院 소속의 젊은 학자들의 불만을 야기했다. 한림원은 전통적으로 어떤 실질적인 책무를 맡지는 않으면서도 실제 관료보다 도덕적으로나 학문적으로 우월하다고 생각하는 고결한 반대 세력의 중심이었다. 이렇게 그들 자신이 특별하다고 생각하는 관념은 출사에 실패하고 정치적 좌절이 일어났던 19세기 전반기에 들어와서 성행했다.

돈벌이가 되는 일자리가 부족해지면서 젊은 인재들은 대담하고 자극적인 정치 방식을 추구했고, 일반적인 관료 체제 밖에서 당파를 형성하려는 경향을 보였다. 이들의 활동 중심지는 북경 선남문宣南門 외곽의 유리창琉璃廠 서점가에서 회합했던 '시사詩社'와 그 당시에 실질적으로 신격화되었던, 청 초기의 정치적 비평가 고염무를 기리는 '사당祠堂'과 같은 '전위' 단체들이었다. 잘 조직화되고 있고 신랄한 지식인들의 혹독한 비평은 청 조정의 무력 시위를 지지하여 재앙과도 같은 제1차 중영 전쟁을 유발하는 데 일조했다.[9]

9) Polachek, *The Inner Opium War*.

주기적 쇠퇴

인구압과 저고용이라는 장기간의 문제들은 왕조의 쇠퇴와 관련되어 잘 알려진 특정한 문제들, 즉 황제의 의지와 관리 능력의 저하, 관료들의 의욕과 진취성의 결여, 부패와 실정들에 덧붙여졌다. 가경제(재위 1796~1820)나 그의 계승자였던 도광제(재위 1821~1850)가 자신의 의무를 등한시하거나 능력이 부족한 황제는 아니었다. 그러나 두 황제 모두 중요한 순간에 우유부단했고, 눈앞에 닥친 엄청난 위기에 압도당했다.[10]

가경제가 직면한 행정 부패를 상징하는 것은 화신和珅의 출세이다. 20대에 하급 궁정 시위侍衛로 복무했던 화신은 대단한 가문 출신의 기인旗人은 아니었다. 화신은 1775년에 늙은 건륭제의 관심을 받았는데, 건륭제가 화신의 모습에서 젊은 시절 자신의 구애를 거절했던 궁녀와 닮은 모습을 발견했다고 전해진다. 화신을 총애한 건륭제는 2년 동안에 화신에게 군기대신, 호부시랑, 이부시랑 등을 비롯한 약 20여 개의 관직을 수여했다. 재치 있고 야망이 있으면서도 이와 어울리지 않게 탐욕스러웠던 화신은 황제의 총애를 이용해 엄청난 부를 축적했다. 전체 중국 역사를 통해 역사가들이 이렇게 만장일치로 비난하는 인물은 없을 것이다. 화신의 사후에 밝혀진 재산이 대략 8억 냥에 달했다고 한다. 이는 그가 권세를 누렸던 20년 동안에 거두었던 청 제국 전체 세금의 절반이 넘는 것이었다.

---

10) 가경제에 관한 영문 연구는 많지 않다. 중문 전기로는 關文發, 『嘉慶帝』가 있다.

황제에 대한 개인적 장악과 이로 인해 보장된 정교한 지원망을 통해서 화신은 청의 모든 행정 영역에서 조직적인 횡령을 일삼았다. 실제로 누구라도 화신의 심복에게 '뒷돈'을 주지 않으면 관직에 오를 수 없었고, 긴요하고 공식적인 정책조차도 상급자에게 뇌물을 주어야만 이루어졌다. 아니나 다를까 조정이 실질적으로 수행하는 중대한 사업들은 점점 줄어들었다. 1795년에 아버지의 양위를 통해 35세의 나이로 즉위한 가경제는 화신이 암적인 존재라는 것을 알고 있었지만, 4년 후 건륭제가 죽을 때까지 화신을 제거할 수 없었다. 게다가 이 몇 년 동안 부정부패는 조정의 최고위층까지 퍼져나갔다. 1799년에 건륭제가 사망하자마자 가경제는 화신과 그의 일당을 체포하고 화신에게 자결을 명했다.

보위에 오르면 늘 그렇듯이, 새 황제는 어떤 통치를 해야 하는가에 대한 비판과 제안을 듣기 위해 일정 기간 동안 '언로'를 개방했다. 가경제는 특히 화신 시대의 악폐를 어떻게 바로잡아야 하는지를 듣고자 했다. 1950년대 중반 백화 운동 시기의 모택동과 마찬가지로 가경제는 그가 원했거나 상상했던 것보다 더 많은 것들을 들었다. 모든 관료 체제가 화신의 간계로 인해 회복 불가능할 정도로 타락했다는 사실을 확인한 가경제는 진퇴양난의 처지에 빠졌다. 즉 부패한 인사들을 모두 척결할 것이냐, 아니면 죄질이 나쁜 몇몇만 희생양으로 유배를 보내고 일반 관리들은 징계의 수준에서 끝낼 것이냐를 결정해야 했던 것이다. 그는 후자를 선택했다. 역사가들은 가경제가 부패한 관리들을 과감하게 모두 숙청하지 않았던 것을 청의 계속되는 쇠퇴를 미리 결정했던 원죄로 보는 경향이 있다. 하지만 일상 행정에서 최소한의 연속성이 필요하다는 점을 고려한다면 가경제가 다른 선택을 할 수 있었는가에 대해서는 불확실하다.

전면적인 개혁에 대한 다른 가능성이 있었는지 알 수는 없지만, 가경제의 소심함은 수도에 있는 지식인들의 저항을 부추겼다. 존경받던 한림원의 원로 홍량길洪亮吉(1746~1809)이 그 저항에 앞장섰다. 그는 청 제국의 인구 증가에 대한 날카로운 분석으로 인해 후대 역사가들에게 '중국의 맬서스'로 알려진 인물이었다. 비록 황제에게 직접 문서를 쓸 정도로 높은 지위에 있지는 않았지만, 홍량길은 1799년 가을에 수도에 있는 관료에게 편지를 보내어 숙청을 위한 황제의 노력이 과감하지 못했다는 강한 개인적 비판을 피력했다. 그런 다음 그는 지식인 개혁가들이 실행하던 새로운 위협주의적 정치 방식대로 자신의 편지를 북경 전역으로 유출시켰다. 홍량길은 다음과 같이 썼다.

조정 신료들이 존경받지 못한다면, 앞으로 백성들의 신뢰할 만한 생계 수단은 부족해질 것이오. 백성들이 생계를 유지하지 못한다면, 나라의 질서를 바로잡는 것은 불가능할 것이오. …… 관료들은 품행 본보기로서의 역할을 해야 하오. 최근 몇 년 동안 관료들이 어떻게 계속해서 범죄를 저지르고 조정의 행정을 더럽혔는지 한번 생각해보시오! 지금의 황제가 통치한 이래 [몇몇 죄인들이 처벌받은 것은] 다행스러운 일이오. 하지만 이들을 제외하고 …… 큰 지방에서 재직했던 사람들이나 변경의 방어를 책임졌던 사람들은 여전히 권력을 유지하고 있소. 만약 당신이 공식 자격으로 여행을 한다면, 당신은 관문에서 '통행세'를 지불하고 경비에게 돈을 주어야 하오. 축제 때마다 선물을 보내야 하고, 생일마다 선물을 보내야 하며, 또한 매년 보호를 위한 비용도 지불해야 하오. …… 이러한 돈은 모두 현 관리들에게서 나오고, 그들은 다시 백성들에게서 거두어들이고 있소.

무엇보다도 조정의 위엄과 백성의 행복을 보장하기 위해 지금의 황제는 옹정제의 과단성 있는 엄격함을 먼저 배워야 한다고 생각하오. 그런 다음에야 비로소 백성의 관습을 변화시키기 위해서 강희제의 관대한 인본주의로 시선을 돌릴 수 있을 것이오. 삼가 당신의 견해를 기다리겠소.[11]

격분한 가경제는 홍량길을 체포하여 사형을 선고했지만 이번에는 또 다른 궁지에 몰렸다. 홍량길의 행위를 용서할 수는 없지만 그의 말이 원칙적으로 옳다는 것을 가경제는 알고 있었던 것이다. 결국 가경제는 홍량길을 서북 지역으로 유배 보내는 것으로 형을 감해주었다. 사실상 이는 홍량길의 비평이 진실임을 인정하는 것이었다. 홍량길은 수도에 있는 젊은 재야 지식인들에게 영웅이자 우상이 되었다.[12]

---

11) 이 번역은 Jones, "Hung Liang-chi"에서 승인을 받아 인용했다.

12) Nivision, "Ho-shen and His Accusers," pp. 209-243.

국내의 반란

수십 년에 걸친 부패와 실정의 폐해는 점점 가시화되면서 심각해졌다. 특히 1796년부터 1804년까지 화북에서 발생한 백련교도의 난은 그 대표적인 예이다. 반란은 호북성 북동부와 섬서성 남동부에 위치한 한수漢水 상류의 고지대에서 시작되었다. 이 지역은 청대에 매우 복잡한 경영 체계에 의해 개간이 이루어졌던 곳이다. '산구지주山區地主'는 일반적으로 모종의 정치적 접촉을 통해 산중턱의 큰 구획을 차지한 다음 개간자들에게 그 일부를 임대해주었다. 이들은 다시 이주민들을 고용하여 세대 단위로 땅을 개간하도록 했고, 아주 늦게 이주한 사람들은 실제로 농사를 지었다. 결국 각각의 구획에 대한 다층적인 소유권의 위계가 출현했으며, 먼저 이주하여 넓은 땅을 소유한 사람들이 임대의 권한을 보유하게 되었다.

땅을 빌린 많은 사람들을 부양하기에 충분할 정도로 토지가 생산적이었을 때에는 이러한 체제가 잘 작동했다. 그러나 18세기 말 북동쪽의 인구 밀도가 계속 높아지고 있는 동안, 표토가 고갈되고 나무가 없는 산비탈이 침식되면서 많은 토지들의 생산성이 낮아졌다. 이러한 경제적 중압은 다수의 지주들과 소작인, 토착민들과 이주민, 그리고 고지대와 저지대의 문화 집단 간에 뿌리 깊은 사회적 긴장감을 조장했다. 이렇게 폭발 직전의 혼합물에 불을 붙인 기폭제는 바로 종교였다.[13]

---

13) 이 과정을 세부적으로 분석한 고전적 연구로는 鈴木中正, 『淸朝中期史硏究』가 있다. Rawski, "Agricultural Development in the Han River Highlands" 참조.

백련교도의 난이 일어난 직접적 원인 중의 하나는 화신을 수반으로 한 치밀한 관료주의적인 강탈과 횡령에 더하여 지방 관리들이 백성들을 상대로 저지른 세금 착취였다. 그리고 반란을 초기에 진압하지 못했던 것은 화신의 동생 화림和琳과 같은 군대 지휘관들이 부패한 탓이었다. 군대는 지역 민병대들에게 배정된 자금을 빼돌리기 위해 반란을 진압하여 전쟁을 끝낼 수 있었으면서도 그것을 회피했다. 19세기 초가 되면 실제 교단들은 대부분 해산되었고, 청에서 자금을 지원받은 민병대들이 계속해서 서로 싸우고 있었다. 상황이 어떻게 돌아가는지 알게 된 가경제는 양측의 적대감을 종식시킬 의도로 공식적인 승리를 두 차례 선포했다. 하지만 가경제가 자신의 변절한 군대를 통제하는 데에는 거의 5년이 더 소요되었다.[14]

백련교도의 난은 총체적인 재앙이었고, 이후로 청은 결코 완전히 회복할 수 없었다. 백련교도들은 진압되었으나 백련교 분파들까지 모두 소멸된 것은 아니었다. 1813년에는 백련교의 한 분파인 팔괘八卦교도들이 자금성에 침입하여 가경제 암살을 기도하는 사건이 발생했다. 이는 지식인들이 선남시사宣南詩社라는 모임을 결성하도록 촉발한 사건이었다.[15] 더 극적인 것은 청 제국의 재정난이었다. 호부의 창고에 보관된 자금이 1770년대 후반에는 은 8000만 냥으로 절정에 달했고, 건륭제 치세 말기에도 여전히 은 6000만 냥을 유지했다. 그런데 1억

---

14) Yingcong Dai, "The White Lotus War."

15) Naquin, *Millenarian Rebellion in China*, pp. 39-47.

2000만 냥 정도가 이 반란의 진압 비용으로 소모되었다.[16] 이것은 청 제국의 남은 통치 기간에 모든 영역에서 청의 행정 능력에 치명적이면 서도 영구적인 영향을 미쳤다.

경제 침체

1820년대에 청 제국의 재정난은 극도에 달했다. 동전 1000문(1관) 이 은 1냥의 가치에 상응했지만, 명나라 말기의 재난과 같았던 경험을 통해 청 조정은 1000:1이나 또 다른 교환 비율을 강요하는 행정적 지 시가 역효과를 낸다는 것을 알고 있었다. 이에 청 조정은 시간과 장소 에 따라 화폐 시장의 안정성을 유지하겠다는 목표를 내세웠다. 하지 만 이러한 노력을 통해 청 조정은 애매한 성공을 거두었을 뿐이었다. 17세기 말에 은이 상대적으로 적었던 때는 1000:1의 교환 비율이 일 반적이었지만, 18세기 초에 동전의 가치가 점점 높아지면서 700:1이 나 800:1의 교환 비율이 표준이 되었다. 이 비율은 1780년대 후반에 1000:1로 다시 바뀌었다. 19세기 동안에 은의 가치는 급상승하게 되 었다. 예를 들면 산서성에서의 교환 비율은 1758년에 730:1이었으나 1846년에는 1800:1까지 상승했다.

이러한 경향은 은의 품귀 현상과 외국과의 무역 수지 균형의 변화로 인해 생겨난 결과였다. 당시 사람들은 늘어나는 외국산 아편 수입에

---

16) Dunstan, *State or Merchant*, p. 446.

드는 비용을 국내 생산품의 수출로 만회하지 못했던 청 조정의 무능력이 이러한 현상을 야기했다고 보았고, 대부분의 근대 학자들도 이에 동의하고 있다. 그러나 19세기 초 라틴아메리카의 혁명 기간에 은의 생산량이 단기간 감소되어 전 세계적으로 은이 부족한 상황이었다. 청의 경우에는 서양에서 비단, 면직물을 비롯한 중국 생산품 수입이 단기적으로 감소한 것도 또 하나의 요인이 되었다. 16~18세기에 중국은 은을 바탕으로 한 상업 경제의 번성 덕택에 은의 유입이 세계 최고 수준이었으며, 19세기 초반 10년 동안에도 여전히 은으로 약 2800만 달러의 순이익을 얻었다. 그러나 이 시점에서 은의 흐름이 극적으로 역전되었다. 1808~1856년 중국의 은 유출은 대략 3억 8400만 달러에 달했는데, 이는 해마다 평균 800만 달러의 은이 외국으로 유출되었음을 의미한다. 은의 유출이 가장 최고조에 이른 시기는 1840년대 말부터 1850년대 초로, 매년 평균 유출량이 1700만 달러를 넘어섰다.[17]

일부 투자자들이 통화를 비축함으로써 더욱 악화된 통화 체계의 붕괴는 이른바 '도광 연간의 침체[道光蕭條]'라고 하는 시기를 야기한 중요한 원인 중 하나였다. 증가된 생산 비용과 가격 하락은 제조업자들의 생산을 위축시켰고, 여기에 더불어 많은 토착 금융 기관들이 붕괴되면서 일어난 신용 위기는 고용 감소와 실업률 증가로 이어졌다. 농촌의 생산자들에게 돌아가는 자금 또한 줄어들었고, 농부들은 줄어드는 수입과 상승하는 필수 지출 비용 사이에서 자주 발생하는 '가격 차

---

17) Lin, *China Upside Down*, pp. 79, 133. Lin은 19세기 말 은의 유출이 역전되는 동안 청의 아편 수입은 계속적으로 증가했다고 주장했다.

이 'price scissors'를 경험했다. 가치가 떨어진 동전으로 세금을 냈던 소규모 토지 소유자들에게 과세의 부담은 더욱 무거워졌고, 그들 중 많은 수가 토지를 잃었다. 빈부의 차가 커졌고, 세금과 소작료에 대한 저항의 움직임과 또 다른 형태의 사회 불안 현상이 점점 늘어났다.

청은 세수의 감소와 무역 수지의 불균형으로 해마다 토지세 수입의 25퍼센트에 상응하는 은이 유출되면서 고통을 겪었다. 사회 기반 시설은 유지 비용이 너무 많이 들어서 방치되기에 이르렀고, 심각한 타격을 입은 공동체를 위한 구제의 노력도 뜸해졌다. 실질적인 소득과 관료들의 사기는 모든 면에서 떨어졌고, 부패가 그 빈자리를 채웠다. 방위 예산이 증발해버리면서 새롭게 나타나는 국내외적 위협에 대처해야 할 가장 중요한 순간에 군사력이 취약해졌다. 이러한 불황은 태평천국 운동이 터지게 되는 중요한 요인이 되었다. 국내외적으로 경제적 불황은 매우 폭넓게 감지되었고, 1840년대 즈음에는 경기 침체가 청을 붕괴 직전의 매우 위험한 상황으로 몰아넣었다.

개혁 운동과 경세의 부흥

황제는 직면한 위기에 대해 깊이 우려하고 있었다. 가경제와 도광제 시기에는 중앙의 개혁 노력들이 강조되었다. 비록 충분하지는 않았지만 특정 사안에 대해 언로를 개방하고 해결점을 찾으려는 다양한 시도를 했다. 개혁 운동에 대한 좀 더 강력한 요구는 조정 밖, 특히 민간의 서원書院에서 나왔다.

청 초기에는 서원이 파벌주의의 온상이었음을 경계하여 왕조 교체 이후에 지방의 많은 서원이 폐쇄되었다. 그러나 1720~1730년대에 옹정제와 적극적인 성급 관료들은 성급 수도에 의욕적으로 새로운 서원을 건립하고 구성원들을 회복시키거나 확장해서, 황제가 치밀하게 설계한 지방 학교 제도의 준정부 기구로서의 역할을 서원이 수행하도록 했다. 몇몇 서원은 그러한 방향으로 발전했지만, 대부분의 서원들은 독립적인 교육의 중심지가 되지 못했다. 오히려 지방의 전도 유망한 젊은이들에게 과거 준비를 위한 높은 수준의 훈련을 제공하는 장소가 되었다.

19세기 초반에 서원의 건립과 재건의 새로운 흐름은 더 자율적이면서도 지방색을 가지는 방향으로 나아갔다. 하나의 예는 순무였던 완원阮元(1764~1849)이 1820년대에 광주에 설립한 학해당서원學海堂書院으로, 이 서원의 운영은 그 지역의 번성하고 있던 해상 교역의 혜택을 받았다. 경험이 풍부한 성급 관료이자 탁월한 경학가였던 완원은 그의 고향인 양주와 양자강 하류 지역을 유명하게 만들었던 고증학 연구를 남동부 지역에 도입했고, 이러한 과정을 통해 학문적으로 벽지에 해당되었던 지역을 제국의 주요 문화 중심지로 탈바꿈시켰다.[18] 광주 지역의 역사를 찬양하는 것이 학해당서원의 활동 초점이 되었다. 비록 훈고학이 활발하게 자유 사상의 길을 가고 있었지만, 그것이 반드시 정치적으로 얽매일 필요는 없었다. 이 시기가 되면 급진주의가 누

---

18) Miles, *The Sea of Learning*.

렸던 영광의 나날들은 지나가버렸다.

　외형적으로는 전통주의적인 성격을 지녔지만 무언가 새로운 씨앗을 품고 있었던 학문이 호남성의 상강 유역에 있던 서원에서 두드러지게 나타났다. 호남성의 수도 장사長沙 외곽에 위치한 악록서원岳麓書院이 대표적이었다. 훈고학과 한학漢學의 전성기였던 청 중기에는 송대 이학의 기본을 형성하고 있었던 사서(『논어』, 『맹자』, 『대학』, 『중용』)가 평가 절하되고, 오래된 고전인 오경(『역경』, 『서경』, 『시경』, 『예기』, 『춘추』)의 가치가 높게 평가되고 있었는데도, 자신들 스스로가 호남성의 '핵심'이라는 사고에 물들어 있었던 학자들은 송학의 도덕 수양, 사회 단결, 사회 계급이라는 가치에 충실했다. 특히 악록서원의 학자들은 그들의 견고한 보수적인 도덕적 시각과 발전된 전쟁 기법, 정치경제학, 수리학, 실용 행정—그들이 경세經世('치국책' 또는 문자 그대로 '세상을 다스리는 것')라고 부르는 것과 결합된 방안—에 대한 빈틈없는 연구를 결합시켜나갔다.

　백련교도의 난이 일어났을 당시 서북 지방에서 근무했던 호남성 출신 관료이자 반란 진압에 주요 전략가로 활약했던 엄여익嚴如熤은 악록서원이 배출한 인재였다. 그는 다음 세대의 학자들을 가르치기 위해 서원으로 돌아왔다. 이러한 학자들에는 태평천국 운동을 물리치고 19세기 중반 이후 황실 관료 체계를 장악했던 젊은 학자—활동가들은 물론이고 도주陶澍, 하장령賀長齡, 위원魏源 등 개혁주의 선각자들까지 포함되었다. 엄여익처럼 후학을 양성하기 위해 서원으로 되돌아온 당감唐鑑은 1830년대와 1840년대를 통해 엄격한 인생 철학—한 사람의 개인적인 실패를 인식하고 극복하려는 목적의 금욕적 양생법과 시대의 타락으로부터 세상을 구하기 위한 강렬한 개인적 사명감이 결합된 철학—으로 증국번曾國藩과 호림익乎林翼 등 많은 학자들의 스승이 되었다. 악록서원 출신 인사들은 화중의 외딴 지역에서도 활약했고, 곳곳에서 비슷한 서원들이 양산되었다.[19]

19세기 초의 개혁주의 사상가들 중 가장 걸출한 인물은 포세신包世臣(1775~1855), 공자진龔自珍(1792~1841), 위원魏源(1794~1856)이었다. 세 명 모두 관직에 오래 있지는 않았다. 대신에 이들은 민간 학자나 개혁 성향을 가진 지방 관료들의 막우가 되었다. 그들 중 가장 연장자는 안휘성 출신의 포세신이었다. 하급 군관의 아들이었던 포세신은 백련교도의 난을 진압하는 동안에 사천성에서 근무했고, 상해 연안에서는 해적들과 전투를 벌이면서 전략과 병참 분야의 전문가로서 꽤 이른 시기에 명성을 떨쳤다. 이후에 그는 농학과 홍수 통제 방면에서 공인된 전문가가 되었다. 또한 포세신은 전반적인 제도적 개혁을 주장했다. 내각과 순무의 직위를 없애 행정 효율을 높이고, 조정이 체계적인 제도를 도입하여 광범위한 지식인들의 의견을 수렴하며, 농업 기술을 가진 농민들에게 하위 신사 자격을 부여하고, 고대의 보갑제를 강화하여 농촌 사회의 경제 재분배와 빈민 구제를 담당케 해야 한다고 주장했다.[20]

---

19) McMahon, "The Yuelu Academy"; Wilhelm, "Chinese Confucianism on the Eve of Great Encounter," pp. 283-310. 지방의 분파에 관해서는 Rowe, *Crimson Rain*, chap. 8 참조.

20) 劉廣京,「十九世紀初葉中國知識分子─包世臣與魏源」.

공자진은 항주에서 많은 인정을 받았지만 북경에서 생애 대부분을 보냈다. 그는 북경에서 시적인 능력과 낭만적인 밀애를 통해 전국에서 유명해졌다. 금문학파今文學派의 옹호자였던 공자진은 『춘추』의 주석을 역사 변화의 실체를 파악하기 위한 지속 개혁의 선언으로 간주했다. 왕조의 쇠퇴에 관한 문제에 대해서는 대부분의 동시대인들보다 더 비관적이었던 공자진은 젊은 학자들이 나이 든 관료들을 체계적으로 대체해야 한다고 주장했고, 정부의 모든 절차를 급진적으로 갱신하는 것을 지지했다. 그는 예禮에 큰 비중을 두었지만, 그 예들은 시대에 맞게 주기적으로 수정되어야 한다고 주장했다. 특히 그는 조정 신료가 황제에게, 지방 평민들이 신사에게 하는 절이나 다른 개인적 순종의 몸자세들을 없애야 한다고 생각했다.

공자진은 다른 사람들보다 훨씬 진일보한 재산 관련 이론을 내놓았다. 예를 들면 그는 열심히 일해서 재산을 모은 사람들을 무력하게 만든다는 이유를 들어 재산을 상속하는 관습을 반대했다. 초기 저작에서 그는 농업의 상업화와 지방의 화폐 주조를 비난하면서 상품 작물을 재배하면 참수해야 한다고 권고하기도 했다. 그러나 그는 점차 국가적 경제 번영에 도움이 된다는 이유로 이 두 가지를 모두 열성적으로 옹호하게 되었다. 말년에 공자진은 번역된 서양의 서적을 열심히 읽었다고 알려져 있지만, 어떤 분야의 책이었는지는 밝혀지지 않았다.

호남성 출신이면서 악록서원에서 공부했고, 북경에 있는 선남시사에 때때로 참여하기도 했던 위원은 서양의 역사가들에게서 가장 주목을 받았다. 그의 관록은 1844년에 완성한 『해국도지海國圖志』에서 처음 입증되었다. 『해국도지』는 유럽에 대한 당시 중국인의 연구 중에서 가장 철저한 것으로, 청 제국에 대한 서양 세력들의 위험성이 증대되고 있다는 예리한 경고를 담고 있었다.[21] 그러나 이 중요한 업적도 위원의 전체적인 학문의 깊이와 개혁주의적 과제에 비추어보면 작은 부분에 지나지 않는다. 예를 들면 위원은 청대 내륙 아시아에서 다시 일어나고 있던 저항 운동에 대응하는 차원에서 이 지역에 대한 이전 제국의 정복 역사를 서술했다. 이 글에서 그는 지금의 청 황제가 조상들의 선례를 따라야 한다고 주장했고, 어떻게 이를 달성할 수 있는가를 상세히 설명했다.

위원의 생애에서 가장 중요한 이력은 악록서원 출신 동료이자 강소포정사江蘇布政使인 하장령의 막부에서 근무하던 1826년에 『황조경세문편皇朝經世文編』의 주요 편찬자로 참여했다는 점이다. 무려 120개의 장으로 구성된 이 방대한 저작은 사회 조직과 정부 정책의 모든 측면을 실질적으로 망라하여 이들을 주제별로 배열했다. 이 책은 이후 몇십 년 동안 경세 개혁가들의 성전聖典 역할을 했고, 청 제국이 멸망할 때까지 많은 속편들이 출간되었다. 위원은 대부분의 주제에서 새로운 정책을 지지하는 필자들의 글을 실었는데, 수천 편의 글 가운데 최고라고 평가받은 글을 쓴 사람은 고염무顧炎武였다. 고염무는 빈틈없고 깊이 있는 정책 분석을 통해 중앙 집권화된 관료 조직을 비판하고 지

---

21) 위원의 저작에 드러난 이러한 측면을 다룬 연구에 대해서는 Leonard, *Wei Yuan and China's Rediscovery of the Maritime World* 참조.

방 엘리트들의 행동주의를 옹호한 사람으로, 위원과 동료 개혁가들에게 많은 존경을 받았다.

개혁 제안들과 정책들

청에는 통상적인 민정民政, 군정軍政 외에 세 가지 전문 기능을 담당하는 관료 기구가 있었다. 이를 삼대정三大政이라고 하는데, 황하의 기반 시설 유지를 감독하는 하공河工, 각 지방의 곡물 조세를 수도로 운송하고 수합하는 조운漕運, 소금의 생산과 판매에 대한 정부의 독점 업무인 염정鹽政을 말한다. 이 전문 기구들은 화신이 조정을 장악하고 있는 동안 부패와 실정으로 어려움을 겪었고, 어느 정도 권위를 확보한 도광제 시대의 개혁가들은 특히 염정과 조운에 관심을 가졌다.

청 제국의 염정은 몇 개의 큰 구역으로 분할되어 시행되었고, 그중에서 가장 번성했던 곳은 양회兩淮 지역이었다. 양회 지역의 중심지는 양주였고, 전체 지역은 호북성, 호남성, 강서성, 그리고 안휘성의 양자강 중류 지역을 망라했다. 강소성 해안의 생산지에서 양회 지역의 소비자에게 대규모로 소금을 운송하는 일은 대대로 판매 독점권을 소유한 200여 명에 의해 이루어졌다. 이들의 지위는 관료와 상인의 중간에 해당되었다. 소금 독점 판매의 특권을 소유한 사람들은 해마다 어마어마한 양의 소금을 할당받았다. 그 양은 1만 2000인引(1인은 소금 8자루에 해당되고, 1자루는 대략 45킬로그램이다)에 달했고, 대부분의 경우 각 개인에게 특정한 지역에서 소금을 팔 수 있는 독점권이 주어졌다. 19세기 초가 되면 이 체계가 매우 무질서해졌다. 독점 판매권을 가진 사람들은 그들의 소임을 다하지 못했고, 엄청나게 비싼 가격으로 소비자들에게 소금을 떠넘겼으며, 이로 인해 필수품인 소금이 많은 사람들에게 골고루 돌아가지 못하게 되었다. 결국 소금 수요를 충족시키기 위해 암시장이 번성하게 되었고, 양회 지역에서는 공식적으로 인정된 소금보다 밀매매되는 소금이 더 많이 팔리기 시작했다. 소금 독점을 통해 얻는 정부의 수입은 급격하게 감소했다.

1832년에 악록서원 출신으로서 양회염정관兩淮鹽政官이었던 도주陶澍는 2세기 동안 이어진 독점 체계를 폐지하고 평판이 좋은 상인들에게 정부의 소금을 판매할 수 있게 하는 합법적인 정책을 단호하게 시행했다. 그리고 소금 판매 허가권을 가진 상인들은 구역 내 소매 시장에서 한 번에 소량, 즉 10인 정도의 소금만 팔 수 있었다. 도주의 목표는 소금의 밀매매를 차단하고, 양질의 소금을 소비자들에게 제공하며, 제국의 재정 수입을 늘리는 것이었다. 그는 이 세 가지 목표를 꽤 성공적으로 달성했다. 이러한 민영화로 인해 소금 거래는 허가받은 관료−상인으로부터 다양한 규모로 출자한 개인 투자자들이나 상업 중개인들에 의해 이루어지는 방향으로 바뀌었다. 소금 판매 허가권은 공공시장에서 광범위하게 매매되었다.[22]

조운의 문제는 더 심각했다. 명말부터 청 중기에 이르기까지 일반적인 토지세는 점점 은으로 납부되고 있었다. 하지만 청 조정은 수도

---

22) Metzger, "T'ao Chu's Reform of the Huai-pei Salt Monopoly."

와 북쪽 변경에 있는 많은 무관과 문관들의 녹봉을 곡물로 지급해야
했다. 이러한 목적을 위해서 조정은 잉여 곡물을 많이 보유하고 있는
지주들을 대상으로 1년에 두 번 추가적인 곡물 세금을 징수했고, 특히
양자강 유역에서는 막대한 세금을 거두었다. 이 엄청난 양의 곡물을
강과 대운하를 따라 북쪽으로 운송하기 위해서는 많은 뱃사공들과 운
송로를 따라 배치되어 있는 여러 기관들이 필요했다. 19세기 초가 되
면 이러한 임무를 수행하는 세력들이 점차 기득권을 둘러싼 치밀한 조
직망을 형성하게 되었고, 여기에는 민간 중개업자들과 운송로 주변을
관할하는, 한직閑職에 임명될 예비 지방 관료들이 포함되어 있었다.
이들은 관할 지역을 통과하는 선단에 통행세를 요구했다. 사공들은
스스로 나교羅敎라고 알려진 준종교적인 상호 이익 집단을 조직했고,
이 단체는 후에 마피아와 유사한 청방靑幫의 효시가 되었다.

　화신이 조정을 장악했던 시대에 정기적인 황하의 관리가 소홀해지
면서 황하 어귀의 위쪽 대운하와의 합류 지점에 진흙 퇴적물이 쌓이는
고질적인 문제는 더욱 악화되었다. 가경기와 도광기 초기에 걸쳐 발
생한 퇴적으로 인해 운하를 통한 조운은 점점 어려워졌다. 북경으로
조운되는 곡물이 줄어들고 시간도 많이 걸리게 되자 곡물 가격은 폭등
했다. 1824년에는 유례없는 재앙 때문에 예상했던 곡물의 25퍼센트
정도만이 북경으로 운송되었다. 운하의 하상河床이 높아져서 운송되
지 못한 곡물들은 약탈당하거나 배에서 썩은 채로 방치되었다. 도광
제는 언로를 개방하여 안전한 조운 방법에 대한 제안을 폭넓게 받아들
였다. 이 과정에서 대운하를 통한 내륙 수로가 아닌 해로(상해에서 천진

까지 또는 북쪽에 있는 다른 항구까지)를 통해 양자강 유역의 곡물을 운송하는 방법이 주목을 받았다.

이 대안은 포세신과 악록서원 출신 동료인 위원이 제안한 계획을 기반으로 하여, 도주와 하장령의 감독하에 1826년의 조운에서 실제로 시행되었다. 양회 염정에 대한 도주의 개혁처럼 이 계획 역시 정부의 기능을 수행하기 위해 개인적으로 상선을 소유한 사람들을 끌어들여 제국 경제의 중요한 부분을 민영화하는 효과를 가져왔다. 1826년의 실험은 대체로 성공한 것이라고 평가되었다. 하지만 궁극적으로 내륙 운송으로 확립된 이득이 감소하는 것과 조운 뱃사공들의 생계 수단이 사라진다는 것에 대한 조정의 우려가 곡물 공급에 대한 염려보다 더 중요시되었다. 한 번의 일탈 이후에 다시 이전의 조운 체계로 돌아가고 말았다. 그러나 1840년 이후 한 해의 곡물 조세 전량이 북경에 도착하지 못하게 되자 조정은 내륙 운수로를 완전히 포기하고 해로를 조운의 기본 수단으로 삼았다. 1000년 이상 유지되었던 대운하는 퇴물로 취급받게 되었다.[23]

개혁가들은 제국의 화폐 체계에도 관심을 보였다. 도광제 시기의 불황은 광주에서 외국산 아편을 매입하기 위해 은이 대량으로 유출되면서 촉발되었다. 1819년에 한림원 소속의 채지정蔡之定은 정금正金(지폐에 대하여 금화나 은화 따위의 정화正貨)의 영향을 받지 않는 지폐를 도입하는 것이 이 문제의 해결책이라고 건의했다. 그는 과감하게 이

---

23) Jones and Kuhn, "Dynastic Decline and the Roots of Rebellion," pp. 119-128; Leonard, *Controlling from Afar*. Leonard는 도광제의 통치 능력에 대해서 다른 학자들에 비해 관대한 관점을 가지고 있다.

제안에 자신의 관직까지 걸었다. 1830년대 말에 악화된 경제 상황 속에서, 상대적으로 잘 알려지지 않았던 학자인 왕류王鎏는 지폐가 화폐 부족을 해결하고, 제국을 불경기로부터 벗어나게 하여 제국(그는 '중국'으로 언급했다)의 화폐 주권을 새롭게 확립할 것이라는 점을 상세히 주장한 보고서를 출간했다. 왕류는 국내 경제에서 멕시코산 은화가 광범위하게 유통되는 것은 중국 고유의 '권리'에 대한 총체적인 침해이며, 사적으로 발행된 화폐의 형태로 이미 유통되고 있는 어음은 국가에 귀속되어야 할 화폐 기능이 민간 상인들에게로 넘어갔음을 보여주는 것이라고 주장했다. 그의 주장은 폭넓은 논쟁을 불러일으켰다. 포세신과 같은 유명한 개혁가는 약간의 수정을 거쳐 그 의견을 지지했지만, 위원처럼 민영화를 지지했던 다른 개혁가들은 그 제안이 너무 국가 통제적인 것이라고 비난했다. 적어도 도광제 시기에는 그 제안들이 시행되지 못했다.[24]

그러나 개혁가들이 가장 중점적으로 다룬 것은 아편 문제였다. 왕류는 국가에서 발행하는 지폐를 유통시킬 것을 주장했다. 중국 외부에서는 사용할 수 없는 중국 지폐로 아편 비용을 지불하게 되면 '자동적으로' 이 파괴적인 마약을 수입하지 않을 수 있게 된다는 것이었다. 도광제의 격려에 힘입어 위기를 타개할 다양한 해결책들이 조정으로 건의되었다. 일부는 아편을 합법화하여 세금을 징수하는 방안을 지지

---

24) Lin, *China Upside Down*. 왕류에 대한 필자의 연구는 Lin의 중요한 조사 결과에는 동의하고 있지만 그녀의 결론과는 약간 차이가 있다. 함풍제 시기 조정은 태평천국 운동 진압 자금을 마련하기 위한 수단으로 지폐를 유통시켜보았지만, 그 기간이 짧았고 손해도 막심했다.

했다. 이것은 광주에 있는 학해당서원 출신이었던 조정 관료 허내제許乃濟가 1836년에 제안한 것으로, 서원에 자금을 대고 아편 무역을 통해 생계를 유지했던 광주의 상업 엘리트들의 의견을 대변하고 있었던 것 같다. 다른 대안은 옹정기 이래로 시행된 아편 금지를 엄격하게 시행할 것을 요구하는 강경 노선으로, 이들은 국내의 아편 중개업자와 소비자를 처벌하고 수단과 방법을 총동원하여 아편 수입을 막자고 주장했다. 이러한 태도는 복건성 출신이자 한림원 출신이며, 북경에 있는 선남시사의 일원이자 위원과 다른 개혁가들의 동료이기도 했던 호광총독 임칙서林則徐에 의해 1838년에 더욱 강력한 목소리를 냈다. 적어도 초기에 도광제는 강력한 정책을 시행하는 것을 선택했고, 이것은 비참한 결과를 가져왔다.

서구의 충격

유럽의 국가들 중 영국은 상대적으로 늦게 중국에 진출했다. 동아시아에서 영국이 존재할 수 있었던 동력은 동인도 회사였다. 1600년에 영국 국왕에게 인가를 받아 청 제국과의 합법적인 무역 독점권을 얻은 동인도 회사는 그 당시 유럽의 지배적인 경제 논리였던 중상주의가 만들어낸 결과물이었다. 중상주의는 첫째로 대외 무역은 국가의 이익을 우선시하는 방향으로 행해져야 하고, 둘째로 대외 무역의 유용성은 유리한 무역 균형을 달성할 수 있는 능력, 즉 국부의 유출보다

외화의 유입이 더욱 많아야 한다는 관점에서 평가되어야 한다고 주장했다. 동인도 회사는 설립 이후 남아시아에서 집중적으로 활약을 한 이후 1680년대에 중국 남부 해안에 도달했다. 이 시기는 우연히도 강희제가 해금 정책을 폐지하고 해상 무역을 장려하던 때와 일치했다. 중국에서 동인도 회사의 무역 활동이 광동 무역 체제에서 1760년대까지 제한되었음에도 불구하고 이 시기에 마찰을 일으킬 요인은 거의 없었다.

영국과 청 사이의 무역은 빠르게 성장했다. 중국의 아시아 내부 무역이 쇠퇴하지 않았음에도 불구하고, 무역은 청의 서양과의 통상 관계에서 핵심 요소가 되었다.[25] 청의 다른 서양 무역국들과 마찬가지로 영국은 초기에 사치품을 청에서 수입했다. 여기에는 비단, 도자기, 향신료, 약초, 차 등의 품목이 포함되었으며, 특히 차는 영국의 중요 수입 사치품이었다. 미지의 음료였던 중국산 차는 영국 시장을 삽시간에 정복했고, 19세기에는 매년 영국의 일반 가정의 1년 수입의 5퍼센트를 쓰게 만드는 상품으로 성장했다. 동인도 회사의 중국산 차 수입은 17세기 말에는 매년 200파운드였다가 몇십 년 후에는 40만 파운드로 늘어났고, 19세기 초에는 2800만 파운드를 넘어서면서 기하급수적으로 증가했다. 문제는 중상주의적 사고를 가진 영국인들이 이 비용을 어떻게 지불할 것인가였다.

가장 중요한 교환 품목은 면화였다. 18세기 중반에 동인도 회사는

---

25) 이어지는 단락은 Wakeman, "The Canton Trade and the Opium War"에서 부분적으로 인용했다. Chaudhuri, *The Trading World of Asia and the English East India Company*도 참조.

인도에 대한 군사 정복을 감행했고, 이것은 매우 큰 비용이 드는 일이어서 영국 왕실로부터 수백만 파운드를 빌려야만 했다. 동인도 회사는 이 빚을 삼각 무역에서 나온 이익으로 갚으려는 계획을 세웠다. 인도에 있는 동인도 회사의 농장에서 재배된 원료 그대로의 면화를 청제국으로 보냈고, 이로 인해 청에서는 방적·방직 산업이 발달하게 되었다. 광주에서 면화의 대가로 받은 차는 런던으로 운송되었고, 차를 팔아서 챙긴 수익금은 인도에 있는 동인도 회사의 식민지 개척자들에게 급여, 보급품, 영국산 제조품의 형태로 전환되어 보내졌다. 처음에는 이러한 무역이 완벽하게 돌아가는 것처럼 보였지만, 18세기 말이 되자 청에서 인도산 면화에 대한 수요가 감소하면서(중국에서 직접 재배하는 면화로의 대체와 청의 국내 경제의 침체로 인한 결과) 영국은 차를 구매하는 대가로 중국에 또 다른 상품을 공급해야만 했다.

한 가지 대안은 청의 경제가 오랫동안 갈망하던 신대륙의 은이었다. 이제 영국 상인들이 런던에서 북아메리카 식민지로 중국산 차를 영국산 제조품과 함께 재수출하고 여기에서 획득한 미국산 은을 광주에서 차를 구입하는 데에 이용하는 방식의 두 번째 삼각 무역이 출현하게 되었다. 이 계획을 좌절시켰던 것은 영국의 북아메리카 식민지에서 나타난 혁명적 움직임이었고, 보스턴 항구에서 버려졌던 것은 바로 중국산 차였다. 19세기 초반에는 신대륙 은의 공급처였던 라틴아메리카에서 독립의 움직임이 일어나면서 점점 성장하고 있는 영국의 대중국 무역 구상에 차질을 빚게 했다. 대체품을 찾는 데 혈안이 된 영국인들은 인도산 아편에 눈길을 돌렸다.

아편은 당 시대에 아랍인들에 의해 중국에 도입되었지만, 중국 사람들은 전통적으로 의료 목적을 제외하고는 아편을 재배하거나 소비하지 않았다.[26) 청 제국을 사로잡았던 환각제 아편은 차가 영국인들을 매료시켰던 것과 비슷한 과정을 거쳤다. 동인도 회사의 남아시아 공장에서 재배된 아편은 중국에 대한 회사의 주요 수출품으로서 면화를 빠른 속도로 대체했다. 대부분의 경우 동인도 회사는 영국인 및 미국인 선원과 사적으로 계약을 하면서 동인도 회사의 선박으로 아편을 운송하면서 야기될 수 있는 충돌을 피했고, 이러한 방식을 '국가 무역Country Trade'이라고 한다. 18세기 말과 19세기 초에 광주를 통해 수입되는 아편의 양은 10배나 증가했다. 영국은 이러한 교역이 비난받을 일이라는 것을 알고 있었다. 영국 선교사들은 일상적으로 이를 비난했고, 유명한 영국 상인이자 스코틀랜드 출신 장로회 신자였던 알렉산더 매시선Alexander Matheson은 중국에 아편을 계속 판매하는 것을 거부하고, 그의 회사인 자딘 매시선Jardine Matheson의 대표직을 사직했다. 그러나 도광제가 즉위할 무렵 영국 왕실이 거둔 수익의 17퍼센트가 중국과의 교역에서 창출되고 있었고, 아편 무역이 없다면 그 체제가 붕괴할 수도 있었다. 영국 왕실로서는 선택의 여지가 그다지 많지 않았고, 결국 아편 무역을 계속하게 되었다.

청은 옹정기부터 아편의 판매와 사용을 금지했고, 이러한 금지 조치는 19세기 초까지 계속되었다. 당시 아편의 유해한 영향을 알고 있었던 황제와 지식인들은 모두 깊은 걱정과 우려를 표명하고 있었다.

---

26) Spence, "Opium Smoking in Ch'ing China" 참조.

아편 합법화 지지자들이 1830년대의 아편 문제 논쟁에서 졌음에도 불구하고 19세기 중반이 되면 전체 인구의 10퍼센트가 아편에 중독되었던 것으로 보인다. 지식인들과 군인들 사이에 아편이 남용되면서 그들이 무력해졌음이 세기 전환기에 일어난 백련교도의 난 진압 당시에 이미 나타나고 있었다. 아편의 국내 밀수는 삼합회三合會 같은 거대한 지하 세계의 비밀 결사들로 퍼져나갔다. 청 조정의 입장에서 가장 충격적이었던 현상은 무역 불균형 현상의 확대, 은의 유출, 국내에서 은과 동전 사이의 환율 붕괴였다. 당시 대부분의 사람들은 도광기 경기 침체의 주요 원인이 아편이라는 점을 인식하고 있었다.

아편 무역은 18~19세기에 서양의 작품에서 묘사된 청의 모습이 극적으로 바뀌게 된 원인의 하나였다. 성세기 중국에 대한 서양의 이해의 전형은 보스턴의 작가 윌리엄 더글러스William Douglass가 1749년에 집필한『북아메리카의 영국 거주지에 대한 요약』에 적힌 내용들이다. 아메리카 원주민들의 문화적인 실패를 비난하면서 더글러스는 아메리카 원주민들의 상태를 인간 집단 중에서 '가장 유치하고' '매우 낙후한' 것이라고 평가했고, 이와 대조적으로 중국은 도덕성, 예의, 공식적 정부, 생산적인 농경, 종교, 문자 등의 관점에서 "인류가 세운 모든 국가들 가운데 가장 연장자에 해당하는 것으로 보인다"라고 서술했다.[27] 그런데 반세기도 지나지 않아 또 다른 보스턴 사람이자 상업 특사인 새뮤얼 쇼Samuel Shaw는 "중국인들의 악행, 특히 상인 계층의 나쁜 행

---

27) Douglass, *A Summary, Historical and Political, of the First Planting, Progressive Improvements, and Present state of the British Settlements in North America*, vol. 1, pp. 152-153.

동은 이미 정평이 나 있다"라고 썼다. 청 제국에 대해서 쇼는 이렇게 덧붙였다. "지구에 있는 모든 문명 국가들 중에서 이보다 더 억압적인 국가를 찾을 수 있을지 의문이다. 지방에 있는 모든 관리들은 조정의 고관들과 함께 그들에게 가장 이득이 될 수 있는 것들을 수여받았고, 이로 인해 백성들은 온갖 압박을 받고 있다. 그들은 하급 관리에게 착취당하고 있고, 이것이 더 높은 단계에서도 반복되어 상급 관리인 순무와 총독의 억압을 받게 된다."[28]

서양 사람들이 건륭기 후반 이후에 청 제국을 바라볼 때 이전처럼 감탄을 하지 않는 데에는 매우 합당한 객관적인 이유가 있었다. 그러나 서양의 인식이 변화한 것은 보고자의 성격이 바뀌었기 때문일 수도 있다. 쇼와 같은 19세기 초반의 아편 밀매업자들이 명말청초의 세련된 예수회 지식인들이 가지고 있던 관대한 시각을 공유하기를 바랄 수는 없었다. 하지만 더욱 중요한 것은 서양의 기본적인 태도와 시각 자체가 몇 년 사이에 근본적으로 변했다는 사실이다.

산업 혁명 기간에 증기 동력을 이용한 제조 산업의 출현은 대외 무역에 대한 새로운 시각을 창출했다. 영국은 더 이상 시장에서 시장으로 상품을 옮기는 일에 흥미가 없었다. 맨체스터와 다른 공업 지대의 공장에서 직물이 대량 생산되면서 이 과잉 상품을 위한 새로운 소비자를 공격적으로 찾는 것이 주된 과업이 되었고, 그들이 주요하게 관심을 가졌던 곳은 거대하리라고 짐작했던 '중국 시장'이었다. 이러한 새로운 무역 목표는 애덤 스미스의 『국부론』(1776)에서 다루어진 경제적

---

28) Shaw, *The Journals of Major Samuel Shaw*, pp. 183-184.

자유주의에 대한 찬양 속에서 이념적인 정당성을 찾았다. 자유주의자인 스미스는 유리한 무역 균형을 보증하기 위해 국제 교역은 국가에 의해서 통제되어야 한다는 중상주의적 관점에 반대하면서, 은의 흐름이 어떤 방향으로 흐르든지 간에 최대 규모의 무역은 모든 이들에게 이익을 가져오며, 이러한 최대 규모는 기업가의 손에 무역을 맡기게 될 때 가장 잘 달성될 수 있다고 주장했다.

새로운 '자유 무역' 철학으로 무장한 영국인들은 서양의 상업적 침투에 대한 모든 제한과 개인적 이동을 규제하는 광동 무역 체제를 즉각 포기하도록 청에 압박을 가하는 것—청 제국에도 광동 무역 체제의 포기가 이익이 된다고 하면서—을 정당화했다. 예를 들면 리버풀 출신의 한 의원은 1812년에 유권자들에게 "인도와 중국과의 무역은 이제 그 나라의 자유로운 기업과 상인들에게 개방되어야 한다"라고 말했다.[29] 몇몇 런던 상인들이 작성한 결의안이 1830년 영국 하원에 제출되었다.

> 세계 여러 나라 중에서 중국은 자신들과 친밀한 무역 관계를 구축하게끔 호소하는 우수한 특성을 갖고 있습니다. …… 중국 사람들은 대영 제국과의 더욱 확대된 교류를 그저 하고 싶은 정도가 아니라 굉장히 열망하고 있습니다. 그들은 무역에서 상당한 이익이 틀림없이 발생할 것이라는 점을 알고 있습니다. …… [하지만] 이러한 소비와 공급의 두 측면에서 광대하고 무궁무진한 자원인 중국에서 영국 상인들

---

29) *Free Trade to India.*

과 선원들은 현재 전반적으로 배제되어 있는데, 이는 중국의 칙령이 아닌 우리 입법부의 법령에 따른 것입니다. 이 법령은 더 많은 무역을 하는 데 위험과 어려움이 있다는 다양한 구실로 동인도 회사가 중국과의 상업적 거래를 모두 할 수 없게 만들었습니다. 그러나 지금 이러한 모든 구실들은 명백한 증거에 의해 모두 근거가 없는 것으로 판명되었습니다.[30]

영국 왕실이 동인도 회사의 엄청난 빚에 분노를 표하면서 1834년에 중상주의의 마지막 잔재였던 무역 독점을 폐지했을 때, 중국과의 자유 무역에 대한 커져가는 요구에 사실상 굴복한 셈이 되었고, 실질적으로 전쟁도 불사하게 만들었다.

경제 이론에 더하여 점점 새로운 정치 사상들이 중국에 대한 서양의 공격적인 정책을 뒷받침했다. 1815년의 빈 회의로 인한 나폴레옹 제국의 붕괴는 성장하고 있는 민족주의적 관점을 가진 정치 조직에 자극을 주었다. 강력하고 중앙 집권화된 국가에 의한 다른 집단이나 '민족'의 통치가 가장 효율적인 것이고, 이는 사람들이 달성한 진보와 문명화 수준을 보여주는 지표가 되었던 것이다.[31] 빈 회의는 이러한 '민족 국가'들이 상호 동등한 주권을 가지고 있다는 법적인 원칙 아래에서 각 국가들의 크기, 부, 힘에 상관없이 관계를 맺어야 한다고 주장했다.

30) *Speech of Eneas Macdonnell, Esq., on the East India Question.*

31) 이러한 목적론이 어떻게 중국에 적용되었는지에 대한 세부적인 분석은 Duara, *Rescuing History from the Nation* 참조.

이것은 '국제 예양國際禮讓(comity of nations)' 또는 더욱 유효하게는 '기독교 국가들의 예양comity of Christian nations'이라고 알려졌다.

이렇게 새롭게 나타난 국제 질서는 청이 세계 제국이라고 허세를 부릴 여지를 남기지 않았다. 이러한 관점에서 서양의 행동은 중국의 낡고 어리석은 외교 방식을 강제로 깨우쳐주었다는 점에서 완벽히 정당화되었다. 철강과 증기 동력 산업의 기술들이 군대의 근대화를 이끄는 가운데, 나폴레옹 전쟁의 종료는 유럽 군대가 자유롭게 해외로 진출할 수 있도록 했다. 1830년에 독일의 대형 무기 제조사인 크루프Krupp가 세워진 것은 우연한 일이 아니었다. 다르게 말하면 서양은 스스로 청 제국의 '개방'을 강제하기 위한 동기 부여(외국 시장에 대한 필요성), 이념적 정당성(국제 예양과 자유 무역주의), 수단(새로운 군사 기술)을 갑작스럽게 갖춘 것이다.

1830년대 말이 되면 청과 영국 양측은 점점 광동 무역 체제에 불만을 가지게 되었고 충돌의 과정을 밟아가고 있었다. 청은 아편 거래를 끝내고자 했지만, 영국은 더욱 대규모의 상업적 침투를 원하고 있었다. 이를 외교적으로 해결하려는 영국의 시도는 실패로 끝났다. 빈 회의 이후 1816년에 윌리엄 애머스트William Pitt Amherst가 이끌었던 사절단과 1834년에 동인도 회사가 독점권을 상실한 직후 네이피어Napier 경이 이끌었던 사절단 모두 과거에 매카트니가 그랬던 것처럼 청의 외교 의례에 따르기를 거부하면서 실패하고 말았다. 애머스트는 북경에 도착했으나 가경제를 만나지 못했고, 네이피어는 광주를 벗어나지도 못했다. 아편 무역의 문제로 언로를 열었던 도광제는 어떠한 대가를 치르더라도 이 무역을 금지하기로 결심했다. 그 결과는 아편 전쟁 또는 제1차 중영 전쟁으로 알려진 충돌이었다.[32]

곧 아편에 반대하는 강경론자 임칙서가 1839년 초반에 흠차대신欽差大臣으로 파견되어 광주에 도착했다. 임칙서는 늦은 봄에 외국 상인들에게 그들이 소유하고 있던 모든 아편을 반납하라고 명령했고, 명령을 이행할 때까지 그들의 창고를 모두 봉쇄하는 조치를 취했다. 영국의 무역 감독관 찰스 엘리엇Charles Elliot의 조언에 따라 상인들은 결국 그들의 아편을 포기했고, 임칙서는 6월 25일에 몰수한 아편을 바다에 버렸다. 엘리엇은 곧 이에 대한 보상을 요구했고, 임칙서는 아편이 밀수품이라는 이유로 이를 거절했다. 보상에 대한 거절은 영국인들에게 전쟁을 위한 구실을 제공했다.

영국 해군의 상륙 부대가 때때로 지방의 민병에게 패배—가장 유명한 사례는 광주 하류 지역에 위치한 삼원리三元里에서의 전투였다—하기도 했지만, 영국 해군력과 함포는 쉽게 청군을 압도했다(그림 13). 1840년 초에 영국은 함대를 보내어 7월에 정해定海를 점령하고, 다음 달에는 직접 북경을 위협하기 위해 움직였다. 천진에서 영국과 협상하기 위해 도광제가 파견한 대학사 기선琦善은 예의를 갖추어 영국인을 만났고, 그들은 물러갔다. 9월에 기선은 총애를 잃은 임칙서를 대체하기 위해 광주로 파견되었다. 그러나 기선의 회유책은 엘리엇을 진정시키는 데 실패했고, 엘리엇은 1841년 초에 홍콩을 강점하고 광

32) 서양의 자료만을 참고한 생생한 서술로는 Fay, *The Opium War* 참조. 청 문서에 더욱 기반을 둔 표준적인 연구로는 Chang, *Commissioner Lin and the Opium War*를 참조.

그림 13. 1841년 1월 17일 중국 군함을 격침시키고 있는 영국 군함 네메시스호

주항으로 들어가는 입구를 지키는 보루를 점령할 것을 명령했다. 이 실패로 인해 기선은 해임되었고, 북경으로 소환되어 투옥되었다. 도광제는 다시 영국에 대해 공격적인 자세를 취하게 되었고, 그 결과 영국은 양자강 어귀로 올라가 남경을 점령했다. 결국 1842년 8월에 평화 조약이 체결되었다.[33]

남경 조약(난징 조약)은 '근대' 중국사의 전환점은 결코 아니었지만,

---

33) 최근 중국의 역사 서술에서는 이 사건에 대한 도광제의 역할에 가혹한 비판을
     하고 있다. 이길 수 없다는 것을 알면서도 무턱대고 전쟁에 돌입했다는
     점, 토벌(초剿)와 타협(무撫)의 정책 사이에서 갈팡질팡했다는 점, 그의
     우유부단으로 인해 타격을 받았던 유능한 두 관료인 임칙서와 기선을
     희생양으로 삼았다는 점을 들어 도광제에게 혹평을 가하고 있다. 이에 대해서는
     茅海建, 『天朝的崩潰』 참조.

중요한 의미를 가지고 있었다.[34] 첫째, 청은 전쟁 배상금과 폐기된 아편에 대한 보상금으로 4년 동안 은화 2100만 원元을 지불하는 것에 동의했다. 물론 이는 유럽의 전쟁 관례에서 승자가 패자에게 지불해야 할 전쟁 비용의 액수로서 그리 특별한 것이 아니었지만, 2100만 원은 이미 무너진 청의 재정에 상당한 부담이었다. 또한 청이 이후에 외세에 패배한 몇몇 전쟁의 선례가 되어버렸다.

둘째, 남경 조약을 통해 청은 엘리엇이 1년 전에 점령했던 홍콩을 영국에게 할양했다. 주권 국가 공동체라는 서양의 개념을 중국인들이 받아들이게 하겠다는 표면적인 목적으로 전쟁을 했던 바로 그때에 영국은 청의 영토 주권을 명백하게 침범했던 것이다. 이러한 구상은 남경 조약 제11조에서 강조되어 있다. 이 조항은 청이 영국의 '총관대원總管大員'을 준대사로 받아들이고 "양국의 속원屬員이 완벽하게 동등한 관계에서 왕래한다"라는 원칙을 인정할 것을 요구했다. 공행公行과 영국인이 혐오했던 광동 무역 체제는 폐지되었고, 5개 항구(광주, 하문, 복주, 영파, 상해)가 자유 무역을 시행하고 영국인들의 거주지를 마련하기 위해 개방되었다. 이로써 이른바 조약항의 시대가 개막되었고, 영국과 다른 외국인들이 거대한 도시 주변의 토지 구역을 임대하여 조계租界로 설정할 수 있게 되었다.

남경 조약의 세 개의 다른 조항과 그 이후에 맺어진 조약들(이듬해에 맺어진 호문 조약虎門條約과 1844년에 미국과 체결한 망하 조약望廈條約)은 서

---

34) 남경 조약의 핵심 항목을 영문으로 서술한 것은 Gentzler, ed., *Changing China*, pp. 29-32 참조.

양 측에만 권리가 주어지고 청에게는 주어지지 않았다는 점에서 명백히 '불평등한' 것이었다. 남경 조약 제10조 "관세율에 합치하는 규정된 관세는 …… 금후로는 고정된 것으로 한다"라고 명기하고 있다. 즉 청은 모든 민족 국가들이 누리고 있었던 수입품에 대해 세금을 결정하는 권리마저 내어준 것이었다. 관세율은 이후로 오로지 영국의 동의를 받아야만 조정할 수 있었다. 청은 몇십 년 내에 이를 만회하려는 산업화를 자체적으로 수행할 수도 있었지만, 미성숙한 산업을 육성하기 위한 보호 관세를 부과하지 못한다는 것은 실로 치명적이었다.

또한 청은 영국과 미국에 '치외 법권'을 승인했는데, 이는 영국인과 미국인이 중국에서 저지른 범죄에 대해서 자국의 법률에 따라 자국의 법정에서만 재판을 받는다는 것을 의미했다. 이 조항은 중국에서 사업을 하는 외국인들이 자국의 더욱 관대한 민법, 상법의 적용을 받을 수 있게 했고, 이는 중국인과 무역을 할 때에 상당한 이점으로 작용했다. 마지막으로 영국은 '최혜국' 대우를 받았는데, 이는 "황제는 앞으로 어떠한 이유에서든 추가적인 권한이나 면책 특권을 다른 외국 신민이나 시민들에게 기꺼이 주어야 하며, 똑같은 권한과 면책 특권을 영국인들도 누릴 수 있도록 확장한다"라는 것을 의미했다. 다르게 말하면, 청은 일정한 무역 상대국을 다른 국가들보다 우위에 둘 수 있는 주권마저 포기했던 것이었다. 이후 서구 열강들과 청 사이에 체결된 대부분의 조약들은 최혜국 조항을 포함했고, 이로써 청의 외교적 자주성은 현저하게 손상되었다. 남경 조약과 그 후에 맺어진 조약들로 인해 청은 손과 발이 묶인 채 서양의 팽창과 치열한 국제적 경쟁이 일어났던 시대를 맞이하게 되었다.

아편 전쟁을 통해 추가로 나타난 중요한 결과는 2세기에 걸쳐 표면 아래에서 곪고 있었던 한족들의 반反만주주의가 표출되었다는 것이다. 예를 들면 1842년 7월에 영국이 남경에 접근하는 동안 진강鎭江의 만주족 수비 사령관은 그 도시에 계엄을 선포했는데, '한족 배신자'에 대한 피해 망상적 두려움의 결과였던 것으로 보인다. 그가 다수의 지역 주민들을 체포하여 고문하고 처형한 뒤부터 민족 감정이 매우 험악해졌고, 공포를 느낀 시민들은 수비 사령관이 대량 학살을 의도했다고 비난했다. 단지 기인 부대들만이 영국군의 공격에 저항했고, 결국 400명이 넘는 기인들은 한인들이 무감각하게 지켜보는 와중에 목숨을 잃었다. 만주족이 16세기부터 18세기에 걸쳐 자신들을 '민족'으로 사실상 창조했다면, 그들이 이 시기에 민족적 혐오를 받은 것을 성공이라고 할 수도 있을 것이다.[35]

그러나 이것이 전부는 아니었다. 삼원리 같은 지역에서 용감한 중국 청년 농민들이 거둔 영웅적 승리, 강직한 한인 관료 임칙서가 아편을 거래하는 외국인들을 향해 보인 강경한 태도는 중국인들의 집단적 기억 속에서 나라를 팔아먹으려는 배신자였던 만주족 기선과 남경 조약 당시 청의 협상 대표였던 기영耆英과는 분명하게 대조되었다. 이제 새로운 정서가 나타나기 시작했다. 그것을 '도구적 반만주주의 instrumental anti-Manchuism'라고 부를 수도 있을 텐데, 이 태도는 인종적

---

35) Elliott, "Bannerman and Townsman." Elliot의 시각에 대한 반응으로 Crossley가 자신의 입장을 다시 진술한 것으로는 Crossley, "Thinking about Ethnicity in Early Modern China" 참조.

원한보다는 애국적 열정에 더 근거를 두고 있었다. 이러한 새로운 관점을 통해서 보면, 중국이 서양의 공세를 효율적으로 막아내기 위해서는 이방인인 청 통치자들이 먼저 떠나야 했다.[36]

---

36) 이 주장은 Wakeman, *Strangers at the Gate*에서 처음으로 제기되었다.

7

| 반란 |

청대의 중국에는 사회의 운영에 대한 이상화된 유교적 관점이 있었고, 농경 체제나 가족 제도, 각종 의식, 사람 사이에 지켜야 할 다양한 형태의 예절 등을 통해 이러한 규범이 실행되는 현실 세계가 존재했다. 이상 세계와 현실 세계는 모두 질서, 안정, 서열, 사회적 조화를 중시했지만, 폭력적인 무질서가 난무하는 또 다른 현실도 존재하고 있었다. 심지어 18세기의 '성세' 동안에도 유교적 규범은 본질적으로 무질서를 조장하는 지하 세계인 도적, 비밀 결사 조직, 천희 교파, 반란자들로 넘쳐나는 잔혹한 영역에 대처하는 한 가지 수단이었다.[1]

청대 사회의 강고한 모습에도 불구하고 수시로 이러한 지하 세계를 드나들던 개인, 가족, 단체들은 예외적으로 유동적이었다. 이러한 일탈적인 집단들은 종종 새롭고 이단적인 이념을 가지고 있었고, 전통

---

1) ter Haar, "Rethinking 'Violence' in Chinese Culture"를 참조.

적인 유교 사회를 모든 면에서 정교하게 모방했다. 그리고 작은 정부를 표방했던 시기에 관리들은 때때로 목적 달성을 위해 종족이나 상인 조합과 같은 전통적인 집단에 일상적으로 의존했던 것과 마찬가지로 일탈 집단에 의지해야만 하는 상황에 직면했다. 사실 청은 이러한 집단들을 포섭하는 방면에서 탁월한 능력을 발휘했다. 하지만 청이 쇠퇴하면서 도적, 반란자, 종교 종파들이 득세하게 되었으며, 모든 형태의 일탈 집단들은 18세기 후반에서 20세기 초반에 걸쳐 더욱 강력한 세력으로 성장했다.

도적

청대의 일탈 세력을 개략적으로 분류한다면, 그 첫 번째 형태는 도적, 더욱 정확하게는 토비土匪라고 할 수 있을 것이다. 남자(때때로 여자)들은 다양한 이유들, 즉 1인당 소유하는 자원이 감소하는 세상에서 살아남기 위한 전략, 사회적 신분 상승을 향한 지름길, 사회의 부정부패에 대한 항거 등의 이유를 들어 도적이 되었다. 도적은 제국의 역사에서 관료 행정 및 전통적인 사회와 늘 공존했다. 지방 행정 체계를 가장 쾌적하고 인구가 밀집된 지역에 위치한 군부대의 느슨한 조직이라고 상상해보면, 도적들은 이러한 군부대 사이의 틈새(산이나 숲, 습지)를 차지하고 있었다. 특정 지역에서 행정적인 감시가 너무 심해지면 그들은 조심스럽게 지역의 경계를 넘어갔다. 데이비드 로빈슨David

Robinson이 '폭력의 경제'로 규정했듯이, 질서를 유지하는 세력인 국가의 군대와 지방의 유력자들 휘하의 사사로운 민병대들은 이러한 불법 집단들과 쉽게 공생하면서 존재했다. 그리고 각자는 계속 존재해야만 하는 이유를 정당화하기 위해서 상대편을 끌어들였고, 유리한 상황이라고 판단되면 상대편으로 기꺼이 넘어갔다.[2]

토비는 고질적으로 존재했지만, 그 세력의 크기는 주변 사회의 단기간에 걸친 경제적 활력에 반비례했다. 대다수의 도적들은 생계 위기가 해결되면 약탈을 그만두려고 했을 것이고, 이런 이유로 그들은 대개 자기 삶의 터전이 아닌 다른 지역을 약탈했다. "토끼는 보금자리 주변의 풀을 먹지 않는다"라는 격언이 그대로 들어맞았던 것이다. 사실 한 지역의 도적들은 다른 지역의 민병대 또는 재산을 감시하는 임무를 맡기도 했다. 도적들은 보통 소규모의 무리를 지어 활동했다. 대부분의 도적들은 지역을 벗어나서 도적들끼리 서로 손을 잡을 능력이 없었고, 조직적 영속성을 위한 체계적인 계획도 없었다. 그러나 소규모의 도적들이 뛰어난 지도자를 만나 엄청난 수로 불어날 수도 있었다.

도적들이 청대의 고도로 발전되고 영속성 있는 문화적 모델들을 훼손하기도 했지만, 이런 현상이 모두 부정적인 것만은 아니었다. 19세기 중반의 염비捻匪처럼 대부분의 도적들이나 반란 집단이 추구했던 이상형은 의협심이 많은 사람, 즉 호한好漢이나 호걸豪傑이었다.[3] 성공

---

2) Robinson, *Bandits, Eunuchs, and the Son of Heaven*. 그의 상세한 글은 명나라 시기가 대상이지만, 그 내용은 청에도 잘 적용된다.

3) 이러한 문화적 이상형에 대한 자세한 설명은 Jenner, "Tough Guys, Mateship, and Honour"를 참조.

한 학자보다는 호한이나 호걸이 청대의 소년들을 사회화하고 남성성을 구축하는 본보기 역할을 했다. 이러한 호한의 모델은 하위 계층에서 더욱 널리 호응을 얻었을 것이지만, 또한 고위층 자제들의 관심을 끌기도 했다. 호한은 개인의 명예나 남자들 간의 의리를 소중하게 여겼으며, 호색好色이나 물질적 부의 추구를 비난했다. 또한 호한은 타인을 공격하고 자신을 방어하는 능력을 중요시했고, 이는 종종 단순히 자신을 위한 여가 활동이기도 했다.

고대에도 호한의 전례가 있었다. 한대漢代의 역사가 사마천司馬遷이 소개한 '협객'의 삶이 바로 그 예이다. 그러나 청대에 이를 보여주는 가장 권위 있는 작품은 널리 유행했던 16세기 소설『수호전水滸傳』이었다. 이 책의 가장 유명한 판본은 명말에 구습 타파를 외친 이지李贄가 편집하고 일부 쓰기도 한 것이었다.『수호전』을 가장 많이 읽었던 곳은 청에 있던 수천 개의 무술 도장과 단체였다. 청대에 집이나 가족의 안정이 결핍된 무직의 미혼 남성 인구가 증가하면서 자연적으로 호한에 대한 지지층도 확대되었다. 지배층과 관료들은 이러한 사람들을 '광곤光棍' 또는 '악곤惡棍'이라고 비난하고 법률적 제재를 가하려고 노력했지만, 청년들을 끌어들이는 이들의 낭만적 호소력은 줄어들지 않았다.

호걸이 청의 남성들 사이(물론 일부 여성들도 해당된다)에 널리 퍼진 이상형이었다면, 녹림綠林은 그보다는 유인력이 적었다.[4] 로빈후드와 그가 이끌었던 무리인 메리 멘Merry Men이 숨어 있었던 영국의 셔우드 숲

---

4) 녹림의 윤리에 대해서는 Alitto, "Rural Elites in Transition" 참조.

과 놀랄 정도로 유사한 제국 후기의 녹림은 '의적'이 머무는 상상의 거주지였다. 녹림의 남자들은 대개 지방 관리의 부패로 인해 불법 행동을 할 수밖에 없었고, 전통에 얽매이지 않고 심지어는 폭력적인 방법으로 사회의 잘못을 바로잡으려 했다. 이들의 영웅은 북쪽의 오랑캐에 대해 우유부단한 정책을 시행하는 조정의 명을 거역하다가 순교한 남송의 장군 악비였다.

제국 후기의 의적들은 너무나 투박하기는 했지만 악비처럼 유교적 가르침을 따랐던 것 같다. 흔히 의적들의 목적은 상당히 정통적 용어인 충성과 효, 여성의 정절(20세기의 홍창회紅槍會 같은 준군사 조직은 일상적으로 지방의 간통자들을 처벌했다), 인애人愛로 표현되었다. 이론적으로 의적들은 모든 관리가 아니라 직무에 따르는 책임을 다하지 않는 부패하고 나태한 관리를 경멸할 뿐이었다(노팅엄의 집정관을 대하는 로빈후드의 태도를 생각해보라). 종종 몇몇 의적들은 마침내 진정한 통치자(로빈후드의 훌륭한 왕 리처드 같은)에게 결국은 인정을 받거나, 『수호전』에 나온 108명의 호걸들 중 몇몇이 그랬던 것처럼 관리가 되기도 했다. 그러나 실제로는 많은 무법자들이 포악한 자신들의 행위를 감추기 위해 의적의 탈을 썼다는 것은 의심할 여지가 없다. 대부분의 도적 집단들은 이념 토대가 약해서, 우두머리가 사망하거나 은퇴, 생포되면 사라지곤 했다.

비밀 결사

특별히 강력한 의적 이념을 가진 많은 집단들은 역사가들이 '비밀 결사'라고 말하는 오래된 조직과 유사한 면이 있다. 그러나 의적들이 유교의 극단적인 형태를 체현했던 반면에, 비밀 결사는 다소 의식적으로 이단적인 가치를 더 신봉했다. 일반적으로 그들은 신이나 귀신, 대중 종교의 시조들을 숭배하지 않는다고 공언했고, 혈연이나 지연과 같은 제국 후기 사회의 전통적인 요소와는 다른 연결 고리를 통해 조직을 형성했다. 중국에서 비밀 결사를 뜻하는 용어인 비밀사회秘密社會는 청대의 담론에서는 좀처럼 발견되지 않는 현대적 용어인데, 오늘날 많은 서양 학자들은 이 개념의 유용성에 대해 의심하고 있다.[5] '비밀성'이 항상 이러한 집단들의 핵심적인 특징인 것은 아니고, 그들 간의 차이점들이 그들이 공유한 특성들보다 더욱 명확하게 나타난다. 가장 중요한 것은 오늘날 우리가 대체로 형제애에 입각한 단체와 종교 교파들을 조직과 신념 차원에서 근본적으로 완전히 구별되는 형태라고 보는 경향이 있다는 것이다. 그렇지만 그들 사이에서 일어나는 개념 차용, 모호한 경계가 시간이 지나면서 점점 일상적인 것이 되어감에 따라, 이러한 집단들을 하나로 묶는 공통점은 여전히 많았다.

사회적인 면에서, 대부분의 비밀 결사들은 정부의 관리, 종족과 연장자, 지주들에 대한 복종을 강요한 전통 사회의 위계 조직에 노골적

---

5) Chesneaux, ed., *Popular Movements and Secret Societies in China*를 참조. 또한 최근의 중국인 학자에 의한 이러한 분류법의 권위 있는 사용에 대해서는 蔡少卿, 『中國秘密社會』 참조.

으로 저항했다. 일례로 그들은 종교 예식에 대한 세뇌와 교화의 정도, 사제 관계, 가공의 혈연 관계나 형제애에 기초해서 다른 형태의 규율, 조직화, 위계 질서를 만들었다. 다른 예로 그들은 상제 또는 다른 신적 존재 안에서 동등한 자격을 가진 신도들로 구성된 단체 성원들처럼 위계 관계를 인류 평등주의에 가까운 것으로 대체시켰다. 이러한 비밀 결사는 당시 공존했던 토착화된 이슬람교나 기독교 집단들처럼 대부분 단단히 결속된 조합 교회제의 성격을 가지고 있었다. 이 특징으로 인해 비밀 결사는 제국 당국의 의심을 받았고, 이것은 비밀성이 필요하다는 인식이 형성되는 데 적지 않게 기여했다. 대부분의 비밀 결사들은 남성이 우위에 있는 전통 사회의 규범을 부정했고, 일부 결사에서는 여성 지도자가 등장하기도 했다.

정신적인 면에서, 많은 비밀 결사들은 자신들이 우주적·사회적으로 새롭고 더 나은 질서의 선구자라는 종말론적이고 메시아적인 믿음을 신봉했다. 이는 특히 미륵불이나 마니교, 백련교 사상이 반영된 단체들에게는 진리였다. 시간이 흐르면서 세상이 점점 혼탁해지면, 때때로 이러한 세상은 채식과 금욕의 엄격한 율법을 따르는 진실한 신도들이 이끄는 천년왕국의 도래로 정화된다고 믿었던 것이다. 이런 신앙은 기능적으로 서양의 유대교나 기독교, 이슬람교의 신앙 체계 안에서 발생한 천희 교파의 이념과 유사했다. 그러나 이러한 종말론적 열망은 불교나 다른 외래 종교의 열성 신도들에게만 국한된 것이 아니라, 고대부터 존재했던 중국 고유의 민간 신앙 속에도 스며들어 있었다. 청대에는 오랫동안 만연했던 악령 신앙들이 정통으로 여겨졌던 단체 안에서 메시아적 권선징악과 세계 정화라는 인식 체계를 빠르게 파생시켰다. 그리고 카리스마 있는 지도자의 영도 아래에서 이러한 추진력은 1750~1752년에 안휘성과 호북성의 경계 지역에서 마조주 馬朝柱가 일으켰던 것과 같은 정치적 반란을 촉진하기도 했다.[6]

정치적인 면에서, 수많은 비밀 결사들은 강력한 한족 우월주의와 만주족 지배에 대한 혐오감을 공유하고 있었다. 이러한 감정은 14세기 몽골족의 원元을 전복시킨 한족 주도의 반란 때에 민중 조직들이 맡았던 역할의 집단적 기억에서 유래했다. 그러나 청 멸망 전야에서 이 요인의 중요성을 평가하기는 어렵다. 거기에는 두 가지 상반된 이유가 있다. 한 가지 이유는, 이러한 단체들이 청말과 그 후에 작성한 자화자찬적인 내부 역사에 이러한 민족주의 정서가 대부분의 학자들이 믿고 있는 것보다 더 이른 초기 조직 때부터 있었다고 강조하고 있기 때문이다. 또 다른 이유는, 비밀 결사에 대한 가장 훌륭한 자료—그들을 통제해야 했던 행정 관료들이 작성한 문서—가 반만주주의에 대한 공식적인 발설 금기로 인해서 조직의 민족주의 정서를 의도적으로 축소 평가했기 때문이다.

여기서 분명한 것은 비밀 결사의 조직에서는 현실적인 이유가 이념적인 것보다 더욱 중요하다는 점이다. 가장 기본적인 조직 원리는 지방의 분회나 지회를 통해 관리되는 상호 원조였을 것이다. 조직원들은 다른 조직원을 위해 희생하고 방어벽이 되어주며 필요할 때는 도움을 줄 것으로 여겨졌다. 지도자들은 조직원을 위해 질병 치료, 일자리

---

6) ter Haar, *Ritual and Mythology of the Chinese Triads*, chap. 6.

제공, 무술 연마와 같은 현실적인 봉사를 수행했다. 지방 분회는 집단의 이익에 따라 뭉치면서도 이와 동시에 반만주주의와 천년왕국설과 같은 이념이나 종말론을 공유하는 것을 기반으로 결합된 더 큰 조직과 연결되곤 했다. 조직의 이익과 이념 간에 생기는 갈등은 그때그때 상황에 따라 적절히 조절되었다.

비밀 결사들의 이념적 유연성 때문에 그들은 청뿐만 아니라 홍창회처럼 지역 유지들과 고도로 이념화된 20세기의 정치 운동들에 흡수되기 쉬웠다. 예를 들어 손문孫文(쑨원)은 자신의 숙원인 공화 혁명을 실현하기 위해 삼합회를 동원하려 했다. 손문의 국민당을 계승한 장개석蔣介石(장제스)은 청방青幇을 매우 효과적으로 이용했다. 청방은 민족주의를 주창하면서도 1930년대에 일본이 화중 지역을 점령할 때 일본에 협력하기도 했다.[7] 초기 공산당은 비록 완벽한 성공을 거두지는 못했지만 홍창회나 가로회哥老會를 자기편으로 끌어들이고자 했다.

비밀 결사들 간의 가장 중요한 차이점은 형제애에 입각한 조직과 종교적 종파 사이에서 발견된다. 상당히 중첩되는 부분이 있기는 하지만, 각각의 경우에 비밀성과 이단성의 정도가 너무나 다양하다는 점에서 이 두 집단을 서로 다른 것으로 보기보다는 비밀 결사를 지탱하는 두 기둥이라고 보는 것이 더 바람직할 것 같다. 스스로를 의형제 조직이라고 칭했던 농민이나 노동자의 지방 조직은 적어도 명말부터 나타나기 시작했다. 일례로 호북성과 호남성의 경계에 있는 대별산大別山에서는 도적들과 반왕조적 성향을 가진 반란자들의 약탈에 대항해

---

7) Rowe, "The Qingbang and Collaboration under the Japanese."

서로를 보호하기 위해서 1630년대에 이인회里仁會라는 조직이 등장했다. 최후에는 학대받는 노예들이 이 조직을 이끌게 되면서 봉기하여 지주 여러 명을 살해하기도 했다.[8] 이렇게 매우 지방색을 띤 모방 활동이 청대에 다시 나타났는데, 지방의 시진에서 소작료 지불을 거부하고 지주들을 위협하기 위해 복건성의 일부 소작농들이 1755년에 조직한 철척회鐵尺會가 그 예이다. 도시 지역에서는 1720년대에 소주의 직물 광택 노동자들로 구성된 의형제 조직이 주인을 죽이고 도시의 주요 직물 창고를 불태우려는 계획을 세우기도 했다.

이들은 특정한 일시적인 목적을 위해 조직된 산발적이면서도 매우 지역적인 단체들이었던 것으로 보인다. 그러나 17세기 말이 되면 훨씬 지속성을 지닌 의형제 조직이 등장했고, 18세기 중반에는 더욱 뚜렷한 형태를 갖추게 되었다. 이것은 청대에 특별하게 나타난 현상으로, 그 시대의 독특한 사회·경제적 요소의 산물이었던 것 같다. 이러한 현상은 중국 남동부와 대만, 사천성 지역에서 행해진 강도 높고 체계적인 이민과 개간으로 인해 발생했다. 이 지역으로 이주하는 사람들은 대부분 새로운 경작지를 감시, 방호, 개발하는 데에 필요한 자본과 노동력을 동원할 수 있는 거대한 종족 조직들의 후원을 받았고, 이와 동시에 이러한 혜택을 제대로 보지 못했던 상당수의 미혼 남성들도 이 지역으로 이주했다. 이러한 미혼 남성들은 거대한 종족들의 약탈에 맞서 스스로를 지킬 수 있는 최선의 방법으로 의형제 맹약에 기초한 단체를 조직했다. 이러한 단체들은 농기구 공유, 경작지 보호, 상

---

8) Rowe, *Crimson Rain*, chap. 5.

호간 신용의 확장이나 장례 같은 현실적인 목적을 가지고 있었다. 옹정기에서 건륭기 초까지 이러한 의형제 조직들은 대부분 이름이 없었지만, 점점 부모회父母會와 같은 듣기 좋은 명칭을 내세우기 시작했다. 이러한 단체들은 점점 기업화되면서 결국 다른 지역 단체들과 손을 잡고, 자위自衛뿐만 아니라 갈취를 위한 목적으로 힘을 모았다.

이러한 단체들 중에서 가장 광범위했던 것은 천지회天地會 또는 삼합회였다. 1761년에 복건성의 장포漳浦현—종족 불화의 진원지이자 대만 이주의 출발점이기도 했다—에서 정개鄭開가 설립한 삼합회는 밀무역이나 무장 격투, 그리고 그들이 대만 국경 근처에서 양성한 간헐적인 반란 성향까지도 대륙으로 재수출했다. 삼합회는 설립된 지 30년도 안 되어서 대만에서 임상문林爽文의 지도 아래 대규모 반란을 일으켰다. 이 반란에서 청은 1만여 명의 병사를 잃었고, 건륭제는 스스로가 규정한 십전무공에 이 원정을 포함시켰다.[9]

삼합회와 유사한 괵로회嘓嚕會는 광범위하게 퍼졌던 마피아 형태의 조직인데, 이는 1740년대에 사천성에서부터 발전했던 것 같다. 초창기에 괵로회의 조직원들은 긴 도포를 입고 다녔다. 이들은 장헌충이 사천인을 집단 학살한 후에 이 지역에 대한 청의 세밀한 재이주 계획의 일환으로 이주했던 미혼 남성들이었다. 괵로회는 동남쪽 해안에 위치했던 조직들보다는 다소 덜 농업화되었고, 다소 도시화되었던 것으로 보인다. 초기부터 괵로회는 범죄, 특히 소금 밀무역에 깊이 관여

---

9) 이 조직에 대한 중국 학자들의 연구를 집대성한 두 권의 훌륭한 영문 연구서는 다음과 같다. Murray, *The Origins of the Tiandihui*; Ownby, *Brotherhoods and Secret Societies*.

했다. 괵로회가 설립된 지 수십 년 후에 삼합회와 만났을 때, 이 조직은 의형제 개념을 채택하고 명칭을 가로회로 바꾸었다. 나중에 가로회는 그 지역 백련교 종파들의 다양한 신앙도 흡수하기 시작했다. 태평천국 운동이 일어났던 19세기 중반에 군사화의 경향이 광범위해지는 동안에 가로회는 태평천국 운동을 진압하는 부대에 깊이 침투해 들어갔다. 출중한 진압군 사령관인 증국번이나 좌종당左宗棠이 가로회의 비밀 회원이라는 소문이 돌기도 했다.[10]

상호 원조를 표방하는 단체와 종교 단체들 간의 결합 사례 중에서 더욱 놀라운 것은 바로 청방이었다. 청방은 조운과 관련되어 양자강과 대운하에서 일하는 뱃사공들의 직장 조합으로서 생겨나기 시작했는데, 연로하여 일하기 어려운 조직원들에게 은퇴 이후에 지원을 해주었고, 일하다 다치거나 아픈 조직원에게 단기간의 원조를 제공했다. 17세기 말에 이르러 청방은 16세기 초에 나청羅淸 선사가 설립하고 항주부 안팎에서 사찰 조직망을 유지해온 나교羅敎를 흡수, 합병했다. 청방 뱃사공들은 나교 의식을 행하기 시작했고 신도들의 사찰을 청방 조직원들의 숙박 시설로 전용했다. 그러나 이 교파의 체제 전복적인 교의를 경계했던 건륭제는 1768년에 청방의 사찰들을 파괴하고 그들의 기부금을 몰수하려 했다. 이 시점에서 청방은 더욱 완벽한 비밀 조직이 되었고, 마침내 20세기에는 지하 세계의 갱단으로 탈바꿈했다.[11]

---

10) 蔡少卿, 『中國秘密社會』.

11) 초기 청방의 직업적 자조의 특징은 森田明, 「淸代水手結社の性格について」에서,

백련교도의 난

초기의 삼합회처럼 미혼 남성으로 구성된 단체들과는 별개로, 백련
교라는 이름으로 묶여진 다양한 종파들이 있었다. 이들은 모두 어느
정도 천년왕국 신봉자들이거나 종말론적 집단이었고, 토속 불교와 마
니교, 창세주創世主인 무생노모無生老母를 신봉하는 미륵 신앙 등의 요
소를 공유하고 있었다. 백련교의 교리를 채택했던 형제회가 오직 남
자만으로 구성되었던 반면에, 백련교 종파들은 여자에게도 개방되었
으며, 마을 전체가 백련교 신앙으로 통합되는 일이 흔했다. 형제회처
럼 많은 백련교 집단들은 무술을 지향했다. 하지만 백련교 종파 신도
들은 자신들이 검이나 다른 정교한 무기들을 사용하는 대신에 손을 사
용한다는 점이나 다른 무기로 공격을 받아도 상처를 입지 않는다는 점
에 자부심을 느꼈다. 이들을 이끌었던 지역 지도자들은 성직자이면서
권법拳法 스승이기도 했던 것 같다. 이 때문에 그들은 채식주의와 성적
금욕주의를 포함한 개인적 건강을 위한 경건주의와 양생법에 관심을
가지게 되었다.

백련교도들은 중앙 집권화된 종교적 위계나 체계적 신학을 가지고
있지 않았기 때문에 본질적으로 분산되고 지역적일 수밖에 없었다.
사방으로 흩어진 포교사들은 포교 활동을 위해 지방 곳곳을 두루 돌
아다녔고, 다양한 지방 집회를 개최하곤 했다. 그들은 경문經文의 확
산을 통해 포교를 했는데, 대부분은 개개 지도자들이 개인적으로 만

그 종교적 차원은 Kelley, "Temples and Tribute Fleets"에서 강조되었다.

든 것이었지만 이 경문들 중 일부는 꽤 널리 퍼지기도 했다. 때때로 백련교도들은 정통 불교나 도교 종파와 사원을 같이 쓰기도 했다. 많은 사람들이 종종 백련교도들을 의심하고 경멸했지만, 백련교도들은 공개적으로 포교 활동을 하려는 경향을 보였다. 그들은 단지 관리들의 공식적인 탄압 정책 때문에 지하 세계로 들어갔는데, 이러한 정책들은 현직 관리들의 변덕과 사회 불안에 대한 조정의 갈팡질팡한 두려움에 따라 그때그때 나타났다가 사라지곤 했다. 그리고 비록 천희 신앙이 분명히 반체제적 경향을 보이기는 했지만, 그들의 반골 기질은 교주의 성향이나 종말의 도래에 대한 절박함의 수준에 따라 크게 달라졌다.[12]

이러한 북부 종파의 전통을 기반으로 하여 파괴적인 백련교도의 난이 19세기로 전환할 시기에 일어났다(1796~1805). 1774년에 일어났던 왕륜王倫의 반란처럼 다른 요인들보다도 관리들의 압박이 백련교도들을 반란으로 내몰았다. 종파 활동이 얼마나 위협적일 수 있는지를 황제가 인식하게 되면서 적극 추진된 조정 관료들의 조사가 20년 후에 백련교도의 난이 발생하는 데 직접적인 역할을 했던 것으로 보인다. 또 다른 요인은 몇십 년 동안 진행된 생태적 파괴 때문에 한수漢水 유역의 고원 지대에서 발생한 농촌 기근이었다. 그리고 세 번째 요인은 조정의 화신 일당이 자행한 재정 착취인데, 이는 왕륜이 반란을 일으켰던 20년 전에는 존재하지 않았던 요인이었다.

---

12) Naquin, "Connections between Rebellions"; Naquin, "The Transmission of White Lotus Sectarianism in Late Imperial China."

그렇지만 한수 유역 고원 지대의 독특한 지역 특성은 이 지역의 백련교도들이 다른 지역의 신도들보다 더 적극적으로 반란을 도모하도록 만들었다. 이는 18세기 말기에 북부 지역과 북서부 지역의 백련교 조직 간에 뚜렷이 구별되는 두 가지 양상 때문이다. '혼원파混元派'가 지배하고 있었던 평원 지대에는 안정된 교단 성원들이 자리 잡고 있었고, 그들은 경전을 활용함과 동시에 조심스럽게 행동함으로써 관료들의 감시를 피해 조직의 신도들을 보호하고자 했다. 이와는 대조적으로 고원 지대에서의 종교 활동은 산서성의 용화회龍華會에서 그 기원을 추적할 수 있다. 창시자 장진두張進斗는 옹정제 치세에 지주의 대학살을 도모했다는 이유로 체포되어 참수되었다. 18세기 후반에 접어들면서 카리스마 넘치는 지도자들이 등장해 이 교파를 이끌게 되었다. 이들은 스스로 경전을 쓰고, 추종자들을 끌어모으기 위해 서로 적극적으로 경쟁하고, 반란을 목적으로 더욱 선동적인 교리를 가르치는 경향이 있었다. 이 두 백련교 조직은 통합하려는 시도에도 불구하고 좀처럼 서로 협조하지 않았는데, 이는 가경제 원년에 일어났던 반란에서 증명되었다. [13]

실제 반란이 발생한 시점은 다소 애매하다. 1793년에 네팔의 구르카Gurka족의 공격을 막고 티베트를 지키기 위해 네팔에 파견되었던 청의 부대는 한수 유역 고원 지대에 재배치되었다가, 2년 뒤 호남성 서부에서 일어난 묘족 반란을 진압하고 있는 다른 부대와 통합되었다. 이 부대들을 집결시킨 표면적인 이유는 교도들에 대한 탄압을 강화하

---

13) Gaustad, "Religious Sectarianism and the State in Mid-Qing China."

고, 지방의 도적들이 저지르는 밀무역과 갈취를 막기 위한 것이었다. 강화된 정부의 탄압은 군사화가 상당히 진행되었던 이 지역의 평화에 바로 역효과를 가져왔고, 1796년에 호북성 서부의 형주荊州에서는 최초로 여러 백련교 종파들이 연계된 반란이 일어났다. 화신의 동생 화림을 포함하여 청의 군대를 이끌었던 두 명의 부패한 지도자들은 반란 초기에 희생되었고, 반란 진압은 사천총독의 지휘 아래에서 지방 관료들이 수행해야 할 임무가 되었다.

반란을 평정하기 위해 복건성 출신의 공경한龔景瀚과 호남성의 악록서원에서 수학한 엄여익을 포함한 수많은 전략가들은 초토화 전략을 선택했다. 이 전략은 고원 지대의 모든 작물과 가축을 지정된 마을로 철수시켜서 이런 마을을 군사 기지로 전환시키고, 흩어져 있는 민병대를 마을 간에 연계된 연맹으로 조직하여 반란군을 점점 포위하고 굶주리게 하여 근절시킨다는 것이었다. 이 전략이 어떻게 지역 세력들을 반란군 진영으로 몰아넣었는지 쉽게 짐작할 수 있을 것이다. 엄여익의 악록서원 동문이었던 위원은 기인이나 녹영군의 전술이 아닌 이 혁신적인 전략이 몇 년에 걸친 힘든 싸움 끝에 결국 백련교를 패배시켰다고 주장했다. 백련교도의 난은 청의 야전 사령관들이 주장했던 것처럼 대규모로 발생하지 않았고, 반란 지도자들은 대부분 단기간 내에 살해되거나 체포되었다. 1799년 초에 퇴위한 건륭제가 죽고 가경제가 친정을 시작했을 때에는 실제로 2000명도 되지 않는 백련교도들만이 살아서 싸우고 있었다.[14]

---

14) Dai, "The White Lotus War"를 허락하에 인용했다.

그러나 여러 차례의 승전 발표에도 불구하고 가경제는 전쟁을 종식시킬 수 없었다. 모든 부대들이 가능한 모든 속임수를 통해 전쟁을 질질 끌었고, 이는 잃는 것보다 얻는 것이 많았다. 왜냐하면 많은 전투들이 지방 장교들의 통제를 받는 용병들에 의해 수행되었고, 지방군은 전투 때마다 상여금을 받았기 때문이다. 그리고 이런 현상은 용병과 지방군이 공모해서 발생한 결과였다. 낙담한 가경제가 이 속임수를 마무리하는 데에는 5년 이상이 걸렸다. 백련교도의 난은 청이 군대를 장악할 능력을 지속적으로 상실하고 있음을 보여주는 획기적 사건이었을 뿐만 아니라, 해안에서 발생하는 해적의 위협을 격퇴하거나 점차 나타나기 시작하는 영국의 침략 위협과 국내의 반란에 대항하기 위해 청 조정이 군을 재배치하는 것도 어렵게 만들었다. 게다가 이 쓸모없는 전쟁이 한 차례 터지면서 중앙 정부의 재력은 큰 손실을 입었다. 건륭기에 축적된 국부는 이 날조된 전쟁을 진압하느라 완전히 소모되고 말았다.[15]

태평천국 운동

백련교도의 난이 진압되고 50년이 지난 다음, 이번에는 남쪽 끝에서 시작된 또 다른 대격변이 청 제국의 존속을 더욱 심각하게 위협했다. 청의 역사에서 아편 전쟁이나 청 왕조를 무너뜨렸던 1911년의 신

15) Jones and Kuhn, "Dynastic Decline and the Roots of Rebellion," p. 144.

해혁명을 포함하여 역사가들로부터 태평천국 운동보다 많은 관심과
정치적 논쟁을 이끌어낸 사건은 없을 것이다. 1950년대부터 1970년
대에 걸쳐 태평천국에 관한 역사 서술은 냉전으로 알려진 팽팽한 이념
분쟁의 선두에 있었다. 태평천국 반란군이 중국공산당을 대변하는 역
할을 하게 됨에 따라 그것은 중화인민공화국에 대한 개별 학자들의 태
도를 가름하는 시금석이 되었다.

중화인민공화국 입장에서 이 반란은 거대한 역사 서술의 초점이 되
었다. 왜냐하면 태평천국의 '혁명적인 운동'이 청에 대한 한족의 해방
전쟁일 뿐만 아니라, 더 본질적으로는 지주 계층과 그들이 지지한 봉
건적 정권에 대항한 '농민 기의起義(의병을 일으킴)'의 원형으로 묘사되
었기 때문이다. 태평천국이 토지의 집단화 정책을 공포했다는 사실은
중국의 마르크스주의 학자들에게 매우 매력적인 것이었다. 이들은 태
평천국 운동 특유의 기독교적 믿음을 마르크스, 레닌, 모택동의 탁월
한 혁명 이론에 앞서 모든 운동들의 운명을 결정지은 '미신'이었다고
설명했다.[16] 냉전 시기에 태평천국을 연구한 서양과 중국 민족주의 진
영의 학자들은 공산주의자들의 전유물이 된 태평천국 운동을 철저하
게 비판해야 할 필요성이 있음을 발견했다. 그들은 집단화 계획을 위
선적인 것으로 일축했으며, 심지어 태평천국의 환상은 전체주의적인
것이라고 맹렬히 비난하기도 했다. 그리고 태평천국 운동은 진정한
혁명이 아니라 그저 거의 성공할 뻔했던 반왕조적 반란에 불과하다고

---

16) 牟安世, 『太平天國』 참조. 이러한 중국의 학문적 분위기를 잘 전달하는 영문
   연구로는 Jen, *The Taiping Revolutionary Movement*가 있다.

주장했다.[17]

　광주 주변 지역에서 이런 움직임이 잉태된 것은 우연이 아니었으며, 여러 측면에서 10년 전 그곳에서 발생했던 아편 전쟁의 부산물이었다.[18] 1830년대 말 영국의 침략 이후에 삼합회는 지역 사회와 정통적인 권위 체계의 붕괴로 인한 최대 수혜자가 되었고, 형제회는 그 후 10년 동안 대단한 세력 확장을 이루었다. 그러나 삼합회는 광주가 수입을 독점하던 시대에 아편 밀수에 깊이 관여하고 있었는데, 1842년 이후에는 북쪽 항구로 무역 장소가 바뀌게 되면서 남동부 지역을 따라 고도로 조직화되어 있었던 폭력배들은 대량의 실업 상태를 경험하게 되었다. 게다가 전쟁 동안 영국과의 전투를 위해 동원되었던 향용鄕勇은 할 일이 없어졌고, 경기가 하강하면서 어려움을 겪기 시작했다. 이들은 무장을 유지한 채 도적으로 돌변해갔다.

　결국 1840년대에 광주 지역에서 배반 이론에 기초한 새로운 종류의 반만주주의가 등장한 것으로 보인다. 지역 주민들은 이방인들을 해만海灣에서 방어하지 못한 청의 관리와 삼원리에서 영국군 상륙 부대에 맞서 싸운 광주 출신의 용맹스러운 농민 민병대의 성공적인 활약을 곧바로 대비시켰고, 불충한 공행의 상인들이 선량한 한족들을 팔아넘기기 위해 만주족 지배자와 음모를 꾸미고 있다고 쉽게 상상하게 되

17) 태평천국의 역사에 대해 냉전 기간에 진행된 최고의 영문 연구이면서 반공산주의 계열이라고 볼 수 있는 것은 Michael, *The Taiping Rebellion*이다. 태평천국 운동에 대한 공산주의적 역사 평가(특히, 태평천국 운동을 '혁명'으로 바라보는 관점)를 강력하게 반박한 것은 Shih, *The Taiping Ideology*이다.

18) Wakeman, *Strangers at the Gate*.

었다. 지방 신사 출신의 강직한 군사 지도자이면서 담대한 인물이었던 임칙서는 중국인(남중국인)이었던 반면에 아편 무역의 이익을 긁어모으는 내무부의 관료들과 남경에서 항복을 협상했던 사람들이 모두 만주족이었다는 사실도 주목을 받게 되었다. 임칙서의 영웅적 행동은 만주족의 소심함과 나약함 때문에 치명적으로 손상을 입었던 것이다. 서양에서 온 외국 악마들로부터 조국을 지키기 위해서는 만주족이 타도되어야 했다. 이러한 중국 민족주의의 초보적인 움직임은 초창기의 태평천국이 사람들을 동원하는 데 매우 유용한 도구였다.

　태평천국 운동의 창시자인 홍수전洪秀全(1813~1864)은, 객가客家 촌락의 훈장이었으며, 그의 가족은 광주 주변의 고원 지대로 이주한 지 얼마 되지 않았다. 홍수전의 초창기 포부는 매우 평범한 것이었다. 그는 지방 수준에서 행해지는 과거에 급제한 후, 1830년대 말에는 광주에서 행해지는 향시에 세 번이나 응시했다. 과거 급제가 갈수록 정체되어가는 신분 상승을 위한 통로라고 생각했던 많은 응시자들처럼 홍수전은 세 번 모두 낙방했다. 그런데 실망에 대한 홍수전의 반응은 특이했다. 그가 처음 향시를 치르러 도시를 여행하는 동안에 그는 중국어로 번역된 기독교 전도용 소책자『권세양언勸世良言』을 손에 넣었는데, 보관만 해놓고 진지하게 이것을 읽어보지는 않았다. 그러나 낙방에 따른 부담감이 커지면서 홍수전은 이 책을 다시 읽게 되었고, 그는 일련의 꿈을 꾸게 되면서 색다른 방식으로 그 내용을 해석했다. 기이한 꿈 속에서, 예수는 홍수전에게 그가 자신의 동생이라고 설득했다. 1843년에 홍수전은 전도 책자를 읽고 이에 매료된 또 다른 인물과 함

께 스스로 세례를 했다.[19)]

이후 10년 동안 홍수전과 그의 친지와 친척들은 광동성과 그 근처의 광서성 고원 지대를 두루 돌아다니며 전도를 하면서 배상제회拜上帝會라는 단체를 조직했다. 입교한 사람들은 대부분 객가 동료들이었다. 이 고원 지대의 한족 주민들은 장기간에 걸쳐 한족들이 화북 평원에서 남방으로 이주할 당시에 나중에 왔다는 이유로 저지대의 한족들이 자신들을 쫓아냈다고 생각하고 있었다.[20)] 다른 개종자들은 숯쟁이(숯을 굽는 사람), 뱃사공과 같은 소외된 직업 계층, 무역을 위한 해로를 확보하기 위해 실시된 영국 해군의 조치들 때문에 해변으로 밀려난 전직 해적들, 그리고 삼합회의 밀수꾼이나 갈취꾼들이었다. 비록 태평천국과 삼합회의 이념은 서로 근본적으로 달랐지만, 두 조직은 북쪽 사람들이 몇백 년 동안 내륙 아시아 정복 왕조 시기부터 혼혈로 오염되었기 때문에 남쪽 사람들이 '진정한' 중국인이라는 믿음을 공유했다. 대부분의 중국인들처럼 홍수전도 척결해야만 하는, 골육을 먹는 악귀가 존재한다고 믿었고, 많은 삼합회 지도자들처럼 파사검破邪劍을 지니고 다녔다.[21)]

홍수전은 10년 넘게 지속적으로 경전들을 만들어 추종자들에게 교

---

19) 홍수전의 종교적 믿음은 태평천국 운동에 관해 쓴 매우 재미있는 다음의 책에서 잘 다루어졌다. Spence, *God's Chinese Son*. Kuhn, "Origins of the Taiping Vision"도 참조.

20) 객가의 기원과 역사에 대한 설득력 있는 수정주의자의 설명으로는 Leong, *Migration and Ethnicity in Chinese History*를 참조.

21) Spence, *God's Chinese Son*, p. 48.

리를 전파했고, 열렬한 전도 활동으로 인해 추종자 수는 꾸준히 늘어 났다. 태평천국은 때때로 보수적인 지방 신사들과 충돌하기는 했지만 대부분은 주위의 사회와 조화를 이루었다. 1840년대가 지나가면서 홍수전은 공자를 우상 숭배 척결을 위한 운동의 동맹자가 아니라 태 평천국 신앙의 주요한 적이라고 규정했다. 그리고 만주족 청의 관리 들 또한 사라져야만 하는 악귀였다. 1849년에 그는 부친상을 치르는 가운데 법으로 규정된 변발을 거부하고 머리를 기르기 시작했다. 이 듬해 6월, 그 고지대 지역의 기근이 절정에 달했을 때 홍수전은 반란의 기치를 올렸다.

태평천국이 반란 조직의 근간으로 삼기 위해 서양의 종말론을 받아 들인 최초의 조직은 아니었다. 명말의 종교 운동과 이전의 백련교도 의 난은 외래 불교와 마니교의 요소들이 유입되면서 발생했다. 그런 데 태평천국의 신앙 체계에는 토착적인 요소들이 상당히 많이 포함되 어 있었다. 태평 시대 도래에 대한 전망을 제시하기 위해 『역경易經』에 서 그 명칭을 빌려왔고, 이 운동을 중국 천년왕국 반란들의 유구한 전 통 반열에 올려놓았다. 홍수전의 신학에서는 기독교가 서양에서 들어 온 것이 아니라 오히려 중국인의 진정한 고유 종교였으며, 우상을 섬 기는 북방 오랑캐들의 잇따른 침략(만주족의 침략이 가장 최근에 발생한 것 이었다)으로 인해 오염되고 대부분은 소멸되었던 것으로 보았다. 이러 한 감정은 태평천국 운동을 남쪽 지역의 비밀 결사들이 가지고 있던 한족 우월주의 전통 안에서 확실하게 자리매김하도록 했다. 홍수전의 군대가 북쪽으로 진군했을 때, 청 조정은 그들을 태평이나 배상제회가 아닌 '장발적長髮賊(태평천국군 병사들이 모두 변발을 풀고 장발을 한 것에서 온 명칭)'이나 '월비粤匪'로 취급했다.

광서성 고원 지대에 있는 근거지에서부터 1만여 명으로 구성된 초기의 태평천국군이 성도인 계림桂林을 급습했으나 함락하지는 못했다. 홍수전은 1851년 9월에 광서성의 영안永安에서 스스로를 천왕天王이라고 선포했다. 태평천국군은 호남성의 육로를 통해 북쪽으로 진출하여 상강 동쪽으로 이동했고, 성도 장사長沙를 포위 공격했지만 역시 실패했다. 그러나 이 과정에서 다른 여러 중요 도시들을 함락했고, 지방의 지원자들이 몰려들면서 태평천국군은 급속히 늘어났다. 1853년의 첫 두 달에 걸친 장기간의 포위 후에 태평천국군은 청의 국내 상업 중심지인 무한武漢을 함락했고, 구강九江, 안경安慶, 남경, 진강, 양주와 같은 중요 항구 도시들을 점령하기 위해 동쪽으로 방향을 돌려 양자강을 따라 내려갔다. 홍수전은 3월에 남경을 태평천국의 수도로 선포하고, 이곳에서 거의 10년 동안 천왕의 지위를 유지했다. 1855년에는 북경으로의 북진이 좌절되었고, 상해 점령 공격은 서양식 중국 군대인 상승군常勝軍에게 주로 격퇴당했다. 상승군의 초대 지휘관은 미국인 프레더릭 타운센드 워드Frederick Townsend Ward였다. 워드가 사망한 후에는 훗날 수단의 하르툼Khartoum에서 살해당하는 영국인 찰스 '중국인' 고든Charles 'Chinese' Gordon(그의 별명이 중국인을 뜻하는 Chinese였다)이 상승군의 지휘를 맡았다. 1850년대 후반에서 1860년대 초 사이에 태평천국군은 양자강 중류와 하류에 있는 여러 도시들을 함락했다가 버리는 일을 반복했고, 이 과정에서 주민들과 병사들의 인명 손실이 커져갔다.

1853년에 무한을 함락시키는 동안 태평천국군은 모든 청군과 관리, 그리고 동조자들에 대한 잔인한 수색을 시행했고, 최종적으로는 '범죄자'들과 다른 사회적 불만자에 이르기까지 그 대상이 확산되었다. 태평천국군은 생존한 도시민들을 그들의 집에서 내쫓아 25명씩 집단 거주시켰고, 남자와 여자를 분리 수용했다. 그들은 약간의 사유재산만 남기고 전 재산을 징발하여 신과 태평천국 관리들을 위해 중앙 창고들에 저장했다. 도시의 상거래가 끊어졌고, 주민들은 태평천국군 또는 그들을 위한 부역꾼으로 강제 징집되었다. 그 이후에 태평천국군이 동쪽으로 나아가는 동안 이러한 정책 요소들의 대부분은 중앙에서 계획한 문서인「천조전무제도天朝田畝制度」에 기술되었다. 개인 농장의 몰수와 집단 노동을 통한 농경에 관한 사안이 법률로 반포되었지만, 무계획적이고 비효율적으로 시행되었을 뿐이었다.[22]

새로운 태평천국의 수도 천경天京으로 선포된 남경의 거대한 도심은 홍수전의 원대한 사회적 실험의 무대가 되었다. 당시 서양인들의 기록에 따르면, 주변의 혼란과 대량 살육 전쟁의 한가운데에서도 남경은 전체적으로 평온하고 조용했으며 매우 깨끗한 상태를 유지했다.[23] 이것은 배상제회에게는 절호의 기회였지만, 살아남은 남경 주민

---

22) 皮明庥·孔憲凱「太平軍首克武昌後的戰略決策」, 전무제도田畝制度에 관해서는 Kuhn, "The Taiping Rebellion," in *Cambridge History of China*, vol. 10, part 1, pp. 278-279 참조.

23) 이어지는 문단은 훌륭한 박사 논문인 Withers, "The Heavenly Capital"에 기초한 것이다.

들의 점령자에 대한 경멸은 또한 풀어야 할 커다란 문제이기도 했다. 그들의 기이한 신앙을 제쳐두더라도, 태평천국 가담자들은 광서성이나 객가 출신답게 세련되지 못하고 투박하며 상스럽게 보였다. 그들의 조악한 음식과 요란한 의복, 밝은 원색으로 칠한 집, 코끼리나 호랑이 그림 장식은 유치하고 미개했으며, 이는 그들이 통치자가 되기에는 미흡하다는 것을 보여주는 명확한 증거였다.

남경 주민들을 개종시키려는 적극적인 노력 차원에서 태평천국은 남경에 있는 대부분의 불교와 도교 사찰들을 불태우고 이들의 조각상을 파괴했으며, 승려와 도사의 자격을 박탈하거나 심지어 그들을 죽이기도 했다. 유교는 다소 좋은 대우를 받았다. 태평천국군이 수정하기는 했지만, 몇 가지 유교 경전은 여전히 읽을 수 있게 허가해주었다. 그리고 남경 주민들은 새롭게 신설된 태평천국의 관료 조직 명칭이 『주례周禮』에서 따온 것이라는 것을 알아챘다. 주민들은 지시에 따라 대대적인 야외 설교회에 참석해야 했고, 이 설교회에는 온통 환한 색깔의 휘장들이 넘실거렸다. 또한 토요 안식일과 새로운 태양력을 준수해야 했고, 매일 아침과 저녁으로 기도를 드리기 위해서 중간에 하던 일을 멈추어야 했다.

남경의 경제와 사회를 개조하려는 태평천국의 노력은 헌신적이었다. 건물들은 징발되어 관館으로 변했다. 거주와 생산을 위한 기본적인 공동체적 단위가 남경 사회에 존재했던 가족과 상점, 조합, 사찰들을 대신했다. 관은 직업(제빵사, 직물공, 벽돌공)에 의해 나뉘거나 전문화된 기능(소방, 의료 분야)으로 분화되었다. 각각의 관에는 공동 창고와 예배당이 있었고, 십장什長이나 오장伍長 등의 하급 관리가 이를 감시했다. 모든 소유물은 이론적으로 공공의 것이었고, 태평천국 정부가 필요에 따라 분배했다. 결과적으로 실패한 이런 시도는 남경의 경제를 악화시켰다. 태평천국의 지배가 10년을 넘어서면서 남경의 식량 공급 문제는 갈수록 심각해졌다.

가장 크고 지속적인 대중적 저항의 발생은 태평천국이 성性과 가족 제도를 개조하려는 시도에서 비롯되었다. 성의 평등 이념에 기초하여 점령 세력은 전족과 매춘(이전 시기 남경의 경제를 떠받치던 대들보였다)을 불법화했고, 여성들이 거리를 자유롭게 활보하는 것을 장려했으며, 여성을 관리로 임명하기도 했다. 그러나 그들은 또한 엄격한 정절과 성 분리를 요구했다. 여성들로 이루어진 관은 직업적으로 직조나 옷 만들기 같은 전통적으로 인정된 여성의 일은 물론이고, 남자들처럼 운송이나 건축 같은 육체적으로 힘든 일도 취급했다. 소문에 따르면 남편과 아내, 아버지와 어머니, 아들과 딸 등은 서로 사랑하는 사람들을 분리하고 있는 경계 지역에 몰려나와서 끊임없이 울부짖었다고 한다. 1855년에 이르러 3년 동안의 실험이 실패에 직면하게 되자 태평천국 정권은 남경에서의 성 분리 정책을 포기하고 이를 폐지했다.

태평천국 위기가 한창일 때, 청 조정은 이례적인 혼란, 즉 유럽의 두 번째 침공에 처하게 되었다. 처음에는 태평천국 운동의 종말론적 도전에 집중적으로 대처하기 위해 유럽의 침공에 크게 주의를 기울이지 않았다. 그러나 얼마 지나지 않아 외세의 침략은 청 제국의 200년 역사상 최대의 위협으로 대두되었다.

제2차 중영 전쟁

중국에 있는 영국 상인들과 관리들은 남경 조약으로 허용된 상업 활동의 수준과 중국 국내의 직접적인 진출에 대한 지방 당국의 저항 때문에 점차 불만이 쌓여갔다. 그들은 공식적인 외교 사절의 왕래나 청 제국의 수도 북경에 영국 대사가 상시 거주하면 이 문제가 해결될 것이라고 확신했다. 이것은 늦었지만, 결국 강제로 중국을 '국제 사회의 일원family of nations'으로 만들었다.[24]

때마침 청이 내전에 휘말려 있는 동안, 영국이 자국의 요구를 군사적으로 강요하기 위한 구실이 된 것은 1856년 10월에 일어난 애로호 사건이었다. 애로호는 중국식 돛을 단 개조된 유럽 상선으로, 홍콩 출신의 중국 상인이 이를 소유하고 있었고, 광주 외곽에 정박하고 있었다. 아편 전쟁이 끝난 지 10여 년이 지났지만, 광주는 청과 영국의 관계에서 아픈 상처로 남아 있었다. 외국인들이 남경 조약에 따라 개항된 다른 항구들로 일상적으로 들어오기는 했지만, 광주의 지방 관리들과 도시민들은 도심지로 들어가려는 외국인들의 실질적인 진출을 철두철미하게 성공적으로 막아냈다. 그 당시에 광주에서 두 나라의 이익은 유달리 성질이 급했던 두 사람, 흠차대신 섭명침葉名琛(양자강 중류 지역 약제상의 아들)과 영국의 광주 영사 해리 파크스Harry Parkes가 대표하고 있었다.

애로호 사건의 발발에는 종잡을 수 없는 거짓말과 속임수, 그리고

---

24) Hsu, *China's Entry into the Family of Nations*.

불명확한 것들이 포함되어 있었다. 광주의 관헌들은 아편을 수입하려는 중국인 선원들을 체포하기 위해 애로호에 승선했다. 그 과정에서 파크스는 중국 관헌들이 영국 국기를 끌어내려 여왕을 모욕했다고 항의했다. 그러나 나중에 실시된 조사를 통해 그 당시 영국 국기가 게양되어 있지 않았음이 밝혀졌다. 영국인 선장은 배에 탑승해 있었다고 주장했지만 나중에는 그렇지 않았음을 시인했다. 사실 애로호의 영국 선적船籍은 기한이 만료되어 더 이상 영국의 보호를 받을 수 없었다. 그렇지만 파크스가 이 사실을 중국과 영국의 시모어Seymour 제독에게 숨겼고, 시모어 제독은 단호하게 광주를 포격하여 전쟁을 개시했다.

이 사건으로 수많은 중국 민간인 피해가 발생하자 영국에서는 대소동이 있었고, 이로 인해 의회가 일시적으로 해산되고 내각이 실각했다. 그러나 영국의 수상 파머스턴Palmerston이 이 전쟁을 여러 달 동안 계획해왔기 때문에 영국은 계속 전쟁을 수행했다. 진정한 개전 이유는 영국과 중국 간의 무역, 영국의 인도 식민지, 그리고 영국 경제에서 절대적인 핵심이었던 아편이었다. 아편 전쟁에서 승리했으면서도 영국은 청이 아편 수입에 대한 법적 금지를 철폐하도록 하지는 못했다. 그리고 애로호 사건 3개월 전에 흠차대신 섭명침은 아편 수입 합법화에 대한 영국의 요구를 '최종적으로 완전히 거절'한다고 선포했다. 이제 전쟁은 피할 수 없는 것처럼 보였다.[25]

마침내 영국 정부는 청과의 전쟁을 수행하기 위해 제임스 브루스 8세 엘긴 경을 파견했다. 프랑스는 특수 기동대를 보내 공동 참전국이

---

25) Wong, *Deadly Dreams*, p. 28.

되겠다고 선언했다. 반면에 러시아와 미국은 동맹국인 영국의 이익을 위해 '평화적인 시위'의 일환으로 대표를 보냈다. 제2차 중영 전쟁은 제1차 중영 전쟁, 즉 아편 전쟁을 반복한 것에 불과했다. 청은 가능한 한 광주 주변으로 전투 지역을 국한하려고 했던 반면에 영국은 전투를 확대하여 적의 허를 찌르려 했다. 아편 전쟁에서는 영국이 해안을 거쳐 양자강을 통해 남경까지 들어갔지만, 제2차 중영 전쟁 당시에는 남경이 태평천국의 수도였기 때문에 이러한 전략은 더 이상 유효하지 않았다. 이에 엘긴은 더 북쪽으로 진출하여 1858년 4월에는 대고大沽항에 있는 봉쇄선을 돌파했고, 화북에서 가장 중요한 상업 도시이자, 북경에서 160킬로미터 정도 떨어져 있는 천진天津을 점령했다(그림 14).

청과 외국 대표단들은 천진에서 회동했고, 6월 26일에 천진 조약天津條約(톈진 조약)을 맺었다. 이 조약은 영국과 그 동맹국들이 북경에 영구적으로 외교 사절을 주재시킬 수 있는 권리를 부여했다. 또한 10곳의 새로운 항구(한구漢口 등 양자강 상류의 항구 몇 곳, 우장牛莊 등 만주의 요동 반도에 있는 항구 몇 곳, 대만의 항구 두 곳)를 개방해야 했다. 그리고 서양의 선교사와 상인들이 내륙으로 여행할 수 있는 자유가 허용되었으며, 전쟁 배상금으로 영국에 은 400만 냥, 프랑스에는 은 200만 냥을 배상토록 했다. 그리고 아편 수입은 무조건적으로 합법화되었다.[26]

영국은 원했던 것을 모두 얻었지만, 그 성과들을 청의 조정이나 지방 관리에게 강요한다는 것은 사실상 불가능했다. 화북에서는 2년 이상 복잡한 소요가 이어졌고, 키플링Kipling의 대담한 공적들처럼 파

---

26) 위의 책, p. 415.

그림 14. 1860년 중국 수비군의 시체와 대고 요새

크스와 다른 사람들의 이야기는 그들의 회고록에 화려하게 묘사되었
다.[27] 1860년 가을, 분노한 엘긴은 북경을 점령하여 함풍제咸豊帝와 그
의 조정이 만리장성 밖 승덕에 있는 황제의 피서 산장으로 퇴각하게
만들었다. 엘긴은 자금성을 불태우려 했지만 도시의 북쪽에 있는 원
명원을 파괴하는 것으로 만족했다. 그는 중국의 양민들이 아닌 청의
조정을 처벌하려 했기 때문이라고 진술했다(그림 15). 10월 24일에 엘
긴은 껍데기만 남은 제국 정부를 압박하여 황제의 27세 된 동생인 공
친왕恭親王 혁흔奕訢이 북경 조약北京條約(베이징 조약)에 서명하도록 강
요했다. 이 조약은 천진 조약을 따르겠다는 조정의 약속을 확인하고,

---

27) Parkes, *Narrative of the Late Sir H. Parkes' Captivity in Pekin*.

그림 15. 엘긴이 불태우기 전 북경의 원명원

영국에 지급해야 할 배상금을 2배로 하며, 구룡九龍 반도를 할양하고,
천진을 추가로 개항했다. 엘긴은 그의 아버지(토머스 브루스 7세 엘긴 경)
가 엘긴 마블스, 즉 그리스 파르테논 신전의 프리즈(방이나 건물의 윗부
분에 그림이나 조각으로 띠 모양의 장식을 한 것)를 가져왔던 것처럼, 당시
약탈한 예술품을 런던에서 공개 전시하기 위해 영국으로 가져왔다.
여기에는 빅토리아 앨버트 박물관에 전시된 청 황제의 옥좌도 포함되
어 있었다.[28]

---

28) 엘긴이 원정을 통해 획득한 전리품에 대한 흥미로운 추적에 대해서는 Hevia,
    "Loot's Fate"를 참조.

태평천국 운동에서 살아남은 청 제국

태평천국 운동은 청의 직접적인 통제를 받는 군대보다는 지방의 신사들이 이끄는 지방군에 의해 결국 진압되었다. 가난한 농부를 끌어모아 사찰이나 종족 사당, 묘지를 훼손하고 지주나 더 부유한 이웃들을 공격하고 죽이는 태평천국군의 행동은 지식인들로 하여금 태평천국군을 기피하게 했고, 특히 상류 계층과 고위직 인사를 가진 사람들의 기피 정도가 더 심했다. 이러한 경향은 호남성의 상강 유역에서 가장 심했다. 이곳은 태평천국군이 1852년에 북진하는 동안 쑥대밭이 되었고, 그 이후에도 정기적으로 위협을 받은 지역이었다.

상강 유역은 부유한 지주들이 지배하고 있었다. 소작농에 의해 대규모로 재배되는 지주들의 쌀은 배에 실려서 강을 따라 도시민들이나 양자강 하류에 있는 비식량 작물(특히 면화)을 재배하는 사람들에게 공급하기 위해 운반되었다. 상강 유역은 배외주의적 성향이 매우 강해서 19세기 말의 반외세 운동의 중심이 되었고, 나중에는 모택동 같은 가장 배외주의적 공산주의 혁명가를 배출한 곳이었다. 상강 유역 사람들은 자신들이 진정한 중국인이라고 믿었다. 이러한 사고방식은 음력 8월에 열리는 용주龍舟 경주와 같은 정체성 확인 행사로 표출되었고, 이때 모든 이방인들은 공격의 대상이 되곤 했다.[29]

이 지역의 엘리트 문화 또한 매우 보수적이었다. 이러한 경향의 사

---

29) Perdue, "Insiders and Outsiders" 참조. 이러한 정서가 발생한 배경에 대해서는 Schneider, *A Madman of Ch'u* 참조. 태평천국 운동 이후 호남성 사람들의 배외주의에 대해서는 Cohen, *China and Christianity* 참조.

람들은 송대의 이학과 사서가 구축한 엄격한 도덕 가치와 사회적 위계, 의례의 정확성에 대한 가르침을 고수했다. 그러나 한편으로는 문자학, 훈고학, 형이상학 등의 청대 경학은 피하고, 장사의 악록서원에서 구체화되었던 '실학'과 실질적인 경세의 기술을 지지하는 등, 상당히 실용적인 면모도 가지고 있었다.[30] 악록서원에서 수학한 당감唐鑑을 중심으로 형성된 모임은 상위 신사들 중에서도 실천가들의 집단으로 발전했고, 이들이 결국에는 태평천국군을 진압했다. 이들 중에는 전시殿試에 급제하여 학위를 소지한 호림익胡林翼, 증국번, 좌종당이 있었다. 부유하고 박식하며 문벌이 좋고 열정까지 가지고 있었던 이들은 백련교도의 난으로 나타났던 새로운 전쟁 기술을 더욱 다듬어나갔다. 이것은 부분적으로 같은 호남성 출신 동료였던 엄여익이 만든 것이다.[31] 태평천국군을 상대로 한 전쟁에서 새로운 기술을 처음 적용한 사람은 호림익이었지만, 이를 완성한 사람은 증국번이었다. 그는 두 가지의 새로운 군사 조직을 강조했다. 17세기의 문화적 영웅 고염무의 방식대로 그들은 행정적으로 구분된 사회 집단보다는 자연적으로 형성된 집단을 기반으로 삼았고, 관료보다는 그 지방 출신의 지도자들에게 의존했다.

경세에 대한 새로운 사고는 가장 효율적인 전투력이 자신의 재산과 고향을 지키려고 행동하는 것이라고 생각했다. 그래서 화중의 지

30) Wilhelm, "Chinese Confucianism on the Eve of the Great Encounter."

31) 호남성에서 발생한 반태평천국적 군사화에 대한 획기적인 연구로는 Kuhn, *Rebellion and Its Enemies in Late Imperial China*가 있다.

방 신사들은 마을 단위로 청년들을 조직해 농사와 군역을 병행하면서 자신들의 고향을 지키도록 했다. 이들은 지방 신사들에게 훈련을 받았고, 신사들은 이들에게 보수를 주고 무장을 시켰으며, 제복을 입히기도 했다. 다음으로 그들은 이러한 향병鄕兵을 정기 시장 또는 시진을 중심에 두고 있는 상업 거래의 지역적 체계나 종족 조직망을 통해서 이웃 마을의 향병과 연계시켜 더 큰 규모의 전투 부대로 발전시켰다. 지방 신사들은 위계적으로 조직되어 관료제의 범위가 미치지 않는 명령 구조를 점차 만들어나갔다. 시간이 지나면서 이러한 지방 신사층의 권력이 증대되었고, 군사 지휘권과 그 지역에서 나오는 경제적 잉여의 일정 지분에 대한 통제권이 지주로서 가지고 있는 재정적 권력과 지식층 구성원으로서 가지고 있는 사회·문화적 지위에 추가되었다. 이전에는 청 중앙 정부의 대리인인 지현이 독점했던 권력과 영향력이 적어도 이 시기에는 지방 신사층의 손으로 넘어갔다.

1852년 12월에 함풍제는 증국번을 화중 지역의 단련대신團練大臣으로 임명했고, 증국번은 자신의 명령에 따르는 대규모 군대를 만들 수 있는 기회를 가지게 되었다. 장사의 악록서원 출신인 그는 1838년에 전시에 급제한 후 정치 토론의 온상인 한림원에서 여러 해를 보냈다. 그리고 19세기 중반에는 북경에서 이부시랑吏部侍郎으로 근무하면서 젊고 활동적인 지식인 집단(특히 그의 고향인 호남성 출신 지식인들)을 위한 조언자의 역할을 맡았다. 그는 1852년 초반에 근접한 강서성에서 향시를 감독하는 임무를 맡았고, 이와 동시에 집으로 돌아가면서(그는 이 시기 모친상을 당해 집으로 돌아갔던 적이 있다) 군사적 상황에 대해 깊은 관심을 가지고 살펴보았다. 또한 그는 귀주성에서 다양한 관직에 근무하면서 점진적으로 개인적인 군대를 모집한 동료 호림익과 증국번의 고향인 상향湘鄕현에서 유사한 계획을 추진했던 나택남羅澤南과 같은 사람들로부터 영향을 받았다.

1년 정도에 걸쳐 증국번과 나택남 등은 호남성의 군사력을 결집시켰고, 이들을 상군湘軍이라고 불렀다. 1855년에 이웃한 호북성의 순무로 부임한 호림익은 도처에 존재하고 있던 향병들을 악군鄂軍(호북군)에 편입시켰다. 양자강 유역에 있는 다른 지방 지도자들은 합비合肥 출신의 유명한 이홍장李鴻章을 따랐다. 그는 1847년에 진사進士가 된 후 몇 년 동안 한림원에서 증국번의 지도 아래 공부를 했다. 이홍장은 고향으로 돌아와 1850년대 후반까지 점진적으로 자신의 안휘군, 즉 회군淮軍을 모집했다.

이러한 지방군들은 향병이 본질적으로 방어적인 역할만 하는 것을 보완하여 공격적이면서 유동적인 성향을 가지고 있었다. 그들은 고향 지역을 지키기 위해 모인 겸직 군인들이었으며, 향용鄕勇(사실상의 용병)으로 알려졌다. 모집 대상은 농부뿐만 아니라 도적이나 비밀 결사의 조직원, 그리고 모집 이전에 이미 무장을 갖춘 소외된 계층이었다. 지방군은 지극히 관료적인 데다가 거의 궤멸 상태였던 정부군과는 매우 달랐다. 지방군을 지도하는 사람들은 지방의 상위 신사들이었는데, 이들 중 많은 수가 진사로서 폭넓게 존경을 받았지만 전통적으로 군대 조직에 대해서는 무관심한 것으로 여겨졌던 사람들이었다. 그들은 지방 엘리트의 일원으로 각 성의 수도에서 공부와 시험 준비를 함께했고, 북경에서는 한림원에 같이 소속되어 있으면서 관계를 맺었다. 그들의 지휘 구조는 학문적인 사제 관계 또는 동창으로서의 인연을 매우 공고한 기반으로 삼고 있었고, 때때로 종족 사이의 관계가 중첩되기도 했다. 향용의 병사들은 군대를 모집하고 무장시키고 보수까지 지불하는 지휘관에게 개인적인 충성을 바칠 수밖에 없었다. 이것은 봉건적인 조직 형태였다.

지방군의 재정 수입은 개인적이면서도 또한 관료 체계가 더해졌다. 증국번은 초기에 자신의 상군을 조직할 목적으로 이 성에서 상품의 대량 운송 시에 부과하는 통행세를 전용할 수 있게 해달라고 호남순무에게 요청했고, 호남순무는 이를 받아들였다. 시간이 지나면서 그와 다른 성의 동료들은 지방의 지주와 상인들에게 기금을 얻어내기 위한 매우 치밀한 방법들을 고안해냈다. 이렇게 모집된 '기부금'은 비정부 지방 엘리트들이 운영하는 국局을 통해 관리되었다.

재정적 기반은 견고하게 고향 지역에 있었지만, 이 군대들은 더 넓은 지역으로 뻗어나갔다. 예를 들어 이홍장은 1870년에 직예총독으로 임명되자 휘하 회군 대부분을 데리고 갔다. 이미 1850년대 후반이 되면 이런 새로운 지방군이 태평천국 운동의 흐름을 바꾸기 시작했다. 1856년에 태평천국군은 지도자들 사이의 내분으로 급격히 쇠약해졌다. 가장 유능한 군사 지휘관이던 동왕東王 양수청楊秀淸은 스스로를 성령의 화신化身이라고 선포하고, 홍수전으로부터 권력을 찬탈하려고 음모를 꾸미다 홍수전의 지시로 암살되었다. 태평천국군에서 가장 훌륭한 야전 사령관인 익왕翼王 석달개石達開는 독자적으로 남경을 떠나 양자강 상류 지역으로 이동하면서 태평천국 운동에서 손을 뗐다.

2년이 지난 후 호림익의 악군은 무창武昌을 탈환했고, 증국번의 상군은 강서성의 대부분을 되찾았다. 어느 정도 군사력이 회복되었지만 양자강 하류 지역에서는 이후 몇 년 동안 극심한 유혈 전투가 계속되었고, 태평천국의 수도, 남경은 강력한 포위 상태에서도 버티고 있었다. 1864년 6월에 홍수전이 자살 또는 질병으로 사망했고, 다음 달에는 증국번의 동생인 증국전曾國荃의 지휘로 상군이 남경의 성벽을 뚫고 들어가 주민들을 학살했다. 태평천국 운동은 소멸되었다.

태평천국 운동은 대부분의 화중 지역에 커다란 상처를 남겼다. 현의 기반 시설들, 즉 지현의 관아, 과거 시험장, 종각鐘閣, 공묘孔廟, 공소公所와 회관會館, 도시의 성벽과 문, 지역 사회와 청 제국의 모든 행정 조직들을 폐허에서부터 재건해야 했다. 농촌의 관개 시설과 홍수 통제 시설 또한 마찬가지였다. 황폐해진 들판을 다시 개간해야 했고, 살아남은 백성들을 먹여 살려서 그들의 신체적 건강을 보살피고 그들의 충성심을 되살려야 했다. 곳곳에 산처럼 쌓인 썩은 시신들의 신원을 확인하고 매장해야 했다. 절개를 지킨 사람들, 지역과 왕조를 지키기 위해 순사한 사람들(많은 지역에서 지역 주민의 상당한 비율을 차지했다)을 추앙하고 비석에 기록하며 순사자 열전을 발간하여 공공 강연이나 구전되는 이야기로 전달할 필요가 있었다.

상당수의 지역민들이 태평천국의 대의를 통해 모집되었다는 사실에도 불구하고, 이러한 의심을 넘어서서 모든 지방의 충성심을 재확인해야 했다. 엄청난 반란이 야기했던 전반적인 종말론적 경험은 교화를 필요로 했고, 반란의 교훈은 역사 서술 속에서 이해되고 종합되었다. 이런 역사 서술은 10~20년 정도 지나 질서가 회복된 시기에 살아남은 지방 엘리트들이 현지縣志의 새로운 출판본을 편찬하는 형식으로 이루어졌다. 이런 모든 '재건'을 위해 많은 돈이 들었고, 집단적으로 기금을 모으는 과정은 수십 년 동안 그곳에서 유지될 새로운 공동체의 결속 의식을 만들어냈다.

  15년 동안 지속된 태평천국 운동과 그 여파로 발생한 염군捻軍의 난과 이슬람 분리주의 반란은 청의 정치, 사회, 경제에 깊은 영향을 미쳤다.[32] 청의 역사를 아편 전쟁 이전과 이후로 나누는 전통적인 경향에도 불구하고, 태평천국 운동은 청의 백성들에게 있어서 의심할 여지 없이 매우 큰 분수령이 되는 사건이었다. 이례적으로 잔인했던 이 전쟁에서 약 3000만 명이 사망했다. 특히 제국의 경제 중심지였던 양자강 중류와 하류에서는 대학살이 일어나 많은 사람들이 죽거나 이주했고, 재정착하기까지 오랜 시간이 걸렸다. 양자강 하류 지역에서 농업 노동력의 수가 감소했다는 것은 몇 세기에 걸쳐서 처음으로 땅보다 노동력이 상대적으로 비싸졌음을 의미했다. 이것은 소작인을 데려오기 갈망하는 지주들이 소작인에게 '영전권永佃權', '전면권田面權', 그리고 호의적인 임차 계약을 인정하는 현상이 점차 증가하는 것으로 반영되었다. 20세기에 접어들면서 상대적으로 이 지역의 소작지 비율이 높았는데도 지속적으로 유리한 소작인들의 지위는 지주를 무너뜨리고 소

32) 도적들, 의형제 단체, 지역의 민병대로 구성된 느슨한 연맹체였던 염군(또는 염비捻匪)은 하남성과 그 인접한 지역에서 1853~1868년에 반란을 일으켰다. Teng, *The Nien Army and Their Guerrilla Warfare* 참조.

작농을 조직화하려는 공산주의자들에게 매우 불리하게 작용했다.[33]

경제도 비슷하게 붕괴되었다. 국가에서 생산성이 가장 높았던 지역에서도 농업 생산량이 하락했고, 제국의 유일하고 가장 중요한 운송로인 무한과 강남 사이에서 양자강을 따라 이루어지던 무역은 전쟁과 태평천국군의 남경 점령으로 인해 줄어들었다. 이 장벽을 뚫고 들어간 증기선의 능력은 일반적인 기술적 우위나 비용 효율성보다 더욱 뛰어난 것이었다. 이것은 영국과 미국의 해운 회사에게 큰 이점을 제공했고, 청의 국내 상업에 참여할 수 있는 발판을 마련해주었다.[34] 태평천국 운동이 가져온 국내 무역 구조의 변화는 휘주 상인의 명성과, 그보다는 약간 덜했던 산서 상인의 영향력을 영구적으로 격하시켰고, 광주와 영파에 있는 이주지에 사는 상인들을 그대로 눌러앉게 만들었다. 무엇보다도 놀라운 변화를 보여준 것은 양자강 하류 지역의 수수한 해상 항구였던 상해일 것이다. 상해는 10년 전에 남경 조약에 따라 외국인들에게 개방되었으나 당시까지 대규모의 상업적 발전을 경험하지는 못했다. 그런데 갑자기 피난을 온 제국의 거상들을 받아들이게 되면서 상해는 소주, 영파, 소흥紹興, 양주, 남경의 위상을 대체했다. 상해는 중국의 도시 중에서 가장 정점에 해당하는 위치로 혜성처럼 떠올랐지만, 소주와 남경은 과거의 경제적 위상을 회복하지 못했다.[35]

---

33) Bernhardt, *Rents, Taxes, and Peasant Resistance*.

34) Liu, *Anglo-American Steamship Rivalry in China*.

35) 상해가 소주를 대체한 것에 대해서는 Johnson, *Shanghai* 참조. 또한 이 연구는
   상해가 유럽의 조약항으로 자리매김하기 이전에는 단지 '잠자는 어촌'에
   불과했다고 하는 전통적인 (그리고 고도로 유럽 중심적인) 개념을 훌륭하게

반란 진압 비용을 충당하기 위해 보증이 되지 않는 지폐를 발행하려던 청 조정의 경솔한 결정은 백성들의 외면을 받았고, 전시戰時의 물가 상승을 더욱 악화시켰다. 이 정책이 빠르게 좌절되면서 중앙이 아닌 새로운 지방군의 수장들에 의해 재정적 혁신 정책이 도입되었다. 특히 이금釐金으로 알려진, 이미 일부 시행되고 있었던 상업 통행세는 결정적으로 정부의 재정적 부담을 농업에서 좀 더 탄력적인 상업 영역으로 옮겨가게 했다. 누구보다도 혁신적이었던 호림익은 1855년부터 사망하는 1861년까지 호북순무로 재직했고, 제국 내의 장거리 무역에서 중요한 기점인 무한을 통제하고 있었다. 호림익은 열정적으로 지방 곳곳에 세관을 설치했고, 그의 동향인이었던 도주가 20년 전에 양주에서 실시했던 소금 시장 개혁을 화중 지역 대부분으로 확대시켰다. 그는 그 지역을 통해 이루어지는 대규모 거래를 부활시키고, 세금을 물리기 위해서 허가증을 만들어 정부 중개인에게 팔았다. 그리고 그는 관할 지역의 곡물 징수를 현금으로 바꾸었고, 이것은 사실상 마지막까지 남아 있었던 정부 주도의 곡물 공급 방식을 상업 시장에 의지하도록 변화시켰다.

이런 모든 변화들은 경제적으로뿐만 아니라 사회적으로도 큰 의미를 가졌다. 이전 청의 정책은, 지식층은 상업에 종사하지 않고 상인들은 과거에 응시하지 못하게 하여 지식층과 상인의 힘이 지배하는 각 영역의 '한계를 정한다'는 목표에 근거를 두고 있었다. 신사의 공공심이

반박하고 있다. 사실 상해는 명·청 시대 몇 세기 동안 동남아시아와의 해상 무역에서 중요한 전초 기지였다.

나 도덕적 청렴, 그리고 재정 확보와 개발을 위해 지역 경제를 활성화해야 한다는 열망 속에서 만들어진 '경세'에 대한 신념에 근거하여 호림익은 지역의 학위 소지자들이 적극적으로 상품 중개나 소금 판매 그리고 다른 상업적 역할을 담당하게 했다. 전체적으로 이런 혁신들은 청의 마지막 반세기에 등장한, 새롭고 혼합적이며 사업 지향적인 성향을 가진 지배적인 사회 계층의 역할을 담당할 신상紳商의 형성에 영향을 미쳤다.

사회적 척도의 반대편 끝에는 태평천국 운동과 19세기 중엽에 일어났던 다른 반란들의 영향으로 생겨난 군대를 해산시켜야 한다는 엄청난 문제가 남겨졌다. 수많은 젊은이들이 향촌 생활을 떠나 호림익이나 증국번, 이홍장의 지방군에 들어갔으며, 그들은 고향에서 멀리 떨어진 곳에서 싸웠다. 반란이 끝난 후 그들은 어떤 사회와 관계를 맺게 되었을까? 증국번은 1864년 남경을 장악하고 약탈한 후 얼마 지나지 않아 자신이 지휘하던 상군 12만 명을 해산시켰다. 좌종당은 그때도 군을 온전하게 보유하고 있었다. 향용은 귀향하라는 명령을 받고 고향으로 돌아가는 비용까지 받았지만, 그들 중 극소수만이 지방의 농업 경제로 재흡수되었다. 그들은 정부 통제에서 벗어나 돌아가는 길에 있는 항구 도시들에 남았거나, 고향에 잠시 머물렀다가 그들이 거쳤던 길에 있는 더욱 매력적인 도시로 갔다.

태평천국 운동 이후 화중 지역의 도시 인구는 19세기 중반 이전과는 완전히 달라졌다. 실업이나 불완전 고용 상태에 있는 수많은 협객들 때문에 도시 인구가 팽창했던 것이다. 이들은 거리나 시장에서 무

예를 과시하면서 서민들의 안전을 위협했다. 이러한 사람들이 조직화
되지 않았던 것은 아니었다. 그들 중의 다수는 군사 원정 도중이나 해
산된 이후에 가로회같이 무술을 지향하거나 범죄에 연관된 조직으로
밀려들어갔다. 그들은 청의 관료나 지역 엘리트에게 새로운 위협으로
대두되었다.

8

| 중흥 |

1860년 말 청 제국은 멸망 직전의 상태에 놓여 있었다. 청의 역사상 가장 유약했던 서른 살의 함풍제가 이끄는 조정은 만리장성 밖으로 피난을 떠나 웅크리고 있었고, 외국 야만인들은 수도를 점령하고 원명원을 불태웠다. 매우 미개한 세계관을 가진 국내의 반역자들은 남경을 점령하고 반체제 정부를 성공적으로 수립했다. 청이 계속 버틸 수 있을 것이라고 생각할 수 있는 근거는 거의 없었다. 그러나 청은 살아남았다. 오히려 청은 새로운 번영의 시대를 맞이했다. 그것이 어떻게 가능했을까?

북경 조약이 체결되고 서양 원정군이 화북에서의 전쟁을 끝내겠다고 선언한 이후에도, 함풍제 조정은 북경으로의 복귀를 계속 미루고 있었다. 의욕을 잃고 깊이 낙심한 함풍제는 끝내 1861년 8월 승덕에서 병사病死했다. 임종 시에 그는 다섯 살 된 아들인 재순載淳을 후계자로

지명했다. 그 이후에 누가 섭정을 해야 할지를 놓고 복잡한 권력 투쟁
이 계속되었고, 11월 초에 궁정 정변政變이 일어나 패배한 파벌에 속했
던 세 명의 친왕이 처형되면서 갈등은 마무리되었다. 승자는 황실의
정책 결정을 실질적으로 통제했던 권력층의 임시 연합이었다.

연합의 수장은 서열이 낮았던 함풍제의 후궁인 여허나라葉赫那拉 씨
자희황태후, 즉 서태후로 함풍제의 유일한 후계자이자 새로운 황제인
동치제의 모친이었다. 함풍제와 나머지 황실 가족들이 도망을 갔을
때 북경에 계속 남아 있었던 젊은 공친왕도 이 연합에 포함되어 있었
다. 공친왕은 그러한 상황에서도 뜻밖의 역량을 보여주었고, 그가 대
했던 위협적인 서양인들에게 존경을 받았다. 연합 내에는 또한 제국
내에서 가장 강력한 관료였던 증국번도 포함되어 있었으며, 그는 화
중 및 화남 지역 대부분에 대한 청 왕조의 통치 대리인이나 다름없었
다. 재순의 연호는 '함께 통치한다'는 의미로 동치同治라 선포되었다.

동치 중흥에 대한 네 가지 견해

이미 1869년이 되면 청의 지식인들은 동치제의 치세(1862~1874)를
'중흥'기로 선언하기 시작했고, 조정은 이를 자랑스럽게 스스로를 표
현하는 용어로 신속히 받아들였다.[1] 제국의 정치사상에서 볼 때, 중흥
은 왕조 역사상 한 세기 또는 그 이상의 주기로 일어날 수 있으며, 성군

1) Wright, *The Last Stand of Chinese Conservatism*, pp. 48-50.

과 유능한 재상들이 침몰하는 배(국가)를 구하는 시기였다. 전통적 시각에 따르면, 한대에는 왕망王莽의 왕위 찬탈 이후에, 그리고 당대에는 안녹산安祿山의 난 이후에 중흥이 일어났다. 서양의 역사가들은 동치 중흥을 청대 역사의 발전적인 시기로 보았지만, 그 평가에 대해서는 서로 매우 다른, 어떤 경우에는 정반대의 중요성을 부여했다. 우리는 각기 중점을 달리해서, 복잡하고도 중요한 동치제 시기의 다양한 요소를 짚어내고 있는 네 가지 견해를 이 장에서 살펴볼 것이다.

동치 중흥에 대한 견해 중 가장 널리 알려진 것은 1954년에 페어뱅크가 처음으로 발표했던 내용일 것이다.[2] 그는 몇 가지 요인들이 동치기를 서양이 중국에 끼친 영향이 발현되는 최초의 중대한 시기이자 청의 '근대화'를 이룬 시기로 만들었다고 보았다. 외교적 측면에서, 서양은 1858년의 천진 조약과 뒤이은 북경 조약을 통해 중국을 국제 사회의 일원으로 끌어들이려는 임무를 완수했다. 외교 사절들—영국이 제2차 중영 전쟁을 일으킨 원인이 된 주중 영국 공사들—은 신속하게 북경에 도착해 직무를 맡았고, 이를 주도한 것은 영국 대표인 엘긴의 비서인 프레더릭 브루스Frederick Bruce와 미국 대표인 앤슨 벌린게임Anson Burlingame이었다. 청 조정은 이에 대응하여 자국의 외교 사절을 서서히 외국으로 파견하기 시작했다. 그중 가장 유명한 곽숭도郭嵩燾는 장사의 악록서원에서 증국번과 함께 수학한 사이로, 1847년에 진사가 되었고, 1853년에는 상군의 영웅적 지휘관으로서 태평천국군이 점령한 남창南昌을 탈환했으며, 1870년대 말에는 영국과 프랑스의 겸

---

2) Teng and Fairbank, *China's Response to the West*.

임 공사직을 맡았다.

1861년 3월 11일에 섭정들은 내각의 임시 위원회인 총리아문總理衙門을 설치했다. 총리아문은 강력한 기구로 성장하여 청의 실질적인 첫 번째 외무부가 되었고, 27년 동안 공친왕이 몇 차례 총리아문대신을 맡았다.[3] 더욱 결정적으로 서구 열강들은 '기독교도'인 태평천국 세력보다 점차 청에 호의를 보였다. 그들은 이제 조약을 통해 보장된 상당한 특권을 보유했고, 중흥의 성공에 그들의 이익이 걸려 있음을 알게 되었다. 브루스와 벌린게임이 주도하는 외국인 외교단은 소위 '협조 정책'을 점진적으로 추진했다. 이는 서양의 문명화 임무의 총체적 과정에 개별 국가의 이익을 종속시키려는 신사협약이었고, 모험적인 군사적 팽창을 시도하지 않도록 외교적으로 중재된 휴식기를 의미했으며, 이는 동치기가 끝날 때까지 계속 유지될 것이었다.

많은 행정적 제약이 면제되자 청과 서양의 상거래는 매우 활발해졌다. 서양에서 영감을 얻은 상업 혁명은 아니었지만—명말 이래 중국은 세계에서 가장 상업화된 농업 경제국 중 하나였고, 제국의 대외 무역은 오랫동안 매우 중요한 비중을 차지하고 있었다—상당 정도의 사회·경제적 재건을 이끌었다.[4] 서양 상인들은 다수의 중국인 구매 담당 직원과 상업 중개인을 고용했고, 중국의 많은 독립적 무역 회사들이 수출용 재화의 집하와 수입 재화의 보급을 전문적으로 취급했다. 이로 인하여 종종 매우 부유한 문화 중개자로서 '매판賣辦*'이 출현하

---

3) 총리아문의 설립에 대한 훌륭한 연구로는 Banno, *China and the West* 참조.

4) Hao, *The Commercial Revolution in Nineteenth-Century China*.

게 되었고, 이들 중에서 19세기 말과 20세기 초의 매우 중요한 인물들이 다수 배출되었다. 일부는 매판을 '동양과 서양을 잇는 교량'이라고 칭찬했지만, 정치권의 배외주의자들에게는 손쉬운 표적이 되곤 했다.[5]

　개항장은 화북 해안과 양자강을 따라 화중 지역까지 개방되었다. '조계租界' 내에서는 바로 서양인이 등장했고 복합적인 문화가 나타났다. 가장 주목할 만한 곳인 상해는 이 시기에 세계적인 상업 중심 도시로 부상하기 시작했다. 1861년에 공친왕은 서양인이 대부분을 감독하는 새로운 복합 기관인 제국 해관海關을 설립하여, 강희기 이래 서양과의 무역을 규제하고 조세를 부과하는 관청으로서 중국인이 관리해왔던 해관을 공식적으로 대체했다.

　문화적 측면에서는, 페어뱅크의 서술에 따르면 서양과 서양 문물에 대한 학문이 도광기 위원 등의 저서에서 처음으로 진지하게 다루어졌고, 동치기에 접어들면서 크게 활성화되었다. 1862년에는 청의 젊은 이들에게 서양 언어를 교육하고 유럽의 과학·사회·정치 사상을 다룬 주요 저서를 번역하기 위해 경사동문관京師同文館이 설립되었다. 이런 계획에 신교도 선교사들이 도움을 주었다. 1874년에 상해에서는 미국인 존 프라이어John Fryer가 과학·기술 서적을 번역하여 널리 보급하기 위해서 격치서원格致書院을 설립할 목적으로 기부금 모금 운동을 펼쳤

---

* 1770년 무렵부터 중국에 있었던 외국 상관商館과 영사관 등에서 중국 상인과의 거래 중개를 맡기기 위해 고용했던 중국인.

5) Hao, *The Compradore in Nineteenth-Century China*.

다. 격치서원은 다가오는 시대의 중요한 개혁적 기술자, 지식인, 출판
업자가 될 젊은 중국인들을 길러냈다. 1872년부터 청 조정은 야구를
포함하여 미국인들의 삶의 면면에 적응토록 하기 위해서 선발된 중국
소년 집단을 '중국유동유미운동中國幼童留美運動'이라는 이름으로 미국
코네티컷주 하트퍼드Hartford로 파견했다.

지식인들과 일반 대중들은 '서양 문물'을 배우고 채용하는 데 헌신
하는 이러한 움직임에 대해 한결같이 상당한 반감을 드러냈다. 조정
이 이 정책을 강력하게 추진하는데도 부유층은 자신의 아들들이 서양
언어를 익히는 것을 허락하지 않았다. 애국심이 가득한 군사 영웅이
자 유학자였던 곽숭도가 유럽의 외교관직을 수용하겠다는 의사를 발
표했을 때, 호남성에 있는 그의 고향에서는 신사층이 이끈 백성들이
그를 맹렬히 비난했다. 그러나 정부 내외에서 수많은 엘리트들이 중
대한 시대적 요구에 적응하기 시작했다. 그들은 서양으로부터의 선택
적인 정책 모방(특히 산업화 분야에서)을 통한 체계적인 '자강自强'이 제국
의 생존을 위해서 필요하다고 믿게 되었다.

동치 중흥을 서구화의 최고조로 본 페어뱅크의 주장에 뒤이어 이
시대의 중요성에 대한 상반된 견해가 등장했다. 메리 라이트Mary
Clabaugh Wright는 동일한 사건을 비극으로 평가했고, 실패한 영웅들(호
림익, 좌종당, 곽숭도, 그리고 누구보다도 증국번)은 상군 출신의 핵심적 사
대부였다고 보았다. 이 애국자들은 중국인들이었지만, 만주족 청(태평
천국과는 달리 문명화된 규범을 대변하고 있었던)에 확고한 충성심을 보였
고, 상대적으로 이기심이 없는 헌신적인 인물들이었다. 라이트는 그

들의 깊은 이학적 신념, 그들이 속한 사회 계급의 도덕적 정화에 대한 마음에서 우러나온 염려, 반란 이후에 다소 전통적인 모델에 기초하여 청렴하고 강건한 인정仁政을 재건하려는 그들의 목표를 강조했다. 꼭 필요하다고 느꼈던 서양으로부터의 차용물은 소수에 그쳤고, 이는 그들의 보수적 개혁 운동에서 마지못한 타협에 불과했다는 것이다.[6]

그러나 동치 중흥에 대한 세 번째 견해에서는, 동치 중흥을 20세기의 군벌주의라는 재난으로 치닫게 될 지방·지역적 통치를 위해 정치 권력이 분권화되는 현상의 시작으로 보았다.[7] 이러한 시각은 19세기의 마지막 30년 동안에 유교적 이상주의자인 증국번보다 더욱 유력한 정치가이자 실용주의자가 된 이홍장에게 초점을 맞추고 있다(그림 16). 그의 파벌주의적 당파심과 개인적인 탐욕(1901년 사망 당시 이홍장은 청 제국에서 가장 부유한 사람 중 하나였다)은 물론이고, 그가 만주족이 아니라 한족이었다는 사실이 중요했다. 분권화의 과정은 지방군, 특히 상군과 회군에서 생겨났고, 이들은 대체로 황제나 제국이 아니라 자신들의 지휘관에게 개인적인 충성을 바쳤다. 1864년에 증국번이 태평천국 운동을 진압한 직후 자신의 상군을 공식적으로 해산시켰으나, 군대의 일부는 좌종당과 다른 이들의 휘하에 남아 있었다. 이홍장은 회군을 해산시키지 않았다. 이홍장의 권력 기반이 양자강 하류에서 화북으로 바뀌면서 회군은 그와 함께 이동했고, 1895년의 청일 전쟁 당시 일본군의 공격을 집중적으로 받았다.

---

6) Wright, *The Last Stand of Chinese Conservatism*, p. 149.

7) 羅爾綱,『湘軍新志』; Spector, *Li Hung-chang and the Huai Army*.

그림 16. 1870년대의 직예총독 이홍장

　지방군들은 특별한 세금으로 유지되었고, 그중 가장 두드러진 것은 상품에 부과하는 관세였다. 태평천국 운동과 염군의 난을 진압한 이후, 지방에서 징수한 세수의 일정 부분을 중앙 정부가 다시 거두어들이는 것에 대한 합의가 이루어졌지만, 황제에게 실제로 보내는 세수는 얼마 되지 않았다. 청 제국 후기의 팽창하는 상업 경제에서 무역세는 국고 수입의 탄력적 자원이었던 반면, 중앙 정부가 의존했던 농업세는 상대적으로 고정된 채로 유지되었다. 토지세는 1750년에 정부 총수입의 75퍼센트 정도를 차지했으나, 왕조의 말년에는 약 35퍼센트까지 떨어졌다. 그래서 재정적인 자원은 중앙에서 지방 행정부로 서서히 체계적으로 전환되었다.

　이러한 비정규적 개인 군대의 지휘관들이 조정의 관료로 임명되면서 권력의 이동이 촉진되었다. 증국번은 1860년 제국에서 가장 중요한 지방 직위인 강소성·안휘성·강서성을 관할하는 양강총독兩江總督으로 임명되었고, 6년 후에 그의 동생 증국전은 호북순무가 되었다. 좌종당은 1862년에 절강순무, 1866년에 섬서성과 감숙성을 다스리는 섬감총독陝甘總督이 되었다. 이홍장은 1861년에 강소순무로 활동하다가 4년 후에 증국번의 후임으로 강소성과 강서성의 양강총독으로 승진했다. 1869년에는 호남성과 호북성을 관할하는 호광총독湖廣總督으로, 그리고 이듬해에는 직예直隷총독으로 승진했다. 그의 형인 이한장李瀚章은 1870~1882년까지 호북성을, 1889~1895년까지 광동성을 다스렸다.

　이러한 직책을 계속해서 맡게 되면서 이들은 과거에는 생각지 못했던 한 가지 세입 자원, 즉 토지세에 대한 통제권을 얻게 되었다. 관리들을 임명할 때에 회피제도가 적용되는데도, 약화된 청 조정은 막강한 지방 관료들에 대한 견제와 균형을 점차 상실했다. 일례로 그들의 임기가 이전 시기의 기준이었던 약 3년을 상당히 초과하는 경우가 종종 생겨났다. 이홍장은 거의 25년을 직예총독으로 근무했고, 강력한 차세대 실무 행정가 장지동張之洞은 호광총독을 거의 20년 동안 역임했다. 총독은 포정사, 안찰사, 지부知府, 지현知縣 임명에 대해 강력한 재량권을 행사했고, 종종 개인 막료幕僚의 일원을 임명하기도 했다. 게다가 막료로 구성된 이러한 비공식적 '막부'는 개인적 관료 기구로 급속히 성장했다. 장지동은 239명의 외국인을 포함하여 600명이 넘는 막료를 채용했다.[8] 이러한 지방 행정부가 '자강' 기업체를 설립하면서, 그 관리자 역시 이 관료들의 막료들이 맡게 되었고, 더욱 큰 자율권이 그들의 손에 넘어갔다.

동치 중흥에 대한 네 번째이자 마지막 견해에 따르면, 이 시기에 지속된 군사화는 지현 및 여타 중앙에서 임명된 관료들 대신에 지역 사회 내 비정부 엘리트들의 권력을 성장시키는 결과를 가져왔다. 정치권력이 황제로부터 지방 행정가들의 손으로 옮겨졌다고 보는 분권화 지지자들과는 대조적으로, 이 견해는 정부 관료로부터 지역 명사名士들의 손으로 권력이 전이되었다고 하는 수평적인 경향을 언급했다.[9]

---

8) 黎仁凱, 『張之洞幕府』.

9) 이러한 학풍은 1970년에 저술된 Kuhn, *Rebellion and Its Enemies in Late Imperial China*로부터 시작되었다. 동치제 치세 중 권력 사유화에 대한 가장 강력한 주장은 Polacheck, "Gentry Hegemony"이다. 권력 사유화와 이에 따른

엘리트 및 그들이 통제한 비정부 조직의 영향력 증대는 20세기 초에 공식적으로 인정받게 될 지방 자치를 위한 대중적인 분위기가 형성되는 과정의 일부였다.

그 과정은 다음과 같다. 태평천국 운동 와중에 공동체의 자체 방어를 위하여 신사들이 이끄는 지방 민병대(앞서 백련교도의 난과 아편 전쟁 시기에 형성되었다)가 광범위하게 편성됨에 따라 지방의 신사 학위 소지자들이 가지고 있는 힘이 확대되었다. 사회적 지위와 토지 소유로 생기는 부에 더하여 그들은 군대 지휘, 군법 행정, 군인 봉급의 형태로 보상을 분배하는 권한을 장악했다. 이러한 모든 기능은 청의 조직 체계상 황제가 공식적으로 독점해왔던 것이었다. 가장 중요한 것은 이러한 민간 엘리트들이 관료와 서리들로부터 지역의 조세 징수에 대한 통제권을 빼앗았다는 점이다. 이를 위한 핵심 기관은 '국局'이었다. 국은 예전부터 공공 건축물이나 기타 사업의 재정 운영을 감독하기 위하여 임시로 운용하던 준정부 성격의 관청이었는데, 이제는 상업세 또는 관세, 중개 수수료 등 여러 종류의 세금 징수를 위해 활용되고 있었다. 강남의 특정 지역에서는 신사−지주가 운영하는 국이 스스로 토지세 징수에 개입하면서 소작료와 세금 사이의 구별을 흐리게 했다. 이러한 과정은 지방 엘리트의 신흥 군사력에 더하여, 청말 재봉건화再封建化의 한 형태로 해석될 수 있다.

비정부 엘리트의 권력 성장에 수반하여 경세에 대한 정치 담론이 계

장기간의 결과에 대해서는 Rankin, *Elite Activism and Political Transformation in China*에 상세하게 서술되어 있다.

속되고 있었다.[10] 핵심 인물인 풍계분馮桂芬(1809~1874)은 소주의 부유한 지주 가문에서 태어나 1840년에 전시에 급제했다. 아편 전쟁 기간 중에는 북경에서 한림원편수翰林院編修로 근무했고, 고염무를 기리는 고사회顧祠會의 일원으로 개혁 사상을 지닌 젊은 학자들과 함께했다. 태평천국군이 그의 고향을 휩쓸었을 때, 풍계분은 고향으로 돌아와 단련團練을 조직하여 지휘했다. 동치기에 그는 소주와 상해의 서원에서 강연을 했으며, 양강총독 이홍장의 막료로 근무했다. 이러한 역량을 갖추게 되면서 그는 서양 문물의 도입을 통한 자강으로서의 산업화를 주장했고, 동시에 지방 정부의 개혁에 대한 그의 시각을 분명히 했다. 경세에 대한 풍계분의 정치적 사고는 서양 사상과 고유한 신유교 사상의 결합체였다. 고염무의 사상에서 물려받은 지방 자치의 전통과 서양의 대의 민주주의에서 도입한 관념 간의 유사성을 인식한 풍계분은 청말의 경세를 변화하는 상황에 적용시키는 데에 핵심 역할을 수행했던 인물이었다.

지방 행정과 관련하여 풍계분은 저명한 신사 지주들(고염무와 풍계분이 모두 속해 있었던 계층)을 그들의 고향을 위해 봉사하는 다소 영구적인 지현으로 활용해야 한다는 고염무의 생각을 물려받았다. 즉 이는 회피제도의 폐지를 의미하는 것이었다. 그러나 그는 여기에 다른 특징을 추가했는데, 그것은 현보다 낮은 수준에서 좀 더 치밀한 정치적 기반 구조를 발전시키는 일이었다. 풍계분은 보갑제 아래에서 상호 책

10) 이어지는 논의는 Kuhn, "Local Self-Government under the Republic"에 기반하고 있다.

임을 지는 체계의 개념을 부활시켜 이를 도입하면서 현 하부 단위의 지도자를 대중들이 비밀 투표를 거쳐 선출해야 한다고 주장했다. 또한 이러한 지도자들이 부유층이나 강력한 지방 부호의 하수인으로 전락하는 것을 방지하기 위해서 봉급을 받는 전문직이 되어야 한다고 보았다. 그들은 위로부터 통제를 받는 것이 아니라 자신을 뽑아준 사람들에게 책임을 져야 했다.

그래서 풍계분은 전제주의, 관료주의, 그리고 관료의 타성이라는 문제를 해결하기 위해 2단계의 지방 행정 구조를 제시했다. 그는 지현을 지방 신사의 일원 중에서 선출하여 이를 종신직이나 세습직으로 만들고(이러한 측면에서는 봉건적이다), 하부 단위의 지도자들은 임기제로 선출하되 그 지역의 일반인들로 편성하려 했다. 약 200년 전 고염무의 계획과 마찬가지로 풍계분의 생각 역시 그의 생애에 입법화되지는 못했다. 그러나 그들의 구상은 이에 공감하는 지식인 사이에서 회자되었으며, 후대의 정치 개혁가들에게 영감을 주었다.

제국의 부흥

19세기 중반 함풍제 연간에는 스스로를 한족으로 인식한 자들이 일으킨 태평천국 운동과 염군의 난뿐만 아니라 서부 국경에서 대규모의 분리주의 운동도 일어났다. 분리주의자들은 다양한 문화적 기원을 가지고 있으면서 표면적으로는 청의 신민이었다. 그러나 그들이 이슬람

교도들이라서 청 조정과 신민들은 그들을 모두 회족回族으로 범주화
했다. 남서부에서는 토착민과 이주민 사이의 민족 갈등이 커져갔다.
만주족 안찰사가 민족 청소를 명령하면서 1856년 5월에 운남성의 성
도인 곤명昆明에서 이슬람교도 4000명 이상이 학살되었다. 저항이 점
점 거세졌고, 이윽고 티베트와 미얀마로 가는 주요 교역로에 위치한
다문화 도시 대리大理에 본거지를 둔 이슬람 국가가 분리 독립했다. 이
것이 판타이 난이었다. 청은 일련의 민족 말살을 통해 운남성의 인구
를 500만 명가량 죽이고 난 1873년에야 이 반란을 진압했다.[11]

강희제와 건륭제가 18세기에 걸쳐 잔인하게 정복한 북서부 신강에
서는 카리스마적인 이슬람 전사 야쿱 벡이 이끄는 자치 정권이 생겨났
다. 이 정권은 영국과 러시아와 외교 관계를 수립함으로써 몇십 년 동
안 청이 혼란스러웠던 상황에서 덕을 보았고, 1877년에 야쿱 벡이 급
사(뇌졸중으로 추정)할 때까지 존속했다. 호남군(초군楚軍) 사령관 좌종
당이 야쿱 벡 정권을 토벌했으며, 이때 소모된 비용은 1870년대 말 청
의 1년 총예산의 17퍼센트에 달했다.[12]

1870년대 말에 신강에서 좌종당이 거둔 성과는 단순한 반란 진압에
그치지 않았다. 그것은 거의 한 세기에 걸쳐 청의 통제에서 벗어나 있
다가 야쿱 벡 정권 때문에 정치적 기반 구조가 없어져 버린 광대한 이
슬람 중앙아시아의 재정복이었다.[13] 이 시기 청은 태평천국 운동 이후

11) 인구 수치는 Atwill, *The Chinese Sultanate*, p. 185 참조
12) Millward, *Eurasian Crossroads*, pp. 120-128. 이어지는 문단의 대부분은
    이 책에 따랐다.
13) 위의 책, p. 124.

재건 사업에 필요한 재정을 충당하고 연안을 방어해야 했지만, 해운
관세와 내지의 토지세 수입을 내륙 아시아의 반란 진압을 위해 써버렸
다. 신강 재정복은 경세 개혁가인 위원이 1842년에 요구했던 것이지
만, 당시 한족 지식인들은 이에 대해 재정 낭비라며 소리 높여 비난했
다. 이번 반대의 주역은 이전에 좌종당과 함께 태평천국군 진압을 위
해 협력했던 이홍장이었다. 그는 직예총독의 자리에 앉아 자신의 북
양 함대를 양성할 목적으로 이 자금에 욕심을 내고 있었다.

　18세기의 전쟁과는 달리, 1875년의 신강 정복은 통일된 제국을 만
들려는 성전聖戰도 아니었고, 참전하여 승리를 거둔 군인들은 청 제국
에 복무하는 다민족으로 구성된 기인들도 아니었다. 스스로를 한족
애국자로 인식한 토벌군 사령관 좌종당은 호남성 출신의 신사이자 민
병대의 지도자였고, 신강 지역을 정복한 것은 그와 그의 초군이었다.
1878년 1월에 화전和田(타림 분지 남쪽에 있는 오아시스 도시. 서구에는 '호
탄'으로 알려져 있다) 점령으로 군사적 재정복이 실질적으로 완료된 이
후, 위구르족과 몽골족의 토착 지도자들은 정규 관료인 지현들(절반 이
상은 좌종당의 동료 호남인)로 대체되었다. 또한 정주 농경을 위해 토지를
개간하고, 중국인 수천 명(이 역시 호남인들이 대부분이었다)이 이주했으
며, 중국식 유교 학당 조직이 설립되었다.[14] 이 거대한 지역은 한 세기
이상 청 제국의 일부로 간주되었지만, 중국화된 것은 이번이 처음이
었다. 1884년에는 이홍장이 항의한 상황에서도 중국의 성省으로 선포
되었다.

---

14) 위의 책, p. 139.

이것은 변경에 대한 청 말기의 통상적인 지방화를 보여주는 한 단면이었다. 대만은 신강 정복 3년 후에 성급 지위를 인정받았고, 만주족의 발원지인 만주를 세 개의 성으로 분할하는 작업도 이때 시작되었다. 만주는 20세기 초에 '동북 3성(요녕성, 길림성, 흑룡강성)'이 되었다. 가장 시급한 목표는 서양과 일본의 침략 위협이 대두된 시기에 변경 지방에 대한 중국의 권리를 확보하는 것이었다. 그러나 이는 청이라는 국가의 본질이 광범위하게 변화했음을 암시하는 것이기도 했다. 명대에 '중국(또는 중화)'이란 명칭은 한족 또는 중국인의 정치 조직을 뜻하는 것으로 분명히 이해되어왔다. 그리고 이러한 이해는 명을 계승한 청의 한족 중국인들 사이에서도 지속되었다. 청이 중국을 정복하기 이전에 아이신 기오로 씨족 통치자들도 이러한 관점을 공유하고 있었다. 그러나 명을 정복하는 몇십 년 동안에 청은 더욱 거대해진 제국을 대청이라고 칭했을 뿐만 아니라, 다른 말로 중국이라고도 불렀다. 새로운 청 중국은 오직 한족의 국가만을 뜻하는 과거 명의 개념이 아니라 스스로 다민족 국가임을 인식한 것이었다. 한족 지식인들이 중국이라는 개념을 재정립하기까지는 꽤 오랜 시간이 걸렸다. 비로소 19세기 초가 되면 위원 같은 열성적인 중국인의 저작에서 새로이 넓게 확장된 국경을 지닌 다민족 국가로서의 중국이라는 개념이 표준적인 명칭이 되었다. 이것이 오늘날 우리가 알고 있는 중국의 기원이다.[15]

청 초기의 통치자들은 서로 구분되는 다양한 민족들을 각각 분리하면서도 스스로 여러 지역을 다스리는, 여러 지위를 가진 황제라고 여

---

15) Zhao, "Reinventing *China*."

겼고, 결코 '중국인'의 제국을 다스리는 이방인 관리자라고는 생각하지 않았다. 그러나 동치기가 되면서 비록 내키지는 않았지만 청 제국은 유럽식 주권 국가들의 의례 속에서 행동하게 되었다. 서양의 국가들과 일련의 조약을 체결하면서 청의 통치자는 항상 '중국'의 황제라고 언급되었고, 그 정권은 '중국' 정부로 표현되었다. 확실하지는 않지만 공친왕과 동치기의 섭정들 그리고 광서제光緒帝 역시 이러한 방식으로 모든 것을 바라보았던 것 같다. 따라서 신강의 수복은 중국 통치자로서의 행위였지, 전 세계 청 제국 통치자로서의 행위는 아니었다. 이러한 관점에서 보면 신강을 '중국화'한 것은 적절한 행보였다.

만주의 경우도 이와 마찬가지였다. 정복 시기에 기인들이 중국 본토로 이주해 인구가 급감하자, 1660년대 이후에는 유조변柳條邊 북동쪽으로의 한족 이주가 법적으로 금지되었다. 그러나 이러한 봉금령封禁令에도 불구하고 이주가 때때로 일어났고, 기근이 들었을 때에는 조정이 금지를 완화하기도 했다. 화북에서 대기근이 시작된 1876년에는 난민 약 100만 명이 이주했다. 그러나 19세기 후반기에 러시아가 동쪽으로의 확장 정책을 시행하자, 청은 봉금령을 해제하여 이에 대응했고(1860년에는 1차적으로 분쟁 중이던 흑룡강 유역 인근 최북단 지역까지 봉금 해제, 1887년에는 전 지역 해제), 한족의 정착도 적극 장려했다. 중국인의 대규모 이주는 이렇게 시작되었고, 50년 동안 동북부 지역의 인구는 2배 이상 증가했다.[16]

그러나 다수의 한족에 만주족들이 자연스럽게 통합되는 동화가 일

---

16) Gottschang and Lary, *Swallows and Settlers*.

어나기보다 이와 반대되는 현상이 발생했다. 청 초기와 중기에는 대체 및 협상이 다소 가능했던 민족적 정체성이 19세기에는 강화되었던 것으로 보인다. 일반 기인들(대부분 도시화되었지만, 점차 청의 빈곤한 백성으로 전락해갔고 중국의 주요 도시 내에서 게토처럼 분리된 병영에서 살았다)은 한족들에게 경멸을 받으면서 자신들이 차별을 받고 있다는 것을 늘 인식하고 있었다. 청 제국의 와해 우려와 '한간漢奸'에 대한 근심으로 인해 민족 갈등은 더욱 고조되었다.[17]

타자인 만주족을 없애려는 태평천국의 전면적인 시도는 기인들의 특별한 민족 집단이라는 자기 정체성을 강화시켰다. 1865년에 동치제 조정의 칙령으로 기인의 거주 및 직업에 대한 제한이 없어졌지만, 이것이 민족 갈등을 없애지는 못했다.[18] 중국어를 받아들이는 것을 포함하여 중국식 문화에 대한 상당한 적응은 정복 이후에 중국 내에 있는 만주족들이 당연히 경험한 것이었고, 이에 따라 만주족들의 무용武勇은 점차 쇠퇴했다. 그러나 20세기 초에 청 왕조의 만주적 정체성 및 중국인들의 반만주주의를 정치적으로 이용한 것은 청대에 점점 커진 민족적 정서에 기반을 둔 것이었다.

17) Elliott, "Bannerman and Townsman."

18) Wright, *The Last Stand of Chinese Conservatism*, pp. 53-54 참조. 또한, Crossley, *Orphan Warriors*, pp. 224-228; Rhoads, *Manchus and Han*, p. 10 참조.

초기의 산업화

19세기 중엽의 청은 수공업 생산이 고도로 발전한, 매우 상업화된 농업 사회였다. 그리고 적어도 수공업 중의 일부는 소유주–관리자의 통제 아래에서 몇몇 장인들이 함께 일하는 자본주의 형태의 작업장으로 조직되어 있었다.[19] 하지만 산업화가 증기나 다른 기계적 수단으로 작동하는 공장에서 조립 라인을 따라 분업이 이루어지는 것이라는 관점에서 본다면, 중국은 거의 산업화되지 않았다. 이러한 종류의 산업화와 그것을 뒷받침하는 기술은 전혀 자체적으로 개발되지 않았다. 그것은 동치기가 시작되면서 서양에서 들여온 것이었다. 청 제국 말기에 일어났던 수많은 전반적인 사회·경제적 발전이 이러한 변화의 배경으로 작용했다.

청 말기의 농촌 사회에서는 명말에 시작된 장기간의 변화, 즉 소작료를 현물 대신 화폐로 납부하는 추세가 더욱 가속화된 것으로 보인다. 이는 국가가 마지막으로 장악하고 있었던 농업세(공물)를 화폐로 납부하도록 한 정책에 대한 대응이었다. 그 결과 농촌 경제의 완전한 화폐화가 이루어졌고, 이에 수반하여 점점 늘어나는 도시화된 상층 엘리트 중에서 부재지주가 증가했다(태평천국 운동이 격렬해지자 양자강 유역에서는 이 과정이 더욱 가속화되었다). 농촌의 전지田地에 투자한 도시 지주들은 소작인을 모집·관리하고 세금을 걷기 위하여 장려금을 주

---

19) 제국 후기의 수공업 작업장 발달에 대한 중국 문헌은 상당히 많다. 아편 전쟁 이후에 초점을 맞춘 탁월한 문헌은 彭澤益, 『中國近代手工業史資料』이다.

었고, 지주와 소작농 간에 유지되어온 온정적 관계는 자본주의적 금전 거래 및 계약 관계로 대체되었다.

도시에서는 농촌을 떠나온 풍부한 유동적 노동 인구가 몇 세기에 걸쳐 꾸준히 늘어났고, 19세기 중반에 일어난 반란으로 일자리를 잃은 군인이나 민간인들에 의해 그 수가 더욱 불어났다. 태평천국 운동 이후 발생한 또 다른 장기적 추세는 인구의 '중산 계급화(부르주아화) embourgeoisement'였다. 이에 대한 한 가지 원인으로 신사 계층과 상인 계층이 결합하여 신상 계층이 등장했다는 점을 들 수 있다. 또 다른 원인은 체류지에서 공동 거주하던 상인 단체의 활동이 점점 정교해졌기 때문인데, 이들은 상호 이익을 추구하며 주요한 상업 거점에서 협력하고 있었다.[20] 이와 관련해 도시 지역 내에서 상인 조합과 여타 조직이 정부에 준하는 권력을 장악하는 일이 종종 발생했는데, 이는 청 제국의 행정이 그러한 행위를 방임하거나 장려했기 때문이었다. 상인 집단이 관리하고 자금을 댄 '선당善堂'이 맡은 도시 자선 사업의 규모와 범위가 급속히 커진 것이 가장 명백한 사례이다.

몇몇 주목할 만한 사건이 이러한 변화의 방향을 잘 보여준다. 양자강 상류에 있는 항구인 중경重慶에서는 '8성八省'이라고 알려진 체류 상

---

20) 이는 졸고인 *Hankow*의 핵심 주장이다. 이러한 주장은 何炳棣, 『中國會館史論』에서도 찾아볼 수 있다. 브라이언 굿맨Bryan Goodman은 이에 반론을 제기하고 있는데, 그는 체류 상인들 사이의 지연에 기반한 지속적인 결속력은 20세기에 들어와서 잘 발휘되었다고 주장하고 있다. 그러나 필자는 같은 지역 출신이라는 연대가 여전히 유용하고 활발히 지속되면서도 이와 동시에 태평천국 운동 이후에는 필요 시 쉽게 추월당하기도 했다고 생각한다. Goodman, *Native Place, City, and Nation* 참조

인들의 회관이 모두 동원되었다. 그 이유는 태평천국군의 장군이었던 석달개가 태평천국의 수도인 남경이 함락된 후 서쪽으로 도주하면서 중경을 압박하자 이를 방어하기 위해서, 군중들이 지방 선교사를 공격한 일로 프랑스가 보복을 하자 배상금을 지불하여 도시를 지키기 위해서였다. 20년 후 강 중류의 한구漢口에서는 반왕조적인 비밀 결사의 난이 미수에 그치는 일이 연이어 발생하자, 서로 다른 무역에 종사하고 출신 지역도 달랐던 상인 조합의 지원을 받는 상인 민병대의 연결된 조직망이 평화를 유지하고 재산을 지키는 책임을 떠맡았다. 상해에서는 1905년에 지방의 지식인과 체류 상인 단체가 청 제국 최초의 시의회를 설립하는 일에 협력했다. 그들은 서양의 용어를 차용했고, 도시의 외국인 조계 내에 위치한 시의회를 직접적인 모델로 삼았지만 또한 내륙의 상업 도시에 이미 구축된 선례를 분명한 기반으로 삼고 있었다.[21] 종합하면 이러한 추세들은 성장하는 현금 경제 속에서 유동자본의 가용성, 자본주의 경제 관계의 파급, 풍부한 유동 노동력, 창조적 경영 기업가 정신을 지향했다. 다시 말하면 특정한 조직 형태와 산업화 기술을 수입했지만, 사회와 경제는 이를 수용할 수 있을 만큼 매우 성숙해 있었던 것이다.

1865~1895년에 기계 시설을 갖춘 상당수의 공장이 문을 열면서 중국 도시의 면모가 변화되었다. 이 공장들은 중국인 소유였으나(중국에서 외국인이 공장을 소유하는 것은 여전히 불법이었다) 모두 외국의 설계

---

21) 竇季良, 『同鄕組織之研究』; Rowe, *Hankow: Conflict and Community*, chap. 9;
    Elvin, "The Gentry Democracy in Chinese Shanghai."

에 외국에서 들여온 기술을 이용했다. 이러한 발전을 두고 통상 '자강운동'이라 일컬어왔는데, 격차 해소를 위한 산업화라는 표현이 더 적합한지도 모르겠다. 새로 설립된 기업체는 모두 최근에 문을 연 개항장에 들어섰고, 이들은 외국의 설계사, 기술자, 관리자, 그리고 기계에 의존했다. 이 기업체들은 중앙 정부가 아닌 성급 지방의 행정부, 즉 지방의 총독과 순무의 주도로 설립되었다. 그중에서도 특히 이홍장과 장지동 같은 지방 관료들은 서양 문물의 선택적 도입에 적극 찬성했고, 이들이 이른바 양무파洋務派로 알려지게 되었다.

이홍장은 1860년대 말 양강총독 재임 시에 강남기계제조국江南機械製造局을 설립했고, 그가 직예총독이었던 1870~1895년까지 천진은 초기 산업화의 전성기를 누렸다. 1883년 이후로 광주에서 총독으로 재임하면서 장지동은 광동직포관국廣東織布官局의 설립을 감독했고, 1889년에 호광총독이 되어 무한武漢으로 근무지를 옮긴 이후에는 무창武昌에 한양철광漢陽鐵鑛과 많은 방직 공장을 건설했다. 제철 사업 계획은 원래 안정된 무역과 수공업으로 생산되는 철을 활용할 수 있는 불산佛山 근처인 광주를 대상으로 한 것이었다. 20세기 초에 광주가 아닌 무한이 철강 생산의 거점이 된 것은 장지동이 무한으로 근무지를 옮긴 것에 따른 우연에 불과하다.

이러한 초기 산업화 발달은 사기업 자본주의의 결실이라기보다는 관료주의적 자본주의의 성과였고, 결과적으로 그 문제점은 모택동 시기의 공공 기업들의 문제점과 유사했다. 경영 방식의 기획과 감독은 국가 관료들이 수행하고, 일상적인 운영은 민간 상인들의 손에 맡겨졌다. 대부분의 경우에 투자와 그에 따르는 위험은 공적 부문과 사적 부문이 모두 공유하고 있었지만, 정책을 수립하는 것은 관료들(정확히는 이들의 막료)이었다. 관료들이 사업 계획을 승인, 기획, 감독하고 지방 엘리트들이 필요 자금의 대부분을 조달하고 실제 공사 현장을 관리한다는 발상이 초기 산업화의 과정에서 특별히 새로운 것은 아니었다. 청의 행정 관료들은 치수 공사와 기타 대규모 토목 사업을 진행할 때에 오랫동안 이러한 방식을 활용했다. 민간 상인을 끌어들인다는 발상도 마찬가지로 유서가 깊은 것이었다. 청 중기에 구리 광산 개척이나 팽창주의적인 군사 원정을 위한 병참 지원과 같은 사업을 벌일 때 청 조정은 완수해야 할 임무를 대략적으로 설정하고 운용과 수익 창출을 위한 지침을 수립했다. 그 이후에 실질적인 사업에 재정을 조달하고 이를 관리할 권한을 가지게 되는 상인들을 '끌어들이는' 것이었다.

자강 산업화 운동이 최우선으로 관심을 둔 것은 국방이었다. 그 이유는 서양의 군대가 제국의 수도인 북경을 점령했다는 충격과 태평천국군의 위협에서 상해를 성공적으로 방어해낸 서양식 군대로 인해 국방의 강화가 시급했기 때문이다. 산업화의 노력은 강남기계제조국과 복주선정국福州船政局 같은 국방 및 군수 산업 분야에 우선적으로 집중되었다. 무기 제조를 직접적으로 뒷받침하는 중공업(석탄, 제철, 중장비)에 대한 지원이 그 뒤를 이었다. 다른 후발 산업화 국가나 모택동 이후 개혁 시기의 중국의 경험과는 달리 소비재를 생산하는 방직 공장과 기타 경공업 시설의 건설은 뒤처지게 되었다. 그리고 이조차도 외국의 침투로부터 국내 소비 시장을 보호하는 것이 국방의 일환이라는 것을 인지하고 나서야 그 필요성을 느끼게 되었다.

풍계분이 처음으로 표명한 이후에 장지동이 세부화한 자강 전략은 전례 없는 서양의 위협과 국제적 경쟁이라는 새로운 시대에 직면하여 제기되었다. 당시에 청의 군사적 저항은 두 차례의 아편 전쟁에서 보이듯이 실패하고 말았다.[22] 그보다는 외교가 필요했으나 이는 임시방편일 뿐이었다. 진정한 해답은 청 제국의 새로운 시각이었다. 경제 발전과 국력의 동력으로서 사적인 이익을 추구한다는 서양의 개념과는 다르고, 또한 경세라는 목표로서 국가의 재정을 최소화하고 백성의 생계를 극대화한다는 전통 유교적 개념과도 다르게, 새롭고 달라진 시대의 핵심은 국가의 '부강富强'을 추구하는 것이었다. 오직 이러한 시각만이 앞으로 있을 외국의 침탈에 중국이 손상을 덜 받게 할 수 있었다.

풍계분은 지역 자치라고 하는 행정적 문제와 산업적·군사적 자강에 대한 필요성의 문제를 제시했으며, 이 둘은 상호 연관이 있다고 보았다. 그가 보았을 때 청 제국은 만연한 관료주의적 고질병에 사로잡혀 있었다. 아무것도 하지 않고 시간만 축내는 사람들이 행정권을 쥐고 있었던 것이다. 유능한 사람들이 청에 존재하는 것은 분명했지만, 현재의 체계는 그들이 전면에 나설 수 없게 만들었다. 반드시 필요한 정치적 지도력을 다시 활성화하기 위해서 풍계분은 기술 전문가─복

22) 풍계분과 장지동의 '자강'에 대한 몇몇 평론을 영문으로 번역한 것에 대해서는 Teng and Fairbank, *China's Response to the West*, pp. 50-55, pp. 166-174 참조.

주선정국의 부속 시설인 선정학당船政學堂에서 이 개념을 최초로 도입했다——를 대거 육성하여 그들을 공적인 권위가 부여된 자리에 앉혀야 한다고 주장했다. 동시에 그는 지방 행정의 준봉건제적 개혁을 주장했다.

　지역의 관료를 선거로 선출해야 한다는 풍계분의 요구는 사실상 대의 정치를 향한 움직임, 즉 자연권, 사회 계약, 국민 주권 같은 근본적 관념에서 나온 것이 아니라 국가의 '부강'을 증진시켜야 할 필요성을 인지하면서 생겨난 것이었다.[23] 그렇다 하더라도 이러한 사고는 급진적인 것이었다. 노골적인 국력 추구는 전통적 교육을 받은 모든 학자들이 어릴 때부터 익혀온『대학』과 같은 경서에 기술된 목표인 조화와 균형을 유지하는 정치적 목적과 상반되는 것으로 보였다. 그리고 기술 관료를 정치 권력이 있는 자리에 기용하겠다는 생각은 경세에 대한 제국 후기의 논의에서 이미 나왔던 것이지만, 이것은 탁월한 인덕을 갖춘 자만이 통치권을 가질 수 있다는 기본적 전제와 모순되는 것이었다.

자강은 실패했는가

　많은 자강 사업들은 초보적인 생산과 수익의 시기를 누렸지만, 주된 목표는 국가를 부강하게 하는 것이었다. 1895년 청일 전쟁에서의

---

23) 이러한 이념에 대해서는 Schwartz, *In Search of Wealth and Power* 참조.

패배는 30년 동안의 중국의 초기 산업화가 철저하게 실패했다는 일반적 공감을 불러일으켰다. 거의 모든 역사가들이 이런 평가에 동의했다. 메이지 시대 일본의 '성공'에 대비되는 중국의 '실패'는 여러 해 동안 청말에 관한 역사 서술에서 주된 주제가 되었다. 중국과 서양의 대다수 학자들은 중국의 초기 산업화가 왜 실패했는지를 설명하는 데에만 노력을 기울였고, 정작 실패의 여부는 따져보지 않았다.

일련의 설명들은 명백한 위기 의식에도 불구하고 정치적 결단력이 취약했음을 강조했다. 장지동은 (그 이전에 풍계분은 암시적으로) 산업화 개혁 운동의 신조를 "중국의 학문을 체體로 하고, 서양의 학문을 용用으로 한다(중학위체中學爲體, 서학위용西學爲用)"고 명확히 밝혔다. 페어뱅크와 그의 추종자들은 이러한 체와 용의 이분법—서양의 물질적·기술적 장점을 추구하면서도 이와 동시에 유교의 도덕 규범, 의례, 사회 조직 원리는 포기하지 않은 것—은 전면적인 참여와 충분한 긴박감의 결여를 보여주는 것이라고 생각했다. 이들의 견해로는 산업화된 사회는 과거와는 완전히 다른 일련의 문화적 전제와 가치 체계를 가지고 있는 것이고, 이를 수용하는 것이 성공적인 산업화를 위한 필수 조건이었다. 일본의 정책가들은 이러한 가치 변화를 기꺼이 받아들였지만, 청의 학자와 관료들은 그러지 못했다는 것이다.

근대화 이론가들은 청의 실패에 대해 '전통 문화'에 근거를 둔 좀 더 강력한 견해를 발전시켰다. 마리온 레비 2세Marion Levy Jr.는, 중국의 유교 문화는 산업 기업체들이 필요로 하는 '보편주의적' 기준보다는 혈연이나 지연과 같은 '배타주의적' 연줄에 따라서 사업 상대, 공급자, 부하를 선택하는 것을 선호한다고 주장했다. 메이지 시대 일본의 산업가들은 유교적 관계와 책임감을 존중하기는 했지만, 실제로 사업 현장에서는 매우 '합리적'이었다.[24] 중국의 '족벌주의'와 '부패'는 앨버트 퓨어워커Albert Feuerwerker의 저작『중국의 초기 산업화*China's Early Industrialization*』(1958)의 토대가 되었고, 그는 이러한 '관료 자본주의' 식의 계획을 비난했다. 퓨어워커는 위험 부담을 피하려는 무사안일한 태도를 가지고 있는 청의 행정 관료들이 따라잡는 식의 산업화를 추진하게 되었을 때 나타나는 특유의 기능 장애 현상을 강조했다.[25]

역사가들은 자강 운동가들이 직면했던 더욱 구체적인 장애물들을 밝혀냈다. 여기에는 이러한 사업을 후원하는 지방 관료들 사이에 존재하는 지역적 경쟁 의식, 서양의 최신식 기계와 기술자를 조달하지 못하는 관료들의 무능력, 머뭇거리는 투자자들에게 즉각적인 수익의 분배를 약속해야만 하는 필요성 등이 있었다. 전 세계적으로 빠르게 기술 발전이 일어나는 시대에 후발 국가들은 수익을 모든 산업 분야에서 시설 개선을 위한 지속적인 재투자에 사용해야 했다.[26]

물론 20세기 말에 네 마리의 작은 용이 급속히 성장—이들은 자신들의 성공의 열쇠가 유교적 상업 윤리라고 자평했다—했고, 모택동 이후의 중국 역시 그러한 성장을 경험했기 때문에, 청의 자강 운동이 실패한 원인을 문화적 배경에서만 찾는 것은 점점 설득력이 떨어지는

24) Levy, "Contrasting Factors in the Modernization of China and Japan"; Levy and Shih, *The Rise of the Modern Chinese Business Class*.

25) Feuerwerker, *China's Early Industrialization*.

26) Elman, *On Their Own Terms*는 이 주장에 대해 의문을 제기하고 있다.

것처럼 보였다. 오히려 실패의 원인을 경제학적·인구학적으로 설명하는 것이 더 설득력이 있었다. 특히 흥미를 끄는 주장은 1972년에 마크 엘빈Mark Elvin이 최초로 제기한 '고수준 균형 함정high-level equilibrium trap'이다. 이를 간단히 말하면, 제국 후기의 산업화 이전 시기의 경제는 매우 효율적으로 운영되었는데, 현존하는 기술을 총동원해서 가능한 모든 잉여를 생산하고 새로운 기술을 개발하는 대신에 많은 인력을 투입하여 생산량을 높였다는 것이다. 결과적으로 변화에 들어가는 비용이 너무 컸기 때문에 상위 단계의 기술, 즉 산업화로 이동할 적극적인 유인이 없었다는 것이다. 이러한 단계는 단지 체제 외부, 즉 서구로부터 도입될 수 있는 것인데, 설령 도입되었다고 해도 과거의 기술보다 효율성이 떨어진다면 거부될 수도 있었다.[27]

최근에 엘빈은 이와 관련하여 '기술적 속박technological lock-in'이라는 주장을 덧붙여 내놓았다. 그는 치수 시설을 예로 들면서, 옛 기술을 유지하는 비용이 너무 커서 새로운 기술에 대한 투자가 거의 불가능했으며, 혁신적 투자를 위한 자원을 마련하기 위해 옛 기술을 유지하지 않음으로써 발생하는 사회적 비용도 감당하기에는 매우 컸다고 주장했다. 이러한 '기술적 속박' 현상은 18세기부터 다양한 지역에서 발생했고, 19세기에는 제국 전역에 걸쳐 나타났다.[28]

청이 메이지 시대 일본만큼 훌륭하게 산업화하지 못하고 실패하게 된 다른 원인은 중국에서 서구 '제국주의'가 끼친 불균형한 영향일 것

27) Elvin, "The High Level Equilibrium Trap."

28) Elvin, *The Retreat of the Elephants*, p. xviii, pp. 123-124.

이다. 중국 본토와 대만의 많은 민족주의 역사가들은 이러한 요소에 상당한 무게를 두었지만, 반면에 서양 역사가들은 대부분 간략하게 언급했고, 특히 근대화 이론가들은 이를 노골적으로 무시했다. 그러나 여타 서양의 역사가들은 19세기의 서양 국가들이 일본 시장보다 중국 시장에서 더 탐욕스러웠으며, 군사력과 법적 권한을 동원하여 청을 세계 경제 안에서 '속국'이나 '주변국'의 지위로 격하시키려 했다고 주장했다. 서양의 민족 국가들은 자신들의 공산품을 청에 투매하기 위하여 청의 관세 자율권 상실을 이용했고, 이러한 불평등한 경쟁을 통해 공산품 판매를 위한 중국 시장을 스스로 확보했다. 그들은 중국의 산업 발전에 투자해서 얻은 수익을 모국의 경제로 환수해갔다. 이렇게 해서 그들은 중국 고유의 산업화 계획에 충당될 자금을 모두 가져가버렸던 것이다. 서양 국가들은 자신의 이익을 유지하기 위해 중국이 정치적으로 유능한 민족 국가로 거듭나지 못하도록 낡고 비틀거리는 청 제국 정권을 의도적으로 지지했다.[29]

어떠한 원인을 강조하든 간에, 중국의 '뒤처진' 산업 발전을 주장하는 역사가들은 중국에서 20세기 말에 경제력이 성장했을 뿐만 아니라, 1895년 이후 25년 동안 소규모의 산업 혁명이 일어났다는 사실을 반드시 고려해야 한다. 자강 운동을 역사적으로 평가할 때에도 최근에는 대체로 실패의 관점에서 평가하는 것이 아니라 기존의 관점에 반기를 들면서 이 시기에 거둔 몇몇 중요한 성과들을 강조하고 있다. 벤

---

29) 사례에 대해서는 Moulder, *Japan, China, and the Modern World Economy* 참조. 이 주장이 기초를 두고 있는 일반적 이론에 대해서는 Wallerstein, *The Modern World-System* 참조.

저민 엘먼Benjamin Elman은 1895년의 해전에서 청이 패배한 것은 청의 군함이 기술적으로 열등했기 때문이 아니었다고 주장한다. 최소한 1880년대에는 "강남기계제조국과 복주선정국이 주요한 경쟁 상대인 일본의 요코스카 조선소보다 기술적으로 더욱 앞섰다."[30] 상업 관계 역사가들도 중국윤선초상국中國輪船招商局이 최초의 상판商辦(민영·민간에 의한 경영)으로서 1880년대 말에 청 조정이 이를 관리하기 전까지 20여 년 정도는 흑자 운영을 했다고 주장하기 시작했다. 장지동이 운영했던 국가 소유의 호북직포국湖北織布局은 1909년 파산한 이후에 민간 운영자에게 임대되어 현재까지 어떠한 형태로든 흑자 운영을 해오고 있다. 이러한 새로운 역사 관점에서는 모택동 이후 개혁 시대의 극적인 성공이 간접적이기는 하지만 청말의 초기 산업화에서 얻은 경험에서 비롯된 것이 된다.[31]

악화된 청의 대외 관계

1870년에서 1895년에 이르는 25년은 개별 국가의 이익을 서양의 문명화라는 사명하에 두었던 '협조 정책'이 점진적으로 붕괴되기 시작한 시기였다. 그리고 그와 함께 동치 중흥은 전반적으로 몰락했다.[32]

---

30) Elman, *On Their Own Terms*, chap. 10, p. 376에서 인용

31) Chi-Kong Lai, "Li Hung-chang and Modern Enterprise"; Peng, "Yudahua: The History of an Industrial Enterprise in Modern China."

32) Hsu, "Late Ch'ing Foreign Relations, 1860-1905," in *Cambridge History*

협조 정책은 두 사건, 즉 1870년에 있었던 영국의 올콕 조약Alcock Convetion 조인 거부와 천진에서 일어난 대학살로 인해 무너지기 시작했다. 그러나 두 사건 모두 공식적인 정책에 의한 결과라기보다는 오랜 기간에 걸쳐 억눌려 있었던 불만과 백성의 고통에 따른 산물로 볼 수 있을 것이다. 사실 청과 여러 서구 열강은 1860년의 북경 조약에 뒤이은 협정들을 지속적으로 맺어나가는 데에 만족하고 있었다. 그러나 그들의 태도는 많은 지지자들의 요구에 미치지 못했다.

올콕 사태의 배경으로는 제2차 중영 전쟁의 결과로 얻은 이익에 대해 영국 상인들, 이른바 '중국통들old china hands'의 불만이 빠르게 커졌다는 점을 들 수 있다. 이러한 감정은 사실상 1842년에 제1차 중영 전쟁에서 얻은 이익에 대한 그들의 조급한 불만이 재현된 것이었다. 불만이 커진 것은 청 제국의 현지 상황만큼 영국 상인들의 열망이 변화했다는 것과 관련되어 있었다. 남경 조약 이후 영국의 상업적 목표는 차와 아편 같은 단순한 원자재 교역에서 더 나아가 방직물같이 영국에서 생산된 재화를 판매하기 위해 중국 시장을 얻고자 하는 새로운 전망으로 신속하게 변화했다. 이를 위해 앞다투어 요구한 것이 '자유 무역'에 입각한 자유주의였고, 그 결과는 1858년 엘긴의 침략이었다. 이후에 기업가들이 청 제국을 잠재적 시장뿐만 아니라 산업 원자재의 공급원이자 잠재적인 생산 부지로 보기 시작하면서 영국의 목표는 더욱

of China, vol. 11, pp. 70-141은 이 분야에 대한 공부를 시작할 때의 지침이 된다. Hsu는 이 분야에 조예가 깊은 연구자이다. 이 논문이 현재는 다소 진부한 '서구의 충격에 대한 중국의 대응'의 관점으로 인해 격하된 감은 있으나, 실제로는 권위가 있고 매우 명료하다.

변화했다. 예를 들어 중국이 자국의 광물 자원을 효과적으로 이용하지 않는다면, 서양이 중국을 위해서 자원을 이용해야 하고 또 그렇게 할 것이었다. 또한 철도가 분명히 필요한데도 중국이 건설하지 않는다면, 이 또한 서양인들이 건설해야 할 것이었다. 궁극적으로 서구 열강은 중국에 공장을 건설하고 값싼 중국 노동력을 활용하여 중국에서 판매할 재화를 생산함으로써, 본국에서 재화를 운송해 올 때 드는 추가 비용을 절감할 생각을 하기 시작했다.

1858년에 맺은 천진 조약에는 10년 후에 개정을 한다는 조항이 들어 있었다. 조약을 통해 자국의 이익을 면밀히 관철시키는 서양 국가들의 태도에 자극을 받은 청 조정은 이후의 조약 개정에 기대를 걸고 협상에 대비해 철저히 준비했다. 영국의 러더퍼드 올콕Rutherford Alcock과 중국의 총리아문은 원만하고 서로에게 이익이 되는 개선안을 포함한 개정 초안을 작성했다. 이 초안에는 수입품에 부과되는 관세를 약간 인상하는 대신, 외국 상인에 대해 국내 통행세를 면제하는 등의 내용이 포함되었다. 1869년 10월 23일, 북경에서 협상이 조인되었다. 그러나 영국 의회의 비준 과정에서 문제가 발생했다. 과거 몇 년 동안 영국의 중국통들은 대외 무역 부문에서 청 제국 전체를 개방할 것과 기타 새로운 특권을 줄 것을 소리 높여 요구해왔다. 초안에 이러한 요구 사항들이 빠져 있자 그들은 하원 의원들에게 막후교섭을 벌였고, 1870년 8월에 의회는 비준안을 부결했다. 청의 정책가들은 이러한 배신 행위에 충격을 받았고, 조정의 공친왕과 지방의 이홍장 같은 친서구주의자들의 입지가 매우 약화되었다.

협조 정책의 붕괴를 초래한 두 번째 사건은 서양의 선교 활동을 둘러싼 갈등에서 생겨났다. 초기의 조약들에서는 기독교 선교사들의 제국 내륙 진입을 허용했고, 지방 관리들로 하여금 서양 선교사와 중국인 개종자들을 보호하도록 했다. 그러나 기독교인들과 중국 민간 종교 신도 간의 법적 충돌과 폭력 사건이 확산되었다. 이 중 대부분은 본질적으로 신앙의 차이와는 상관이 없었다. 예를 들면 기독교 개종자들은 촌이나 향 단위로 부과되는 사원 유지와 연례 행사를 위한 기금을 내는 것을 거부하고 이를 '우상 숭배'라고 주장하면서 지역 공동체의 관습들을 종종 무시했다. 또 다른 예로 기독교화된 종족(개종은 대개 개인 단위가 아닌 종족 단위로 이루어졌다)의 지도자가 이웃과 금전적 분쟁에 휘말리게 되면, 지현에게 사건을 제출하면서 이를 종종 종교적 박해라고 주장하고 조약에 따라 보호해줄 것을 호소하는 사례가 적지 않았다. 그들과 접촉할 수 있는 그들의 특권—과거에는 신사 학위 소지자만 이러한 특권을 암묵적으로 독점했다—은 지역 사회의 안정을 심각하게 저해할 수 있었다.[33]

지방의 정통 엘리트들이 이 도전에 대응한 방식 중 하나는 그들이 1870년에 천진에서 했던 것처럼 서양 선교사의 야만성과 기독교의 신비적·초자연적 측면에 대해 엉뚱한 소문을 퍼뜨리는 것이었다. 천진은 1858년에 영·프 연합군에게 점령된 이래 배외주의가 싹트고 있던 지역이었다. 프랑스 당국은 영사관으로 사용하기 위해 황제의 별장을

---

33) 이 같은 지역 갈등에 대해서는 유명한 책 Cohen, *China and Christianity*에 잘 나타나 있다. 최근 저서로는 Sweeten, *Christianity in Rural China* 참조.

압수했고, 1869년에는 성모득승당聖母得勝堂(Notre Dame des Victoires 성당. '승리의 성모 성당'이라는 의미)의 프랑스 가톨릭교도의 지시로 그 지역의 불교 사찰을 파괴한 후 그 자리에 고아원을 세웠다. 고아원 관계자들은 기관으로 고아들을 데려오면 사례금을 지급했는데, 이로 인해 어린이를 납치하는 일련의 사건들이 발생했던 것으로 보인다. 또한 의례적 목적 또는 신체의 일부로 만들어지는 의약품을 위해서 이러한 아이들이 고아원 벽 뒤에서 살해되고 있다는 소문이 떠돌기 시작했다. 1870년 6월에 청의 지방 관료들이 고아원을 강제로 수색하면서 이 문제는 표면으로 떠올랐다. 그들은 혐의점을 발견하지 못했다고 보고했지만, 프랑스 영사가 한 조사관의 집무실에 난입하여 격한 말다툼 끝에 수행원을 총으로 쏘아 죽였다. 영사와 그 일행은 현장에서 살해되었고, 분개한 지역 주민들은 고아원과 여러 외국 교회를 파괴했으며, 프랑스 수녀 10명을 포함한 외국인 17명을 살해하거나 불구로 만들었다. 외국의 군함이 항구로 몰려들었고, 또 한 번의 전쟁이 불가피해 보였다.

청 조정은 직예총독이자 제국에서 가장 존경받는 관료인 증국번을 파견하여 사건을 조사했다. 증국번은 고아원이 어떠한 범죄도 저지르지 않았음을 거듭 주장하면서 '대학살'에 가장 책임이 있는 15명에 대해 사형을 건의하는 신중한 보고서를 작성하여 프랑스를 진정시켰다. 프랑스 정부—영사의 섣부른 행동 때문에 당황했고, 당시에 터졌던 프로이센·프랑스 전쟁으로 인해 이 사건에 신경을 기울이지 못했다—도 똑같이 사건을 무마하려는 입장을 가지고 있었다. 그러나 청 조정은 증국번의 건의를 거부했고, 그를 양강총독으로 임명하여 갑작스럽게 남경으로 전출시켰다. 증국번의 후임으로 직예총독이 된 이홍장은 사건을 재조사하여 사형 집행 인원을 줄이고 배상금을 지불하고 파리에 사과를 위한 청의 사절단을 파견하자고 건의했다. 두 정부 사이에 화해가 진행되었지만, 양국의 우호적 관계는 사실상 끝나버렸다. 이 사건으로 인해 청 조정과 사회 전체에서 강경한 반외세주의가 불타올랐다. 모멸감을 느끼고 낙심한 증국번은 사실상 공직에서 은퇴했고, 이듬해 초에 사망했다.

1870년대 초기에 일어난 일련의 사건들은 중국과 외국(대부분의 열강이 포함되었다) 사이의 긴장이 고조되는 새로운 시대가 올 것을 예고했다. 그 첫 번째는 1875년에 일어난 마가리 사건이었다. 양자강 상류와 인도 현지 사이에 무역로를 개설하기를 원했던 영국은 28세의 공사 직원 오거스트 마가리Augustus Margary를 양자강 상류로 보내어, 그곳으로부터 남서쪽에 있는 버마(미얀마) 국경으로 파견했다. 중국 지방 관리들의 우려와 예견대로 그는 국경을 따라 야영하던 도중 지방 민병대에게 살해당했다. 화가 난 영국 수상은 마가리 가족에게 은 20만 냥의 배상금을 지불할 것과 영국 왕실에 사죄를 위한 사절단을 파견할 것을 청 조정에 요구했다. 곽숭도가 인솔했던 이 사절단은 결국 런던에 주재하는 청국 공사관이 되었다. 무례를 범한 대가로 금전적 배상과 다른 특권을 요구하는 외국의 행태는 청의 외교 관계에 깊이 스며들게 되었다.

러시아와의 분쟁은 시간을 조금 더 오래 끌었다. 신강 북부 이리Ili

강 유역은 농산물과 광물 자원이 풍부한 지역인 데다가 신강의 입구
에 위치한 전략적 거점이기도 했다. 러시아는 아시아 국경 지역을 점
진적으로 식민지화했고, 그 과정에서 이슬람교 중앙아시아와 상업 및
여타 분야에서 강한 유대 관계를 구축했다. 1871년에 야쿱 벡의 분리
주의 운동이 절정에 달했을 무렵 러시아군이 이리 강 유역을 점령했
다. 이는 명목상 청을 대신해 안전을 확보해주겠다는 일시적이고 우
호적인 의사 표시였지만, 사실은 이 지역이 영국의 손에 넘어가는 것
을 막고(러시아는 야쿱 벡이 영국의 사주를 받았다고 생각했다), 영구적으로
이 지역을 식민지화하려는 의도였다. 좌종당이 야쿱 벡 정권을 제압
하면서 청은 숭후崇厚(총리아문 소속 만주족으로 과거 천진 대학살 사건 조사
에 참여했고, 이후 프랑스에 대한 사죄 사절단을 인솔했다)를 파견하여 러시
아가 이리 강 유역에서 철수하는 문제를 협상하게 했다.

  그런데 1879년에 그가 서명한 조약에는 이리 강 유역 대부분에 대
해 러시아의 영구적 소유권을 인정해주고, 청 제국을 위해 군사적 개
입을 해준 대가로 청이 러시아에게 500만 루블을 보상한다는 내용이
포함되어 있었다. 숭후가 러시아에게 양보를 했다는 소식이 북경에
알려지자 모두가 격분했다. 장지동(당시 그는 한림원의 젊은 학자에 불과
했다)은 상소를 제출하여 숭후를 즉시 참수하고 조약을 폐기할 것을 요
청했다. 장지동은 바로 유명인이 되었고, 관직 입성을 보장받게 되었
다. 증국번의 아들인 증기택曾紀澤이 협상을 이끌어 영국과 다른 열강
의 배후 지원을 끌어들이면서 1881년에 총리아문은 결국 조약 개정에
성공했다. 러시아에 할양된 땅은 줄어들었지만, 그 대신에 배상금의

액수는 늘어났다.

영국, 러시아와의 분쟁보다 더 심각했던 것은 베트남을 둘러싸고 벌어진 프랑스와의 괴로운 갈등이었다. 중화제국의 역사 중기에 안남 安南(지금의 베트남)은 제국이 직접 통치한 보호령이었으나, 명대와 청대에는 조공을 바치는 자치국으로 변화했다. 프랑스는 명 말기부터 선교 활동을 통해 베트남에 들어왔고, 18세기 말부터는 상업 및 군사 활동을 늘리고 프랑스의 의지를 따를 것을 베트남에 강요하기 시작했다. 1802년에 수립된 응우옌Nguyên 왕조는 내키지 않았지만 프랑스의 이권 확장에 굴복할 수밖에 없었다. 1862년과 1874년의 조약을 통해 프랑스는 코친차이나라고 알려진 베트남 남부 지역을 할양받았고, 베트남 북부의 송꼬이 강 유역인 통킹에서 프랑스군을 양성할 수 있게 되었다. 하지만 이 조약들에 서명한 후에도 응우옌 왕조는 청으로 보내는 조공 사절단을 증가시키고 프랑스의 식민지화에 대한 보호를 호소했다. 이에 대해 청은 비정규 무장 세력 흑기군黑旗軍을 조직했고, 이들은 1882년에 통킹에서 게릴라 활동을 시작했다. 1년 후 청은 이들을 지원하기 위하여 비밀리에 정규군을 보내기 시작했다.

이와 동시에 청의 실질적인 외무대신인 이홍장은 프랑스를 달래려는 외교적 노력을 펼쳤다. 그러나 1884년 중반이 되면 싸움이 점점 격화되면서 서태후는 몇몇 극단적인 조치를 취했다. 우선 서태후는 프랑스에 선전 포고를 했고, 전의에 불타는 한림원 학자 장지동을 베트남 침공을 위한 집결지인 광동성과 광서성의 총독(양광총독)으로 임명했다. 그리고 타협적 성향을 가진 공친왕을 내각과 총리아문의 대신

직위에서 해임하고, 그 대신에 조금 더 호전적이지만 능력은 부족했던 광서제의 부친인 순친왕醇親王을 그 자리에 임명했다.

청의 지상군은 수적 열세와 보급품 부족에 시달리던 프랑스군을 맞아 통킹에서 산발적인 승리를 거두었고, 특히 프랑스가 전쟁을 확대하고자 해상 봉쇄를 실시했던 대만에서도 승리를 거두었다. 하지만 해전이 결정적이었고 그것은 청에게 매우 불리하게 작용했다. 1884년 8월 23일에 한 시간을 조금 넘겨 지속된 교전에서 프랑스군은 청의 최신예 함정 11척을 복건성 연안에서 격파했고, 제국의 최고 해군 시설이었던 복주선정국을 완전히 파괴했다. 프랑스군이 상해를 공격할 것이라는 공포감은 한구처럼 깊숙한 내륙에 있는 기업까지 파산시켰고, 신용과 부동산 시장의 붕괴를 촉진했다. 이는 청 제국의 신흥 산업 기업가 계층을 몰락시켰다.[34]

1885년 6월에 이홍장이 평화 협정에 조인하면서 청은 결국 항복했다. 프랑스가 대만에서 철수하는 대신에 베트남에 대한 프랑스의 지배권을 공식적으로 인정했던 것이다. 프랑스가 배상금을 요구하지는 않았지만, 직·간접적으로 소모된 전쟁 비용은 너무나 컸다. 자강 운동은 실패했고, 자강 운동이 가져다주리라고 여겼던 산업적 발전은 비참하게 좌절되었다. 공친왕의 주도로 이루어졌던 20년 동안의 신중한 외교와 청의 군사력 양성은 종말을 고했고, 그다음 청이 '속국'이라 주장한 나라들에 대한 박탈은 가차없이 진행될 것이었다.

---

34) Chuan, "The Economic Crisis of 1883." 전쟁과 관련된 국내 정치에 대한 연구로는 Eastman, *Throne and Mandarins* 참조.

일본의 도전

청의 마지막 반세기 동안에 가장 위험한 적대국으로 부상한 것은 최후에는 서구 열강이 아닌 일본이었다. 1937~1945년의 태평양 전쟁에서 최고조에 달했던 일본의 위협은 동치기에 시작되었다. 당시 일본에서는 팽창을 추진하는 서양 국가들의 등장에 부분적으로 자극을 받아 자국의 부흥이 진행되고 있는 중이었다. 미국 매슈 페리Matthew Perry 제독이 이끄는 함대, '구로후네黑船'가 1853년에 도착했고, 도쿠가와 막부가 쇄국 정책을 포기하지 않았다면 심각한 군사적 충돌을 초래했을 미국의 위협을 겪어야 했을 것이다. 서구의 충격에 대한 일본의 반응은 중국보다 훨씬 신속하고 단호했다. 이는 두 차례의 아편 전쟁에서 청이 겪은 굴욕과 영·프 연합군의 북경 점령을 일본이 잘 알고 있었기 때문일 것이다. 국가의 자주권에 대한 전례 없는 위협을 현실적으로 평가한 것은 세계에서 가장 중대한 혁명적 사건 중 하나를 야기한 중요한 요소였다. 그것은 바로 몇 세기 동안 지속된 도쿠가와 막부를 무너뜨리고 천황이 직접적인 지배자로 복귀한 것이었다. 이것이 1868년의 메이지 유신으로 알려진 사건이다.

도쿠가와 막부를 전복한 젊은 사무라이들이 내세운 기치는 '복고復古'였지만, 실제로 메이지 유신은 600년의 역사를 지닌 분권화된 봉건 통치를 가차 없이 파괴하고, 서양식의 중앙 집권적 관료제와 행정 기관으로 이를 대체했다. 그리고 '양이攘夷'가 메이지 유신의 핵심 구호였는데도, 이 시기 일본은 근대적 산업 및 군사력을 지향하며 서양의 기술, 산업 생산, 첨단화된 징병제 및 사회적·미적 모델을 매우 신속하게 전반적으로 도입했고, 이는 청에게 손해가 되었다. 또한 메이지 시대 일본은 서양식 외교와 국제법 원리를 상당히 빨리 익혔다. 국제 협약에 조금 더 빨리 숙달하게 된 일본은 새로운 지식을 실무에 즉시 적용했다. 이로 인해 새로운 서구 열강과 더 좋은 조건으로 협상을 했을 뿐만 아니라 과거부터 내려온 중화제국과의 관계를 재정립할 수 있었다.

7~8세기경 일본이 유교 문화권에 점진적으로 편입된 후 1000년이 넘도록 중국 황제들은 섬나라 이웃인 일본을 조공국으로 인식했다. 그러나 특정한 시기에 중국의 중앙 집권화와 권력 수준의 정도와 일본 측의 권력자가 중국과의 연대에서 얻는 실리에 대한 인식에 따라 현실은 크게 달라졌다. 쇼군 아시카가 요시미쓰足利義滿(1358~1408)는 강력하게 통일된 명 제국에 위압감을 느꼈고, 자신의 취약한 국내의 정통성을 강화하기 위하여 명 태조에게 조공을 바치면서 속국으로서의 지위를 인정했다. 도쿠가와 막부를 건립한 쇼군 도쿠가와 이에야스德川家康(1603~1616)는 자신의 국내 통치권을 강화하기 위해 비슷한 방법으로 명을 이용하려 했다. 그러나 말기의 명 조정이 권위의 원천이 되기에는 너무나도 허약해지면서 그는 속국의 지위를 받아들이는 데에 주저했다. 도쿠가와 막부의 3대 쇼군인 도쿠가와 이에미쓰德川家光(1623~1651)는 상대적으로 명과의 관계를 단절했다. 그는 명과 주고받은 서신에서 자신을 '대군大君'이라 칭하면서 조공 체제에서 관례적으로 적용해왔던 '왕王'이라는 어휘를 의도적으로 회피했다. 명을 계승한 청대에 일본의 속국 지위는 느슨하게 유지되었으나 강요되지는

않았다.

메이지 유신이 단행된 지 겨우 2년이 지난 1870년 9월에 일본은 상호 이해와 친선 협약을 목적으로 사절을 파견했다. 바로 몇 달 전에 직예총독으로 임명된 이홍장이 11월에 북쪽의 항구를 감독하고 청일 관계를 책임지는 일을 동시에 맡게 되었다. 이홍장의 조언에 따라 청과 일본은 1871년 9월에 조약을 맺었다. 이것은 중국이 최초로 맺은 서양식 조약으로, 평등과 호혜주의의 기반에서 체결되었다. 이로써 청은 일본이 주권 국가임을 처음으로 인정하고 외교 사절의 공식 교환에 동의했다. 양국은 서로의 '방토邦土(국토)'에 간섭하지 않으며, 제3국이 침략이 발생했을 때 상호 원조를 해줄 것을 약속했다. 치외 법권 또한 호혜적으로 인정했다. 서로 최혜국 지위를 부여하는 방안도 검토되었으나, 이홍장의 주장에 따라 최종 조약에서 삭제되었다.

조약이 체결되자마자 일본은 청이 오랫동안 속방屬邦이라 주장했던 유구琉球와 조선 및 청 제국의 일부인 대만에 대한 권리를 외치기 시작했다. 오키나와 섬을 포함한 일본의 남쪽 군도인 유구는 몇 세기 동안 독립 왕국이었고, 명과 청의 조정에 정기적으로 조공을 바쳤다. 그렇지만 이곳은 또한 도쿠가와 막부 시대에 일본 남서부의 강력한 다이묘인 사쓰마 번薩摩藩에 의해 상업적으로 발전을 이룩했다.[35] 1874년에 메이지 군대는 유구를 강제로 점령하고 향후 청에 조공을 바치는 행위를 금지했다. 청은 신강 지역 재점령과 러시아와의 국경 분쟁으로 정신이 없었기 때문에 군사적 대응은 하지 않았다. 메이지 정부 역시 사

---

35) Sakai, "The Ryūkyū(Liu-ch'iu) Islands as a Fief of Satsuma."

쓰마의 반란 등 국내 문제로 자신의 주장을 더 신속히 밀어붙이지는 못했다. 그러나 1879년에 메이지 정부는 유구를 병합하고, 이를 '오키나와 현'이라는 이름을 붙여 이 섬나라 왕국이 일본의 일부라고 선언했다. 열띤 논쟁 이후 청은 일본이 자신의 조공국을 강탈한 것에 항의하지 않기로 했다. 이홍장 스스로가 조공 체제는 전체적으로 '공명空名'에 지나지 않는다고 보았던 것이다.[36]

17세기 이래로 중국에게 점차 식민지화되었던 대만은 1870년대에는 복건성에 속한 부府로서 관할되고 있었다. 10년 내내 일본은 대만이 식민지화의 만만한 표적이라는 주장을 강하게 전개했다. 그리고 청의 지배가 무효임을 지적하기 위하여 일본이나 유구 선원 및 대만 원주민이 연루되어 있던 몇몇 사건을 활용했다. 그러나 1870년대 후반과 1880년대에 일본은 유구의 합병을 청이 묵인해준 것에 대한 암묵적 대가로 잠시 물러났다. 1887년에 청은 대만을 성으로 승격시켜 대만에 대한 권리를 강화했다.

그러나 청일 관계에서 진정 괴로운 상처는 조선이었다. 19세기 마지막 10년 동안 조선은 청일 양국의 전략적 관심 속에서 그 중요성이 증대되었다. 일본으로서는 조선이 러시아의 동아시아 침공을 위한 발판이었고, 청으로서는 만주로 팽창하는 일본을 막기 위한 중요한 완충 지대였다. 또한 조선은 서구 열강들의 복잡한 술수 속에서 중요한 위치를 점하게 되었으며, 특히 영국과 러시아 사이에서 나타나고 있

36) Leung, "Li Hung-chang and the Ryūkyū(Liu-ch'iu) Controversy, 1871-1881," p. 169.

는 경쟁 구도가 문제였다. 게다가 쇠퇴기에 접어든 조선 왕조(1392~
1910)의 국내 정치 상황은 매우 혼란스러웠다. 고종은 1863년에 11세
의 나이로 왕위를 물려받았다. 고종의 부친 흥선대원군은 고종 즉위
후 10년 동안 섭정으로 활약하면서 급진적 쇄국 정책과 함께 강력한
국내 개혁 정책을 추진했다. 1873년에 고종이 친정을 시작한 후, 명성
황후를 중심으로 한 민씨 일가와 흥선대원군 사이에 격렬한 배후 권력
투쟁이 벌어졌다. 조정 내의 암투에 더하여 공공연하게 나타난 것은
청과의 조공 관계를 선호하는 수구파와 일본과의 긴밀한 관계를 선호
하는 개화파 사이에 벌어진 정치인 집단들의 파벌 투쟁이었다.

  1873년이 되면 메이지 정부는 조선 침공의 타당성에 관해 격한 논
쟁을 벌였으나 여타 국내외 문제들로 인해 야심을 보류하기로 결정했
다. 그러나 2년 후 일본은 한양(서울)의 관문인 한강 입구에 군함을 보
내어 자신들이 예상했던 대로 조선 측의 포격을 이끌어냈다. 이에 대
한 일본의 항의는 1876년의 강화도 조약(한일 수호 조약)의 체결로 귀결
되었고, 세 곳의 무역항 개방을 포함하여 조선 내에서 다양한 상업적
특권이 일본에게 주어졌다. 청이 배후에서 조선 협상가들에게 긴밀히
조언했으나 조약은 조선을 독립된 주권국으로 선언했다. 이는 사실상
청에 대한 조공국의 지위를 부정한 것이었다. 1879년에 이홍장은 조
선 문제 담당자로 임명되자마자 조선과 다양한 서양 국가들 사이에서
체결된 일련의 조약(1882년에 조선은 미국, 영국, 독일과 조약을 체결했다)
을 중재함으로써 일본의 주도권을 말소시키고자 했다. 이는 중화제국
의 전통적인 '이이제이以夷制夷' 전략이었다.

일본에 대한 조선 군대의 적대감은 1882년 7월의 임오군란 때에 절정에 이르렀다. 많은 일본인이 살해당했고, 보수파인 흥선대원군은 잠시 권력을 회복했다. 그러나 이홍장은 이 사건을 활용하기보다는 흥선대원군을 납치하여 천진에 있는 자신의 저택에 감금함으로써 일본을 회유하려고 했다. 그러나 1884년 12월에 친일 개화파가 갑신정변을 일으켜 많은 조선 각료를 암살하고 혁신정강革新政綱을 반포하자, 이홍장은 이를 제압하기 위해서 과감하게 군대를 보냈다. 메이지 정부는 이토 히로부미伊藤博文를 천진으로 파견했고, 그는 청일 양국의 군대가 조선에서 단계적으로 철수하는 방안을 이홍장과 협상했다. 이홍장과 이토 히로부미 사이에 진행되었던 개인적 외교는 임박한 전쟁을 10년 뒤로 늦추는 데 기여했다.

통상적으로 19세기 말의 조선에서 청의 외교는 '근대화한' 일본의 팽창주의적 위협과는 대조적으로 구시대적인 '중국적 세계 질서' 속에서 불안정한 속국에 대해 자신들의 종주권을 유지하려는 지연 작전으로 평가되었다. 이러한 견해는 조선 사대부 계층 내의 청 지지 세력을 유가 보수주의자로, 이에 대항한 친일 세력을 진보주의자로 묘사하는 경향이 있다. 그러나 이러한 견해는 상당 정도 사실의 묘사라기보다 일본 팽창주의자들의 선전이 의도적으로 만들어낸 것이었다. 어떤 이는 청이 조선에서 완전히 근대화된 서구식 제국주의를 실현하고 있었다고 지적했다.[37] 19세기 말 조선에서 청이 한 행동들은 오랜 한중 관

37) 이 문단과 다음 단락은 Larsen, *Tradition, Treaties, and Trade*에 기반하고 있다.

계의 역사 속에서도 선례가 없는 것이었고, 오히려 동아시아 지역에서 팽창주의적 서구 열강들이 행했던 수법과 더욱 공통점이 많았다. 또한 이는 청 제국 중흥의 일부로서 1880년대에 시작한 신강, 대만, 만주에서의 변방 지방화 정책과 유사했다.

중국은 이홍장의 막료인 원세개袁世凱(위안스카이)의 감독하에 일본의 독점적 제국주의에 대한 대책으로서 조선에서 일종의 다국적 제국주의를 강력히 추진했다. 1882년에 이홍장이 조선과 미국, 독일, 중국 간에 이끌어낸 조약들은 청의 국가 안보뿐만 아니라 조선에서 상업적 이익을 거두기 위한 목적도 가지고 있었다. 공통적으로 이 국가들은 서구 열강이 청에서 실시했던 것을 모델로 하여 여러 개항장과 외국인 직원을 둔 해관을 설립했다. 청과 그 이전의 어떤 왕조도 상업적 이익을 세계로 확장하기 위해 정부 기관을 직접 이용한 적은 없었다. 또한 청은 19세기 말에 서구 팽창주의자들이 채택했던 침투 수단들을 조선에서 그대로 활용했다. 외교 대표, 정부 고문이 파견되었고, 일종의 식민지 군대가 조선에 파견되기도 했다. 군대는 처음에는 1882년에 일어난 임오군란에 대응해 파견된 것이었지만, 그 이후 10여 년 동안 체류했다.

조선에서의 전쟁은 궁극적으로 내부 봉기에 의해 촉진되었다. 중국의 태평천국 운동처럼 조정에 불만을 품은 조선의 유학자들이 19세기 중엽에 동학東學이라는 신흥 종교를 만들었다. 기독교는 동학의 표적이었고, 동학은 유교, 도교, 불교의 좋은 요소들을 결합할 것을 주장했다. 조정이 동학의 창시자인 최제우를 처형하자 동학 세력은 지하로 들어갈 수밖에 없었다. 그러나 동학은 신속하게 성장했고, 동학의 합법화를 주장하고 번거롭고 부패한 조세 제도에 항의하기 위하여 정기적인 집회를 조직했다. 1894년 봄에 동학 지지자들은 봉기를 일으켰다. 고종은 민씨 일가와 중국인 고문 원세개의 지원을 받아 동학 농민 운동을 진압하기 위하여 청군의 파병을 요청했고, 청군은 6월 초에 조선에 도착했다. 일본 의회는 청이 파병할 경우에 일본 역시 파병으로 맞대응해야 한다고 이미 결정한 바 있었고, 이에 따라 6월 말에는 양국 군대가 조선 땅에서 서로 대치했다. 일본은 동학 농민 운동을 잔인하게 진압했고, 7월에는 조선 조정을 점령한 후 고종을 유폐했다. 그리고 흥선대원군을 유명무실한 국가 수장으로 앉히고, 메이지 정부 형태의 체계적인 개혁 계획을 발표했다. 이를 우려한 이홍장은 휴전 중재에 서양(처음에는 러시아, 후에는 영국)의 도움을 요청했으나 거의 지원을 받지 못했다. 8월 1일에 일본은 청에 선전 포고를 했고, 광서제 역시 똑같이 대응했다.

청일 전쟁은 청 제국에게 상상할 수 없을 정도로 큰 재앙이었다. 이홍장의 회군과 북양 함대—그가 1870년대부터 체계적인 육성을 시도했으나 좌종당의 내륙 아시아 정벌과 서태후의 사치로 인해 자금을 성공적으로 확보하지는 못했다—는 화중과 화남 지역의 다른 군대에게 거의 지원을 받지 못했다. 청이 더 우수한 화기와 큰 전함을 보유했지만, 많은 핵심 분야에서는 일본에 비해 기술적으로 열등했다. 가장 결정적이었던 것은 청 지상군의 수준이 매우 형편없었고, 전략적으로도 서투르고 지리멸렬했으며, 전장에서 도주하기 급급했다는 점이다. 이홍장의 군대는 1894년 9월에 평양에서 패주했고, 북양 함대는 9월 말에 압록강 입구에서 거의 완전히 격파되었다. 조선에서 청군을 모두 몰아냄에 따라 일본군은 만주의 요동 반도로 진격하여 11월에는 주요 항구 도시인 대련大蓮과 여순旅順을 점령했고, 1895년 2월에는 산동 반도에 있는 위해위威海衛를 차지했다. 청은 수십만 명에 달하는 전사 상자를 냈고, 양 진영의 끔찍한 잔학 행위로 얼룩진 혈전이 벌어졌다. 서양 언론은 모든 내용을 숨 가쁘게 보도했다. 1895년 초의 몇 달 동안 청 당국(덕망이 높으며, 최근 갑자기 복권된 공친왕)은 점차 일본과의 평화를 모색하다가 4월 17일에 시모노세키 조약下關條約에 조인했다.

종합해볼 때, 청일 전쟁은 중국 역사에서 매우 중요하다고 일컬어지는 1839~1842년의 아편 전쟁보다 더욱 중요한 분수령이 되었다. 페인S. C. M Paine이 주장한 바와 같이 "청일 전쟁 이후 일본 외교 정책의 초점은 그 성과를 공고히 하는 것이었던 반면, 청 외교 정책의 초점은 그 결과를 원상태로 회복시키는 데에 있었다."[38] 조금 더 넓게 보면 청일 전쟁은 수십 년 동안 주변국에게 자신의 권세를 적극적으로 과시해온 청 제국이 실제로는 놀라울 정도로 허약했다는 것을 처음으로 만천하에 보여주는 계기가 되었다. 청의 취약성이 만들어낸 힘의 공백은 동아시아에서 제국주의의 범람을 야기했으며, 이는 이전에 있었던 것보다 더욱 파괴적이었다. 일본에게 패배한다는 것은 상상하지도 못했던 청의 신민들에게도 청일 전쟁은 충격이었다. 작다고 업신여겼던

---

38) Paine, *The Sino-Japanese War of 1894-95*, p. 3. 이 책은 전쟁사를 탁월하게 다루고 있으며, 특히 서양의 언론 보도를 강조하고 있다.

일본과의 전쟁에서 청이 완전히 패배하자 어떠한 문화적 대가를 치르더라도 일본식 서구화가 절대적으로 필요하다는 것을 많은 이들이 느끼게 되었다. 그 결과, 서양뿐만 아니라 일본으로 유학생을 보내는 정책이 상당히 강화되었다.

양계초梁啓超(량치차오, 1873~1929)와 같은 개혁 사상을 지닌 젊은 지식인들이 가장 중요한 요소로 인식했던 것은 입헌 군주제의 가치였다. 1889년에 메이지 시대 일본이 국민의 국가 정체성을 결집시키고, 조국의 운명에 새로운 이정표를 부여하는 헌법을 채택한 사실은 5년 후 청을 상대로 거둔 놀라운 승리와 무관할 수가 없었다. 이렇게 시작된 '입헌 운동'은 중국의 제국 체계에 종말을 가져오는 중요한 역할을 하게 되었다. 마지막으로 중국은 시모노세키 조약에 의해 발생한 특별한 상황들을 맞이하게 되었다. 이는 다음 장에서 살펴보게 될 것이다.

9

| 제국주의 |

청 제국을 연구하는 역사가들은 적어도 두 가지의 다른 의미에서
'제국주의'라는 용어를 사용한다. 중국, 일본, 서양을 통틀어서 정치적
좌익에 속하는 사람들은 이 용어를 레닌이 정의한 '자본주의의 가장
높은 단계'의 의미로 사용하는 경향이 있다. 본질적으로 경제적 개념
인 자본주의—그 시대에 발전했던 생산, 개발, 잉여 축적의 가장 효율
적인 방식—는 자본주의적 생산이 가장 발전했던 영국과 같은 대도시
국가들에게서 중대한 문제로 나타났다. 즉 대도시 국가들은 그들의
잉여 자본을 투자하기 위한 출구를 찾고 있었으며, 국내 경제의 침체
와 붕괴에 직면해 있었다. 중국 같은 나라들은 잉여 자본 투자의 대상
이 되었고, 여기에서 산출된 이익들은 대도시 경제로 다시 보내졌다.
이로 인해 투자 대상이 된 국가들의 자본이 유출되었고, 격차 해소를
위한 산업화에 자금을 공급할 수 없게 되었다. 1920~1930년대의 국

민당과 공산당의 혁명에서 제국주의는 이러한 방식으로 이해되었고, 중국 내에서 실현되었던 제국주의의 정도는 굉장한 논란의 대상이자 혁명 전략을 결정하는 중요한 요소가 되었다. 그러나 레닌주의적 시각에 입각한 제국주의는 또한 매우 광범위한 시간적 틀을 가지고 있었다. 즉 이 시각의 제국주의는 서양 자본주의와 접촉한 직후의 중국 역사에 대한 분석에 적용될 뿐만 아니라, 몇몇 학자들은 이를 현재까지도 적용하고 있다.[1]

반면 비마르크스주의적 역사가들은 '제국주의'를 이와 완전히 다르게 정의했다. 이러한 정의는 경제적 개념이기보다 정치적이고 군사적인 성격을 지니고 있고, 서구 열강(최종적으로는 일본)의 식민지 확장을 위한 세계적인 경쟁에 초점을 맞추고 있다. 이런 개념을 사용하는 학자들은 강대국들 사이에 지속적으로 세력 균형을 모색하는 가운데 인식된 외교적 의사소통의 체제를 제국주의로 간주하고 있다. 이러한 개념의 '제국주의'는 조금 더 역사주의적이다. 제국주의는 19세기 말부터 나타나기 시작하여 민족주의가 일으킨 자멸적 재해인 제1차 세계대전으로 인해 종언을 고하게 되는 것이다.[2]

이른바 동아시아에서의 제국주의 시대라는 고전적 연구에서 이리에 아키라入江昭는 서양에서의 제국주의가 새롭고 보편화되고 있는 문

---

1) Lenin, *Imperialism, the Highest Stage of Capitalism*. 1920년대의 혁명 전략에 대한 논쟁은 Schwartz, "A Marxist Controversy on China" 참조.

2) 이것은 영향력 있는 논문인 Iriye, "Imperialism in East Asia"에 대한 논증이다. 제1차 세계대전을 제국주의의 종언으로 본 이리에의 관점에 대해서는 Iriye, *After Imperialism* 참조. 역사주의적 용어로 제국주의를 설명한 일반적인 연구에 대해서는 Langer, *The Diplomacy of Imperialism* 참조.

화적 불안, 갑작스런 동요로 인해 나타났다고 보았다. 청 제국을 상대로 일본이 충격적으로 손쉬운 승리를 거두면서 서양의 정부 내외에 있는 정책 입안자들 간에는 그것이 매우 큰 기회로 인식되었다. 새롭게 드러난 '아시아의 병자(흔들리고 있었던 오스만 제국을 '유럽의 병자'라고 묘사했던 것과 유사한 화법이다)'는 서양의 국가들이 진출해야만 하는 장소였다. 역사가 브룩스 애덤스Brooks Adams는 1900년에 미국도 이러한 경쟁에서 소외되지 않아야 한다고 언급하면서 이렇게 주장했다. "동아시아는 세계의 모든 역동적인 국가들을 위한 전리품이다. …… 우리의 지리적 위치, 부, 에너지는 우리가 동아시아의 개발에 착수하여 그들을 우리의 경제 체계에 종속시키는 데에 매우 적합하다."[3]

그러나 서양에 급격히 퍼지게 된 '황화黃禍(yellow peril)'라는 비유적 표현에서 나타나듯이, 새로운 공포와 불안감 또한 존재했다. 일본의 강력한 부상은 위협적인 것이었지만, 역설적이게도 청일 전쟁은 중국이 잠재적으로 더 큰 위협이 될 수도 있다는 교훈을 남긴 것 같다. 메이지 일본이 상대적으로 빈약한 자원 기반을 가지고도 국가 주도의 서구화 정책을 채택한 이후에 그렇게 빨리 강력해질 수 있었는데, 만약 더욱 부유하고 인구도 많은 중국이 일본처럼 질서를 회복하게 되면 얼마나 더 위험한 존재가 될 것인가? 이러한 상황에서 기회가 있을 때마다 서양 열강들이 청 제국에 대해 공격적인 행동을 하는 것은 너무나도 당연했다. 이는 그들의 이익을 위한 것일 뿐만 아니라 중국의 성장을

---

3) Adams, *America's Economic Supremacy*, p. 221(Iriye, "Imperialism in East Asia," p. 131에서 인용).

미연에 방지하는 방어 전략이기도 했다.

이리에의 주장에 따르면, 이 시기의 서구 팽창주의에 들어 있는 또 다른 새로운 요소는 현저한 배타주의적 성격이었다. 백색 '인종'이 황색 인종에 맞서게 되었다는 사회 진화론자의 세계관은 유럽 국가들이 압도적인 서양 문명의 집단적 행위자로서 협력적으로 행동하고 있다는 쓸모없는 확신감을 만들었다. 이러한 이상향에 일부 의심을 가지게 되면서 국가 정책들의 목표는 다른 서양 국가들 간의 투쟁 속에서 국익을 위한 경쟁으로 변하게 되었다. 역설적으로 그리고 다소 반反직 관적으로, 1895~1910년에 청 제국에 대한 서양 국가들의 전례 없는 맹렬한 강탈 및 공격은 서양의 자신감에 따른 결과라기보다는 오히려 그 반대였다.

침략이 촉발되는 순간에 이러한 공격에 대한 비판이 서양 내에서 등장했다. 가장 회의주의적인 비평가 중 한 명인 영국 학자 홉슨J. A. Hobson은 1902년에 초기 레닌주의적 측면에서 다음과 같이 기술했다.

전체 과정을 지배하고 이끌어가는 동인은 국가 내부에 존재하는 소수의 유능하고 잘 조직된 집단들의 직접적·단기적·물질적 이익을 위해 작용하는 재정적·산업적 동기의 압력이다. 이러한 집단들은 '정당'의 권력을 행사하는 정치가들과 정파의 적극적인 협력을 확보하는 데 …… 유산 계급에 속한 구성원들의 보수적 본능에 호소함으로써 그러한 협력을 얻는다. 이러한 유산 계급 구성원들의 기득권과 계급적 지배는 정치적 에너지의 흐름을 국내에서 국외 정치로 돌림으로써 가장 훌륭하게 유지된다. 그 자신의 진정한 이익과 관계된 정책을 수행하는 과정에서 한 국가 조직체를 묵인하고 심지어는 적극적으로 열렬히 지지하는 일은 …… 대개 민족의 원시적 본능을 이용함으로써 이루어진다.[4]

19세기 말 중국에서의 제국주의

이리에가 이야기한 역사주의적 정의로 따져보면, 동아시아에서 제국주의 시대의 시작은 청일 전쟁을 공식적으로 종결시켰던 시모노세키 조약이 조인된 1895년 4월부터라고 할 수 있다. 예상했던 것처럼 이 조약은 청에게 매우 강압적이었다. 일본의 급진적 민족주의자가 이홍장을 암살하려 한 사건이 일어나 이토 히로부미가 당황하는 일이 없었다면 조약은 더욱 강압적이었을 것이다. 조선은 더 이상 청의 종속국이 아닌 독립국으로 선언되었고, 조약으로 인해 조선은 사실상 일본의 보호령이 되었으며, 15년 후에 공식적으로 합병되었다. 또한 오랫동안 탐냈던 대만이 일본에 할양되었다. 청의 관료들과 대만의 지방 엘리트들이 연합하여 곧바로 대만 공화국을 선포했지만, 몇 개월 만에 일본 군대에게 진압되었다. 대만은 제2차 세계대전이 종료될 때까지 일본의 소유로 남아 있었다. 또한 이 조약으로 일본은 청에게 배상금 2억 냥을 받을 권리를 획득했다. 그러나 궁극적으로 이런 것들

---

4) Hobson, *Imperialism*. 인용은 제3판(1988)의 p. 212.

보다 중요한 다른 두 가지 조항이 25년 전 '협조 정책'의 붕괴 이후로 청이 계속 살아남을 수 있게 했던 미묘한 세력 균형을 무너뜨리는 원인이 되었다.

첫째, 시모노세키 조약은 일본에게 청의 영토 안에 산업 공장을 설립할 수 있는 권리를 확실히 보장했다. 당시만 해도 중국에서 외국 공장을 설립하는 것은 엄연히 불법이었고, 단지 몇 개만이 지어진 상태였다. 그러나 일본에게 공장 설립을 허가하면서 외국의 산업 투자와 경제 제국주의가 봇물같이 쏟아져 들어올 수 있는 길이 열렸다. 이미 최혜국의 대우를 누리고 있던 대부분의 서양 국가들은 일본이 받았던 중국에서의 공장 설립에 관한 권리를 즉각적으로 누리게 되었고, 대부분 그 권리를 곧바로 행사했다. 상해 이외의 조약항에 거주하는 외국인들의 숫자는 우후죽순처럼 늘어났다. 예를 들면 한구의 외국인 수는 1890년대 초반의 약 100명에서 25년 후에는 3000여 명(유럽인 1495명, 일본인 1502명)으로 증가했다.[5] 본토 기업인들은 교묘하게 외국 공장을 본보기로 삼았으며, 조약항을 포함한 그 외 지역에까지 자신들의 공장을 설립했다. 이러한 현상이 나타난 25년간은 흡사 산업 혁명으로 묘사될 만했다. 시모노세키 조약 이전까지 중국은 산업화된 국가가 아니었지만, 제1차 세계대전이 끝날 때 즈음에는 가장 산업화된 국가가 되어 있었다.

둘째, 시모노세키 조약에는 전쟁 후반의 치열한 전장이었던 대련과

---

5) W. H. Morton Cameron, *Present Day Impressions of the Far East and Prominent and Progressive Chinese at Home and Abroad*, London: Globe Encyclopedia Company, 1917.

여순이 포함된 남만주의 요동 반도를 일본에게 할양하는 조항이 들어 있었다. 물론 조선은 청의 소유가 될 수 없었고, 일본은 심지어 대만에 대한 청의 권한도 확실하지 않다고 주장할 수가 있었다. 그러나 만주는 청의 황실이 탄생했던 지역이었다. 그러므로 요동 반도의 할양은 청 제국 자체는 식민지화에서 제외된다는 것과 청의 기본적인 영토 주권을 인정했던 세력 균형 외교라는 암묵적인 원칙을 뒤엎는 것이었다. 1895년 조약의 이런 조항은 기본적으로 동아시아 지역에서 강대국들의 팽창주의에 내재하고 있는 기회 균등의 원칙을 손상시켰으며, 그 영향으로 완전히 새로운 국제 체제에 대한 필요성이 대두되었다.

청 제국의 분할은 시모노세키 조약이 발표된 직후인 4월 23일에 이른바 삼국 간섭으로 시작되었다. 러시아는 요동 반도 할양의 이점을 이용해 일본이 시베리아를 침략할 것이라는 점을 크게 우려하고 있었다. 프랑스, 독일과 연합한 러시아는 요동 반도 할양을 철회하지 않으면 군사 행동을 하겠다고 위협했다. 몇 주간의 협상 후에 일본은 대련과 여순에서 군대를 철수하고 요동 반도를 반환하는 대신에 5000만 냥의 추가 배상금을 선택했다. 러시아는 청의 이익을 위해서 행동하는 것처럼 요청을 했고, 짧은 기간이었지만 많은 중국인들도 그렇게 생각했다.

독일은 일본에 대항하는 역할을 해준 것을 빌미로 삼아서 중국의 산동 반도의 남쪽 해안에 있는 교주만膠州灣의 할양을 즉시 요구했다. 독일은 1860년에 이 지역에 처음 도착했을 때부터 해군 기지로 눈독을 들이고 있었다. 청은 일시적으로 이 요구에 저항할 수 있었지만, 1897년

11월 초에 산동성 서부에서 반외세적 성향을 가진 군중들에게 두 명의 독일 선교사가 죽음을 당하자, 독일 황제 빌헬름 2세는 이 사건을 무력으로 교주만을 차지하기 위한 구실로 삼았다. 얼마 지나지 않아 교주만을 99년 동안 독일에게 임대한다는 협상이 맺어졌다. 독일 식민주의자들은 재빨리 주변의 영토에 현대적인 도시인 청도青島를 건설했고, 1903년에 유명한 청도 맥주 공장(틀림없이 중국에서 서방 제국주의의 가장 긍정적인 생산물일 것이다!)을 건립했다. '조차租借를 위한 쟁탈'이 벌어지고 있었다.

1898년 초에 러시아는 가상 동맹인 독일의 가능성 있는 진군에 대항하고자, 얼마 전에 일본으로부터 '구해주었던' 대련과 여순에 대해 독일과 비슷한 조차를 요구했고, 결국 이를 받아냈다. 이 근거지를 바탕으로 러시아는 요동 반도 전체를 효과적으로 식민지화하기 시작했다. 영국은 러시아를 견제하기 위하여 산동 반도의 동쪽 끝에 있는 위해위에 대한 조차권을 획득했다. 이곳은 한때 북양 함대의 기지였으며, 청일 전쟁 기간에 중국이 패배한 장소이기도 했다. 위해위의 조차 기간은 황해黃海를 사이에 두고 직접 마주하고 있는 여순에 대한 러시아의 조차 기간과 동일했다. 위해위에 대한 조차와 함께 영국은 신계新界에 대한 조차도 강압적으로 요구했다. 그 지역은 홍콩에서 빅토리아 만을 가로지르면 나오는 구룡九龍 반도에 인접한 주강 하류 지역이었다. 99년의 조차 기간이 만료되면 영국은 1997년에 구룡과 홍콩을 중국에 반환해야 했다. 이에 뒤질세라 프랑스는 해남도海南島와 마주하고 있는 뇌주雷州 반도의 작은 어귀인 광주만廣州灣을 조차했다.

미국은 새롭게 획득한 필리핀 식민지에서 발생한 혁명 운동에 신경을 쓰고 있었던 탓에 중국 본토에 대한 권리를 주장하지 못했다. 대신에 국방장관 존 헤이John Hay는 1899년과 1900년에 문호 개방 각서 Open Door notes를 발표했는데, 이는 청 제국의 영토적 주권을 보호하겠다는 불완전한 약속이었다. 그러나 더욱 구체적으로 그 각서는 외세의 '영향력이 미치는 범위' 내에서 다른 외세의 국민들도 재정적으로 차별받지 않으면서 다른 국가의 '기득권' 역시 보호될 것이라고 선언했다. 미국의 선언은 다른 나라들에게 어떤 반응도 불러일으키지 못했고, 공개적으로 논의되지도 않았다.[6]

그래서 20세기에 들어서게 되면 소규모 해안 지역을 외세에게 할양하거나 조차하는 단계를 뛰어넘어 비밀 외교 및 신사협정이라는 정교한 방식이 나타나면서 청 제국의 광활한 영토는 각국의 경제적 패권 지역으로 분할되었다. 암묵적으로 만주는 러시아에게, 산동성과 그 주변의 일부 화북 지역은 독일에게, 양자강 유역은 영국에게, 복건성(일본령 대만으로부터 해협을 건너면 다다르는 지역)은 일본에게, 중국의 남동쪽 지역(인도차이나에 근접한 지역)은 프랑스에게 넘겨졌다. 이러한 영역 내에서 고유한 권한을 가진 세력들은 광산 채굴, 철도 건설 그리고

---

6) 문호 개방 각서 발표는 미국의 대외 정책에서 발전적인 사건이었고, 그 중요성에 대해서는 격렬한 논쟁이 있었다. 비록 그 영향에 대해서는 회의적이지만, 문호 개방 각서의 동기에 대체적으로 호의를 표하고 있는 고전적인 분석으로는 Griswold, *The Far Eastern Policy of the United States* 참조. 베트남 전쟁 시기의 감성으로 가득한 영향력 있는 비평으로는 Williams, *The Tragedy of American Diplomacy*, pp. 43-55 참조. Williams는 문호 개방 정책을 '제국적 반식민주의imperial anticolonialism'라고 서술했다.

그 외의 경제적 개발 행위들에 대한 우선권을 가졌고, 청은 그 관할권의 일부를 다른 외세에게 '양도'하거나 넘겨주지 않겠다고 약속했다. 문호 개방 각서의 선언에도 불구하고 청의 영토적 주권은 허상에 불과했다.

제국주의에 대한 중국의 대응(1895~1900년)

제국주의의 위협은 이미 청의 신민들 사이에서 진행되었던 몇몇 경향들을 더욱 촉진하는 효과를 가져왔다. '제국주의' 그 자체와 더욱 사실적인 표현인 '과분瓜分'과 같은 단어는 일상적인 용어가 되었다. 이 용어는 제국이 실질적으로 여러 부분으로 갈라질 것이고, 더 나아가 정치적 실체로서의 중국이 끝내 멸망할 수도 있다는 두려움이 점점 커지고 있음을 반영하고 있다. 19세기 말에는 정치적 과정에 개인이 직접적으로 참여하여 삶의 질에 영향을 미칠 수 있다는 신념이 널리 퍼지면서 대중 정치가 성장하기 시작했다. 청의 신민들 대부분에게 최고의 실천 윤리는 공자의 말을 이용한 "관료를 존경하되 그들과 거리를 두라"라는 것이었지만, 이것은 더 이상 보편적인 신념이 되지 못했다.[7]

또한 이 시대에는 진정한 중국 민족주의가 처음으로 나타났다.[8] 민

---

7) 논어는 "귀신을 공경하면서도 멀리하라"고 했던 공자의 말을 인용하고 있다.

8) Levenson, *Confucian China and Its Modern Fate*, pp. 98-104. 유럽에는 '민족주의'가 있었지만 중화제국 후기에는 '민족 중심주의'만이 존재했다고 주장한 Fairbank, *Trade and Diplomacy*, p. 24와 비교된다. Levenson은

족주의 정신은 삼원리의 영웅적 민병에 대한 찬양과 정치적 반만주주
의의 출현과 함께 제1차 중영 전쟁 말기부터 그 기운이 나타나고 있었
다. 만주족의 통치가 바람직하지 못하다는 감정은 단지 만주족의 문
화적 후진성에서 비롯된 것이 아니고, 서구에 대응하여 중국인 스스
로를 효과적으로 방어하지 못했기 때문에 발생한 것이었다. 만약에
이것을 민족주의라고 분명하게 말할 수 없다면 문화주의나 배외주의
라고도 보기 어렵다. 이것은 모국을 지키기 위한 자기 희생, 즉 중국의
'애국주의'라고 명명할 수 있을 정도의 거대한 움직임이었다. 애국주
의를 진정한 민족주의로 변화시킨 것은 서양식 관념의 '국가'라는 개
념—가족, 친족 집단, 지역에 대한 충성과 경쟁적으로 존재하는 개인
적 귀속 의식과 충성의 대상—의 등장이었을 것이다. 이러한 해석과
정서는 19세기 말년에 나타나기 시작했으며, 그 후 10년 동안 널리 확
산되었다.

　이제는 더욱 정확하게 '중국인'이라고 인식될 수 있는 청의 신민들
은 시모노세키 조약 이후 5년 동안의 급진적인 정치적 행동을 통해 새
롭게 동요했고, 그 행동은 세 가지 형태로 나타났다. 첫 번째는 하향식
의 근대적 개혁주의였고, 두 번째는 상향식·배외주의식의 대중적 반
항이었으며, 그리고 세 번째는 혁명이었다.

　먼저 혁명을 살펴보자. 이 시기에는 기원전 221년 진秦 제국이 선포
된 이래 2000년 동안 우세한 통치 방식이었던 제국 통치의 전반적인
체계로부터 벗어나려는 폭력적인 운동이 처음으로 나타났다. 이른바

1949년에 하버드 대학교에서 페어뱅크의 지도 아래 박사 학위를 받았다.

'공화국republic'이라는 개념이 나타났고, 비록 이를 지지하는 사람들이 그것의 함의를 정확히 알지는 못했지만 점점 자리를 잡아가게 되었다. 1895년 3월, 서양식 의학 교육을 받은 손문孫文이 주도한 흥중회興中 會가 광주에서 공상적인 공화 혁명을 일으켰다가 손쉽게 진압되었다. 1900년에는 급진적인 학생들과 호남성 출신 당재상唐才常(1867~1900) 이 이끄는 파당의 광범위한 연합체였던 자립군自立軍이 잠재적으로는 더욱 위협적인 음모를 계획했으나, 한구에서 혁명을 일으키기 전에 발각되면서 계획이 좌절되었다. 물론 그들의 행동이 미래를 예측한 흐름이었다 할지라도 이 시기에는 공화주의자들의 혁명적 정서가 청 의 신민들 중에서 극히 제한된 일부에게만 영향을 미쳤다. 이 기간에 나타난 더욱 중대한 정치적 행태는 급진적인 개혁주의와 배외주의적 반응이었다.

19세기 말년에 일어났던 급진적인 개혁의 움직임은 광동성 출신의 선동가이자 학자인 강유위康有爲(캉유웨이, 1858~1927)를 중심으로 이 루어졌다. 그는 광동성의 상업 도시인 불산佛山의 부유한 지주이자 지 식층 집안에서 태어났고, 보수적인 송학宋學 학교의 교장이자 유명한 학자의 손자였다. 그래서 강유위는 완벽한 경학 교육을 받았으며, 정 통의 과거 급제를 위해 꾸준히 공부하여 1895년에 진사가 되었다. 그 러나 그는 청의 정치적 위기에 상당히 민감했고, 젊은 시절에 영국령 홍콩을 방문하면서 서양의 질서 정연함과 효율성을 목격하고 이에 감 명을 받았다. 그런 이유로 그의 사상과 많은 저서에는 이학과 급진적 인 외래 사상이 뒤섞여 있었다. 강유위는 분명 꽤나 거만한 자기 옹호

자였으나 확실히 탁월하면서도 독창성 있는 인물이기도 했다.[9] 이미
1880년대 중반부터 그는 자신이 생각하는 이상 세계에 대한 전망을
책으로 발간하기 시작했다. 그는 훈고학, 실질적인 행정 개혁, 그리고
국가적 대의를 강화하기 위해 중국 여성의 해방에 관해서도 저술 활동
을 했다. 또한 말년에는 개인을 구원하기 위한 진정한 종교로서 유교
를 확립하고자 했고, 그는 이로 인해 중국의 마르틴 루터Martin Luther
라는 이미지를 얻게 되었다.

　강유위가 초기 저서인 『신학위경고新學僞經考』(1891)에서 설명하고
있는 그의 사상 중에서 핵심적인 요소 한 가지는, 그가 당시 일반적으
로 수용되었던 '고문古文' 경전보다는 '금문今文'을 받아들였다는 점이
다. 그리고 강유위는 『춘추』를 해석한 책으로는 그간 전통적으로 인정
되었던 『춘추좌씨전春秋左氏傳』보다 『공양전公羊傳』을 더 선호했다. 이
러한 선택들은 강유위로 하여금 공자를 단순히 경전의 편찬자나 전달
자가 아닌 실질적인 저자로 인식하게 했고, 변화하는 시대 조건에 유
연하게 대응할 수 있는 현실적인 정치 사상가로 생각하게 만들었다.
『공자개제고孔子改制考』(1897)에서 강유위는 공자의 경세관과 오랫동
안 관련되어온 고대의 관례를 무비판적으로 보존하는 행동은 성인의
진정한 의도를 심각하게 왜곡하고 있는 것이라고 주장했다. 그래서
그는 가장 급진적인 서구화 개혁을 정당화하기 위해 고전적이면서 철
저하게 토착적인 방법을 발견했다.

　강유위는 처음에 급진적인 서구화를 지지했지만, 생애 후반에는 지

---

9) 특히 Kwong, *A Mosaic of the Hundred Days* 참조.

방 행정에 대한 개념들도 발전시켜나갔다. 이는 장기간에 걸쳐 발전한 청대의 경세론에 그가 얼마나 잘 적응했는지를 보여준다. 강유위는 외부인 관료가 현을 통치하는 것보다 계몽된 사리 추구라는 신념에 기반하여 현지 엘리트가 통치하는 것이 낫다고 주장한 고염무의 봉건 전통적 개념을 받아들였다. 그리고 그는 1860년대에 고염무의 사상을 더욱 발전시키고 수정시킨 풍계분의 개념을 수용했다. 그것은 대대로 세습하는 지현의 지위보다 한 단계 아래에 있는 하위 관리를 선출하여 지현이 권력을 확대할 수 있는 가능성을 감시하는 역할을 맡긴다는 내용이었다. 그러나 강유위는 지방 자치라고 하는 경세의 이상을 위해서 일본을 거쳐 들어온 서양의 정치 이론을 받아들여 '자치 정부'라는 특별한 관념을 덧붙였다. 그래서 현 통치에 대한 강유위의 모델에는 고염무가 주장한 대대로 물려받는 지현, 풍계분이 주장한 선출되는 하위 관리, '공민公民' 또는 '국민國民'이라는 새로운 형태의 지방민들을 동원하고 그들에게 발언권을 주기 위해서 선출된 대표 의회가 포함되어 있었다.

경세에 대한 기존 개념들을 미묘하게 수정한 이면에는 정치적 목표의 엄청난 변화가 놓여 있었다. 사회적 통제와 사회적 조화에서 사회적 동원으로 그 목표가 바뀌었던 것이다. 강유위가 기대했듯이 지역 공동체에 의한 자치는 전체 민중의 힘을 발산시키고, 중국을 약탈적 국제 환경에서 경쟁하기에 충분할 정도로 강하게 만들 수 있는 가장 효과적인 방법이었다. 이렇게 하면 지방 정부는 단순히 안정 유지와 세금 징수뿐만 아니라 경제 발전, 교육의 진보, 국가 방위를 위하여 국민들을 결집시키는 데 전념할 수 있으리라 기대되었다. 강유위는 이것이 바로 중국에 새로운 활력을 불어넣을 수 있는 핵심이라고 생각했던 것이다.[10]

강유위가 소개한 정치적 행동 양식도 매우 혁신적이었다. 그가 1895년 4월의 회시會試를 준비하기 위해 북경에 거주하고 있을 때 굴욕적인 시모노세키 조약이 체결되었다. 강유위는 18개의 성 출신으로 구성된 1200명 이상의 동료 응시자들을 조직하여 황제에게 항의하기 위한 미증유의 불법적인 집단 상소를 올리는 것으로 대응했고, 이 상소가 이른바 「만언서萬言書」 또는 「공거상서公車上書」이다. 그 직후 강유위는 명말의 학문적 단체를 모방하면서도 서양에서 도입한 새로운 내용들을 추가한 강학회強學會를 설립했다. 강학회는 청말에 설립된 다른 많은 학문 단체들의 본보기가 되었다.[11] 강유위가 설립한 강학회는 북경과 상해에 지부를 두었으며, 이 단체를 이끌던 간사는 강유위의 제자이자 광동성 출신의 명석하고 젊은 정치 평론가 양계초였다. 양계초는 청말과 중화민국 시기 초기의 선구적인 정치 언론인이 되었다. 그가 일시적으로 간행한 많은 신문들은 제국 말기의 백성들을 변화시키기 위해 제작되었고, 그 신문들 중의 하나는 『신공민新公

---

10) Kuhn, "Local Self-Government under the Republic," pp. 272-275. 이 주제와 관련된 강유위의 제안은 1902년 봄에 '공민 자치公民自治'라는 제목으로 『신민총보新民叢報』라는 신문에 기고한 일련의 세 논설에 포함되어 있다.

11) 명말과 청말의 '학술 단체'의 관계에 대한 신중한 의견은 Wakeman, "The Price of Autonomy" 참조.

民』이라는 제목으로 발간되었다.[12]

그러나 급진적인 개혁 움직임이 실제로 일어났던 곳은 북경, 상해, 광주가 아닌 지방 벽지인 호남성이었다.[13] 장사에 있는 악록서원과 이와 비슷한 민간 기관들—상군에서 활약했던 증국번과 다른 태평천국군 진압의 영웅들을 포함한 투사, 활동가, 문화적으로는 보수적인 학자 또는 신사들을 몇 세대에 걸쳐 배출했다—은 19세기 말에도 여전히 활발하게 활약하고 있었고, 갈등을 야기하는 급진주의를 양산하고 있었다. 이러한 환경은 1890년대 초반에 격렬한 배외주의적 폭도들과 서양의 영향력을 받아 일어난 변화에 호의적인 열렬한 개혁가들을 만들어냈고, 이는 호남성 북동쪽에 위치한 유양瀏陽현 출신의 친밀한 두 동반자, 당재상과 담사동譚嗣同(1865~1898)의 등장으로 귀결되고 있었다. 당재상은 1900년에 한구에서 봉기를 일으킨 불운한 자립군의 지도자였고, 담사동은 유교와 불교, 기독교, 서양의 과학주의를 결합하여 인학仁學이라는 새로운 철학을 만들어낸 젊고 명석한 유학자였다. 1880년대 후반과 1890년대 초반에 담사동은 화중 지역에서 군사 조언가로 활약했으며, 과거의 여러 영웅들의 묘역을 찾아가 경의를 표했다. 1896년에 담사동은 당재상과 함께 장사로 돌아와서 교경서원校經書院을 중심으로 한 젊은 개혁자들의 모임에 참여했다.

12) 양계초의 초기 언론인 경력에 대해서는 Judge, *Print and Politics* 참조.

13) 호남성의 개혁 운동에 관한 서술은 다음 연구들을 참고했다. Platt, *Provincial Patriots*, chap. 3; Esherick, *Reform and Revolution in China*, pp. 13-19; Chang, "Intellectual Change and the Reform Movement, 1890-1898," in *Cambridge History of China*, vol. 11, pp. 300-318.

개혁 사상을 가진 지방 관리들의 예기치 않은 집결은 호남성이 서양
식 개발 혁신들의 실험 무대가 되게 했다. 자강주의자인 장지동은 호
북성과 호남성을 다스리는 호광총독이 되었다. 1895년에 호남순무가
된 진보잠陳寶箴(1831~1900)은 새로운 광산 기업 및 치안 제도, 장사의
거리 포장과 가로등 설치 등의 개혁적 사업을 추진한 선봉자였다(개혁
에 그다지 호의적이지 않았던 담사동의 아버지는 이 시기에 호북순무로 재직하
고 있었다). 그러나 진보잠을 추종하는 청년들로 인해 호남성 행정의 급
진적인 요소는 실제로 성급 행정의 하부 단계에서 나타났다. 이들 중
중요한 인물은 광동성 출신의 황준헌黃遵憲(황쭌센, 1848~1905)이었다.
그는 강유위의 오래된 동료였고, 유럽과 일본에서 외교관으로 일했으
며, 메이지 정부의 서구화 계획을 찬양하는 책을 출간했다.[14] 황준헌
은 초기에 호남성의 염무사鹽務使였고, 1897년 7월에 안찰사로 승진
했다. 재임 중에 그가 맨 처음 실천한 것은 장사에 시무학당時務學堂을
설립하고, 24년간 동료로 지내온 광동성 출신의 양계초를 주임 강사
로 데려온 것이었다.

시무학당을 근거지로 삼아 양계초, 담사동, 당재상은 장사에서 개
혁주의를 알리는 열정적인 활동을 시작했다. 그들은 지역 엘리트들
에게 개혁의 미래상을 선전하기 위해 첫 지역 신문인『상학신보湘學新
報』를 창간했다. 또한 그들은 지방의 과거 시험 과목을 점검했으며, 로
버트 매켄지Robert Mackenzie의『19세기: 역사The Nineteenth Century: A
History』와 같은 번역된 서양 문헌에 대한 연구를 요구하기도 했다. 11월

---

14) 황준헌의 경력에 대해서는 Kamachi, *Reform in China* 참조.

에 굴욕적인 독일의 교주만 점령과 청의 미진한 대응에 자극을 받아 담사동은 강유위의 강학회를 본보기로 삼아서 남학회南學會를 창설했다. 이는 호남성과 화남 지역에서 온 1200명이 넘는 지식인들로 구성된 활동가들의 단체였다.

젊은 개혁가들의 주장은 더욱 급진적으로 변해갔다. 담사동은 중국의 생존을 위해서 중국 사회의 핵심적 요소인 부계 위주의 가족 제도에 대한 즉각적인 점검이 필요하다고 주장했다. 남학회의 내규는 나이 또는 학위 소지의 여부와 상관없이 모든 회원들이 동등하게 대우받을 것을 규정하고 있었다. 『상학신보』는 '인권'과 의회 정부를 요구했다. 담사동은 대중 주권의 개념이 사실은 외국의 것이 아니라 중국에 그 기원을 두고 있으며, 호남성 출신의 동향인들만이 정확하게 이해하고 있었던 『춘추』와 『공양전』에서 유래한 유교의 도덕 전통 중에서 필수적인 부분이라고 주장했다.

한편 암암리에 반만주주의 정서가 점점 표면으로 부각되고 있었다. 양계초는 청의 정복 과정에서 나타난 참상에 대한 선동적인 증언인 왕수초의 『양주십일기』를 장사에서 재발행했다. 호남성 출신의 철저한 배외주의 철학자인 왕부지—1860년대에 동향인 증국번이 왕부지의 명예 회복을 조심스럽게 시도하기도 했다—의 저서들은 1897년에 담사동과 당재상의 고향인 유양현에서 확장판이 출간되었다. 곽숭도(1891년에 사망했으며, 담사동과 당재상에게 영감을 준 인물로 그들의 존경을 받았다)는 왕부지의 개혁주의 사상을 강조하고 배외주의 사상은 경시했지만, 젊은 운동가들은 두 가지 사상에 모두 비중을 두었다. 왕부지의 배외주의 사상과 사회 진화론(민족과 국가 집단 사이에서 자연적 선택을 거친 생존을 위한 투쟁)을 결합시키면서 담사동은 강력하면서도 '과학적인' 반만주주의 이데올로기를 부각시켰다. 점차 개혁가들은 호남성의 '완벽한 지방 자치'와 청의 지배로부터의 분리를 주창했다. 양계초는 호남성을 도쿠가와 막부의 번 중에서 진보적인 성향을 가진 사쓰마번, 조수 번과 동일시했으며, 그곳에서의 자치 운동이 거국적인 메이지 유신을 촉발했다고 주장했다. 담사동은 제국의 폐허로부터 벗어난 호남인들의 독립국 건설에 대해서 더욱 면밀한 계획을 세웠던 것으로 보인다.

지방 엘리트 가운데에서 보수적인 인사들은 이러한 발전들을 점점 두려워하기 시작했다. 그 이유는 의심스러운 광동성 출신의 황준헌과 양계초의 손에 맡겨진 서양식 개념은 아직 50년도 채 지나지 않은 태평천국 운동이 호남성에 불러왔던 재앙을 떠올리게 했기 때문이었다. 심지어 장사에서 덕망이 높은 악록서원의 지도자도 초기에는 그 개혁들을 지지했지만, 이제는 성 당국이 개입해야 한다고 촉구했다. 초여름이 되자 총독 장지동은 새롭게 발간된 호남성의 신문들을 검열하고, 시무학당의 이름을 바꾸어 기술 학교로 재조직할 것을 명령했다. 순무 진보잠은 해임되었고, 그 자리에는 그 휘하의 비교적 보수적인 포정사가 임명되었다. 그리고 젊은 개혁가들은 한 사람씩 호남성을 떠났고, 새로운 기회의 땅을 찾아 북경으로 향했다.

1898년 1월이 시작되면서 광서제(이 시기부터 젊은 성인으로서 점점 자립하고자 하는 마음을 가지고 있었다)의 허락을 받아 강유위는 개혁을 위한 상소들을 조정에 거리낌 없이 제출했다. 광서제는 6월 16일에 강유위를 처음으로 직접 만났으며, 바로 그날에 그를 총리아문의 비서관으로 임명하여 정부의 모든 측면에서 개혁을 착수할 수 있는 폭넓은 권한을 부여했다. 몇 개월 후에 양계초, 담사동과 젊은 추종자들이 북경에 합류했으며, 황제의 명으로 공표되는 광범위한 일련의 개혁 칙령의 초안을 함께 작성했다. 여기에는 북경에 경사대학당(북경대학교의 전신)을 설립하고, 각 지방에는 서양식 교육 과정을 따르는 학교를 건립하며, 과거 시험 과목을 고전 연구에서 시무時務(그 당시에 중요하게 다루어야 할 일)로 변경한다는 내용이 포함되어 있었다.

중앙과 지방의 행정은 몇 개의 한직들과 세 지역(호북성, 광동성, 운남성)의 순무가 폐지되면서 더욱 간소해졌다. 그 과정은 6부를 서양식의 내각으로 대체하고, 사법 체계를 개정하여 독립된 사법부를 수립하는 것으로부터 시작되었다. 공민들의 개혁에 대한 제안을 장려하기 위하여 언로를 개방했고, 개혁 제안들은 즉시 조정으로 전달되었다. 중앙 정부는 지방 행정부에서 시작했던 철도 건설, 산업 계획을 담당했으며, 이를 대폭 확대했다. 미래에 고위 관료가 되기를 원하는 사람들에게 우선적으로 요구되었던 것은 외국의 발전상을 관찰하는 해외 순방을 다녀오는 일이었다.

1898년 여름이 지나면서 조정에 있던 많은 사람들과 심지어 이홍장 및 그의 부하 원세개 같은 많은 중도 개혁파들은 강유위와 그의 추종자들이 하려고 하는 일에 대해서 점차 경각심을 품게 되었고, 이에 서태후 아래로 규합했다. 이화원顧和園으로 물러나 있었던 서태후는 9월

21일에 갑자기 북경으로 귀환해서 다시 섭정의 직위를 맡겠다고 선언했으며, 28세가 된 아들 광서제를 자금성의 서쪽에 위치한 섬인 영대瀛臺에 유폐했다. 며칠 지난 뒤에 개혁을 주도했던 인물들은 숙청되었다. 강유위는 홍콩으로, 양계초는 일본으로 망명했으며, 담사동과 그외 다섯 명은 공개 처형되었다.

1898년의 '백일 유신'은 막을 내렸고, 9월 26일에 서태후는 개혁가들이 만든 개혁안을 거의 모두 폐지했다. 청 제국 도처에 있었던 개혁 성향의 지식인들과 심지어 강유위라는 인물 자체에 대해 의심을 하고 있었던 많은 사람들까지도 보수적인 정변에 의해서 사기가 꺾였다. 개혁 정책을 같이 이끌어갔던 광서제의 실패와 함께 위로부터의 개혁은 더 이상 불가능할 것으로 여겨졌고, 만주족의 지배 그 자체가 주요한 문제라는 정서가 더욱 널리 확산되었다. 담사동의 동료인 당재상은 1900년에 무한에서 폭동을 조직했으나 성공을 거두지 못했고, 손문의 공화 혁명에 대한 선전이 이전보다 더 영향력을 발휘하기 시작했다.

배외주의

19세기 마지막 5년 동안에 혁명과 급진적 개혁은 외세 제국주의에 대한 엘리트들의 가장 두드러진 대응이었다. 그리고 세 번째 대응 방법은 더욱 대중적인 기원을 가지고 있는 것으로, 1900년에 일어난 의화단義和團(또는 의화권義和拳이라고 한다. 서양에서는 단순하게 Boxer로 알려져 있다) 운동으로 절정에 달한 폭력적인 배외주의였다. 이러한 배외주의자들의 탄생 장소는 산동성의 북서부였다. 이 지역은 대운하에 인접한 도시인 임청臨淸의 후배지였고, 1770년대의 왕륜의 난과 1813년에 일어난 팔괘교의 난 등을 포함한 북부 지역의 백련교 전통을 바탕으로 한 반란이 발생한 지역이기도 했다. 또한 이 지역은 지주들의 대토지 소유 현상이 적고 소규모 경작자들이 존재하는 경제적으로 취약한 곳이었다. 게다가 19세기 후반기에 지방 행정 기관에서 곡물 수송을 위한 대운하 사용을 포기하면서 이 지역의 빈곤은 더욱 악화되었다. 면화의 경작으로 한동안 지역의 쇠퇴를 둔화시킬 수 있었지만, 외국산 면화 상품과의 경쟁 때문에 1880~1890년에는 이 방법도 효과가 없었다. 1898년에 발생한 황하의 범람과 1900년의 가뭄 때문에 삽시간에 이 지역은 극도로 비참하고 궁핍한 지경에 이르렀다.

그러나 농촌 지역에서 표출되는 경제적 위기보다 더욱 불만에 불을 지폈던 것은 독일 기독교의 성언회聖言會가 중심이 된 외국 선교사들의 전도 활동이었다. 1880년대 초반부터 산동성에서 활약했던 성언회는 '조차를 위한 쟁탈'의 기간이었던 1897년에 독일이 교주만을 차지하면서 신속하게 공격적인 모습으로 변모했다. 그 후 여러 해에 걸쳐 산동성에서 외국인과의 갈등으로 인해 발생한 소규모의 국부적인 '사건'은 무려 1000여 건이 보고되었고, 이로부터 의화단 정신을 바탕으로 한 느슨하게 조직된 움직임이 점차 나타났으며, 결국에는 산동성을 넘어 화북의 다른 지역에까지 그 움직임이 퍼져나갔다. 이러한 집단들은 철도나 전선과 같이 외국인이 도입한 것들을 표적으로 삼았고, 외국인과 기독교로 개종한 중국인을 모두 격렬하게 공격했다. 의화단 운동이 진압될 때까지 231명의 외국인과 수천 명의 개종한 중국인이 희생당했다.

의화단 운동은 지극히 국지적이면서 복잡했다. 이 운동에 대한 차후의 정치적 활용은 강력하면서도 대립적인 모습으로 나타났다.[15] 의화단 운동과 백련교의 종파적 전통의 관계에 대해서 학자들은 저마다 의견이 달라서, 그 시작이 명 제국을 다시 일으키는 반만주주의였는지 아니면 배외주의였는지에 대해서도 의견이 일치하지 않고 있다.[16] 청 조정은 자신들의 목적을 위해 기존의 대중적인 운동, 조직, 지도층을 흡수했는데, 의화단 운동은 청 제국이 지난 300년 동안 최선을 다한 일 중에서 가장 주목할 만한 대표적인 사례였다. 1898년 9월의 정변 이후에 서태후는 개혁가들이 제정한 법률을 폐지했을 뿐만 아니라 조정은 더욱 반외세적인 입장을 취했고, 단군왕端郡王과 장친왕莊親王, 군기대신 영록榮祿, 대학사 강의剛毅와 같은 무력 시위를 지지했던

---

15) Cohen, *History in Three Keys*.

16) 의화단 운동에 대한 가장 훌륭한 영문 연구는 Esherick, *The Origins of the Boxer Uprising*이며, 이는 백련교 또는 반만주주의적 기원설에 대해 반박하고 있다. 고전적인 연구인 Tan, *The Boxer Catastrophe*와 Hsu, "Late Ch'ing Foreign Relations, 1860-1905," in *Cambridge History of China*, vol. 11, pp. 115-130와 같은 오래된 연구는 의화단이 초기에는 반청 세력이었다고 보고 있다. Esherick 이후에 의화단에 대한 영문 연구 중에서 가장 지속적인 것은 Cohen, *History in Three Keys*, p. 32, pp. 38-39 참조. Cohen은 의화단의 목표가 보여주는 분산성을 강조하고 있다. 종합해보면, Cohen은 초기 명에 대한 충성에 반대되는 Esherick의 주장을 수용하고 있지만, 백련교의 중요한 영향력을 부인하는 것에 대해서는 더욱 회의적인 입장을 취하고 있다.

보수주의자들을 고관의 직위에 임명했다. 외세에 대한 서태후의 분노는, 북경에 주재하는 서양의 외교 사절들이 서태후가 단군왕의 더욱 유순한 아들을 선호하여 광서제를 폐위시키려 한다는 소문에 위협적인 대응을 하면서 더욱 불타올랐다. 1900년 초기에 의화단 운동은 점차 폭력적으로 변해갔고, 이에 대해 서태후는 지방 관리들에게 그들을 억압하지 말고 묵인하라는 칙령을 반복하여 공표했다. 직예총독 유록裕祿은 이를 수용했으나, 산동순무 원세개는 이를 단호하게 거절했다. 이런 이유로 의화단 운동의 중심지는 산동성에서 직예로 옮겨갔다.

북경은 점차 무정부 상태로 변해갔다. 전문前門 근처 자금성 남동쪽에 있는 공사관 밀집 구역에 있던 외국의 외교관들은 천진에 있는 해군 함정의 군사 지원을 요청했다. 북경과 청 제국의 나머지 지역을 연결하는 전신선은 끊어졌다. 의화단과 그 청군 지지자들은 6월 10일에 서산西山에 있던 영국 공사관의 여름 별장을 불태웠고, 다음날에는 일본 공사관의 서기관을 살해했으며, 6월 20일에는 독일 대사를 살해했다. 공사관 구역은 여름 내내 포위된 상태로 있었다. 몇몇 청의 부대는 이곳을 방어했고, 다른 부대는 공격에 가담했다. 총리아문은 두 번에 걸쳐서 이들에게 비상 식량을 공급했다.

청 조정도 혼란에 빠져 있었다. 병부상서와 호부상서를 포함하여 의화단에 대해 단호한 조치를 건의했던 5명의 고위 관리들이 체포되어 처형되었다. 6월 21일에 더욱 많은 외국 부대가 포위망을 풀기 위해 천진 근처에 상륙하자, 서태후 조정은 지방관들에게 의화단을 적극 지원하고 외국인들은 추방할 것을 명령하면서 모든 외국에 대해 선전 포고를 했다. 그러나 복권되어 광주에 있던 이홍장과 그의 부하인 산동성의 원세개, 남경의 유곤일劉坤一, 무한의 장지동을 포함한 지도급 순무와 총독들은 서태후의 지시를 집단적으로 거부했다. 이 영향으로 중국의 많은 지역들이 청 조정의 지배권으로부터 빠져나왔다.

한여름이 되자 조잡하게 결합된 연합 원정군은 천진을 점령했고, 북경을 향해 진격했다. 1만 8000명이 넘는 군대에는 영국, 러시아, 프랑스, 미국, 오스트레일리아, 이탈리아의 군대가 포함되어 있었고, 일본군은 대략 8000명으로 가장 큰 비중을 차지했다. 원정군은 쉽게 북경을 점령했다(그림 17). 조정은 1860년 때와 마찬가지로 도망을 갔다. 이번에는 진이 중국 최초의 제국을 건설했던 고대 유적지 근처인 서안西安으로 피난을 갔다. 서태후는 피난을 가면서 이홍장에게 북쪽으로 와서 영록과 함께 평화 협상을 이끌어주기를 부탁했다. 이홍장은 일찍이 조정의 어리석은 행동이 가져올 결과를 예견했고, 포위된 외국 외교관들을 보호하기 위해 비밀리에 활동했다. 1901년 9월 11일 오랜 숙고 끝에 의화단 의정서인 신축 조약辛丑條約(베이징 의정서라고도 한다)이 '중국'과 11개의 '열강' 사이에 체결되었다.[17] 의정서는 장친왕과 몇몇 관료들의 처형 또는 자결을 요구했고, 또한 의화단에 반대하다가 처형된 다른 관료들을 사후 복권할 것을 규정했다. 살해된 외국 외교관에 대한 경의를 표시하기 위해 기념비가 세워졌고, 사과를 위한 사

---

17) 의정서를 위한 협상 과정은 Tan, *Boxer Catastrophe*에서 세부적으로 다루고 있다.

그림 17. 1900년 천진에서 포로가 된 의화단원

절단을 그들의 모국에 파견했다.

의화단 의정서는 청 제국은 물론이고 20세기의 여러 승계 정권들에게도 재앙이었다. 특히 잔혹했던 것은 의정서에 조인한 많은 국가들에게 지급할 은 4억 5000만 냥의 배상금이었다. 청의 재정 상태가 이를 감당할 수 없었기 때문에 매년 4퍼센트의 이자로 40년에 걸쳐 지불할 수 있도록 조정되었고, 이에 따라 전체 지불액은 은 6억 6800만 냥에 달했다. 이러한 엄청난 부채로 인해 토지세를 제외한 청 제국의 모든 세입 체계(염세 및 국내 관세, 제국 해관)가 외국의 통제 아래에 담보로 편성되었다. 배상금에 따른 지속적인 재정적 부담은 제2차 세계대전까지의 몇십 년 동안 격차 해소를 위한 산업화와 사회 기반 시설 구축에 착수하려는 국가를 쇠약하게 만드는 원인이 되었다.[18]

이에 더하여 의정서는 외국의 국민들을 보호하기 위하여 화북 도처에 외국 군대를 그대로 주둔시킬 것을 규정했다. 사실 대부분의 외국 열강들은 상징적인 군대를 제외하고는 신속하게 군대를 철수시켰지만, 일본은 그렇지 않았다. 일본 군대는 1937년에 중국에 대한 대대적인 침략을 시작할 때까지도 합법적으로 화북 지역에 계속 주둔했다. 의화단 의정서가 발효되면서 청 제국의 국가 주권은 어느 누구도 더 이상 믿지 않는 허상이 되었다.

개인 정치

19세기 후반 중국의 역사를 서술한 많은 저작들은 청의 정치적 행위자들을 서구화를 거친 진보주의자와 애국주의적 보수주의자로 구분한다. 이데올로기가 흔히 당시의 정치적 행위들에 영향을 주기는 했지만, 여느 시대, 여느 나라에서처럼 청 제국 후기에도 개인적인 이

---

18) 이상적인 대외 정책을 위한 드문 행위가 있기는 했다. 미국과 영국은 배상금으로 받은 몫의 일부를 자국에 있는 중국인 학생들을 위한 교육 기금(경자배관장학금庚子賠款獎學金)으로 배정하고 북경에 청화대학교를 설립하는 데에 사용했다. 이러한 영향력 있는 경자배관장학금으로 인해 이 국가들에 중국인들이 일부 호의를 가지게 되었으며, 이후 수십 년에 걸쳐 그 효과를 관찰할 수 있었다.

익 추구와 출세주의가 광범위한 이데올로기적 대립에 대체로 영향을 받지 않았던 지방 수준에서의 정치와 결부되어 역사적 변화의 방향을 결정하는 데 중요한 역할을 했다.

1860년대부터 점점 중요성을 획득하고 있던 것은 '청의淸議'라는 정치적 방식이었다.[19] 초기 제국 시기, 위진 남북조 시대에 유행한 철학적 담론인 '청담淸談'의 신新도교적인 사조를 따르는 엘리트들—겉으로는 물질적인 집착과 관심을 초월한—은 유유자적하게 우주의 본질에 대해 사색했고, 청 후기에 청의를 시작했던 사람들은 스스로 세속적인 정치로부터 거리를 둘 수 있고 초월적인 '공공의' 이익을 위한 정책을 서슴없이 제창할 수 있다고 주장했다. 이러한 움직임을 인지한 지식인들 간에는 편지, 시 그리고 별도의 형식으로 의견 전달이 이루어졌고, 때때로 그들이 선호하는 정책에 대한 제안을 담은 문서를 사람들에게 '누설'하기도 했다. 이 활동가들은 궁극적으로 아편 전쟁의 음모론을 발전시켰고, 산업화를 포함한 모든 제도적 변화를 반대하는 근본주의적 유학의 입장을 고수했으며, 서양과 일본과의 관계에 대해서는 강경한 군사적 노선을 신봉했다. 사실 청의에 가담한 대부분의 사람들은 실질적인 정책 결정의 과정 밖에 있는 인사들이었고, 외세의 실질적인 힘에 대한 이해도 부족했다. 그들은 정책을 결정하는 실질적인 힘을 가진 내부 인사가 되기 위해 그들의 이상주의적인 입장을 언급하거나 조작했다.

---

19) 영문으로 된 선구적인 연구는 Eastman, "Ch'ing-i and Chinese Policy Formation during the Nineteenth Century" 참조.

19세기 초반과 비슷하게 이러한 움직임의 중심은 매우 영민한 진사 출신 학자들이 모여서 관직 임명을 기다리는 기관인 한림원이었다. 한림원은 이른바 청류파淸流派의 본거지가 되었고, 이러한 지식인들의 파벌은 기능적으로 명말의 동림당東林黨, 복사당復社黨과 비슷했다. 주변인이기는 했지만, 청류파는 그들이 선택한 목표를 정치적으로 위협하는 데에는 매우 능했다. 그들의 두드러진 활동은 1870년의 천진 학살 이후 타협적인 협상을 했다는 이유로 태평천국군 진압의 영웅인 증국번을 정계에서 몰아낸 것과 증국번의 상군에서 같이 활약했던 곽숭도를 1860년대에 영국에서의 외교관 직위를 받아들였다는 이유로 공개적으로 모욕한 것이다.[20] 그들의 정치적 입장이 반동주의적인 것으로 보이지만, 청류파의 정치 형태는 새로운 종류의 대중적 의견을 조율하려고 했다는 점에서 매우 진보적인 면을 가지고 있었다. 개혁주의자였던 양계초는 이 점을 인식했던 것으로 보인다. 그는 1898년의 변법 실패 이후에 단명했던 자신의 많은 정치 신문들 중 하나를『청의보淸議報』라고 이름 붙였다.[21]

청류파의 고정 표적은 양무파洋務派였다. 이들은 증국번, 곽숭도, 좌종당, 이홍장, 성선회盛宣懷, 원세개와 같이 대부분 과거 태평천국군을 진압한 지도자와 그들의 부하들로 이루어진 지방의 고위 공직자들이었고, 이들이 정책을 실질적으로 주도하고 있었다. 이들은 일상적으로 국내의 사회·경제적 문제뿐만 아니라 서양 국가와의 문제도 익

---

20) Platt, *Provincial Patriots*, chap. 2.

21) Rankin, "Public Opinion and Political Power" 참조.

숙하게 다루었고, 청 제국이 처한 중대한 위기를 타개할 안정감 있는 방안을 가지고 있었다. 그들은 외국과의 외교와 국내의 군사적, 산업적 기술을 발전시키기 위해서 서양을 모방하는 것을 지지했다. 그러나 그들이 개인이나 당파의 이익을 전혀 추구하지 않은 이상적인 진보주의자라고 간주할 수는 없다. 훗날 다른 식민지 세계의 민족주의 엘리트처럼 그들은 자신들이 정통했던 중요 외국 기술들을 장려했고, 이것을 영향력 있는 자리를 차지하기 위한 기본 조건으로 만들었다. 또한 그들은 산업을 후원함으로써 생기는 재정적 이익을 마다하지 않았다. 이홍장은 엄청난 부를 소유한 상태에서 생을 마쳤다. 게다가 이른바 진보주의자라고 하는 사람들은 또 다른 경쟁자일 뿐이었다. 개인적 반감과 지역 또는 파벌을 위한 이익이 경쟁자들의 개혁 정책을 약화시켰다.

이러한 파벌주의의 한복판에는 청 조정이 존재했다. 친왕들, 한족 관료 고문, 군기처 및 다른 세력들로 구성되어 있었던 19세기 후반의 청 조정은 황제파와 서태후파로 묘사될 수 있는 두 파벌로 극명하게 분리되었다. 노련한 정치가였던 서태후는 권력을 잡은 기간 동안에 청류파와 양무파의 관계는 물론이고, 각 파벌의 내부에 존재하는 당파들을 대상으로 균형을 유지하고 빈틈없는 속임수를 사용하면서 최고의 자리를 보존했다. 그것은 전통적인 황실의 분리 통치 전략이었다.

청대 후기의 정치적 상황에 존재하는 유동성과 개인적, 출세주의적 요소는 핵심 인사들의 이념이 파격적으로 변화하는 것을 잘 설명해준다. 장지동의 기이한 삶의 여정은 좋은 예가 될 것이다. 하급 관리 집안 출신이었던 장지동은 북경 인근에서 태어나서 흠잡을 데 없는 고서 경전 교육을 받았으며, 26세 때 진사과에 급제했다. 이후 15년 동안 조정으로부터 다양한 하위 관직을 부여받았고, 개인적으로 학문 수양을 하는 동안에 여러 지방에서 발생했던, 과거 제도의 취지를 훼손하는 악습을 종종 보고하곤 했다. 장지동은 1880년에 청류파의 일원으로서 한림원에 들어갈 수 있었다. 이 시기에 장지동을 널리 알려준 대표적인 사례는 호북성 중부에 관개 시설을 설치하는 논의에 대해 1879년에 장지동이 쓴 상소이다. 각 파벌에 존재하는 강력한 지방 세력들은 여러 해에 걸쳐 그들이 추구하는 특정한 성과를 위해서 고위직에 있는 관료 후원자들을 자신들의 진영으로 끌어들였다. 장지동은 강렬한 비판 능력을 발휘해 독단적으로 양쪽 파벌의 이익 추구를 비난했고, 유일하게 어느 파벌에 속하지 않고 객관적이었던 자신의 분쟁 해결 방안을 과시하듯이 널리 알렸다.[22]

1년 후 장지동은 다시 스스로 정치 논쟁에 참여하여 러시아와의 조약을 협상한 병부시랑 숭후를 즉시 처형할 것을 요구했다. 장지동의 관점에서 숭후의 행동은 청의 명예를 손상시키는 것이었다. 장지동의 강경한 주장은 그가 오랫동안 추구했던 황제의 관심을 끄는 계기가 되었고, 결국 그는 1884년에 양광총독으로 임명되었다. 양광총독이 된 후 그가 처음으로 취한 행동은 정부군을 베트남에 보낸 것이었고, 이것은 궁극적으로 1884~1885년에 일어난 청불 전쟁이라는 재앙을 촉발했다. 이 시점에서 장지동은 갑자기 자강을 위한 산업화의 후원자

---

22) Rowe, "Water Control and the Qing Political Process" 참조.

가 되는 방향으로 선회하면서 관직을 계속 유지했다. 보수주의적이며 애국주의적이었던 청의(청류파) 선동자가 진보적인 서구화주의자가 된 것이었다. 그러나 개혁주의에 대한 그의 접근은 매우 독자적인 것이었다. 1889년 호북성과 호남성을 다스리는 호광총독으로 임명되어 무한으로 옮겨간 장지동은 애초 광동성에서 하려던 제철소 건설 사업을 사비를 들여 무한에서 실행했다.

장지동은 무한에서 세계적인 젊은 기술 관료들을 양성하기 위한 신식 학당과 서양식 학교를 많이 설립하여 교육 개혁의 선구자로 자처했다. 청일 전쟁에서 패배한 이후 그는 호남성의 담사동과 당재상, 양계초의 개혁 활동을 처음으로 후원했다. 이후 그는 급진적인 개혁주의에서 물러났고(이것은 개혁 운동의 선구자라는 장지동의 지위를 약화시켰다) 태도를 바꾸어 그 변절한 성에 대해 이념적 통제를 강화했다. 그는 1898년에 강유위의 좌절된 백일 유신이 정점에 달했을 때, 『권학편勸學篇』이라는 책을 출판하여 고의적으로 황제파와 서태후파 양자의 이익을 모두 다루면서 개혁주의적 권위자로서의 그의 입장을 견지했다.

장지동은 1900년에는 개혁가에서 혁명가로 변한 당재상을 체포하여 처형했으며, 이와 동시에 서태후 조정이 의화단을 지지하는 입장과는 공개적으로 거리를 두면서 서양의 환심을 얻고자 했다. 20세기의 초반에 장지동은 정당한 정부의 권위(곧 그 자신의 권위)를 손상시킨다는 이유로 호남성에서 '공민권의 회복'을 위한 민족주의자들(이들은 장지동이 젊었을 때 활동했던 청의를 직접적으로 계승한 사람들이었다)의 활동

을 강경하게 진압했다.[23] 이전에는 주변인에 불과했던 장지동이 이제
는 최고의 정부 당국자가 된 것이다.

장지동이 시기마다 발빠르게 보여준 정치적 입장이 애국심의 발로
였음을 부인할 수는 없지만, 각각의 경우에 청(또는 중국)의 최우선 이
익에 대한 그의 시각은 자신의 정치적 경력을 끌어올리는 것과 연관되
어 있었다. 이데올로기는 물론 중요했지만 그것이 전부는 아니었다.
장지동 같은 인물들은 반드시 그들 세계의 맥락 속에서 살펴보아야 한
다. '서구에 대한 중국의 대응'이라는 단순한 척도로 그들을 평가하게
되면, 그들의 동기, 성과 그리고 결점을 이해하는 데에 한계가 있을 수
밖에 없다.

지방 정치

청 제국의 마지막 반세기에 일어난 정치를 이해하는 또 다른 특별한
방법은 지방에 주의를 집중하고, 중앙 정부에서 임명한 관료, 즉 지현
과 현지 지방 실력가 사이에서 현 수준의 통치를 두고 일어난 권력 투
쟁을 살펴보는 것이다. 고염무, 풍계분, 강유위가 이론적으로 논의했
던 이 문제는 우리가 이미 앞에서 다루었다. 제국의 중요한 지역 중 하
나인 양자강 하류 지역에서는 청의 마지막 반세기에 걸쳐 활동주의적
인 지방의 엘리트들이 여러 단계의 과정을 통해 권력 투쟁에서 실질적

---

23) Bays, *China Enters the Twentieth Century*, chap. 8.

으로 승리했다. [24]

첫 번째 단계는 태평천국 운동 이후의 재건이었다. 태평천국 운동으로 청 제국의 많은 지방이 황폐해졌는데, 특히 절강성 지역은 더욱 심각했다. 수도 시설, 성벽, 관청과 여러 사회 기반 시설들이 파괴되었다. 토지는 개간할 수 없는 상태가 되었고, 주민들은 뿔뿔이 흩어졌다. 지역 사회의 가치와 도덕적 구조도 무너져버렸다. 1860년대에 현 차원에서 지역 엘리트들이 다시 모이면서 그들은 신사들이 주도하는 관청을 스스로 설립했다. 이 기구는 지역 민병대의 재정을 확립하기 위한 기부금을 마련하려는 의도로 설립되었고, 취약했던 지방 행정 기구를 이어받았으며, 신사들이 주도했던 재건 임무를 장려하는 역할을 했다. 엘리트들은 구호 활동, 관개 시설 수리, 토지 개간, 방어 시설과 학교의 건설 등을 관리하고 재정을 대기 위해서 공동체 또는 '공공의' 이익—이는 정부 및 개인적인 부문과는 구별되는 분야였다—으로 인식된 것들에 대해서 협력하기로 결정했다. 상해와 다른 조약항 인근의 재건 사업에는 점차 공공 하수 시설, 가로등, 의료 시설, 기타 외국에서 들여온 혁신적인 시설들이 포함되었다.

두 번째 단계는 재건 이후에 시작된 지방을 연결하는 연락망 구축이었다. 여기에서 중요한 것은 1872년 상해에서 창간된, 오랜 역사를 가진 중국어판 신문인 『신보申報』였다. 『신보』의 사장은 영국인 어니스트

24) 다음 문단은 Rankin, *Elite Activism and Political Transformation in China*를 따른다. Rowe, *Hankow: Conflict and Community*는 Rankin이 밝힌 과정들을 태평천국 운동으로 똑같이 폐허가 된 양자강 중류 지역에 인접한 도시적 색채가 짙은 구역에까지 확장하여 적용한 것이다.

메이저Ernest Major였지만,『신보』에서 근무하고 이를 읽는 사람들은 모두 중국인들이었고, 그들 중 대부분은 강남, 양자강 유역, 해안 지대에 거주하는 적극적 엘리트들이었다. 초기에는 국가 정책 문제에 대해서 공공연한 정치적 색채를 드러내지 않았지만, 실제『신보』는 그들의 독자층을 구성하고 있는 개혁가 계층의 이익을 대변하면서 공공사업에 착수할 것을 촉구하는 정치 신문이었다.『신보』가 보도하는 내용의 대부분은 다양한 지방들에서 이루어졌던 재건 및 다른 계획들에 초점을 두고 있었다. 정기적으로 신문을 구독함으로써 특정한 현에 모여 있는 엘리트 집단은 다른 지역에서 누가 비슷한 일들을 하고 있는지 알게 되었고, 이것은 상호간의 경쟁심과 새로운 실험적 시도를 야기했다. 비록 엘리트 집단들은 계속 지역적으로만 활동했지만, 개혁가들은 세계적으로 생각하기 시작했다.[25]

세 번째 단계는 지방의 활동적인 엘리트들이 최초로 자신이 속한 공동체 외부의 사업에 목표를 두면서 시작되었다. 중대한 전환점이 된 것은 1876~1878년에 화북에서 일어난 기근이었다. 당시 화북에서는 1000만 명 이상이 죽었고, 수백만 명이 자신의 농지를 잃었다. 지방 관료들과『신보』에 의한 조직적인 촉구 활동을 통해, 청의 백성들이 모두 함께해야 한다는 것을 깨달은 화중, 화남 지역의 엘리트들은 지방 기부금 조성 기구에서 일하면서, 고향으로부터 멀리 떨어진 지역의 대규모 구호 사업을 위해 재정 자원들을 동원했다. 처음으로 지역 엘

---

25)『신보』및 초기의 중국인 언론 활동에 대한 최근의 몇몇 연구로는 Wagner, *Joining the Global Public* 참조.

리트들이 화북의 문제가 중국 전체의 문제라는 믿음을 가지고 행동하기 시작했던 것이다.[26]

　19세기에 일어난 이러한 과정의 마지막 단계는 엘리트 행동주의가 공공연하게 정치화된 관점을 취하면서 시작되었고, 이는 외국과의 관계에서 나오는 이익과 성장하는 민족주의적 정서에 의해 자극을 받았다. 1884~1885년의 청불 전쟁과 1895년의 청일 전쟁 동안에 중국 전역의 엘리트들은『신보』의 사설과 전쟁 보고에 자극을 받았고, 쉽게 승리를 거둘 것으로 예상했던 전쟁에서 굴욕적인 패배를 당함으로써 충격에 빠졌다. 전체적으로 지역적 그리고 국가적으로 일을 잘 처리할 수 있는 능력을 매우 인상적으로 보여주었던 신사들은 국가를 통치하고 있는 천박한(이질적인) 조정보다 자신들이 국제적인 사무를 더욱 잘 수행할 수 있지 않을까라는 의심을 품기 시작했다. 1900년대에 일어났던 사건들이 결국에는 이러한 지역 엘리트들이 공화 혁명을 지지하도록 만들었지만, 이미 19세기 말에 주사위는 던져졌다. 제국 도처에 있던 많은 적극적 지방 엘리트들에게 청 조정은 모든 것이 올바로 돌아가지 못하게 방해하는 혐오스러운 폭군에 지나지 않았다.

---

26) 강남의 엘리트들이 화북 지방의 기근 구제에 기부금을 낼 것을 권고받았던 방법과 기근이 다른 동시대 관찰자들에게 어떻게 인지되었는지를 비교한 상세한 연구로는 Edgerton-Tarpley, *Tears from Iron* 참조.

10

| 혁명 |

　　20세기 초 중국사에서 제일 중요한 주제 중의 하나는 청 제국의 흔적에서 민족 국가를 만들어내려는 시도였다. '민족'이 각각의 상황에 따라 다양하게 형성되는 사람들의 집단을 가리키는 것이라면, 여기에서 '국가'란 그저 장소를 가리키는 것이 아니라, 특정한 영토에 대한 전적인 권한을 가지는 의도적으로 창조된 조직을 뜻한다. 민족의 구성원들은 공통의 '종족' 또는 같은 유전적 요소, 공통 언어, 같은 범위의 영토, 또는 공통의 역사를 공유하고 있는 사람들이라고 인식할 수 있을 것이다.

　　민족성에 대한 가장 포괄적인 기준은 베네딕트 앤더슨Benedict Anderson이 제기한 주관적인 견해일 것이다. 그는 '상상으로 만들어진 공동체'는 그 구성원들의 합의로 인해 인정되고, 모든 경우에 해당되지는 않지만 대부분의 사례를 보면 그들의 이웃들에 의해서 수용된다고 보았다.[1] '민족 국가'는 주권을 가진 정치적 조직이 이러한 상상의 공동체와 융합되었을 때 생겨난다. 청 제국 후기의 신민들을 점차 사로잡았던 민족주의라는 것은, 민족 또는 민족 국가의 구성원들이 개인, 가족, 지역, 계층 또는 다른 실체들에 비해 민족 집단에 더욱 높은 개인적 충성심을 보일 때 나타난다.

민족주의와 민족 국가가 탄생한 것은 20세기 초로, 서양에서도 그리 오래전 일이 아니었다는 점을 기억할 필요가 있다. 국가에 대한 의식적인 개념은 17세기에 국가를 세운 왕가들, 즉 브란덴부르크-프러시아Brandenburg-Prussia의 호엔촐레른Hohenzollern 왕조, 프랑스의 부르봉Bourbon 왕조, 그리고 스웨덴의 구스타프 2세 아돌프Gustavus Adolphus에 의해서 처음으로 형태를 갖추었을 것이다. 그들이 가지고 있었던 국가 통제주의적 이데올로기는 정부 관료에 의한 행정, 관료화된 군대, 영토 내의 중앙 집권화된 재정 통제를 구축하고자 했던 그들의 적극적인 노력에 힘을 실어주었다.[2] 대중들의 민족주의에 대한 감정은 프랑스 혁명 때부터 생겨났을 것이고, 1848년에 유럽에서 발생했던 혁명들 와중에 더욱 광범위하게 확산되었으며, 20세기가 되어서야 완전한 진전에 이르렀다.[3] 그러므로 제1차 세계대전이 일어나기 몇십 년 전에 중국에서 발생했던 민족 국가로의 전환을 향한 강렬한 움직임은 유럽에 크게 뒤처진 것은 아니었다.

---

1) Anderson, *Imagined Communities*.

2) 초기 근대 유럽의 국가 형성 과정에 대한 고전적인 비교 연구로는 Rosenberg, *Bureaucracy, Aristocracy, and Autocracy* 참조.

3) Weber, *Peasants into Frenchmen*.

이 시기의 민족주의는 진보적인 힘이 아니었다. 1810년대의 그리스 독립 운동, 1848년에 헝가리 등의 지역에서 일어났던 봉기와 같은 19세기 초반의 민족주의 운동은 자유 민주주의적 성격을 가지고 있었고, 1870년대 이탈리아에서 일어났던 급진적 민족주의 운동과 1880~1890년대 비스마르크의 팽창주의 시기에는 민족주의가 고도로 반자유주의적인 국가 통제주의를 위해 이용되었다.[4] 사회 진화론의 영향력은 민족주의자들의 관심사에 포함된 반민주적, 억압적, 군국주의적 견해를 크게 강화시켰다. 20세기로 전환될 때에 민족주의자들의 주장이 청 제국을 장악했고, 일부는 급진적으로 민주주의를 외쳤다. 그러나 여기에는 이미 반자유주의의 씨앗(예를 들면 장병린章炳麟과 유사배劉師培가 외쳤던 '민족적 본질')이 내재되어 있었으며, 그것은 1911년 이후에 '인종 정화'라고 하는 우생학적 움직임과 원세개, 장개석, 모택동, 등소평(덩샤오핑)과 같은 지도자들의 계속되는 독재적 야망으로 표출되었다. 이들은 모두 훌륭한 '민족주의자'였다.[5]

청대 후기의 중국 민족주의의 성장에 관해 마지막으로 주목해야 할 것은 민족주의적 탈식민주의 시각이다. 탈식민주의 비평가들은 서유럽에서 가장 효율적인 정치 조직 형태로 민족 국가가 최종적으로 만들어졌을 뿐이기 때문에, 심지어 서양에서도 민족 국가가 역사의 필연적인 결과라고 간주할 이유가 없다고 말한다. 또한 유럽의 독특한 역

---

4) Stern, *Gold and Iron*, p. 468.

5) Dikötter, *The Discourse of Race in Modern China*; Dikötter, *Imperfect Conceptions*.

사적 경험을 알지 못하는 사람들에게 민족 국가를 강요하거나 비유럽권의 사람들이 서유럽의 방식으로 스스로를 조직하는 데에 상대적으로 실패했다고 판단할 어떠한 이유도 없다고 주장하고 있다. 청 제국의 뒤에 올 정치적 형태(예를 들면 태평천국)는 따로 존재했다. 그러나 비유럽권 세계에서 그랬던 것처럼, 20세기 초 중국의 특정한 정치 엘리트는 자신들이 유럽식 민족 국가로 그 사회를 재건—필연적으로, 재건의 임무는 엘리트들 스스로에게 권력을 부여하는 것이었다—해야 할 필요성을 유일하게 인지하고 있다고 여겼다. 그리고 역사의 이러한 우연성은 중국에서 민족주의를 향한 추진력 뒤에 부분적으로 놓여 있었다.[6]

탈식민주의 비평은 그럴듯하고 설득력이 있다. 그러나 청 제국 후기의 중국인 엘리트들은 이런 뒤늦은 통찰을 사치스럽게 누릴 여유가 없었다. 이러한 엘리트들의 숫자가 늘어나면서 그들 주위에서 벌어지고 있는 전쟁에서 살아남기 위해 강력한 서양식의 민족 국가로 정치체를 재건해야 할 필요성은 가장 긴급한 사안이 되었다.

---

6) Duara, *Rescuing History from the Nation*. Duara는 남아시아에서의 서양식 국가 건설에 대한 비판으로부터 일부분 자신의 개념을 형성하고 있다. Duara가 비판하고 있는 연구 중의 하나로는 Chatterjee, *The Nation and Its Fragments* 참조.

조정 중심의 개혁

250년 이상 중국을 지배해온 청 왕조는 1900년 후반에 붕괴 직전에 놓여 있었다. 그 징후는 1860년에 이미 나타났다. 몇 해 동안 청 조정은 신성한 청 제국의 수도를 점령했던 서양 오랑캐들의 군대로부터 목숨을 구하기 위해 도망을 쳤다. 1900년에 상황은 더욱 악화되었다. 1860년에 조정이 피난을 갔던 만주족 조상들의 고향은 일본과 러시아에게 점령되었고, 조정은 중국 북서쪽에 있는 서안으로 피난을 갈 수밖에 없었다. 다행히도 남경은 1860년과 같이 국내의 반역 정권에 의해 또다시 점령되지는 않았다. 이 시기에 조정은 반역자들(의화단)을 성공적으로 끌어들였다. 그러나 반란은 외국의 침략자들에 의해 진압되었고, 청 조정은 침략자들을 저지하기 위해서 외국인들에게 영토의 중요한 부분, 즉 조계를 넘겨주어야만 했다. 결과적으로 상황은 이전보다 더 나빠졌다. 청 제국의 국고는 텅텅 비었고, 잇따른 전쟁의 패배로 인한 대가로 앞으로 거둘 수 있는 수입의 대부분은 외국에게 저당잡혔다. 그리고 국내의 전복 운동들은 갈수록 빈번하게 일어났다. 그러한 운동들은 상대적으로 쉽게 진압될 수 있었지만, 청 조정은 반역자들이 단지 현재의 왕조가 아니라 2000년 역사의 제국 체제 자체를 위협한다는 것에 놀라게 되었다.

그러나 놀랍게도 1860년에 그랬던 것처럼 1900년의 청 왕조는 용케 살아남았을 뿐만 아니라 새로운 힘의 분출, 즉 상대적으로 강력한 중앙의 지도력과 유능한 행정 부문의 회복을 보여주었다. 조정은 이를 '신정新政'의 시기라고 선언했고, 서구에는 대개 '청 후기의 개혁late Qing reforms'으로 알려져 있다. 만주 황가는 1860년대부터 자강이라는 이름 아래에 지방 차원에서 실행되었던 수많은 사업을 이어받았지만, 자강의 원칙에서는 훨씬 벗어나 있었고, 단지 기본적인 사회, 정치, 관념 구조만이 흔들리지 않은 채 남아 있었다. 이 신정이 1898년에 실패로 끝난 백일 유신보다 분위기와 속도의 측면에서 더욱 냉철했다면, 아마도 더 광범위하고 근본적인 정책이 되었을 것이다.

1901년 1월 서안에서 서태후는 엄청난 변화의 필요성과 그 변화를 이끌어나갈 책임에 대한 조정의 자각을 인정하며 스스로를 꾸짖는 죄기조罪己詔와 기본적인 개혁에 대한 조서詔書를 광서제의 이름으로 반포했다. 다음은 이 신정 상유上諭의 일부이다.

> 통치의 방법은 언제나 변화를 필요로 하지만, 도덕의 확연한 원칙은 불변한다. 『역경』에는 "법령이 그 힘을 잃어버릴 때 변화할 시기가 온 것이다"라고 쓰여 있다. …… 오랜 시간을 통해 이를 계승한 세대들은 새로운 방법은 도입하고 쓸모없는 것들은 폐지했다. 우리의 위대한 선조들은 그 시대가 요구하는 것을 충족시키기 위해서 새로운 체계를 구축했다. 우리 왕조가 심양에서 통치하고, 그 후에 장성을 돌파했을 때와는 상황이 달라졌다. 또한 가경제와 도광제 시기에도 통치자들은 옹정제와 건륭제 시기의 많은 낡은 관습들을 변화시켰다. ……
> 강유위를 중심으로 한 역도들이 공표했던 새로운 법률들이 개혁법이 아닌 무법無法이었음은 잘 알려져 있다. 이 반역자들은 조정의 약

화된 상태를 틈타서 음모를 꾸몄다. 태후 폐하에게 지침을 간청한 조
정은 즉각적인 위험으로부터 구제되었고, 사악한 무리들은 단숨에 제
거되었다. ……

　우리는 지금 중국의 부흥을 위해 온전히 헌신하고, …… 중국의 것
과 외국의 것 중 최고만을 조합하라는 태후 폐하의 칙령을 받았다. 요
컨대 행정적 절차와 규정은 개정되어야만 하고, 법률의 악용은 근절
되어야만 한다. 만약 쇄신이 절실히 요구된다면, 온건하고 합리적인
논의가 이루어져야 할 것이다. …… 태후 폐하와 우리는 이러한 문제
를 오랫동안 숙고했다. 이제 변화가 일어나야만 할 갈림길에 도달했
고, 약점을 강점으로 변화시켜야 할 고비가 왔다. 모든 것은 변화가 어
떻게 이루어지는가에 달려 있다. [7]

　전례 없는 규모로 언론이 개방되었고, 이로 인해 청 제국의 모든 신
민들이 개혁안을 제출할 수 있게 되었다. 이러한 제안들을 체계적으
로 분류하고 승인된 사안들을 실행하기 위해서 독판정무처督辦政務處
가 설립되었다. 그 후 1908년에 서태후가 죽을 때까지 나온 일련의 칙
령들은 정부와 사회의 모든 방면에서 중요한 변화를 지시했다.

　개혁의 진행은 중반에 가속화되었고, 1904~1905년의 러일 전쟁
에서 일본의 충격적인 승리에 자극을 받아 더욱 가속화되었다. 거의
대부분 청 제국의 영토에서 벌어진 전투에서 메이지 일본이 거대한 열

7) 1901년 1월 29일 선포된 '신정 상유新政上諭'에 대한 번역은 Reynolds, *China, 1898-1912*, pp. 201-204에서 인용했다.

강 중의 하나를 극적으로 패배시킨 것은, 만약에 청이 내부 문제를 잘 처리할 수만 있다면 청의 국력이 회복될 수도 있다는 새로운 가능성을 열어주었다. 서양에서의 '황화'에 대한 새로운 물결을 보여주는 전형적인 예는 미국의 모험 작가 잭 런던Jack London이 70년 후의 미래를 상상하며 1907년에 썼던 글이었다.

  1904년에 러일 전쟁이 일어났고, 당시의 역사가들은 이 사건으로 인해 일본이 사회의 일원으로 들어올 수 있게 되었다고 대대적으로 기록했다. 하지만 실제로 주목해야 할 것은 중국의 각성이었다.

  중국의 신속하고 현저한 성장은 다른 무엇보다도 중국이 가지고 있는 최상의 노동력 덕택에 가능했다. 중국인들은 산업에 딱 맞는 표본이었고, 늘 그래왔다. 일하는 단순한 능력에 대해서는 세계의 어떠한 노동자도 중국인과 비교될 수가 없다. 중국인들에게 노동은 마치 코로 숨을 쉬는 것과 같은 것이었다. 중국인들에게 먼 땅에서 방황하며 싸우는 것과 정신적인 모험은 다른 사람들이나 하는 일이었다. 중국인들에게 자유는 노동을 위한 수단으로서만 나타날 뿐이었다. 땅을 경작하는 끝없는 노동은 중국인들의 일생에서 요구되는 모든 것이었고, 그들의 힘도 노동에서 나왔다. 그리고 중국의 각성은 엄청난 사람들에게 노동 수단에 대한 자유롭고 무제한적인 접근을 제공했을 뿐만 아니라, 노동을 위한 가장 훌륭하고 과학적인 기계라는 수단에 접근하게 만들었다.

  중국이 젊어졌다! 그러나 그것은 중국이 광폭해지는 한 단계였다.

런던은 이렇게 '각성한', 제지할 수 없는 중국의 세계 지배는 단지 미국이 주도하는 세균전을 통해 전체 중국인들을 대량 학살하는 방법을 통해서 막을 수 있을 것이라고 가정했다.[8]

궁극적으로 신정은 중국이 세계를 지배할 수 있게 만들지 못했고, 다양한 문제들을 해결하지도 못했다. 사실 다양한 측면에서 신정은 사회적 긴장과 정치적 반항심을 더욱 악화시켰다. 하지만 개혁의 의도는 분명히 진실한 것이었고, 그 여파는 실질적이었으며, 장기간에 걸친 중요성도 상당했다. 이러한 개혁들은 국가가 감시하고자 했던 사회와 경제의 규모에 비해 상대적으로 정부의 힘이 줄어드는 몇 세기에 걸쳐 이루어진—일부 변동이 있기는 했지만 중화제국의 중기부터 보였던— 과정에 대한 극적이면서도 갑작스러운 반전이 일어났음을 상징했다. 또한 이 개혁은 강제적이면서도 강력한 근대 국가를 꾸준히 건설하고자 하는 확고한 움직임과 20세기 후반의 모택동 시기까지도 지속적으로 성장할 과정을 대변하고 있었다.

무엇보다도 신정은 청의 행정 체계를 능률적으로 개선하고 각급 관리들의 의무와 책임을 더욱 명백하게 규정했다. 총독의 임무와 겹친다는 이유로 몇몇 성의 순무(사천순무를 포함)를 폐지한 것처럼 몇몇 한직들이 폐지되었다. 수도권의 행정에서는 유서 깊은 6부가 점점 내각의 부서들로 대체되었고, 이는 일본이나 다른 국가의 의회와 정부가 작동하는 것과 유사한 모습이었다. 호부戸部는 탁지부度支部로 대체되

---

8) London, "The Unparalleled Invasion." 이 이야기를 필자에게 알려준 메러디스 우·Meredith Woo 교수에게 감사드린다.

었고, 총리아문은 더욱 격식을 갖춘 외무부外務部로 바뀌었다. 형부刑部는 법부法部로 변경되었고, 법원이 설립되어 전권을 가진 현지 행정부로부터 독립된 새로운 사법 기관의 초석이 되었다. 다른 새로운 부서들에는 상부商部(2000년에 걸쳐 체계적인 정부의 지원과 규제를 받지 않았던 사적인 상업을 제국 체계에서 관리하겠다는 중요한 시도였다), 교학부敎學部, 순경부巡警部(나중에 민정부民政部로 개명되었다) 그리고 우전부郵傳部(진행 중이었지만 조정이 이루어지지 않고 있던 철도 건설에 대한 중앙 집권화된 통제를 확립하기 위해 신설되었다)가 포함되어 있었다.

더욱 광범위한 영향을 미친 것은 시민권과 대중의 정치 참여를 증대시키기 위해 마련된 청의 기본적 정부 구조에 대한 계획적인 변화였다. 물론 이는 군주와 국가의 이익을 위해서 황실이 이끌었던 포괄적인 정책이었다. 1907년에는 헌정연구위원회가 설립되었고, 오랫동안 입헌 군주제를 옹호했던 양계초는 망명 중이던 일본에서 돌아와 고문으로 참가했다. 고위급의 대표단이 1905년과 1906년에 일본과 미국, 그리고 다른 유럽 국가들의 정치 체제를 연구하기 위해 파견되었다. 대표단의 설립은 지방과 성, 그리고 국가 차원에서 그 일정이 미리 정해졌다.

산업화와 상업적 발전을 진작시키기 위해서 새로 만들어진 상부는 여러 성과 중요한 상업 도시에 있는 상업 회관을 통합하여 설립하고자 했다. 적어도 20세기의 전환기부터 이러한 기관들 중 일부는 지방의 주도에 따라 운영되었고, 1904년의 칙령은 공식적으로 이러한 기구들을 인정하고 표준화하고 규제하고자 했다. 청 제국의 전형적인 형태에서 현존하면서 효율적으로 기능을 하고 있는 사회적 기구들이 흡수되었고, 다른 지역에서는 이를 모방한 기구들이 생겨났다. 1909년이 되면 청 제국 전역에 분포한 약 180개의 상업 회관은 지역의 경제 활동을 연구하고 진작시키려는 목적으로 서로 다른 분야의 무역에 종사하고 고향도 다른 상인들과 산업 기업가들을 끌어모았다. 또한 상업 회관들은 지방에서 활동하는 사람들과 행정부 사이를 연결시켜주는 권위를 부여받은 공식 기구 역할도 수행했다. 당시의 많은 혁신들처럼, 새로운 상업 회관은 국가가 승인한 새로운 전문적 이익 집단, 즉 기업가를 육성하는 데에 큰 역할을 수행했다.

군사적인 면에서, 신정은 무너져가는 팔기와 녹영을 대체할 수 있는 강력하고 중앙 집권화된 근대식 군대를 만들겠다는 조정의 책임을 피력했고, 마침내 태평천국 시기에 활약했던 지방군을 중앙의 통제 아래로 편성하고자 했다. 이러한 목적으로 1903년에 연병처練兵處가 설립되었고, 만주족 대신인 철량鐵良과 그 시기에 가장 강력한 한족 관료였던 원세개가 공동으로 연병처를 이끌었다. 이홍장의 부하였던 원세개는 이홍장이 이전에 이끌었던 회군에 대한 지휘권을 물려받았고, 이홍장의 사망 이후에는 직예총독의 자리에 올랐다. 원세개는 그 지위를 활용하여 교육, 산업, 치안 분야에서 수많은 서구화 개혁을 시행했고, 20세기 초기에 가장 효율적이면서 장비를 잘 갖춘 군대인 북양군北洋軍을 조직했다.[9] 원세개 휘하의 고위 장교들 중에서 초기 공화국

---

9) 원세개의 민간 분야 개혁에 대해서는 MacKinnon, *Power and Politics in Late Imperial China* 참조.

시기에 매우 중요한 역할을 맡았던 군벌들이 다수 배출되었다.

수도 지역 밖에서는 연병처가 새로운 군사 학교(종종 일본인 교관들을 채용했다)와 지역 차원에서 기술적으로 우수했던 신군新軍의 창설을 감독하기 위해서 독련공소督練公所를 설치했다. 신군의 장교와 병사들은 주로 각 성에서부터 차출되었고, 장교들은 새로운 군사 학교의 졸업생이었으며, 많은 병사들이 최소한도의 읽고 쓰는 능력을 갖고 있었다. 국방의 필요성이 명백해진 중국 사회에서, 군 복무는 교육받은 엘리트 사이에서 새롭게 선망받는 직업이 되었고, 신군 병사들의 사회적 배경은 새로운 서양식 학교에서 교육받는 민간 학생들과 크게 다르지 않았다. 게다가 안보가 중요한 것이라고 인식되는 시대에 군대는 새로운 승진 기회를 제공했고, 상류 사회로 올라가는 통로의 역할을 했다. 기업가와 함께 근대 군인이 새로운 전문 엘리트로 부상한 것이다.

신정의 정책 중에서 전통을 가장 크게 파괴했던 것은 교육 개혁 분야였다. 일본이 러시아 제국에 놀라운 승리를 거둔 직후인 1905년에 청 조정은 1000년 이상 동안 관직 진출과 사회적 출세를 향한 전통적인 통로 역할을 했던 과거 제도를 갑자기 폐지했다. 그 대신에 조정은 모든 지방에 서양식 교육을 가르치는 학교를 창설한다는 칙령을 발표했다. 이러한 학교가 1904년의 청 제국에는 약 4000개교 정도가 있었고, 학생 수는 대략 9만 2000명에 달했다. 5년이 지난 후에 학교 수는 5만 2000개교로 늘어났고 학생 수는 150만 명으로 불어났다. 수천 개의 새로운 학교로 사용된 건물은 주로 강제로 몰수한 사찰이었다. '미신'

에 대항해서 싸운다는 엘리트들의 지속적인 움직임이 사찰 몰수라는 형태로 나타났다. 이전에는 엘리트들이 유교 문명이라는 이름을 내걸고 투쟁했지만, 이번에는 서구화로의 진보, 과학, 국방이라는 명분을 내세워 투쟁했다.[10]

거의 하룻밤 사이에 근대 학교의 졸업장이 정부 관료로 복무하고 사회적 지위를 달성하는 데 가장 기본적인 자격이었던 과거 시험을 대체했다. 전통적 신사 계층에 속하는 많은 사람들은 이에 격렬하게 저항했다. 출사하겠다는 열망으로 열심히 유교 경전을 공부했던 운이 없는 서생들은 갑작스럽게 기회가 사라지면서 망연자실할 수밖에 없었으며, 이제는 개혁주의적이고 대중적인 소설 속에서나 등장하는 옛날 인물이 되어버렸다.[11] 그래도 놀라울 정도로 수많은 전통적 엘리트 가문들은 이러한 혁명적 사건에 빨리 적응했고, 과거 제도에 철퇴가 내려지기 이전에 적어도 한 명의 유망한 아들을 서양식 학교에 보내는 예방책을 이미 취했다. 이러한 부류의 남자들은 서양식 학교의 강사가 되거나, 다른 전도유망한 직업을 얻기 위해 재교육을 받았다. 이러한 적응 방식을 통해서 본래 과거 제도의 산물이었던 '신사'는 적어도 한두 세대 동안 과거 제도의 폐지로부터 용케 살아남았다.[12]

---

10) 대중문화에 대한 엘리트들의 투쟁에 대해서는 Duara, "Knowledge and Power in the Discourse of Modernity" 참조.

11) 이러한 묘사 중에서 가장 유명한 것은 노신魯迅의 단편 소설 「공을기孔乙己」이다. Lu Xun, *The Complete Stories of Lu Xun*, pp. 13-18 참조.

12) 화중 지역 일부 현의 엘리트들에 대한 필자의 연구인 Rowe, "Success Stories" 참조.

신군, 학당, 경찰, 철도, 확대된 행정 직원을 비롯한 산업과 통신의 발전, 그리고 신정의 모든 개혁은 엄청난 자본을 필요로 하는 것이었다. 의화단 배상금으로 지불될 제국 해관의 세입까지 포함해 1900년 무렵 청 정부의 수입은 국내 총생산의 6퍼센트에 불과했고, 이는 현저하게 낮은 비율이었다. 2008년의 미국과 비교해봤을 때, 미국 연방 정부의 수입은 국내 총생산의 11퍼센트에 가까웠으며, 연방과 주, 지방 정부의 수입을 모두 합하면 30퍼센트가 넘었다. 야심 찬 새로운 정책을 뒷받침해줄 자금원을 청 정부는 어디에서 찾으려 했던 것일까? 가장 확실한 출처는 외국 정부와 은행으로부터 받는 대출이었다. 결과적으로 배상금을 지불하고 급료와 같은 일상적인 행정적 비용을 충족시키기 위해서 이미 도입된 엄청난 대출과 더불어,[13] 신정은 정부를 더욱 깊은 빚의 늪으로 밀어넣는 강압적인 새로운 채무 관계를 만들어버렸다.

두 번째 자금원은 정부 재정 구조를 재구성하는 방식으로 생겨났다. 적어도 19세기 중반의 반란 이후부터 장기간에 걸쳐 성의 재정이 중앙으로부터 독립하는 경향이 발생했다. 통행세와 늘어난 상업세는 주로 지방 정부에 의해 직접적으로 부과·징수되었고, 황제에게는 제대로 보고되지도 않고 중앙으로 잘 전달되지도 않았다. 이러한 측면에서 생각해보면 의화단 배상금은 불행한 것이 아니라 행복한 것으로 변하게 되었다. 갑자기 어마어마한 부채를 떠맡게 된 중앙 정부는 빚을 갚기 위해서 각 성에 '기부금'을 내라고 요구했다. 예를 들면 호북성

---

13) Rowe, *Hankow*, p. 197.

은 의화단 배상금을 지불하기 위해서 해마다 은 120만 냥을 지불해야
했다.[14]

활기를 되찾은 중앙 정부는 의화단 배상금으로 인해 시작되었던 재
정비 과정을 더 확장해나갔다. 중앙 정부는 성 정부에 해마다 새로운
기부금을 부과했고, 이익이 되는 수많은 자강 산업, 광산, 해운 회사
를 국유화했다. 그리고 1909년에는 지방의 '재정적 현실'에 대한 집중
적인 회계 감사가 진행되었고, 3년간의 조사를 거쳐 최종적인 보고가
1911년에 황제에게 전달되었다. 이로 인해 청 전역의 재정 자원이 재
분배되었고, 오랫동안 진행되었던 탈집중화의 추세가 갑작스럽게 반
전되었다. 정치적 권위가 극적으로 중앙 정부의 손에 다시 집중되었
던 것처럼, 재정 자원에 대한 중앙의 독점도 다시 이루어졌다. 이것은
가장 기본적인 단계의 국가 형성이었다.

궁극적으로 개혁을 위한 재정적 부담은 세금이 늘어나면서 고스란
히 지역 인구의 몫으로 돌아갔다. 청 제국의 마지막 10년 동안에 정부
의 모든 차원에서 거두는 세입이 거의 2배로 늘어났고, 특히 1905년
이후의 몇 년 동안에 거둔 세금이 큰 역할을 했다. 그리고 세금을 상급
행정 기관으로 보내기 위해서 중앙 정부 또는 성이나 지역 행정 기관
들은 다양한 종류의 새로운 규제들을 강요했다. 몇몇 성은 20퍼센트
에 달하는 부가세를 토지세에 추가하기도 했다. 신도시의 부동산세도
손쉬운 수입원이 되었다. 과거에는 정부의 허가를 받기 위해 해마다
약간의 수수료를 지불했던 관허官許 중개인들은 이제 대규모의 거래

---

14) Esherick, *Reform and Revolution*, p. 114.

에 직접세를 부과하는 정부의 세금 징수 대리인이 되었다. 처음으로 몇몇 소비재의 소매에도 소비세가 부과되었다. 도시에서는 상인 조합의 기금이 상업 회관의 비용을 충당하기 위해서 몰수되었고, 촌락에서는 공식적으로 해마다 행해지는 축제와 희곡 공연에 사용되곤 했던 사찰의 기금이 농촌 학교의 운영을 위해 몰수되었다. 이 모든 것 중에서 가장 번거로운 것은 화폐 주조세, 즉 금속 함유량의 가치보다 더욱 높은 액면 가치를 지닌 새로운 동전을 주조할 때 발생하는 세금의 형식을 갖춘 간접세와 금속 가치와는 무관한 지폐의 발행이었다. 가치가 저하된 통화를 공급하는 것은 정부에게는 이익이었지만, 그 대가는 필수품의 가격이 폭등하는 것으로 나타났다.

요컨대 신정으로 인한 부담은 개혁의 혜택을 가장 받지 못했던 빈곤층에게 가장 무거웠는데도 신정의 재정 정책은 청 사회의 모든 사람들을 분노하게 만들었다. 그러나 수많은 위협에 직면한 상황을 타개하기 위해서는, 20세기 중국이 더욱 강력하고 중앙 집권화되고 지방에까지 그 영향력을 미치는 국가가 되어야 한다는 논리를 받아들인다면, 다음과 같은 질문이 나오게 된다. 얼마나 많은 개혁이 진실로 필요했고, 비용을 지불할 가치가 있었는가? 그리고 그 개혁들은 공정하고 효율적으로 시행되었는가? 이에 대한 답은 아마 각자의 철학적 입장에 따라 달라질 것이다.

1911년 혁명에 대한 서양의 관점

1911년의 중국 공화 혁명(신해혁명)에 대한 서양(특히 미국) 역사학자들의 시각은 20세기 중국 정치를 주도했던 정당들이 제시했던 두 가지 서술에 대한 반응이었다. 중국국민당의 정통적인 설명이 최고 권위를 가지고 있었고, 오늘날까지도 이 관점이 서양에서는 이 사건에 대한 대중적 이해의 핵심을 형성하고 있다.[15] 이 서술은 신해혁명이 가지고 있던 민족주의적 목표, 즉 서양과 더욱 중요하게는 이민족이 차지하고 있는 왕조, 즉 만주족 왕조에 대항한다는 목표를 강조했다. 또한 계몽적이고 진보적인 성향을 가지고 혁명에 대한 자의식이 강한 사람들이 함께 뭉쳐 혁명을 공모하고 지휘했으며, 이들의 정치적 연합이 국민당의 직접적인 선구로 간주된다는 점을 강조했다. 무엇보다도 민족주의적 서술은 조지 워싱턴George Washington 같은 '국부國父'이자 국민당의 아버지였던 손문을 부각시켰다.

이 관점에 따르면, 중국은 만주족의 속박 아래 거의 300년을 애타게 기다렸다. 손문은 다른 이들보다 앞서서 이를 폭정으로 바라보았다. 그래서 그는 20세기 초기에 일련의 영웅적인 봉기를 이끌었고, 1911년에는 마침내 실현 가능한 연합을 이룩하여 공화국 창설에 성공했다. 그 진행 과정에서 손문은 의도적으로 링컨의 '국민의, 국민에 의한, 국민을 위한 정부'라는 말을 연상시키는 삼민주의三民主義—민족民

---

15) 이 관점에 근거한 창설의 역사에 대해서는 文公直, 『中華民國革命全史』참조. 이 문단은 비슷한 서술인 Wakeman, *Fall of Imperial China*, pp. 225-227을 인용했다.

族, 민권民權, 민생民生——를 주창했다. 혁명에 성공한 이후 손문은 혁명을 배반했던 사람들의 손에 정부를 넘겨준 채 명예롭게 물러났다.[16] 그는 악의 무리를 몰아내고 국가를 정상적인 궤도에 다시 올려놓기 위해 정치 무대에 복귀했고, 이 임무는 손문의 합법적 계승자인 장개석이 최종적으로 완수했다. 여기에 동조하는 해설가들의 도움 아래에서 감동적인 이 이야기는 애국적인 미국인들에게 호소하려는 의도를 가지고 있었고, 실제로 성공했다.[17]

이와 대조적으로 중국공산당의 혁명적 서술에서 보자면, 1911년의 사건들은 국민당이 주장했던 것과 같은 건국 신화의 위상에 결코 부합하지 않았다. 몇십 년 동안 1911년의 혁명은 1949년에 일어났던 진정한 공산 혁명보다 중요하지 않은 것으로 여겨졌다. 그러나 모택동 이후 시기가 되면 1911년의 사건들이 중국공산당과 관련되었다고 주장하는 노력들이 거대하게 뿜어져나왔고, 이에 대한 새로운 학설—국제 학술 회의와 서양 연구의 번역이 이에 포함되었다—이 나타났다. 본질적으로 중화인민공화국의 이러한 연구들(이들 중 일부는 상당히 훌륭한 연구들이다)은 혁명의 계급적 성격을 강조하는 경제 결정론적 시각을 받아들였다.[18] 1911년에 일어났던 '부르주아 민주주의' 혁명은 1789년 프랑스 혁명과 유사했는데, 그것은 서양의 고객이었던 '매판 부르주아'와 대립되는 '민족 부르주아'에 의한 봉기였던 것이다. 그 봉기는

---

16) 이 배신에 대한 담론 중에서 영문 연구로는 Chen, *Yuan Shih-k'ai, 1859-1916* 참조.

17) Linebarger, *The Political Doctrines of Sun Yat-sen*.

18) 章開沅 · 林增平 主編, 『辛亥革命史』 참조.

반봉건주의, 반제국주의의 측면에서는 진보적이었지만, 농민과 프롤레타리아 대중들이 그 중심에 관여하지 않았고, 그들의 이익도 반영되지 않았다. 이 과업은 공산당이 이끄는 해방 혁명이 이룩해야 하는 것이었다. 공산주의 서술의 탈개인화에도 불구하고, 공산주의자들이 '민족 부르주아'의 선구자라고 주장했던 손문에게는 중요한 위상이 부여되었다.

　두 가지 서술은 다소 '손문 중심주의적' 성격으로 인해 어려움을 겪었다. 혁명이 발발했을 때 손문은 실제로 미국 콜로라도 주의 덴버에 있었고, 혁명에 가담한 다종 다양한 세력들은 적어도 손문만큼 (그 이상은 아니었지만) 중요한 역할을 했다. 혁명에 관한 서양의 초기 연구는 손문을 확고히 그 중심에 놓았지만,[19] 연구의 다음 흐름은 손문의 가장 가까운 동료인 황흥黃興과 송교인宋敎仁의 공헌에 주목하여 초점을 바꾸었다.[20] 혁명 활동에 대한 그 이후의 연구는 많은 요인 가운데 손문과는 그리 명확하게 연계되지 않은 학생들이나 지식인들을 다루었다.[21] 비슷한 시기에 명백히 혁명론자가 아니었거나 심지어 혁명에 대항했던 개인과 집단이 혁명에 공헌했다는 점도 주목을 받게 되었다.[22] 마지막으로 아마도 가장 의미가 있었던 산물은 특정 지역의 혁명 사회

---

19) Linebarger, *Sun Yat Sen and the Chinese Republic* 참조.

20) Hsüeh, *Huang Hsing and the Chinese Revolution*; Liew, *Struggle for Democracy*.

21) Gasster, *Chinese Intellectuals and the Revolution of 1911*; Rankin, *Early Chinese Revolutionaries*; Furth, "The Sage as Rebel."

22) Chang, "The Constitutionalists"; Chang, *Liang Ch'i-ch'ao and Intellectual Transition in China*.

사를 다룬 사례 연구에서 나왔다. [23)]

조사의 범위를 넓히는 과정을 통해서 서양의 역사가들은 처음보다는 1911년에 대한 중국공산당의 서술에 더욱 접근하게 되었다. 그러나 그들은 혁명이 장소에 따라서 일관적이지 않고, 그 사회적 기초에 정확하게 '부르주아'가 있는 것도 아니며, 그 당시에는 전반적으로 '진보적인' 것도 아니었음을 확인하게 되었다. 현재의 서양 역사가들이 강조하는 것은 특정한 개인과 지방의 이익에서 나오는 상호 작용이 어떻게 혁명적 사건이 발생하도록 영향을 미쳤는가 하는 것이다.

학생 운동

19세기 말과 마찬가지로 20세기 초의 몇몇 중국인 운동가들은 개혁가로서의 역할을 수행했고, 일부는 혁명가가 되었다. 혁명론자들은 그리 많지 않았고, 공화주의 운동이 절정에 달하면서 처음으로 그 역량을 발휘했다. 대체로 공화주의 운동은 중국의 가장 위협적인 경쟁자일 뿐만 아니라 가장 중요한 모델이기도 한 일본에서 유래되었다. 그리고 중국 땅에서 거둔 일본의 중요한 승리에 대한 직접적인 반응으로서 청의 개혁에 대한 두 가지 열정적인 흐름이 발생했다.

---

23) Hsieh, "Triads, Salt Smugglers, and Local Uprisings"; Hsieh, "Peasant Insurrection and the Marketing Hierarchy in the Canton Delta, 1911"; Rhoads, *China's Republican Revolution*; Esherick, *Reform and Revolution in China*.

메이지 유신 시대 '지사志士'의 후계자라고 자처하면서 중국의 상업, 정치, 혁명의 분야에서 '지나낭인支那浪人'의 삶을 개척했던 많은 일본인 활동가들은 젊은 중국인 급진주의자 양성에 관심을 기울였다. 이 모험가들이 고무시킨 새로운 이데올로기는 범아시아주의로, 모든 황인종들이 백인종들에 대항하여 투쟁하기 위해 단결할 것을 주창했다. 교토 대학교에서 통합적인 동양사학 연구 방법을 확립한 언론인이자 교육자였던 나이토 고난內藤湖南(1866~1934)은 일본의 문화가 중국의 문화에서 비롯되었고, 이제 강건한 자식이 점점 늙어가는 부모에게 도움을 줄 때라고 단호하게 주장했다. 이러한 공통 전통과 공통 경제 이익이라는 인식을 바탕으로 1898년 도쿄에서 동아동문회東亞同文會가 설립되었다. 연구 모임, 사업 단체 그리고 첩보 활동의 성격이 결합된 동아동문회는 중국에 서점들을 열었고, 서양의 선교사들이 그랬던 것처럼 회원들의 신념을 전향시켰다. 범아시아주의는 대체로 강유위와 양계초 같은 청의 급진적인 개혁가들과 당재상, 손문과 같은 혁명가들에게 정치적 피난처를 제공했던 일본 정부에 의해 퍼지고 있었던 풍조였다.[24]

그러나 가장 중요한 것은 청의 마지막 10년 동안 일본으로 건너간 중국인 학생들의 수가 크게 증가했다는 점이었다. 중국 학생들의 해

---

24) 나이토 고난에 대해서는 Fogel, *Politics and Sinology* 참조. 동아동문회에 대해서는 Reynolds, *China, 1898-1912* 참조. 양계초가 일본에서 겪었던 경험은 Huang, *Liang Ch'i-ch'ao and Modern Chinese Liberalism*에서 강조되어 있다. 손문과 일본의 연계에 대한 고전적인 연구로는 Jansen, *The Japanese and Sun Yat-Sen* 참조. 학생들에 대해서는 Reynolds, *China, 1898-1912*; Harrell, *Sowing the Seeds of Change* 참조.

외 이주는 1895년 이후부터 본격적으로 시작되었고, 일본이 러시아를 패배시키고 중국이 과거 제도를 폐지한 직후인 1905년에는 그 수가 더욱 늘어났다. 일부는 유럽이나 미국으로 건너갔지만, 대부분은 비용과 거리, 언어적 유사성을 고려하여 일본으로 건너갔다. 그들은 그때까지의 세계 역사상 최대 규모의 해외 유학생 운동을 구성했을 뿐만 아니라, 대부분은 중화민국을 이끌었던 1세대 지도자들이었다. 그들 중 다수는 남성이었지만 일부 여성들도 외국에서 공부했다. 학생들의 숫자는 1890년대 후반의 10여 명에서 20세기 초반에는 수백 명으로 불어났고, 1905년에는 8000명 이상으로 늘어났다.[25] 변발을 한 중국 청년들은 고향을 떠나기 전에는 그렇지 않았지만, 일본에서 자신들이 근대화되었다고 생각하는 일본인에게 비웃음을 받으면서 급격하게 중국 민족주의로 전환했다.『눌함吶喊』이라는 단편소설집의 서문에서 작가 노신魯迅(루쉰, 1881~1936)은 그가 젊은 의학생으로 일본에서 유학하고 있었던 1905년에 스파이 혐의를 받고 일본 군인에게 처형당하는 중국 동포와 그것을 에워싸고 구경하는 중국 동포들을 영상으로 보았던 그의 경험에 대해 언급했다. 이것은 노신의 일생을 바꾼 경험이었다.[26]

일본으로 유학 온 학생들의 급속한 정치화는 망명한 정치적 인물의 강의, 일본어로 간행된 신문, 일본에 체류하는 공동체에서 발행한 중국어 신문, 서양의 사회적·정치적 사상에 대한 일본어 번역 등에 의해

---

25) Reynolds, *China, 1898-1912*, p. 48.

26) Lu Xun, *Complete Stories of Lu Xun*, pp. vi-vii.

촉진되었다. 이러한 번역물은 새로운 정치적 용어와 함께 20세기의 중국으로 전해졌다. 친숙하지 않은 서양의 개념을 일본어로 번역하기 위해서 전통적인 한자를 새롭게 조합하여 만든 많은 신조어들이 탄생했고, 이렇게 생겨난 일본식 신조어들은 중국 사회 속으로 재도입되었다. 이러한 용어들에는 강력한 동원의 개념인 '민족', '민권', '민주주의', '헌법', '자유주의', '사회주의', '공화국' 그리고 '혁명'이 포함되어 있었다.

학생들도 조직되었다. 제국 본토에서 과거를 준비하던 사람들이나 고향을 떠나 곳곳에서 상업 활동을 하는 상인들이 그랬던 것처럼, 유학생들도 출신 지역을 중심으로 동호회를 결성했다. 이러한 조직 중 일부는 새롭고 급진적인 지방의 애국주의를 고취하기 위해서『절강조浙江潮』같은 신문을 발행하거나, 양육린楊毓麟이 만들었던『신호남新湖南』과 같은 급진적 책자를 간행했다.[27] 그들은 또한 혁명 조직도 만들었다. 이것을 알아챈 청 조정은 이러한 조직들에 첩자를 잠입시켰고, 문제를 일으키는 자들을 본국에서 재판하기 위해 일본에 송환을 요청했다. 이 부분에서 범아시아의 정서를 가진 메이지 정부는 다양한 신념을 가진 청의 정치적 망명자에게 그랬던 것처럼, 당분간은 급진적인 중국 학생들을 관대하게 방치하려는 경향을 보였다.

청 제국 권위의 문제는 이러한 급진적인 학생들이 고국으로 돌아와서 서양식 학교와 군사 학교의 수많은 졸업생들에게 영향을 미치면서 시작되었다. 이러한 전체 세대의 급진주의화는 신정 개혁의 예상치

---

27) Platt, *Provincial Patriots*, pp. 117-121.

못한 결과(더 나아가서는 신정 정책들의 진실성을 입증하는 증거)처럼 보일지도 모른다. 돌아온 학생들은 상해나 한구와 같은 외국인들의 거주지와 그 근처에서 많은 시간을 보냈고, 그곳에서 그들은 급진적 민족주의 방식으로 서양의 영향을 계속 받아들였다. 그들의 활동에는 낭만적 이상주의와 청춘의 '행동화'가 많이 포함되어 있었다. 이를 보여주는 예로는 카리스마 있는 젊은 여성, 추근秋瑾(1875~1907)이 있다. 추근은 『수호전』과 같은 전통적인 무협 모험담에 푹 빠져 있었고, 스스로를 영웅적인 협객이라고 상상했다. 추근은 서양 남성의 복장을 입거나 과거 중국의 유명한 여성 종파 지도자들의 옷을 입고 사진 찍는 것을 좋아했다. 학생 군대를 조직하기도 한 추근은 그 군복 디자인에 특히 신경을 썼다.[28]

당시 많은 이들이 보디빌딩, 경쟁적 스포츠, 무술과 같은 일본인들의 유행에 매혹되었으며, 이러한 풍습은 오늘날 중국 문화의 한 부분으로 여전히 남아 있다. 고국을 위해 열정적으로 자신의 삶을 포기하는 사심 없는 젊은 사무라이들의 이상형인 일본인 지사의 이념을 받아들이면서, 젊은 중국 학생들은 계획적으로 순교하려 했고, '기꺼이 몸을 바칠 수 있는' 단체에서 서로의 결속을 맹세했다. 드물지 않게 볼 수 있는 극단적인 행동 유형은 자살이었다. 일본의 중국 학생 운동 단속에 항의하기 위해 소책자를 발간했던 호남성 출신의 젊은이 진천화陳天華는 1905년에 도쿄 만에 스스로 뛰어들어 익사했다. 같은 해 25세의 풍하위馮夏威(1880~1905)는 미국의 중국인 이민 배척법에 항의하

28) Rankin, *Early Chinese Revolutionaries*; Rankin, "The Tenacity of Tradition."

기 위해 상해에 있는 미국 대사관의 계단에서 음독 자살했다.[29] 또 다른 행동 유형은 무정부주의자에 의해 고무된 암살 시도로, 광동성의 귀국 유학생 왕정위汪精衛(왕징웨이, 1883~1944)는 1909년에 섭정왕攝政王을 암살하려고 시도했다.

일부 학생들은 지방의 궐기를 이끌기 위해 비밀 결사들과 관계를 구축했다. 그중 가장 유명한 것은 강서성의 평향萍鄕과 호남성의 유양瀏陽, 예릉醴陵 지역의 고지대에서 발생한 평·유·예 기의였다. 담사동과 당재상(그는 1900년에 자신이 이끌었던 자립군과 비밀 결사들을 결합시키려는 생각을 처음으로 했다)의 고향인 이곳에서, 귀국한 호남성 출신 학생들의 집단은 1906년에 석탄 광부들과 함께 혁명식 파업을 시작했지만, 결국 이 혁명은 피비린내 나는 실패로 끝나버렸다. 무엇보다도 비밀 결사와 광부들처럼 신분이 낮은 계급을 결집시킨 엘리트 출신의 학생들에게 공포심을 느낀 청 조정은 국내외에서 학생들의 활동을 억압하는 일에 박차를 가했다.

점점 더 거칠어진 반만주주의 구호는 젊은 혁명가들을 자극했다. 청의 초기 정복 당시에 일어났던 '잔혹 행위'와 아편 전쟁 중 만주족의 '배신'에 대한 역사적 기억은 민족적 단결이 국가 건설에 필수 조건이라는 새로운 신념을 싹트게 했다. 3년 전의 배외주의적인 의화단의 기치를 모방하면서, 1903년에 진천화(그는 2년 후에 순교했다)는 『경세종警世鐘』이라는 선동적인 소책자를 발간했다. "죽여라! 죽여라! 죽여라! 집단으로 전진하라. 외국 악마들을 죽여라! 외국 악마에게 항복한 기

---

29) Wong, "Die for the Boycott and Nation."

독교 개종자들을 죽여라! 만약 외국인들이 우리들을 죽이는 일에 만주족들이 도움을 준다면, 먼저 모든 만주족들을 죽여라. 전진하라, 죽여라! 전진하라, 죽여라! 전진하라, 죽여라! 죽여라! 죽여라!"[30]

조금 더 합리적이지만 파괴적인 반만주주의 형태는 양주 출신의 유사배劉師培(1884~1919)에 의해서 발전되었다. 유사배의 할아버지는 중국번이 1862년에 왕부지의 저작들을 처음으로 재간행할 때 그의 막료였다. 유사배는 종족 간의 투쟁을 내포한 새로운 사회 진화론과 함께 왕부지의 저작을 탐독했다. 양자강 하류, 호남성, 광동성 출신의 젊은 애국주의자들처럼 유사배는 북방 오랑캐들의 연속적인 침략 이후에 진정한 중국 민족과 문화는 남쪽으로 이동했다는 왕부지의 주장을 체득했다. 유교 경전에 정통했던 유사배는 숨어 있는 양이攘夷의 비밀을 찾으려고 『춘추』를 반복해서 읽었는데, 양이는 메이지 유신 시대의 젊은 사무라이들이 반복해서 외쳤던 구호였다. 독일식 개념인 민족정신volksgeist이 메이지 일본에서는 국수國粹로 번역되었고, 유사배와 그의 동료인 국학자 장병린은 일본을 거친 이 개념을 도입하여 만주족의 지배 아래에 몇 세기에 걸쳐 체계적으로 억압받았던 한족 중국인의 비슷한 '국수'가 존재하고 있다고 가정했다. 1903년 19세의 유사배는 상해에서 『국수학보國粹學報』를 창간했고, 진정한 한족의 '민족적 정신'을 체현하고 만주족에 대항하는 민족적 투쟁을 촉진할 수 있는 숨겨진 작품들(수필, 시, 그림, 서화)을 발견하려는 목적에서 일련의 잡지를 간

---

30) 이 번역은 Esherick, *Reform and Revolution*, p. 48에서 인용.

행했다.[31]

당시 급진적인 학생들이 발간한 가장 영향력이 컸던 소책자는 『혁명군革命軍』으로, 1903년에 막 일본에서 돌아온 18세의 사천성 출신 추용鄒容(1885~1907)이 출간한 책이다. 추용의 생각은 사회 진화론적인 종족 사상으로 철저하게 채워져 있었다. "세계에는 황인종과 백인종이 존재한다. 진화의 과정에서 능력과 지식을 가진 사람들이 더 잘 경쟁할 수 있다는 것은 자연스러운 일이다. …… 그래서 가장 적합한 자들이 살아남는 것이다. 같은 민족에 속하는 사람들을 아끼는 것은 외부 세력에 대항하여 협동할 필요성이 존재하기 때문이다."[32] 이러한 주장을 뒷받침하기 위해서 추용은 아시아 종족의 '과학적인' 분류법을 만들어냈고, "한족은 동아시아 역사상 가장 뛰어난 인종이며, 그 민족은 내 동포이다"라고 결론을 내렸다. 이는 '퉁구스족'인 만주족의 패권을 공격하도록 이끌었다. "아! 우리의 한족, 우리의 조국을 강하게 만들 수 있는 종족이 아닌가? …… 위대한 사람들의 위대한 종족이 아닌가? 아아! 그만큼 많은 사람들로 구성되어 있음에도 불구하고, 한족은 다른 종족의 노예가 되었을 뿐이었다. …… 한족은 단지 만주족에게 충성하고 복종하는 노예일 뿐이다."

존 스튜어트 밀John Stuart Mill을 모방해서 추용은 중국인이 역사가 없는 사람들이라고 주장했다. "이른바 24개 왕조의 중국 역사는 그저

31) Bernal, "Liu Shih-p'ei and National Essence"; Chang, *Chinese Intellectuals in Crisis*, chap. 5.

32) 추용의 글은 모두 Hsüeh, *Revolutionary Leaders of Modern China*, pp. 194-209의 번역을 활용했다.

노예의 역사일 뿐이다." 그는 이 주장을 반제국주의적 입장과 연결시켰고, 유교 논리를 인용하여 이러한 상태가 치욕스럽고 불효한 것이라고 여겼다. "이전에 금, 원, 그리고 청 왕조의 충신이었던 자들은 사라졌다. 이제 그들은 영국, 프랑스, 러시아, 미국의 충성스러운 신하가 되었다. 그 이유는 사람들이 종족 중심적 개념 또는 민족적인 개념을 가지고 있지 않기 때문이다. 그래서 남자는 강도가 되고 여자들은 매춘부가 되는, 우리 선조들에게 부끄러운 일도 할 수 있는 것이다." 역사적 수정주의자의 대담한 표현의 차원에서, 태평천국군 진압에 힘쓴 영웅들도 추용에게는 민족의 반역자인 '주구走狗'로 간주되었다.

> 증국번, 좌종당, 그리고 이홍장은 청 제국의 충성스러운 관료였다. …… 이 세 사람은 …… 스스로를 이전의 현자와 필적할 정도의 교육을 받은 자로 생각했고, 만주족들의 충성스러운 노예가 되기 위해 정의와 공정함과는 상관없이 기꺼이 그들의 동포를 학살했다. …… 그들은 동포를 학살하고 만주족에게 중국의 지배를 요청함으로써, 그들의 자식과 아내를 위한 영광과 지위를 얻을 수 있었다. 나는 그들을 용서할 수 없다.[33]

추용은 종족 중심주의를 위해서 매우 인상적인 세계주의를 주장했다. 인도인과 베트남인들은 중국인들처럼 외세에 의해 노예가 되었

---

33) 증국번과 태평천국군 진압의 다른 영웅들에 대한 평가를 두고 청말의 급진주의자들 사이에 일어난 논쟁에 대해서는 Platt, *Provincial Patriots*, pp. 88-90, pp. 104-105 참조.

다. 그러나 이것들 또한 혁명 의식을 고취시키는 외국의 사례였다.

> 영국 의회는 찰스 1세에게 불복했는데, 왕이 귀족의 특권을 확장하면서 사람들의 삶을 위태롭게 했기 때문이다. …… 프랑스 혁명은 공적도 없이 수여된 칭호로 인해 발생한 결과였다. 사람들은 제대로 보호받지 못했고, 세금은 제멋대로 징수되었다. …… 엄청난 차세와 인지세가 부과되었고, 수비대가 법령의 허가도 없이 미국에 주둔했기 때문에 미국인들은 독립을 위해 싸웠다. 결국 벙커힐에서 미국인들은 성조기를 휘날리며 영국에 대항하여 궐기했다.

혁명 이후 탄생할 새로운 정치체에 대한 추용의 전망은 몇 년 전의 청 신민으로서는 상상조차 할 수 없었던 사회 계약론과 자연권 이론에 입각한 것이었다(루소의 『사회 계약론』은 1901년에 처음으로 중국어로 번역되었다. 같은 해에는 추용이 이것을 출판했고, 유사배는 유교 경전에서 중국적인 사회 계약론의 단서를 체계적으로 추적하는 연구를 발표했다).[34] 추용은 이렇게 밝혔다. "국민은 양도될 수 없는 권리를 가진다. 생명, 자유, 그리고 다른 모든 혜택은 자연권이다. 누구도 언론, 사상, 그리고 출판의 자유를 침해할 수 없다. …… 만약 정부가 타락한 방식을 강력히 고집한다면, 정부를 타도하는 것이 국민의 권리일 뿐만 아니라 의무이고, 그들의 권리를 지키기 위해 새로운 정부를 건설해야 한다. …… 혁명을 실행하는 것은 모든 사람들의 의무이다." 추용은 이렇게 결론짓고 있다.

---

34) Bernal, "Liu Shih-p'ei and National Essence," pp. 92-93.

"그것이 당신이 매일 먹는 음식처럼 필요한 것이라고 생각해보라. 황제, 만주족, 그리고 모든 외국 압제자들을 죽여라. 미친 듯이 학살하게 되면 국가의 수치가 깨끗하게 씻길 것이다."

1907년 후반이 되면 학생들이 이끌었던 혁명의 이상적인 단계가 대체로 마무리되었다. 유능한 젊은이들의 어리석은 행동을 후원했던 시기가 지나자 청은 일본의 도움으로 그들을 강력하게 탄압했다. 추근은 체포되어 처형되었다. 추용은 23세의 나이에 감옥에서 죽었고, 진천화는 추용보다 2년 먼저 죽었다. 유사배는 한족의 '민족적 본질'을 보호하는 가장 좋은 방법은 청의 근절이 아니라 보존이라고 선언하면서 공개적으로 자신의 신념을 바꾸었다. 학생 운동은 청의 일반 대중의 의식을 드높이고 공화 혁명의 이념을 공론화하려는 임무는 완수했지만, 혁명 그 자체를 일으키지는 못했다. 실제 혁명은 다른 이들에 의해서 이루어졌다.

혁명가

손문은 영국령 홍콩과 인접한 광동성의 주강 하류 지역에 있는 향산香山현에서 1866년에 태어났다. 그의 정치적 숙적이자 동향인이었던 강유위는 불산佛山 근처에서 8년 먼저 태어났다. 손문은 강유위와는 다른 부류의 사람이었다. 강유위는 나무랄 데 없는 유교 교육을 받고 진사가 된 반면에 손문은 지식인의 자격을 거의 갖추지 못했고, 사회적으로는 강유위보다 더욱 주변적인 존재였다. 손문은 어린 시절에 홍콩으로 갔고, 13세가 되던 해에 큰 형과 함께 살기 위해 하와이로 가서 기독교 선교 학교에 다녔다. 중국어보다 영어로 말하고 쓰는 것이 더욱 편해졌을 때, 손문은 홍콩에 있는 의과 대학에 다니면서 서양식 교육을 받고 외과 의사가 되었다. 손문은 일본에도 머물렀다. 그곳에서 그는 수월하게 일본어를 배웠고, 그의 또 다른 이름인 중산中山을 일본식으로 발음한 '나카야마'를 자신의 성으로 사용했으며, 단정한 메이지 스타일의 콧수염을 길렀다. 동시에 손문은 강유위보다 스스로를 남중국인으로 인식하는 경향이 매우 강했으며, 태평천국과 삼합회 (형제 우애 전통에 입각한 지하 조직)에 담긴 남중국의 반만주주의와 자신의 관련성을 강조했다.

공화 혁명의 움직임에 대한 손문의 개인적 공헌에 대해서는 상당한 논쟁이 벌어졌다. 손문의 제자들은 손문의 역할을 비현실적으로 과장했고, 손문을 비방하는 사람들은 단호하게 폄하했다.[35] 손문에 대한 편중되지 않은 평가는 자주 입증된 그의 외모, 카리스마, 대중 연설가로서의 능력(그의 시대에는 상대적으로 새로웠던 정치적 기교 형식이었다), 극적인 효과를 발휘하는 재능 등 손문의 개인적인 자질을 통해서 이루어

---

35) 변명이 들어 있지 않은 전기에 대해서는 라인버거Linebarger의 연구를 참조. 동시에 무모한 비방은 Sharman, *Sun Yat-sen, His Life and Its Meaning* 참조. 중립적 입장에 대해서는 Schiffrin, *Sun Yat-sen and the Origins of the 1911 Revolution*; Bergère, *Sun Yat-sen* 참조. 1911년의 혁명에 대한 오늘날의 이해에 대해서 마이클 가스터Michael Gasster는 "(직업) 혁명가들은 이전의 해석에서 강조했던 것보다 그리 중요하지 않다. 모든 지도자들보다 혁명 그 자체가 더욱 중대하다'라고 결론을 내렸다. Gasster, "The Republican Revolutionary Movement," in *Cambridge History of China*, vol. 11, p. 463.

질 수 있을 것이다.[36] 예를 들면 1896년에 그는 런던에서 혁명 운동을
위해 자금을 마련하다가 런던에 있던 청 공사관에 의해 구금되었다.
손문은 영국인 의사 동료에게 자신이 사로잡힌 것을 알리고 난 이후에
야 풀려날 수 있었다. 이에 대한 손문의 대응은 매우 이례적이었는데,
풀려나자마자 자신이 겪은 일을 스스로 홍보 삼아 영어로 써서 『런던
에서의 납치Kidnapped in London!』라는 제목으로 발간했던 것이다.[37]

혁명의 조직자로서 손문의 강점은 끈기, 재외 중국인들 사이에서의
인기(그는 혁명이 발발했을 때, 덴버에 있는 재외 중국인들에게서 자금을 모으
고 있었다), 외국의 정부와 엘리트들의 그에 대한 인식과 존경, 그리고
명확하지는 않지만 삼합회 같은 국내 비밀 결사와의 유대였다. 그의
약점으로는 본국에 있는 진보적 엘리트들 중에서는 그의 신분이 낮았
다는 것(이로 인해서 광동성 출신의 동료였던 양계초와 협력을 시도하고자 했
던 몇 차례의 노력은 실패로 돌아갔다)과 평상시 혁명 계획에 대해서 너무
낭만적인 순수함을 가졌다는 것이다. 그는 선동가, 다른 혁명적 요소
들 사이의 중개자, 그리고 무엇보다도 상징으로서의 역할을 하는 것
이 가장 적합했다.

그러나 1894년 최초의 반청反淸 혁명 조직인 홍중회興中會를 만든 것
은 손문이었다. 홍중회는 중국에서 멀리 떨어진 하와이에서 창설되었
다. 이듬해에 손문은 홍콩에서 두 번째 분회를 설립했다. 초기 홍중회

---

36) 손문의 연설 솜씨에 대해서는 Strand, "Calling the Chinese People to Order"
참조.

37) Sun Yat-sen, *Kidnapped in London!*

의 조직원들은 대부분 광동성 출신의 망명 기독교인이었다. 시모노세키 조약의 조인으로 인해 혼란이 일어나는 동안에, 손문과 그의 지지자들은 그들의 첫 번째 봉기를 위한 기회를 포착했다. 1895년 중반에 광주에서 봉기 계획을 세웠지만, 실행에 옮기기도 전에 청 당국에게 발각되면서 봉기는 좌절되었다. 손문은 일본으로 망명했고, 요코하마와 하노이에서 흥중회의 또 다른 분회를 설립했다. 그는 이 시기부터 혁명이 실제로 성공하기까지 거의 중국으로 돌아오지 않았다. 1900년에 화북 지역에서 의화단 운동이 일어나고 있을 때 손문은 광주의 교외에 있는 혜주惠州에서 두 번째 봉기를 일으켰지만, 이것은 청 제국의 군대에게 쉽게 진압되었다. 1907년에 광서성과 베트남 국경에서의 봉기를 비롯해 현실성 없는 노력들이 계속 진행되었다. 이때까지 손문은 혁명의 패기를 가진 젊은 세대 사이에서 웃음거리가 되었다.

손문에게는 많은 경쟁자가 있었다. 특히 학생과 신군 사이에서 지방에 근거를 둔 다양한 혁명 집단이 존재했다. 게다가 그는 자금 조달을 위해서 보황회保皇會(1898년의 개혁 운동이 실패한 이후 강유위가 망명한 상태에서 1899년에 창설된 단체였다)와 같은 명백히 비혁명적인 집단과 경쟁을 해야 했다. 국내외에 있는 많은 개혁주의 엘리트들을 여전히 고무시켰고, 입헌군주제에 대한 열망을 표현했던 광서제가 연금되자, 강유위는 조정의 보수주의자들이 광서제를 쉽게 죽일 수 없도록 하는 대중의 지속적인 감시를 쉽게 이끌어냈다. 20세기 초반에 호놀룰루나 샌프란시스코에 있는 중국인 공동체들에서, 강유위가 창설한 단체의 대표단이 교차로에서 가두 연설을 하고 있노라면 한 블록 떨어진 곳에서 손문의 동지들이 지지를 호소하는 캠페인을 펼치는 광경을 흔하게 볼 수 있었다.[38] 손문은 이 두 진영을 결합시키고자 노력했으나 성공하지는 못했다.

손문과 학생 진영이 최종적으로 연합함으로써 그의 혁명적 전망은 새로운 국면에 접어들었다. 호남성 출신의 급진적 학생들은 호북성, 광동성, 절강성, 사천성 그리고 다른 지방 출신으로 자신들과 비슷한 경향을 보이는 학생들과 연대할 수 있는 새로운 수준의 조직을 구상하기 시작했다. 손문이 창설한 흥중회와는 구별되는 호남화흥회湖南華興會가 1903년에 장사에서 창설되었고, 황흥의 지도 아래에서 다른 성의 학생 단체들과의 연대를 체계적으로 이룩하기 시작했다.[39] 일본의 범아시아주의 지지자들에 의해 주도되고, 나아가 러시아에 대한 일본의 승리에 더욱 고무되면서, 1905년에 도쿄에서 황흥이 이끄는 단체 등에서 파견된 대표들이 손문을 만났고, 반청 세력을 결합하여 가장 포괄적이면서도 중요한 단체를 조직했다. 이 단체가 바로 동맹회同盟會였고, 손문은 그 지도자가 되었다. 그 후 몇 년 동안 동맹회의 산하 조직은 중국에 공화 혁명의 가르침을 퍼뜨리는 데에 있어서 주도적인 역할을 했다. 그러나 초기부터 발생했던 내부의 불협화음—지도자의 자리를 둘러싸고 벌어진 경쟁, 봉기의 시간과 장소 등 혁명 전략에 대한 논쟁, 일본인 및 혁명에 동조하는 다른 외국인들과 계속 관계를 유

---

38) 이러한 활동에 대한 생생한 묘사는 다음 책에서 찾아볼 수 있다. Ma, *Revolutionaries, Monarchists, and Chinatowns*. 재외 중국인들의 정치화에 대한 일반적인 논의에 대해서는 Kuhn, *Chinese among Others*, chap. 6 참조.

39) 이 과정에 대해서는 Platt, *Provincial Patriots*, chap. 5 참조.

지하는 방안에 대한 논쟁—은 그들의 단결을 무너뜨리기 시작했다. 1908년이 되면 동맹회에 소속된 몇천 명의 조직원들은 동맹회가 실제로는 무너졌음을 대체로 인식하게 되었다.

그렇다면 1911년 혁명에서 손문이 실제로 담당한 역할은 무엇이었는가? 그가 이끈 동맹회는 이미 몇 해 전에 무너졌다. 1911년 4월에 광주에서 마지막 봉기를 조직한 후, 그는 재외 중국인들로부터 자금을 모금하기 위해 미국으로 갔다. 그는 가장 서구화된 청 신민들 사이에서는 여전히 영향력을 가지고 있었지만 그들은 소수에 불과했다. 그해 10월 무창武昌에서 혁명이 시작되었을 때, 손문과 그의 가까운 동료 중 그 누구도 이 계획에 참여하지 않았고, 사전에 통지받지도 못했다. 그들은 무창 봉기에 동조하여 이를 뒤따라 다른 지역에서 일어난 봉기의 흐름에 다소 관여되어 있을 뿐이었다. 그러나 손문과 그의 협력자들—그중에서 가장 적극적이었던 사람은 호남성 출신의 황흥이었다—은 종종 사태를 수습하거나 봉기 이후의 사태에 대한 조언이나 전략을 제공하는 일에 열의를 다했다.

혁명이 기정사실화되자마자 많은 사람들은 오랫동안 혁명에만 몰두했고, 혁명 이후의 미래에 관해 상대적으로 구체적인 전망을 갖고 있는 손문만이 남들과 비할 수 없을 정도의 정당성을 가지고 있다고 생각했다. 그리고 특히 그들은 청 왕조가 붕괴한 이후에는 국제 사회로부터 많은 존경을 받고 있는 손문만이 외부 세력의 기회주의적 공격을 저지할 수 있을 것이라고 인식했다. 회상해보면 그는 혁명의 우상과도 같은 지도자였다.

개혁주의 엘리트

급진적인 학생들과 직업적 혁명가들은 공화 혁명에 호의적인 분위기를 만드는 데 중요한 역할을 했다. 그러나 이 두 집단의 영향력은 1908년 이후 점차 사라져갔고, 두 집단 모두 혁명에 직접적으로 참여하지는 못했다.

주요한 역할을 담당한 것은, 공공연하게 혁명적 성향을 드러내지는 않았지만 실제로는 가장 혁명적이라고 할 수 있었던 개혁주의 엘리트 계층이었다. 사실상 그들은 모두 시골의 농촌 조직들과는 거의 연계가 없었던 도시 사람들이었다. 이들이 어느 정도는 마르크스주의에서 말하는 부르주아로 보일 수도 있지만, 만약 부르주아에 대한 마르크스주의의 엄격한 정의—산업적 생산 관계에서 일컫는 자본가들—로 따져본다면, 이러한 사람들이 20세기 초에 중국에 전무했던 것은 아니지만 정치적으로 영향을 주기에는 너무나 미미한 존재였다. 그러나 이 범주를 더욱 일반화된 '도시의 개혁주의 엘리트'로 확대하게 되면, 우리는 1911년 혁명의 뒤에 있으면서도 혁명에서 주요한 이득을 챙긴 집단들을 포착할 수 있게 된다.[40]

이 확장된 범주에는 겹치는 면이 있지만 이질적인 다양한 유형의 사람들이 포함되어 있었다. 첫 번째 유형은 상당한 규모의 전통적 상인이었다. 여기에는 도매 상인, 중개업자, 생산 과정에 관여하는 일부 사람들과 국내 상업과 대외 무역에 종사하는 사람들(국내 상업에 종사하는

---

40) Esherick, *Reform and Revolution*, chap. 3 참조.

사람들을 이른바 민족 부르주아, 대외 무역에 종사하는 사람들을 매판 부르주아라고 불렀다)이 포함되어 있다. 이와 관련하여 19세기 후반부터 점점 눈에 띄는 존재가 된 두 번째 유형은 바로 신상이었다.[41] 이들은 생계를 위해서 상업에 뛰어들었지만 보통 과거 시험 학위를 소지하고 있었고 (대개는 돈을 주고 사는 경우가 많았다), 적어도 유교 지식인들의 생활 양식을 능숙하게 체현하고 있었다. 청 후기에 이러한 집단이 등장한 것은 몇몇 사회적 추세로 인한 결과였다. 그 추세 중 하나는 학위를 소지한 지식층들이 점점 상업에 관여하기 시작했다는 것이었다. 이전에는 지식인과 상인의 역할을 엄격히 구분했던 청의 법적인 원칙에 따라 지식층의 상업 활동은 공식적으로 금지되었다. 하지만 태평천국 운동과 그 이후 재건의 시기에 제국의 상업 경제를 보강하고 청렴하다고 여겨졌던 유교적 신사들에게 경제에 대한 통제권을 주기를 열망했던 관료들은 이러한 활동을 적극적으로 장려했다.[42] 이러한 부류의 일부분이었던 신사-경영자들은 특히 재건의 시기에 지방의 자선 활동과 수로 관리 등의 분야에서 상인들과 함께 일했고, 이 과정에서 점차 개인적으로 상행위에 참여하게 되었다.

전통적으로 구분되었던 신사와 상인의 두 역할이 19세기를 거치면서 점점 결합되었던 것(다른 말로 근대 사업가의 탄생 과정)은 신정 시기의

---

41) 일반적인 담론에서 이 용어가 등장했던 것에 대해서는 Bastid-Bruguiere, "Currents of Social Change," in *Cambridge History of China*, vol. 11, pp. 557-558 참조.

42) 지식인과 상인의 역할을 합치는 것을 장려했던 가장 대담했던 초기의 관료는 1850년대 후반에 호북순무로 재직했던 호림익이었다. 이에 대해서는 Rowe, *Hankow: Conflict and Community*, chap. 6 참조.

핵심 정책들에 힘입어 가속화되었다. 그 핵심 정책이란, 과거 제도—신사들만이 독점했던 공식적인 훈장—의 폐지와 지역 및 성의 상업 회관 창설이었다. 이로 인해 신사가 아닌 상인들이 정책 결정 과정에서 전례 없는 목소리를 낼 수 있게 되었다.

새로운 도시적 개혁주의 엘리트의 세 번째 유형은 이전의 지식인 계층에서 유래한 '신식 신사新式紳士'였다. 1895년의 과거 시험 이후로 신사는 대략 두 집단으로 나뉘었다. 한 집단은 유교 경전 교육과 오랜 시기에 걸쳐 확립된 사회에서 신사 역할의 중요성을 강조했다. 또 다른 집단인 신식 신사는 국제적인 교육과 사회적 안건을 받아들였다. 과거 시험에 급제하여 학위를 가진 자들을 포함하여 신식 신사 집단에는 근대 학교의 교사, 은행가, 산업·광업·운송 기업에 대한 투자가, 법·의학·언론에 종사하는 사무직 전문가들, 그리고 새로운 지식 계층이 속해 있었다. 이들이 신정 시대에 지역과 성의 대표자들로 구성된 의회에서 핵심을 이루고 있었다.[43]

이렇게 상인들, 신상들, 그리고 신식 신사들은 모두 발전적인 사고를 가지고 사업을 지향하는 계층으로 연합을 이루고 있었고, 낡은 정치 체계가 자신들의 활동을 제약한다는 사실을 점점 견디지 못하게 되었다. 20세기의 첫 10년 동안 이 개혁주의 엘리트들은 조약항에서 발간된 저명한 신문인『신보』, 1904년에 창설된『동방잡지東方雜誌』와 같은 새로운 간행물들, 완고하게 '지방 자치'로 사상을 전향시키려고 하는 세력, 그리고 같은 해에 양계초와 다른 진보주의자의 주장을 대변

43) Ichiko, "The Role of the Gentry."

하는 간행물로서 창간된 『시보時報』 등에 의해 결정적으로 민족주의로 돌아서게 되었다.[44] 1905년에 미국의 중국인 이민 배척에 항의하기 위해서 일어난 미국 상품에 대한 광범위한 불매 운동은 다양한 요소들— 국외에서 자국의 존엄을 보호하는 것, 새롭게 정치화된 언론의 활용, 상업 전쟁의 개념, 국내 제조업의 경쟁력을 강화하려는 민족주의적 사업가들의 도움—을 함께 끌어냈다.[45] 이 과정에서 불매 운동은 대중 동원의 기술들—연설, 대중 집회, 전문적이면서 자발적인 단체에 의한 참여—을 개발하는 데에 도움을 주었고, 그 기술은 훗날에 다른 많은 목적을 위해서 사용되었다.

청말 10년 동안에는 용어상에서 현저한 변화가 있었다. 분할 또는 멸망으로부터 '나라를 구하자'라는 식의 방어적인 목표에서 더욱 공격적으로 '주권(호전적인 민족주의자의 행동을 위한 집단적 외침으로서의 역할을 했던 새롭게 대중화된 통치권의 개념)'을 선언하게 된 것이다. 어떤 종류의 권리가 가장 위태로운가? 가장 곧바로 눈에 보이는 것은 영토 주권이었고, 잃어버린 영토를 되찾기를 촉구하는 영토 회복주의자들의 강력한 성장이 이 시기에 이루어졌다. 이 주제는 20세기 중국 정치 대부분의 밑바탕에 놓여 있었고, 대만을 다시 영토로 만들려는 중화인민공화국의 계속되는 움직임 속에서 오늘날에도 여전히 찾아볼 수 있다.

티베트에서는 오랫동안 자신들의 입지를 강화하고 통제를 확립하고자 했던 영국이 1904년에 라싸를 점령했다. 러시아가 티베트에 침

---

44) Judge, *Print and Politics*.

45) Kuhn, *Chinese among Others*, pp. 229-232.

입할 것이라는 소문이 중국 언론에서 퍼지고 있는 동안에 달라이 라
마는 그의 개인적 권력 아래에 더욱 거대한 티베트 자치체를 확립하기
위해 노력했다. 개혁적인 시위에 자극을 받은 청의 관료들은 1908년
이후에 이러한 위협에 대해 공격적으로 대응했다. 원정군을 티베트에
보내고, 그 지역 지도자를 통한 간접적인 지배를 정규 부와 현 행정으
로 변경해 티베트를 청의 소유로 바꾸고자 했던 것이다. 청의 관료들
사이에서 내부 논쟁이 벌어지고 있는 와중이었던 1910년 2월 12일에
몽골 기인旗人 연예聯豫의 지휘 아래에 소총을 든 신군이 라싸를 탈취
하고 티베트 정부를 해산시켰으며, 달라이 라마를 인도로 추방했다.[46]

그러나 영토 주권보다 더욱 주목해야 할 것은 경제적 권리의 표현이
었다. 이는 광산과 교통 시설, 특히 철도 개발을 위해 외국인들에게 준
이권을 회수하자는 광범위한 움직임으로 나타났다. 청 조정이 청일
전쟁에서 얻은 교훈 중 하나는 상업적 운송뿐만 아니라 군대를 위해서
도 더욱 광범위한 철도망을 구축해야 한다는 것이었다. 자금 조달과
철도 건설을 위해 몇몇 외국 회사와의 계약이 1898년에 성급하게 맺
어졌고, 북경에서 한구를 잇는 중심 선로가 1905년에 프랑스와 벨기
에 회사에 의해 완성되었다. 이를 남쪽으로 더욱 확장해 한구에서 광
주를 잇는 노선은 미국 회사가 건설하기로 결정되었는데, 이는 합심
한 지역 엘리트, 특히 호남성 지역의 엘리트의 반대를 불러일으켰다.
호남성 출신의 다양한 투자가 집단들은 철도를 스스로 건설하자고 제

---

46) Lee, "Frontier Politics in the Southwestern Sino-Tibetan Borderlands
   during the Ch'ing Dynasty"; Ho, "The Men Who Would Not Be Amban and
   the One Who Would."

안했고, 1905년에 그들은 중요하지만 평화로운 항의 운동을 통해서 호광총독 장지동으로 하여금 미국과의 협상을 중재하여 미국에게 개발권을 넘겨받도록 했다. 하지만 내부 분쟁과 자금 조달의 어려움 때문에 청이 몰락한 이후까지도 철도의 완성이 지연되었다.

철도 부설권 회수 운동은 절강성과 사천성에서 더욱 논쟁적으로 일어났다. 1898년에 상해와 항주, 영파를 연결하는 철도의 부설권이 영국 회사에 부여되었지만, 7년 후에는 지식인들이 이끄는 두 곳의 지방 공사가 철도 부설권을 받기 위해 영국과의 협정을 파기하도록 지역 관료들에게 막후교섭을 펼쳤다. 그럼에도 불구하고 외무부는 1907년에 영국과 차관 계약을 맺었고, 정치 신문의 자극을 받은 상해와 절강성의 신사, 상인, 학생들이 집결해 항의했다. 이러한 저항 조직의 많은 지부支部가 순식간에 퍼져나갔다. 두 곳의 중국 공사는 자신의 계획을 밀고 나가서 1909년에는 스스로 철로를 건설했고, 이에 강남에서의 갈등은 효과적으로 종결되었다.

그러나 사천성에서는 만주족 총독 석량錫良이 성도成都 근처에 철도를 건설하기 위해 1904년에 준정부적인 천한철로공사川漢鐵路公司를 설립했고, 민간 투자가 부족할 것으로 예상되자 자금 조달을 위해서 재산세를 부과했다. 신사들이 주도하는 항의에 직면하자, 석량은 1907년에 이 회사를 완전히 민영화했다. 하지만 천한철로공사의 만연한 부패와 형편없는 성과로 인해, 1911년 봄에 우전부는 사천성에 있는 모든 철도 회사를 국영화했다. 그 후 몇 달 동안, 사천보로동지회四川保路同志會는 사천성의 지식인, 학생, 신군에 속한 군인, 지역 민병대, 노동자, 가로회 조직원들 등 수천 명을 동원하여 저항 운동에 나섰고, 그 시위는 급속히 폭력적으로 변했다. 몇몇 현에서는 정부의 세무서와 경찰서가 공격을 당했다. 초가을에 많은 시위자들이 성도에서 죽거나 부상을 입었고, 사천성 전체가 반왕조적인 반란을 일으키기 직전의 상황까지 와 있었다. 이렇게 지방에서 발생한 철도 부설권 회수 운동은 표면적으로는 외세의 존재를 제거하려는 데에 직접적인 목표를 두고 있었지만, 지역민들이 자신들의 이익을 보호할 수 있는 정권의 능력에 대한 신념이 상실되었음을 보여주려는 새로운 형식의 동원 정치를 고안하면서 대부분은 청 조정에 대항하는 움직임으로 전환되었다.[47]

개혁주의 엘리트들은 민족주의를 넘어 입헌주의와 대의 정치의 개념을 옹호하게 되었다. 정부가 활동하는 영역의 범위를 구체적으로 명시하고 그 한계를 정한 공식적인 진술서로 인식된 청 헌법의 개념은 1898년의 개혁 시기에 처음으로 제기되었다. 여기에서 다시 한 번 일본이 그 모델을 제공했다. 1889년에 메이지 헌법이 공표되고, 5년 후에 일본이 외세와의 전쟁에서 청을 굴욕적으로 만들 수 있다는 것을 입증한 사실은, 헌법을 부여받은 국민은 국가의 운명에 자신을 맡기고 그로 인해서 국가의 목적을 위해 더욱 잘 동원될 수 있다는 필연적인 상관관계를 암시하는 것처럼 보였다. 20세기 초가 되면 입헌주의는 도시의 개혁주의 엘리트를 인도하는 이념이 되었고, 1905년 이후

---

47) 훌륭한 논문인 Rankin, "Nationalistic Contestation and Mobilizational Politics" 참조.

에는 입헌주의자 단체들이 제국 전역의 모든 성에서 생겨났으며 헌법을 지체 없이 반포하라고 청 조정에게 압력을 가했다. 1908년에 조정은 헌법을 발표하겠다고 선언하고 1917년을 목표 해로 설정했지만, 입헌주의자들은 더욱 신속한 조치를 촉구했다. 그들의 운동 방향은 자유주의와 중도주의였고, 그들의 목소리를 대표했던 지도자는 양계초였다. 그는 중국에 가장 필요한 것은 혁명이 아닌 강력한 권한을 가진 헌법이라고 끊임없이 주장했다. 그의 우선적인 목표는 입헌 군주제였지만, 혁명이 성공한 뒤에 그의 주장은 입헌 민주주의로 바뀌게 되었다.

신정의 일환으로서 청 조정은 각급 지방의 행정 단위에서 자치를 위한 대표 의회를 설립할 것을 약속했다. 이는 근대적인 시민을 황제에게 여전히 충성하도록 만들기 위한 수단이라는 전제를 바탕에 두고 있었다. 그러나 의회는 설립되자마자 개혁주의 엘리트들과 그들의 입헌주의 이념을 대변하는 역할을 하게 되었다. 현, 향, 시 단위의 의회들이 1908년부터 설립되기 시작했다. 1909년에는 성 의회가 선출되어 소집되었고, 1910년에는 국회에 보낼 대표자를 선출하기 시작했다. 청 조정의 계획에 따르면, 국회는 1917년 헌법이 공표된 이후에야 영구적인 기관이 될 것이었다. 하지만 그러는 사이에 자정원資政院이 창설되었고, 1910년 10월에 북경에서 실제로 소집되었다. 당연히 이 기구는 양계초의 의견을 대변했다.

대의 기구의 핵심은 바로 자의국諮議局이었다. 자의국을 탄생시킨 1909년의 선거는 중화제국의 역사상 전례가 없었던 사건이었다. 교

육 수준과 재산 소유의 정도를 기준으로 하여 엄격한 자격 제한을 두
는 바람에 선거 유권자들(모두 남성)이 청 전체 인구의 0.5퍼센트에도
미치지 못했지만, 대략 200만 명에 달하는 청의 신민들이 선거를 하러
와서 그때까지는 꿈도 꾸지 못했던 정치적 참여를 경험하게 되었던 것
이다. 이러한 자의국의 구성은 누군가 기대했을 수도 있었던 것이었
다. 자의국 구성원의 90퍼센트 정도는 청 제국 전체에 널리 퍼져 있는
신사, 즉 1905년에 폐지된 과거 제도를 통해 공식적으로 학위를 받은
사람들이었다. 21개의 자의국 중에서 14개는 진사 급제자가 이끌고
있었고, 다른 6개는 지방 수준의 과거 시험 급제자가 이끌고 있었다.
그러나 이것이 자의국의 보수적인 성격을 나타내는 징조가 되지는 않
았다. 그 이유는 진사 급제자의 대다수를 포함한 신사 구성원들이 새
로운 형태의 개혁주의 신사 진영에 견고하게 속해 있었기 때문이다.[48]

활동 범위와 행동 양식 측면에서 볼 때, 청말의 자의국은 행정 개혁
정책을 정치적 운동으로 효율적으로 변화시켰다.[49] 그들은 지방의 정
책을 통제하기 위해 중앙에서 임명된 외부인 관료와 경쟁 관계에 있었
다. 그들은 외국인과 새로운 청의 부서에 대항하여 권리 회복 운동을
전개했다. 그리고 그들은 신속하게 헌법을 채택하고, 상설 국회를 소
집하며, 즉시 '책임 내각'—장관이 실질적인 정치적 결정권을 가지고
있고, 그 장관이 황제가 아닌 국회에 의해서 선출되는 내각 형태의 정
부—을 창설하라고 조정에 공격적으로 압박을 가했다.

48) Chang, "The Constitutionalists."

49) 특히 Fincher, "Political Provincialism and the National Revolution"을 참조.

청말의 자의국은 20세기 중국 정치의 발전에서 매우 중요하면서도 번거로운 역할을 수행했다. 한 측면에서 청말의 자의국은 1850년대와 1860년대의 반란 이후로 진행되어, 1910년대 후반과 1920년대의 군벌 정권하에 이루어진 지역 자치에서 최고조에 달하게 되는 탈집중화를 추구하는 지방 분권주의 경향을 상당히 강화시켰다. 다른 한편으로 그들은 적어도 어느 정도는 성 내부의 대중적 이익을 대변했고, 그래서 지방 수준에서 대중적 중국 민족주의가 성장하는 무대가 되었다. 다시 말해서 그들은 성省 민족주의라고 불릴 만한 것을 체현하고 있었던 것이다. 이러한 기관들을 통해서 지방의 엘리트들은 처음으로 공통된 의식을 가진 세력으로 부각되었다. 자의국과 이를 계승하면서 새로운 이름을 가진 다양한 기관들은 1911년의 변화로부터 살아남았고, 몇십 년 동안 이어진 공화정 시기의 중국에서 가장 유력한 정치 기구 중의 하나로 유지되었다.[50]

청 제국의 더욱 큰 위기는 이미 민족주의적 정신에 의해 고무되었던 개혁적인 엘리트들이 반제국적 혁명이 바람직하거나 적어도 불가피한 상황이라고 받아들였을 때 찾아왔다. 다수의 전향이 1908년 11월 14일과 15일, 겨우 이틀에 걸쳐 일어났다. 14일에 광서제가 37세의 나이로 사망하고 다음날 서태후가 73세의 나이로 사망했을 때, 곧 암살 의혹이 제기되었고, 이에 대한 논란은 오늘날까지 계속되고 있다. 광서제가 사망하면서 개혁주의 단체들 중에서 가장 온건했던 강유위의

---

50) Fincher, "Political Provincialism"; Platt, *Provincial Patriots*; Buck, "The Provincial Elite in Shantung during the Republican Period."

보황회에게 있어서는 개인적인 충성을 바칠 대상이 사라진 셈이 되었고, 왕조에 충성을 바쳤던 많은 집단들이 광서제의 죽음과 함께 사라졌다. 광서제가 별다른 개성을 가지고 있지 않았음에도 불구하고, 그는 중국 현지 및 해외 중국인들의 거주지에서는 중국의 상징이었다. 세계 각지의 중국인 거주지에서 광서제의 죽음을 추도하는 대중적인 행사가 개최되고 제단이 설치되었다. 3개월 동안의 투병 끝에 죽음을 맞은 서태후는 광서제와 같은 추모는 없었지만, 거의 반세기 동안 청을 통치하고 안정시켰던 사람이 사실상 사라진 셈이었다. 새로운 황제인 선통제宣統帝 아이신 기오로 부의溥儀를 보좌하기 위해 정치적 감각이 떨어지는 섭정단이 서태후를 대신했다. 당시 선통제는 겨우 3세였다.

그리 유능하지 못하고 굉장히 방어적이었던 청 친왕들의 행동은 신정 시기의 전반적인 특징이었던 두 가지 기본적인 경향이 가속화될 것임을 암시했다. 신정 시기의 개혁이 성과 지방에 대한 중앙 정부의 통제력을 재확립하기 위해서 고안된 것처럼, 그들도 한족보다는 만주족 관료의 손에 권력을 집중시키고(이는 강희기부터의 통치 방식이었던 편중되지 않은 '만한병용'의 원칙을 파괴한 것이었다) 더 나아가 출신이 미천한 만주족보다는 황실 혈통을 가진 사람들의 손에 권력을 부여하려는 의도를 가지고 있었다. 이러한 권력 장악은 사회적 위계를 신속하게 없애고 지식층 엘리트 속으로 파고들었던 선동적인 반만주주의자와 한족 민족주의자들의 분노를 부추겼다. 최후의 결정타는 개혁주의자들이 오랫동안 요구했던 '책임 내각'의 임명이었을 것이다. 13명의 구성원이

1911년 4월에 발표되었는데, 여기에는 4명의 한족 관료와 1명의 몽골족, 그리고 황실 혈통을 가진 8명의 만주족 친왕이 포함되어 있었다.

이러한 모욕에 더하여, 헌법의 공표를 질질 끄는 조정에 대한 불만이 증폭되면서 1911년에 소집된 자의국에게 입법 권한이 아닌 단순한 자문 역할을 맡긴다는 발표 내용이 추가되었다. 더 중요한 것은 지방의 신상 집단이 철도 부설권을 회수하기 위해 엄청난 재정과 정치적 자산을 쏟아부은 이후인 1911년 봄에 섭정단이 철도를 국유화하겠다는 조정의 계획을 발표했던 사건일 것이다. 대중 폭동이 사천성에서 발생했지만, 국유화에 대한 엘리트들의 저항은 전국적으로 일어났다. 개혁주의 엘리트들이 황제에게 등을 돌리면서 혁명의 동력으로 모습을 드러냈다.

제국의 마지막

혁명은 이념, 조직, 기회, 이 세 가지를 필요로 한다. 청 제국의 말기에는 틀림없이 이념은 있었지만, 너무 약하고 대부분 불분명했다. 일부 급진적인 지식인들만이 대의 정부에 대한 전망을 드러냈고 윤곽이 아직 확실하지 않은 공화주의가 손문의 추종자들에게 동기를 부여했을 뿐이었다. 이보다 더욱 널리 퍼져 있던 것은 반만주주의라는 부정적 이념이었다. 조직이 존재하기는 했지만, 그것은 활동가, 학생, 신군의 병사 등이 만든 작은 단체들로 극도로 분산되어 있었다. 동맹회가 구축한 광범위한 기반을 가진 조직은 대체로 붕괴되었다. 그러나 세 번째 요소인 기회는 확실하게 존재했다. 1911년 중반의 중국은 가장 뛰어난 '혁명적 상황'을 맞이했다.[51] 1789년 프랑스 혁명 이전의 대공포와 유사한 분위기가 중국 사회를 휩쓸었고, 청 왕조가 천명을 잃었다는 갑작스러우면서도 광범위한 불안한 인식이 생겨났다.

몇 가지 요인이 이러한 두려움을 조장했는데, 그중 첫 번째는 극심한 재정 위기였다. 3년 동안 '지방의 재정적 현실'에 대한 감사를 담당했던 관료들이 1911년에 그 결과를 보고했을 때, 거의 모든 지방이 막대하고 만성적인 적자에 허덕이고 있었던 것이 명백해졌다. 뿐만 아니라 중앙 정부 역시 심각한 파산 상태였다. 이 문제가 새로운 것은 아니었지만, 이 문제가 모든 사람들에게 알려졌다는 것은 또 다른 문제점이었다. 부족한 자금을 어디에서 끌어와야 하는가? 두 번째는 자연재해였다. 반복되는 홍수와 흉년은 1910년과 1911년의 심각한 식량 부족을 야기했고, 청 조정은 이에 대응하지 못했다. 세 번째는 소규모 국지적인 폭동의 확산이었다. 여기에는 세금 폭동(산동성의 내양萊陽현에서는 폭동이 일어나 시위 군중에게 지현이 살해되었다), 식량 폭동(1910년에는 장사에서 중대한 사건이 발생하면서 호남순무가 도피했고, 결국에는 그 직위가 없어졌다), 철도 폭동(1911년의 여름과 가을에 성도 지역에서 발생한 폭동이 잘 알려져 있다) 등이 포함되어 있었다.[52] 이러한 사건들 중 혁명의 움

---

51) 이러한 '혁명적 상황'의 개념에 대해서는 Tilly, *From Mobilization to Revolution*, chap. 7 참조.

52) Prazniak, "Tax Protest at Laiyang, Shandong, 1910"; Rosenbaum, "Gentry Power and the Changsha Rice Riot of 1910."

직임과 직접적으로 관련된 것은 거의 없었고, 그들의 목표는 제한적이고 즉흥적이었다. 그러나 전체적으로 이 사건들은 청 조정이 더 이상 제국을 통치할 능력이 없음을 보여주는 징후였다.

마침내 실제 혁명 봉기가 일어났을 때, 청 제국은 거의 무너진 상태였다. 역설적으로 혁명의 주체는 신정 개혁에 의해 만들어진 기관들, 즉 신군, 상업 회관, 자의국이었다. 1911년 10월 10일에 호북성의 수도 무창에 있던 신군 부대의 막사에서 봉기가 일어났다. 호북성의 신군은 성 차원의 군대 중에서 가장 세력이 크면서도 소양을 갖추고 있었고, 혁명과 관련된 특정 부대는 교육을 잘 받은 군대 기술자들로 구성되어 있었다. 그리고 대부분의 경우 이들은 지방의 혁명 조직에 속해 있었다. 반란을 진압하기 위해 보낸 부대가 반란 조직으로 바뀌면서 반란은 신속하게 퍼졌다. 청의 관료들은 도시를 탈출했다.

며칠 후에 무창과 한구(양자강 건너로 무창을 마주 보고 있는 중요한 하항河港)의 상업 회관들은 반란에 대한 지원을 선언하고 기금을 기증했다. 이와 동시에 그들은 그 봉기가 재산과 사업적 이익을 위협하지 않는다는 점을 기정사실로 인정하고, 정치적 혁명에 대한 지원을 위해 그들의 개인적 군사 집단을 평화 보호를 위한 단체로 동원했다. 10월 11일 오후에 호북성 자의국은 청 제국으로부터의 독립을 선언하고, 여원홍黎元洪(대부분의 기록에 따르면, 호북성 신군의 사령관이었던 그는 권총으로 협박을 당하면서 혁명에 가담했다) 휘하의 임시군정부臨時軍政府 창설을 선포하여 한족의 국가인 중화민국을 만들겠다는 의도를 드러냈다. 조정에 충성했던 북양군은 11월에 반격을 개시하여 한구의 대부분을 파괴

했지만, 이것은 청의 마지막 저항이었다. [53]

무창에서 다른 지방으로 혁명이 확산된 것은 거의 완전한 도시적 현상이었다. 성도省都였던 장사, 서안, 태원太原은 10월에 혁명을 선언했다. 11월에는 항주, 복주, 광주, 성도成都가 혁명을 선언했고, 12월 2일에는 남경이 이에 가담했다. 남부와 서북부의 대부분의 성들에서 혁명은 새로운 자의국에 의해 선언되어 각기 독립적이고 분리된 형태로 진행되었다. 부와 현급에서는 수많은 청의 관료들 가운데 특히 한인이 그대로 혁명 진영에 가담했다. 상해와 같은 해안 도시들에서의 군중 반응은 현저하게 냉담했다. 왜냐하면 이미 십수 년에 걸쳐 통제되지 않은 타블로이드판 신문이 제국 정부에 대해 온갖 조소와 풍자를 해왔기 때문이었다. [54]

한족의 대다수는 유혈 사태로 인한 고통을 받지 않았지만, 상당한 규모의 계획된 대량 학살이 언어, 옷차림 등의 표식에 의해 만주족으로 식별되는 기인 등을 직접적인 목표로 삼고 있었다. 일부 요새 도시에서는 이러한 폭력이 일부 기인들의 적극적인 충성주의적 저항 때문에 촉발되었다. 최악의 학살이 서안에서 발생했다. 현지의 영국인 목격자에 따르면, 10월 말 주둔지 전체 인구의 대략 절반에 달하는, 적어도 1만 명 이상의 만주족 남성, 여성, 아이들이 그 자리에서 살해되었다. 소규모 학살이 진강鎭江, 복주 등지에서도 일어났다. 전통 민족주

---

53) 이에 대한 상세한 서술은 Esherick, *Reform and Revolution*, chap. 6; Dutt, "The First Week of Revolution" 참조.

54) Wang, "Officialdom Unmasked."

의적 역사 서술과 달리, '민족의 복수'를 주장하는 중국인들에게 만주족은 눈에 띄지 않을 정도로 한족에 동화되지는 않았던 것이다.[55]

실제로 힘과 통제력의 이동은 성과에 영향을 주는 특정한 이익에 따라 각 성과 지역에서 상당히 다양한 양상으로 나타났다. 성 수준에서는 헌신적인 혁명가, 신군의 지휘관, 그리고 자의국(민간 개혁주의 엘리트들의 기구) 사이에서 권력 투쟁과 같은 현상이 일어났고, 신군과 자의국은 '평화를 유지'한다는 일념에 따라 대개 연합을 구축했다. 즉 사회적 혁명은 일어나지 않게 하고, 이미 진행 중에 있던 개발 계획은 보호하겠다는 것이었다. 이러한 방식은 일반적으로 성공을 거두었고, 산업과 광업, 통신, 교육의 발전과 다른 사회 기반 시설의 개발이 혁명으로 인해 자취를 감추는 일은 발생하지 않았다. 중국 내에 있는 외국 기관은 방해의 대상이 아니었고, 정권의 변화에 의해 많은 영향을 받지 않았다.

가장 폭넓은 인정을 받았던 혁명 조직가인 손문은 여전히 북아메리카를 순회하고 있었지만, 칩거해 있던 동맹의 동지들은 이 혁명을 자신들의 혁명으로 도용했고; 이 혁명에 민족적인 결집력을 이용해서 부분적인 성공을 거두었다. 그들 중 가장 저명한 인물은 호남성 출신의 황흥이었다. 홍콩에서 망명 생활을 하고 있었던 황흥은 호북성 신군의 폭동 계획을 사전에 듣고는 그들을 만류했다. 그럼에도 불구하고 황흥은 신생 정권을 돕기 위해 10월 28일에 무창으로 돌아왔다. 제

---

55) Rhoads, *Manchus and Han*, chap. 4. '민족의 복수'라는 임무는 p. 203에서 논의되고 있다.

국의 고위 개혁 관료였고, 가장 강력한 군대인 북양군의 지휘관이었던 원세개—그 당시에는 공직에서 일시적으로 '은퇴'한 상태였는데, 이는 정치적으로 계산된 결과였다—는 청 조정의 평화로운 양위를 중재하기 위해 11월에 초대되었다. 12월에 여러 자치 성들의 대표들이 임시 연합을 구성하기 위해 남경에서 만났고, 크리스마스에 중국으로 돌아온 손문에게 임시 총통의 직위를 부여했다. 1912년 1월 1일에 새로운 중화민국의 수립이 선포되었다. 2월 12일에 선통제가 공식적으로 퇴위하면서 청 왕조는 물론이고 2000년의 역사를 가진 중화제국도 사라졌다.

| 결론 |

대청 제국이 종말을 맞았다고 해서 대부분의 보통 중국인의 삶이 단기간에 변화한 것은 아니었다. 산둥성에서 공장 노동자로 일하다가 혁명을 경험했던 어느 여성은 훗날 자신에게 실제로 변화된 것은 단지 화폐 단위뿐이었다고 회고했다. 혁명 이후 청의 동전보다 은화가 통용되었지만, 그 여성의 임금 가치는 영향을 받지 않고 유지되었다.[1] 그러나 다른 사람들, 특히 엘리트 남성들에게 혁명은 강력하고 충격적인 의미를 지닌 문화적 사건이었다. 몇몇 학자들은 멸망한 왕조에 대한 충절을 보여주는 비현실적인 행위로서 자살을 감행했고, 1920년대까지도 새로운 중국의 일부 남성들은 변발을 자르고 근대적 머리 모양을 받아들이는 것을 거부했다. 이러한 행동은 청에 대한 복종과 자랑스럽게 변발을 유지했던 선조들에 대한 효심이 결부되어 나타난 것이

---

1) Pruitt, *A Daughter of Han*, p. 197.

었다. 더욱 광범위하게 청의 멸망은 여성의 전족과 같은 세속적이면서 성적으로 뒤틀려 있는, 이제는 정치적으로 부적절한 낡은 관습의 자취에 대한 독특한 향수를 가진 남성성의 위기를 초래했다.[2]

대청 제국은 이전의 중국 왕조나 이방인들의 정복 왕조와는 질적으로 달랐다. 초기의 근대 유라시아에서 독특한 형태의 다민족적·세계적 제국으로서 청 제국은 '중국'의 지리적 범위를 확장했고, 몽골족·여진족·티베트족·내륙 아시아의 이슬람교도 등 한족이 아닌 민족들을 새로운 형태의 초월적인 정치적 통일체로 아우르는 놀랄 만한 성과를 달성했다. 점차 한족 지식인들은 중국에 대한 새로운 정의를 받아들였고, 그것을 그들의 조국으로 인식하게 되었다.[3] 그러나 19세기 후반에 새로운 종류의 사회 진화론적 민족주의가 등장하여 민족 국가의 올바른 기초는 종족적 또는 민족적 조국이라고 주장하면서, 새로 탄생한 중화민국은 한족만이 독점하는 영역임을 암시하는 것처럼 보였다.

그렇다면 청의 신민으로서 그들의 정체성을 받아들인 다양한 비非한족의 운명은 어떻게 되었을까? 즉각적으로 일부 몽골족들은 자신들이 중화민국의 일부가 아니라는 성명을 발표했다.[4] 1913년에는 동북 지역에 위치한 '만주족'들의 고향에 주권 국가를 설립하려는 노력이 일어났고, 1932년에 일본에 의한 대리국으로서 중국의 '마지막 황

---

2) Lin, "The Suicide of Liang Chi"; Cheng, "Politics of the Queue"; Ko, *Cinderella's Sisters*.

3) Zhao, "Reinventing *China*."

4) Nakami, "The Mongols and the 1911 Revolution."

제'인 아이신 기오로 부의를 수반으로 하여 설립된 거대한 괴뢰국을 포함하는 다양한 '만주국들'이 간헐적으로 선포되었다.[5] 21세기 초반의 중화인민공화국 정부가 여전히 직면하고 있는 티베트, 이슬람교도 및 다른 분리주의 운동에서 볼 수 있듯이, 이것은 청의 멸망 이후 20세기 내내 해결되지 않고 있는 청 역사의 유산이다.

중화제국의 소멸은 미묘하면서도 매우 중요한 변화를 가져왔다. 보편적으로 제국의 영역 안에서 정치적·사회적 행위의 합법적 중심으로 인정되었던 천자로서의 황제가 사라졌다. 황제가 표현하는 의지 대신에 이보다 더욱 조작이 가능하고 논쟁의 여지가 있는 '민民'들의 관심사가 나타나게 되었다.[6] 개인적인 야심 못지않게 이러한 문제에 대한 염려는 초기 공화국 시대에 간간이 나타났던 주기적인 제국 부흥의 시도를 몇몇 중국인들이 지지하도록 자극했다. 어떻게 정치적 행동을 안정화하고 합법화할 것인가 하는 문제는 앞으로 건설될 새로운 질서에서 여전히 골치 아픈 문제로 남아 있었다.

청을 초기 근대에 대륙을 기반으로 한 유라시아 제국의 전형적인 사례로 본다면, 1911년의 최종적 멸망은 시기적절했다고 말할 수 있다.[7] 러시아의 로마노프 왕조는 몇 년 후인 1917년에 붕괴되었고, 소아시

---

5) 이러한 노력을 지지했던 담론들에 대한 정교한 저작은 Duara, *Sovereignty and Authenticity*이다.

6) 이 문제에 대한 신중한 의견으로는 Alitto, "Rural Elites in Transition" 참조.

7) McNeill, *The Age of Gunpowder Empires* 참조. 이 연구는 Struve, ed., *The Qing Formation in World-Historical Time*의 몇몇 논문 기고자들에게 큰 영향을 끼쳤다.

아의 오스만 제국은 1922년에 공식적으로 소멸되기까지 10년이 넘는 동안 계속해서 분할되었다. 기술적으로 변화된 20세기의 세계 속에서, 이러한 초기 근대 정치 조직의 형태는 다른 실패 요인들 중에서도 급격한 규모의 비용 증대로 인한 어려움을 겪은 것으로 보인다.

반면 우리가 중화제국에서 오랫동안 지속되었던 왕조 흥망의 주기라는 맥락을 통해 청 제국을 본다면, 정치적 분열의 시기에는 종종 기존 체제와 다른 '제국'이 형성되었기 때문에(예를 들면 한과 당 사이의 남북조 시대, 당과 송 사이의 오대) 1911년은 시대를 나누는 기준으로서는 불충분한 면이 있다. 적어도 이후 수십 년과 비교해볼 때 1911년의 혼란과 폭력은 그리 심각하지 않았다. 그리고 어떠한 실질적인 효율성을 지닌 중앙 집권적 정치적 실체가 통치를 위해 등장하지도 않았다. 그래서 청의 '순환 주기'의 종말은 1927년의 국민 혁명이나 1937년의 일본 점령, 심지어 1949년의 공산당의 '해방' 때까지도 진정하게 이루어지지 않은 것일지도 모른다.

청 제국에서 지속된 정치적 특징들 중의 하나는 사회 및 경제의 규모에 비해 공식적인 국가 조직이 비교적 작았다는 것이다. 이러한 작은 정부 체제에서, 많은 준정부적 임무들이 현지 엘리트들(신사, 지역 유지, 민병대 지도자, 상업 중개인) 또는 집단들(종족, 촌락, 상인 조합)에게 맡겨졌다. 1720년대 후반에서 1730년대 초반까지의 옹정제 재위 기간에 현지 정부 관리의 밀도가 줄어드는 경향을 반전시키고, 정책 집행을 '재정부화regovernmentalize'하려는 노력이 전개되었지만, 이러한 시도는 번복되거나 적어도 다음 황제의 재위 시기에 폐기되었다. 청 제국이 세계적 제국으로서의 이미지와 조건을 유지할 수 있는 한, 정부의 존재감이 이렇게 적으면서도 능률적이었던 것이 외부의 위협을 상대적으로 받지 않으면서 실질적으로 일을 추진할 수 있는 건전한 방식이었을지도 모른다. 그러나 19세기 중반이 되면 청은 만인에 대한 만인의 약탈적 국제 전쟁에서 단지 많은 경쟁자들 중의 하나일 뿐이었고, 이러한 경쟁적인 환경에서 더욱 크고 강력한 개입주의적인 국가 조직이 정치적 생존을 위해 필연적으로 나타나게 되었다.

1898년의 개혁은 근대 국가를 건설하고자 했던 성공하지 못한 최초의 시도였지만, 20세기 초반의 10년 동안에 이루어졌던 신정에서 진정으로 새로운 시작이 나타났다. 이 순간부터 적어도 1950년대 대약진 운동 시기까지 (그리고 국가가 통제하는 것이 너무나 크다는 것에 대한 재고가 이루어졌던 모택동 이후 시기까지) 중국은 야심 차게 큰 정부를 시도했고, 일찍이 13세기 남송 왕조에서 시작된 국가의 축소를 급격하게 반전시켰다. 20세기 전반기에 수십 년 동안 진행되었던 극적인 국가 건설 계획의 맥락에서 살펴본다면, 1911년 혁명기와 그 이후 중국의 정치적 질서 재확립은 신정에 입각한 국가를 건설하고 그 성장을 유지했던 실질적으로는 매우 질서정연한 사건이었다.

청 제국 후기의 성과를 살펴보는 방법으로 '공公'의 개념을 도입하곤 한다. '공적 영역'은 청대와 공화국 시대의 담론 속에서 점점 관官과 사私 사이에 위치한 '중간 영역'으로 선명해졌다. 적어도 19세기 중반 이래로 (물론 그 이전에도 그러했지만) 공동체의 이익이라는 명목으로 만들어지고 합법화되었던 사업—자선, 국방, 사회 기반 시설 구축과 경제 발전—의 범위는 극적으로 그리고 점진적으로 확장되었던 것으로 보인다. 변화의 주역은 비정부적 엘리트들로, 이들은 처음에는 지역 수준에서 활동하다가 점점 확장된 지리적 범주를 무대로 하여 움직였다. 이러한 과정은 사회 및 경제 분야에서 더욱 커진 관리의 요구를 충족하기에는 쇠약해진 제국의 행정 능력을 훨씬 뛰어넘는 국가 확장의 변형된 형태로 간주될 수도 있다. 1911년의 혁명 또한 변화의 흐름을 거의 바꾸지 못했다. 공적 행동주의의 모든 분야에 대한 관리 기구는 물론이고 대의적 정치 기관의 발전까지를 포함하는 지방 수준에서의 국가 확장은 중앙 행정 조직의 지속적이면서 점진적인 분열 와중에도 초기 공화국 시기에 빠른 속도로 진행되었다.[8] 이러한 관점에서 보면, 민족주의자와 공산주의자의 혁명은 이미 한 세기 이상 진행되어왔던 사실상의 국가 확장에 대한 공식적인 정부의 통제를 재확립하려는 점진적이면서도 성공적인 시도의 일부분이었다고 간주할 수 있을 것이다. 이렇게 되면 1911년의 분수령이라는 한계를 뛰어넘거나 대체로 무시하게 된다.[9]

17세기 중반에서 20세기 초반까지 대청 제국으로 알려진 놀라운 존재는 유라시아 대륙에서 광활하고 확장된 영토를 점유했다. 이것은

---

8) 이 과정에 대한 초기의 설득력 있는 문헌 조사는 Schoppa, *Chinese Elites and Political Change* 참조. Schoppa는 이 과정의 사회적 혜택에 대해 유동적인 입장을 취하지만, Duara는 이것에 대해 분명하게 비난(하지만 여전히 그 존재는 명백하게 단언하고 있다)하는 입장을 취한다. Duara, *Culture, Power, and the State* 참조.

9) 이것은 윌리엄 커비William C. Kirby가 수행한 최근 연구의 중심적인 주제였다. 일례로, Kirby, "Engineering China" 참조.

서양인들이 한때 생각했던 내향적이고 폐쇄된 '중국 왕조'가 결코 아니었다. 중국의 역사는 우리가 이제 막 이해하기 시작한 세계의 역사적 과정과 다양한 방식으로 밀접하게 얽혀 있었다. 그리고 우리가 한때 생각했던 것보다 더욱 큰 범주에서, 청 제국은 이전의 왕조들이나 청이 차지했던 영토의 일부분에 나타났던 국가들과는 질적으로 달랐다. 청의 역사는 오늘날 우리가 알고 있는 '중국'의 정치와 사회적 조건을 형성하는 데에 지대하면서도 불가항력적인 영향을 끼쳤다.

청의 황제들과 중국의 역대 왕조

청의 황제들

통치 기간	이름	연호
1636~1643	홍타이지(황태극皇太極)	숭덕崇德
1644~1661	복림福臨	순치順治
1662~1722	현엽玄燁	강희康熙
1723~1735	윤진胤禛	옹정雍正
1736~1795	홍력弘曆	건륭乾隆
1796~1820	옹염顒琰	가경嘉慶
1821~1850	민녕旻寧	도광道光
1851~1861	혁저奕詝	함풍咸豊
1862~1874	재순載淳	동치同治
1875~1908	재첨載湉	광서光緒
1909~1912	부의溥儀	선통宣統

중국의 역대 왕조

상商	기원전 1600~기원전 1027
주周	기원전 1027~기원전 256
서주西周	기원전 1027~기원전 771
동주東周	기원전 771~기원전 256
춘추시기春秋時期	기원전 722~기원전 481
전국시기戰國時期	기원전 476~기원전 221
진秦	기원전 221~기원전 206
전한前漢	기원전 206~기원후 8
신新	8~23
후한後漢	23~220
삼국三國(위魏, 촉蜀, 오吳)	220~280
서진西晉	265~317
위진남북조魏晉南北朝	317~589
수隋	589~618
당唐	618~907
오대五代	907~960
송宋	960~1279
북송北宋	960~1126
남송南宋	1126~1279
원元	1279~1368
명明	1368~1644
청淸	1644~1912

참고문헌

영문 논저

Adas, Michael. *Machines as the Measure of Men: Science, Technology, and Ideologies of Western Dominance*. Ithaca: Cornell University Press, 1989.

Adshead, S. A. M. "The Seventeenth-Century General Crisis in China." *Asian Profiles* 27 (1973), pp. 1–80.

Alitto, Guy S. "Rural Elites in Transition: China's Cultural Crisis and the Problem of Legitimacy." *Select Papers from the Center for Far Eastern Studies* 3 (1978–79), pp. 218–277.

Anderson, Benedict. *Imagined Communities: Reflections on the Origin and Spread of Nationalism*. London: Verso, 1983.

Arrighi, Giovanni. *Adam Smith in Beijing: Lineages of the Twenty-First Century*. London: Verso, 2007.

Art of Ethnography: A Chinese "Miao" Album, The. Trans. David M. Deal and Laura Hostetler. Seattle: University of Washington Press, 2006.

Atwell, William. "International Bullion Flows and the Chinese Economy, *circa* 1530–1650." *Past and Present* 95 (1982), pp. 68–90.

———. "Some Observations on the Seventeenth-Century Crisis in China and Japan." *Journal of Asian Studies* 45:2 (1986), pp. 223–244.

Atwill, David G. *The Chinese Sultanate: Islam, Ethnicity, and the Panthey Rebellion in Southwest China, 1856–1873*. Stanford: Stanford University Press, 2005.

Averill, Steven. "The Shed People and the Opening of the Yangzi Highlands." *Modern China* 9:1 (January 1983), pp. 84–126.

Banno, Masataka. *China and the West: The Origins of the Tsungli Yamen, 1858–1861*. Cambridge: Harvard University Press, 1964.

Barr, Allen. "Four Schoolmasters: Educational Issues in Li Hai–kuan's *Lamp at the Crossroads*." In Elman and Woodside, eds., *Education and Society in Late Imperial China*, 1600–1900, pp. 50–75.

Bartlett, Beatrice S. *Monarchs and Ministers: The Grand Council in Mid-Ch'ing China, 1723–1820*. Berkeley: University of California Press, 1991.

Bastid-Bruguiere, Marianne. "Currents of Social Change." In Fairbank and Liu, eds., *Cambridge History of China*, vol. 11.

Bays, Daniel. *China Enters the Twentieth Century: Chang Chih-tung and the Issues of a New Age*. Ann Arbor: University of Michigan Press, 1978.

———, ed. *Christianity in China: From the Eighteenth Century to the Present*. Stanford: Stanford University Press, 1996.

Beattie, Hilary. *Land and Lineage in China: A Study of T'ung-ch'eng County, Anhwei, in the Ming and Ch'ing Dynasties*. Cambridge: Cambridge University Press, 1979.

Bergère, Marie-Claire. *Sun Yat-sen*. Stanford: Stanford University Press, 1998.

Bernal, Martin. "Liu Shih-p'ei and National Essence." In Furth, ed., *Limits of Change*, pp. 90–112.

Bernhardt, Kathryn. *Rents, Taxes, and Peasant Resistance: The Lower Yangzi Region, 1840–1950*. Stanford: Stanford University Press, 1992.

Blussé, Leonard. *Strange Company: Chinese Settlers, Mestizo Women, and the Dutch in VOC Batavia*. Dordrecht: Foris, 1988.

Blussé, Leonard, and Chen Menghong, eds. *The Archives of the Kong Koan of Batavia*. Leiden: Brill, 2003.

Braudel, Fernand. "History and the Social Sciences: The *Longue Durée*." In Braudel, *On History*, trans. Sarah Matthews. Chicago: University of Chicago Press, 1980.

Brokaw, Cynthia. *Commerce in Culture: The Sibao Book Trade in the Qing and Republican Periods*. Cambridge: Harvard University Asia Center, 2007.

———. *The Ledgers of Merit and Demerit: Social Change and Moral Order in Late Imperial China*. Princeton: Princeton University Press, 1991.

————. "Tai Chen and Learning in the Confucian Tradition." In Elman and Woodside, eds., *Education and Society in Late Imperial China*, 1600–1900.

Brook, Timothy. *The Confusions of Pleasure: Commerce and Culture in Ming* China. Berkeley: University of California Press, 1998.

————. "Funerary Ritual and the Building of Lineages in Late Imperial China." *Harvard Journal of Asiatic Studies* 49:2 (December 1989), pp. 465–499.

Buck, David D. "The Provincial Elite in Shantung during the Republican Period: Their Successes and Failures." *Modern China* 1:4 (1975), pp. 417–446.

Cai Shaoqing. "On the Origins of the Gelaohui." *Modern China* 10:4 (1984), pp. 481–508.

Carlitz, Katherine. "The Social Uses of Female Virtue in Late Ming Editions of Lienü Li Zhuan." *Late Imperial China* 12:2 (December 1991), pp. 117–148.

Chan, Wing-tsit. "The *Hsing-li ching-*i and the Ch'eng-Chu School of the Seventeenth Century." In *The Unfolding of Neo-Confucianism*, ed. Wm. Theodore de Bary, pp. 543–579. New York: Columbia University Press, 1975.

Chang, Chung-li. *The Chinese Gentry: Studies on Their Role in Nineteenth-Century Chinese Society*. Seattle: University of Washington Press, 1955.

————. *The Income of the Chinese Gentry*. Seattle: University of Washington Press, 1962.

Chang, Hao. *Chinese Intellectuals in Crisis: Search for Order and Meaning, 1890–1911*. Berkeley: University of California Press, 1987.

————. "Intellectual Change and the Reform Movement, 1890–1898." In Fairbank and Liu, eds., *Cambridge History of China*, vol. 11, pp. 300–318.

————. *Liang Ch'i-ch'ao and Intellectual Transition in China*. Cambridge: Harvard University Press, 1971.

Chang, Hsin-pao. *Commissioner Lin and the Opium War*. Cambridge: Harvard University Press, 1964.

Chang, Michael. *A Court on Horseback: imperial Touring and the Construction of Qing Rule, 1680–1785*. Cambridge: Harvard University Asia Center, 2007.

Chang P'eng-yuan. "The Constitutionalists." In *China in Revolution: The First Phase, 1900–1913*, ed. Mary C. Wright, pp. 143–183. New Haven: Yale University Press, 1968.

Chartier, Roger. *The Cultural Uses of Print in Early Modern France*. Princeton: Princeton University Press, 1997.

Chatterjee, Partha. *The Nation and Its Fragments: Colonial and Postcolonial Histories*. Princeton: Princeton University Press, 1993.

Chaudhuri, K. N. T*he Trading World of Asia and the English East India Company, 1660–1760*. Cambridge: Cambridge University Press, 1978.

Chen, Jerome. *Yuan Shih-k'ai, 1859–1916: Brutus Assumes the Purple*. Stanford: Stanford University Press, 1961.

Cheng, Pei-kai, and Michael Listz, with Jonathan D. Spence, eds. *The Search for Modern China: A Documentary Collection*. New York: Norton, 1999.

Cheng, Weikun. "Politics of the Queue: Agitation and Resistance in the Beginning and End of Qing China." In *Hair: Its Power and Meaning in Asian Cultures*, ed. Alf Hiltebeitel and Barbara Miller, pp. 123–142. Albany: State University of New York Press, 1998.

Chesneaux, Jean, ed. *Popular Movements and Secret Societies in China, 1840–1950*. Stanford: Stanford University Press, 1972.

Chia, Ning. "The Li-Fan Yuan in the Early Ch'ing Dynasty." Ph.D. diss., Johns Hopkins University, 1991.

Chow, Kai-wing. *Publishing, Culture, and Power in Early Modern China*. Stanford: Stanford University Press, 2004.

———. *The Rise of Confucian Ritualism in Late Imperial China: Ethics, Classics, and Lineage Discourse*. Stanford: Stanford University Press, 1994.

Ch'u, T'ung-tsu. *Local Government in China under the Ch'ing*. Cambridge: Harvard University Press, 1962.

Chuan Han-sheng. "The Economic Crisis of 1883 as Seen in the Failure of Hsü Jun's Real Estate Business in Shanghai." In *Modern Chinese Economic History*, ed. Chi-ming Hou and Tzung-shian Yu, pp. 493–498. Taipei: Academia Sinica, 1979.

Chuan Han-sheng and Richard Kraus. *Mid-Ch'ing Rice Markets and Trade: An Essay in Price History*. Cambridge: Harvard University Council on East Asian Studies, 1975.

Clunas, Craig. *Superfluous Things: Material Culture and Social Status in Early Modern China*. Honolulu: University of Hawai'i Press, 2004.

Cochran, Sherman. *Encountering Chinese Networks: Western, Japanese, and Chinese Corporations in China, 1880–1937*. Berkeley: University of California Press, 2000.

Cohen, Paul A. *China and Christianity: The Missionary Movement and the Growth of Chinese Anti-Foreignism, 1860–1870*. Cambridge: Harvard University Press, 1963.

———. *Discovering History in China: American Historical Writing on the Recent Chinese Past*. New York: Columbia University Press, 1984.

———. *History in Three Keys: The Boxers as Event, Experience, and Myth*. New York: Columbia University Press, 1997.

Cole, James. *Shaohsing: Cooperation and Competition in Nineteenth-Century China*. Tucson: Association for Asian Studies Monographs, 1986.

Cooper, T. T. *Travels of a Pioneer of Commerce in Pigtails and Petticoats*. London: J. Murray, 1871.

Crossley, Pamela Kyle. *Orphan Warriors: Three Manchu Generations and the End of the Qing World*. Princeton: Princeton University Press, 1990.

———. "Review Article: The Rulerships of China." *American Historical Review* 97:5 (1992), pp. 1468–83.

———. "Thinking about Ethnicity in Early Modern China." *Late Imperial China* 11:1 (June 1990), pp. 1–35.

———. "The Tong in Two Worlds: Cultural Identities in Liaoning and Nurgan during the 13th–17th Centuries." *Ch'ing–shih wen-t'i* 4–9 (June 1983), pp. 21–46.

———. A *Translucent Mirror: History and Identity in Qing Imperial Ideology*. Berkeley: University of California Press, 1999.

Crossley, Pamela Kyle, Helen F. Siu, and Donald S. Sutton, eds. *Empire at the Margins: Culture, Ethnicity, and Frontier in Early Modern China*. Berkeley: University of California Press, 2006.

Curtin, Philip D. *Cross-Cultural Trade in World History*. New York: Cambridge University Press, 1984.

Dabringhaus, Sabine. "Chinese Emperors and Tibetan Monks: Religion as an Instrument of Rule." In *China and Her Neighbors: Borders, Visions of the Other, Foreign Policy, 10th to 19th Century*, ed. Sabine Dabringhaus and Roderich Ptak, pp. 119–134. Wiesbaden: Harrassowitz Verlag, 1997.

Dai, Yingcong. "The White Lotus War: A War Fought on the Terms of the Qing Military." Unpublished paper.

de Bary, Wm. Theodore. "Individualism and Humanism in Late Ming Thought." In *Self and Society in Ming Thought*, ed. W. T. de Bary, pp. 145–248. New York: Columbia University Press, 1970.

———, ed. *The Unfolding of Neo-Confucianism*. New York: Columbia University Press, 1975.

de Bary, Wm. Theodore, and Irene Bloom, eds. *Principle and Practicality: Essays in Neo-Confucianism and Practical Learning*. New York: Columbia University Press, 1979.

de Bary, Wm. Theodore, et al., eds. *Sources of Chinese Tradition*. New York: Columbia University Press, 1960.

———, eds. *Sources of Chinese Tradition*. 2nd ed. 2 vols. New York: Columbia University Press, 1999–2000.

Decennial Reports, 1882–91. Shanghai: Inspectorate General of Customs, 1892.

Delurey, John. "Despotism Above and Below: Gu Yanwu on Power, Money, and Mores." Ph.D. diss., Yale University, 2007.

Dennerline, Jerry. *The Chia-ting Loyalists: Confucian Leadership in Seventeenth-Century China*. New Haven: Yale University Press, 1971.

———. "Fiscal Reform and Local Control." In Wakeman and Grant, eds., *Conflict and Control in Late Imperial China*.

————. "The New Hua Charitable Estate and Local Level Leadership in Wuxi County at the End of the Qing." *Select Papers from the Center for Far Eastern Studies* 4 (1979–80), pp. 19–70.

Di Cosmo, Nicola. "Before the Conquest: Opportunity and Choice in the Construction of Manchu Power." Unpublished paper.

Dikötter, Frank. *The Discourse of Race in Modern China*. Stanford: Stanford University Press, 1992.

————. *Imperfect Conceptions: Medical Knowledge, Birth Defects, and Eugenics in China*. New York: Columbia University Press, 1998.

Douglass, William. *A Summary, Historical and Political, of the First Planting, Progressive Improvements, and Present State of the British Settlements in North America*. Rev. ed. London: 1755.

Duara, Prasenjit. *Culture, Power, and the State: Rural North China, 1900–1942*. Stanford: Stanford University Press, 1988.

————. "Knowledge and Power in the Discourse of Modernity: The Campaigns against Popular Religion in Early Twentieth-Century China." *Journal of Asian Studies* 50 (1991), pp. 67–83.

————. *Rescuing History from the Nation: Questioning Narratives of Modern China*. Chicago: University of Chicago Press, 1995.

————. *Sovereignty and Authenticity: Manchukuo and the East Asian Modern*. Lanham, MD: Rowman and Littlefield, 2003.

Dunstan, Helen. *Conflicting Counsels to Confuse the Age: A Documentary Study of Political Economy in Qing China, 1644–1840*. Ann Arbor: University of Michigan Center for Chinese Studies, 1996.

————. "If Chen Yun Had Written about Her Lesbianism." *Asia Major* 3rd Series, 20:2 (2007), pp. 103–122.

————. *State or Merchant: Political Economy and Political Process in 1740s China*. Cambridge: Harvard University Asia Center, 2006.

Dutt, Vidya Prakash. "The First Week of Revolution: The Wuchang Uprising." In Wright, *China in Revolution*, pp. 383–416.

Eastman, Lloyd E. "Ch'ing-i and Chinese Policy Formation During the Nineteenth Century." *Journal of Asian Studies* 24:4 (1965), pp. 595–611.

———. *Throne and Mandarins: China's Search for a Policy during the Sino-French Controversy, 1880–1885*. Cambridge: Harvard University Press, 1967.

Ebrey, Patricia Buckley, and James L. Watson, eds. *Kinship Organization in Late Imperial China, 1000–1940*. Berkeley: University of California Press, 1986.

Edgerton-Tarpley, Kathryn. *Tears from Iron: Cultural Responses to Famine in Nineteenth-Century China*. Berkeley: University of California Press, 2008.

Edwards, R. Randle. "Imperial China's Border Control Law." *Journal of Chinese Law* 1:1 (1987), pp. 33–62.

Elliott, Mark C. "Bannerman and Townsman: Ethnic Tension in Nineteenth-Century Jiangnan." *Late Imperial China* 11:1 (June 1990), pp. 36–74.

———. *The Manchu Way: The Eight Banners and Ethnic Identity in Late Imperial China*. Stanford: Stanford University Press, 2001.

———. *Emperor Qianlong: Son of Heaven, Man of the World*. Upper Saddle River, NJ: Pearson Longman, 2009.

Elman, Benjamin A. *A Cultural History of Civil Examinations in Late Imperial China*. Berkeley: University of California Press, 2000.

———. *From Philosophy to Philology: Intellectual and Social Aspects of Change in Late Imperial China*. Cambridge: Harvard University Council on East Asian Studies, 1984.

———. *On Their Own Terms: Science in China 1550–1900*. Cambridge: Harvard University Press, 2005.

Elman, Benjamin A., and Alexander Woodside, eds. *Education and Society in Late Imperial China, 1600–1900*. Berkeley: University of California Press, 1994.

Elvin, Mark. "Female Virtue and the State in China." *Past and Present* 104 (1984), pp. 111–152.

———. "The Gentry Democracy in Chinese Shanghai, 1905–1914." In *Modern China's Search for a Political Form*, ed. Jack Gray, pp. 41–65. London: Oxford University

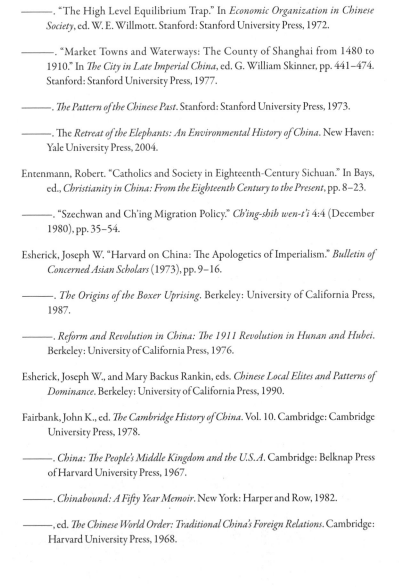

Press, 1969.

———. "The High Level Equilibrium Trap." In *Economic Organization in Chinese Society*, ed. W. E. Willmott. Stanford: Stanford University Press, 1972.

———. "Market Towns and Waterways: The County of Shanghai from 1480 to 1910." In *The City in Late Imperial China*, ed. G. William Skinner, pp. 441–474. Stanford: Stanford University Press, 1977.

———. *The Pattern of the Chinese Past*. Stanford: Stanford University Press, 1973.

———. The *Retreat of the Elephants: An Environmental History of China*. New Haven: Yale University Press, 2004.

Entenmann, Robert. "Catholics and Society in Eighteenth-Century Sichuan." In Bays, ed., *Christianity in China: From the Eighteenth Century to the Present*, pp. 8–23.

———. "Szechwan and Ch'ing Migration Policy." *Ch'ing-shih wen-t'i* 4:4 (December 1980), pp. 35–54.

Esherick, Joseph W. "Harvard on China: The Apologetics of Imperialism." *Bulletin of Concerned Asian Scholars* (1973), pp. 9–16.

———. *The Origins of the Boxer Uprising*. Berkeley: University of California Press, 1987.

———. *Reform and Revolution in China: The 1911 Revolution in Hunan and Hubei*. Berkeley: University of California Press, 1976.

Esherick, Joseph W., and Mary Backus Rankin, eds. *Chinese Local Elites and Patterns of Dominance*. Berkeley: University of California Press, 1990.

Fairbank, John K., ed. *The Cambridge History of China*. Vol. 10. Cambridge: Cambridge University Press, 1978.

———. *China: The People's Middle Kingdom and the U.S.A*. Cambridge: Belknap Press of Harvard University Press, 1967.

———. *Chinabound: A Fifty Year Memoir*. New York: Harper and Row, 1982.

———, ed. *The Chinese World Order: Traditional China's Foreign Relations*. Cambridge: Harvard University Press, 1968.

————. *Trade and Diplomacy on the China Coast: The Opening of the Treaty Ports, 1842–1854*. Stanford: Stanford University Press, 1969. First published Cambridge: Harvard University Press, 1953.

Fairbank, John K., and Kwang-Ching Liu, eds. *The Cambridge History of China*, vol. 11. Cambridge: Cambridge University Press, 1980.

Fairbank, John K., and Edwin Reischauer. *East Asia: The Great Tradition*. Boston: Houghton Mifflin, 1960.

Fairbank, John K., Edwin Reischauer, and Albert Craig. *East Asia: The Modern Transformation*. Boston: Houghton Mifflin, 1965.

Fairbank, John K., and Ssu-yu Teng. "On the Ch'ing Tributary System." *Harvard Journal of Asiatic Studies* 6 (1941), pp. 135–246.

Farquhar, David M. "Emperor as Bodhisattva in the Governance of the Ch'ing Empire." *Harvard Journal of Asiatic Studies* 38:1 (June 1978), pp. 5–34.

Faure, David. "The Lineage as Business Company: Patronage vs. Law in the Development of Chinese Business." In *China's Market Economy in Transition*, ed. Yung-san Lee and Ts'ui-jung Liu. Nankang: Academia Sinica, 1990.

Fay, Peter Ward. *The Opium War; 1840–1842: Barbarians in the Celestial Empire in the Early Part of the Nineteenth Century and the War by Which They Forced Her Doors Ajar*. New York: Norton, 1976.

Fei, Hsiao-tung. "Peasantry and Gentry: An Interpretation of Chinese Social Structure and its Changes." *American Journal of Sociology* 52:1 (July 1946), pp. 1–17.

Feuerwerker, Albert. *China's Early Industrialization: Sheng Hsuan-huai (1844–1916) and Mandarin Enterprise*. Cambridge: Harvard University Press, 1958.

Fincher, John. "Political Provincialism and the National Revolution." In Wright, *China in Revolution*, pp. 185–226.

Finnane, Antonia. "Yangzhou's 'Mondernity': Fashion and Consumption in the Early Nineteenth Century." *Positions* 11:2 (Fall 2003), pp. 395–425.

Fogel, Joshua. *Politics and Sinology: The Case of Naitō Konan (1866–1934)*. Cambridge: Harvard University Council on East Asian Studies, 1984.

Folsom, Kenneth E. *Friends, Guests, and Colleagues: The Mu-fu System in the Late Ch'ing Period*. Berkeley: University of California Press, 1968.

Frank, Andre Gunder. *Re-Orient: The Global Economy in the Asian Age*. Berkeley: University of California Press, 1998.

Free Trade to India: letters addressed to the merchants and inhabitants of the town of Liverpool, concerning a free trade to the East Indies, by a member of Parliament. Liverpool: E. Smith, 1812.

Furth, Charlotte, ed. *The Limits of Change: Essays on Conservative Alternatives in Republican China*. Cambridge: Harvard University Press, 1976.

———. "The Sage as Rebel: The Inner World of Chang Ping-lin." In Furth, ed., *The Limits of Change: Essays on Conservative Alternatives in Republican China*, pp. 113–150.

Gasster, Michael. *Chinese Intellectuals and the Revolution of 1911*. Seattle: University of Washington Press, 1969.

———. "The Republican Revolutionary Movement." In Fairbank and Liu, eds., *Cambridge History of China*, vol. 11.

Gaustad, Blaine Campbell. "Religious Sectarianism and the State in Mid-Qing China: Background to the White Lotus Uprising of 1796–1804." Ph.D. diss., University of California-Berkeley, 1994.

Gentzler, J. Mason, ed. *Changing China: Readings in the History of China from the Opium War to the Present*. New York: Praeger, 1977.

Giersch, C. Patterson. *Asian Borderlands: The Transformation of Qing China's Yunnan Frontier*. Cambridge: Harvard University Press, 2006.

Goldstein, Joshua S. *Drama Kings: Players and Publics in the Re-creation of Peking Opera, 1870–1937*. Berkeley: University of California Press, 2007.

Goodman, Bryna. *Native Place, City, and Nation: Regional Identities in Shanghai, 1853–1937*. Berkeley: University of California Press, 1995.

Goodrich, L. Carrington. *The Literary Inquisition of Ch'ien-lung*. Baltimore: American Council of Learned Societies, 1935.

Gottschang, Thomas, and Diana Lary. *Swallows and Settlers: The Great Chinese Migration from North China to Manchuria*. Ann Arbor: University of Michigan Center for Chinese Studies, 2000.

Griswold, A. Whitney. *The Far Eastern Policy of the United States*. New Haven: Yale University Press, 1934.

Guy, R. Kent. *The Emperor's Four Treasuries: Scholars and the State in the Late Ch'ien-lung Era*. Cambridge: Harvard University Council on East Asian Studies, 1987.

———. "Fang Pao and the Ch'in-ting Ssu-shu wen." In Elman and Woodside, eds., *Education and Society in Late Imperial China, 1600–1900*.

Hamashita Takeshi. "The Tribute Trade System and Modern Asia." In *Japanese Industrialization and the Asian Economy*, ed. A. J. Latham and Kawakatsu Heita. London: Routledge, 1994.

Hanan, Patrick. *The Invention of Li Yu*. Cambridge: Harvard University Press, 1988.

Hanson, Marta. "Jesuits and Medicine in the Kangxi Court (1662–1722)." *Pacific Rim Report* 43 (July 2007), pp. 1–10.

Hao, Yen-p'ing. *The Commercial Revolution in Nineteenth-Century China: The Rise of Sino-Western Mercantile Capitalism*. Berkeley: University of California Press, 1986.

———. *The Compradore in Nineteenth-Century China: Bridge between East and West*. Cambridge: Harvard University Press, 1970.

Harrell, Paula. *Sowing the Seeds of Change: Chinese Students, Japanese Teachers, 1895–1905*. Stanford: Stanford University Press, 1992.

Hartwell, Robert M. "Demographic, Political, and Social Transformations of China, 750–1550." *Harvard Journal of Asiatic Studies* 42:2 (December 1982), pp. 365–442.

Hay, Jonathan. *Shitao: Painting and Modernity in Early Qing China*. Cambridge: Cambridge University Press, 2001.

Herman, John E. *Amid the Clouds and Mist: China's Colonization of Guizhou, 1200–1700*. Cambridge: Harvard University Asia Center, 2007.

———. "The Cant of Conquest: *Tusi* Offices and China's Political Incorporation of the Southwest Frontier." In Crossley, Siu, and Sutton, eds., *Empire at the Margins: Culture, Ethnicity, and Frontier in Early Modern China.*

———. "Empire in the Southwest: Early Qing Reforms to the Native Chieftain System." *Journal of Asian Studies* 56:1 (February 1997), pp. 47–74.

Hershatter, Gail. *Dangerous Pleasures: Prostitution and Modernity in Twentieth-Century Shanghai.* Berkeley: University of California Press, 1997.

Hevia, James L. *Cherishing Men from Afar: Qing Guest Ritual and the Macartney Mission of 1793.* Durham: Duke University Press, 1995.

———. "Loot's Fate: The Economy of Plunder and the Moral Life of Objects 'From the Summer Palace of the Emperor of China.'" *History and Anthropology* 6:4 (1994), pp. 319–345.

Ho, Dahpon David. "The Men Who Would Not Be Amban and the One Who Would: Four Frontline Officials and Qing Tibet Policy, 1905–1911." *Modern China* 34:2 (April 2008), pp. 210–246.

Ho, Ping-ti. *The Ladder of Success in Imperial China: Aspects of Social Mobility, 1368–1911.* New York: Wiley, 1964.

———. "The Significance of the Ch'ing Period in Chinese History." *Journal of Asian Studies* 26:2 (February 1967), pp. 189–195.

———. *Studies on the Population of China, 1368–1957.* Cambridge: Harvard University Press, 1959.

Hobson, J. A. *Imperialism: A Study.* 3rd ed. London: Unwin Hyman, 1988. First published 1902.

Holmgren, Jennifer. "The Economic Foundations of Virtue: Widow-Remarriage in Early and Modern China." *Australian Journal of Chinese Studies* 13 (January 1985), pp. 1–27.

Honig, Emily. *Creating Chinese Ethnicity: Subei People in Shanghai, 1850–1980.* New Haven: Yale University Press, 1992.

Hostetler, Laura. *Qing Colonial Enterprise: Ethnography and Cartography in Early Modern China.* Chicago: University of Chicago Press, 2001.

Hsiao, Kung-chuan. *Rural China: Imperial Control in the Nineteenth Century*. Seattle: University of Washington Press, 1960.

Hsieh, Winston. "Peasant Insurrection and the Marketing Hierarchy in the Canton Delta, 1911." In *The Chinese City between Two Worlds*, ed. Mark Elvin and G. William Skinner, pp. 119–141. Stanford: Stanford University Press, 1974.

———. "Triads, Salt Smugglers, and Local Uprisings." In Jean Chesneaux, ed., *Popular Movements and Secret Societies in China, 1840–1950*, pp. 145–164.

Hsu, Immanuel. *China's Entry into the Family of Nations: The Diplomatic Phase*, 1858–1880. Cambridge: Harvard University Press, 1960.

———. *The Ili Crisis: A Study of Sino–Russian Diplomacy 1871–1881*. Oxford: Clarendon Press, 1965.

———. "Late Ch'ing Foreign Relations, 1860–1905." In Fairbank and Liu, eds., *Cambridge History of China*, vol. 11, pp. 70–141.

———. *The Rise of Modern China*. New York: Oxford University Press, 1970.

Hsüeh, Chün-tu. *Huang Hsing and the Chinese Revolution*. Stanford: Stanford University Press, 1961.

———. *Revolutionary Leaders of Modern China*. New York: Oxford University Press, 1971.

Huang, Pei. *Autocracy at Work: A Study of the Yung-cheng Reign, 1723–1735*. Bloomington: Indiana University Press, 1974.

Huang, Philip C. C. *Civil Justice in China: Representation and Practice in the Qing*. Stanford: Stanford University Press, 1996.

———. *Liang Ch'i-ch'ao and Modern Chinese Liberalism*. Seattle: University of Washington Press, 1972.

———. "The Paradigmatic Crisis in Chinese Studies: Paradoxes in Social and Economic History." *Modern China* 17:3 (July 1991), pp. 299–341.

———. *The Peasant Economy and Social Change in North China*. Stanford: Stanford University Press, 1985.

Hucker, Charles O. *The Censorial System of Ming China*. Stanford: Stanford University Press, 1966.

Hucker, Charles O. *A Dictionary of Official Titles in Imperial China*. Stanford: Stanford University Press, 1985.

Hummel, Arthur W., ed. *Eminent Chinese of the Ch'ing Period*. Washington, DC: U.S. Government Printing Office, 1943.

Hung, Ho-fung. "The Ming-Qing Transition in Maritime Perspective: A Reappraisal." Unpublished paper.

Hymes, Robert P. *Statesmen and Gentlemen: The Elite of Fu-chou, Chiang-hsi, in Northern and Southern Sung*. Cambridge: Cambridge University Press, 1986.

Hymes, Robert P., and Conrad Shirokauer, eds. *Ordering the World: Approaches to State and Society in Sung Dynasty China*. Berkeley: University of California Press, 1993.

I Songyǔ. "Shantung in the Shun-chih Reign: The Establishment of Local Control and the Gentry Response." Trans. Joshua Fogel. *Ch'ing-shih wen-t'i* 4:4 (December 1980), pp. 1–34, and 4:5 (June 1981), pp. 1–32.

Ichiko, Chūzō. "The Role of the Gentry: An Hypothesis." In *China in Revolution: The First Phase, 1900–1913*, ed. Mary Clabaugh Wright, pp. 297–318. New Haven: Yale University Press, 1968.

Iriye, Akira. *After Imperialism: The Search for a New Order in the Far East, 1921–1931*. Cambridge: Harvard University Press, 1965.

———. "Imperialism in East Asia." In *Modern East Asia: Essays in Interpretation*, ed. James B. Crowley, pp. 122–150. New York: Harcourt Brace and World, 1970.

Jami, Catherine. "Imperial Control and Western Learning: The Kangxi Emperor's Performance." *Late Imperial China* 23:1 (June 2002), pp. 28–49.

Jansen, Marius. *The Japanese and Sun Yat-sen*. Cambridge: Harvard University Press, 1954.

Jen Yu-wen. *The Taiping Revolutionary Movement*. New Haven: Yale University Press, 1973.

Jenks, Robert. *Insurgency and Social Disorder in Guizhou: The "Miao" Rebellion, 1854–1873*. Honolulu: University of Hawai'i Press, 1994.

Jenner, W. J. F. "Tough Guys, Mateship, and Honour: Another Chinese Tradition." *East Asian History* 12 (1996), pp. 1–33.

Jing Su and Luo Lun. *Landlord and Labor in Late Imperial China: Case Studies from Shandong*. Trans. Endymion Wilkinson. Cambridge: Harvard University Council on East Asian Studies, 1978.

Johnson, David. "Communication, Class, and Consciousness in Late Imperial China." In Johnson, Nathan, and Rawski, eds., *Popular Culture in Late Imperial China*.

———. *Spectacle and Sacrifice; The Ritual Foundations of Village Life in North China*. Cambridge: Harvard University Asia Center, 2009.

Johnson, David, Andrew J. Nathan, and Evelyn S. Rawski, eds. *Popular Culture in Late Imperial China*. Berkeley: University of California Press, 1985.

Johnson, Linda Cooke. *Shanghai: From Market Town to Treaty Port, 1074–1858*. Stanford: Stanford University Press, 1995.

Jones, Susan Mann. "Hung Liang-chi (1746–1809): The Perception and Articulation of Political Problems in Late Eighteenth Century China." Ph.D. diss., Stanford University, 1971.

Jones, Susan Mann, and Philip A. Kuhn. "Dynastic Decline and the Roots of Rebellion." In Fairbank, ed., *Cambridge History of China*, vol. 10, pt. 1, pp. 107–162.

Judge, Joan. P*rint and Politics: "Shibao" and the Culture of Reform in Late Qing China*. Stanford: Stanford University Press, 1996.

Kahn, Harold L. *Monarchy in the Emperor's Eyes: Image and Reality in the Ch'ien-lung Reign*. Cambridge: Harvard University Press, 1971.

Kamachi, Noriko. *Reform in China: Huang Tsun-hsien and the Japanese Model*. Cambridge: Harvard University Council on East Asian Studies, 1981.

Kelley, David E. "Temples and Tribute Fleets: The Luo Sect and Boatmen's Associations in the Eighteenth Century." *Modern China* 8:3 (July 1982), pp. 361–391.

Kessler, Lawrence. *K'ang-hsi and the Consolidation of Ch'ing Rule, 1661–1684*. Chicago:

University of Chicago Press, 1976.

Kirby, William C. "Engineering China: The Origins of the Chinese Developmental State." In *Becoming Chinese*, ed. Wen-hsin Yeh, 137–160. Berkeley: University of California Press, 2000.

Ko, Dorothy. *Cinderella's Sisters: A Revisionist History of Footbinding*. Berkeley: University of California Press, 2005.

———. *Teachers of the Inner Chambers: Women and Culture in Seventeenth-Century China*. Stanford: Stanford University Press, 1994.

Kuhn, Philip A. *Chinese among Others: Emigration in Modern Times*. Lanham, MD: Rowman and Littlefield, 2008.

———. "Local Self–Government under the Republic: Problems of Control, Automony, and Mobilization." In Wakeman and Grant, eds., *Conflict and Control in Late Imperial China*, pp. 257–298.

———. "Origins of the Taiping Vision: Cross-Cultural Dimensions of a Chinese Rebellion." *Comparative Studies of Society and History* 19 (1977), pp. 350–366.

———. *Rebellion and Its Enemies in Late Imperial China: Militarization and Social Structure, 1796–1864*. Cambridge: Harvard University Press, 1970.

———. *Soulstealers: The Chinese Sorcery Scare of 1768*. Cambridge: Harvard University Press, 1990.

———. "The Taiping Rebellion." In Fairbank, ed., *Cambridge History of China*, vol. 10, pt. 1.

Kwong, Luke S. K. *A Mosaic of the Hundred Days: Personalities, Politics, and Ideas of 1898*. Cambridge: Harvard University Council on East Asian Studies, 1984.

Lai, Chi-kong. "Li Hung-chang and Modern Enterprise: The China Merchants' Company, 1872–1885." In *Li Hung-chang and China's Early Modernization*, ed. Samuel Chu and Kwang-Ching Liu, pp. 216–247. Armonk: M. E. Sharpe, 1994.

Lamley, Harry J. "Lineage and Surname Feuds in Southern Fukien and Eastern Kwangtung under the Ch'ing." In *Orthodoxy in Late Imperial China*, ed. Kwang-ching Liu, pp. 255–280. Berkeley: University of California Press, 1990.

Langer, William L. *The Diplomacy of Imperialism, 1890–1902*. New York: Knopf, 1956.

Larsen, Kirk W. *Tradition, Treaties, and Trade: Qing Imperialism in Chosŏn Korea, 1850–1910*. Cambridge: Harvard University Asia Center, 2008.

Lee, James Z. "Food Supply and Population Growth in Southwest China, 1250–1850." *Journal of Asian Studies* 41:4 (August 1982), pp. 711–746.

———. "The Legacy of Immigration in Southwest China, 1250–1850." *Annales de demographie historique* (1982), pp. 279–304.

Lee, James Z., and Wang Feng. *One Quarter of Humanity: Malthusian Myths and Chinese Realities, 1700–2000*. Cambridge: Harvard University Press, 1999.

Lee, Robert H. G. "Frontier Politics in the Southwestern Sino-Tibetan Borderlands during the Ch'ing Dynasty." In *Perspectives on a Changing China*, ed. Joshua A. Fogel and William T. Rowe. Boulder: Westview Press, 1979.

———. *The Manchurian Frontier in Ch'ing History*. Cambridge: Harvard University Press, 1970.

Lenin, V. I. *Imperialism, the Highest Stage of Capitalism: A Popular Outline*. Moscow: Foreign Languages Publishing House, 1920.

Leonard, Jane Kate. *Controlling from Afar: The Daoguang Emperor's Handling of the Grand Canal Crisis, 1824–1826*. Ann Arbor: University of Michigan Center for Chinese Studies, 1996.

———. *Wei Yuan and China's Rediscovery of the Maritime World*. Cambridge: Harvard University Council on East Asian Studies, 1984.

Leong, Sow-Theng. *Migration and Ethnicity in Chinese History: Hakka, Pengmin, and Their Neighbors*. Stanford: Stanford University Press, 1997.

Leung, Edwin Pak-wah. "Li Hung-chang and the Liu-ch'iu (Ryūkyū) Controversy, 1871–1881." In *Li Hung-chang and China's Early Modernization*, ed. Samuel Chu and Kwang-Ching Liu. Armonk: M. E. Sharpe, 1994.

Levenson, Joseph R. *Confucian China and Its Modern Fate: A Trilogy*. Berkeley: University of California Press, 1958.

Levy, Marion, Jr. "Contrasting Factors in the Modernization of China and Japan."

Economic Development and Cultural Change 2 (1953), pp. 161–197.

Levy, Marion, Jr., and Shih Kuo-heng. T*he Rise of the Modern Chinese Business Class*. New York: Institute of Pacific Relations, 1949.

Li, Lillian M. *Fighting Famine in North China: State, Market, and Environmental Decline, 1690s–1990s*. Stanford: Stanford University Press, 2007.

Lieberman, Victor, ed. *Beyond Binary Histories: Re-imagining Eurasia to c. 1830*. Ann Arbor: University of Michigan Press, 1997.

Liew, K. S. *Struggle for Democracy: Sung Chiao-jen and the 1911 Chinese Revolution*. Berkeley: University of California Press, 1971.

Lin, Manhong. *China Upside Down: Currency, Society, and Ideologies, 1808–1856*. Cambridge: Harvard University Asia Center, 2006.

Lin Yü-sheng. "The Suicide of Liang Chi: An Ambiguous Case of Moral Conservatism." In Furth, ed., *The Limits of Change*, pp. 151–170.

Linebarger, Paul Myron Anthony. *The Political Doctrines of Sun Yat-sen: An Exposition of the San min chu i*. Baltimore: Johns Hopkins University Press, 1937.

Linebarger, Paul Myron Wentworth. *Sun Yat Sen and the Chinese Republic*. New York: AMS Press, 1969. First published New York: Century, 1925.

Liu, Kwang-Ching. *Anglo-American Steamship Rivalry in China, 1862–1874*. Cambridge: Harvard University Press, 1962.

Liu, Ts'ui-jung. "Dike Construction in Ching-chou." *Papers on China* 23 (1970), pp. 1–28.

Lojewski, Frank. "The Soochow Bursaries: Rent Management during the Late Ch'ing." *Ch'ing-shih wen-t'i* 4:3 (June 1980), pp. 43–65.

London, Jack. "The Unparalleled Invasion" (1907). In *The Complete Short Stories of Jack London*, ed. Earle Labor, Robert C. Leitz III, and I. Milo Shepard, vol. 2, pp. 1234–46. Stanford: Stanford University Press, 1993.

Lu Xun. *The Complete Stories of Lu Xun*. Trans. Yang Xianyi and Gladys Yang. Bloomington: Indiana University Press, 1981.

Lufrano, Richard John. *Honorable Merchants: Commerce and Self-Cultivation in Late Imperial China*. Honolulu: University of Hawai'i Press, 1997.

Lui, Adam Y. C. *The Hanlin Academy: Training Ground for the Ambitious, 1644–1850*. Hamden, CT: Archon, 1981.

Ma, L. Eve Armentrout. *Revolutionaries, Monarchists, and Chinatowns: Chinese Politics in the Americas and the 1911 Revolution*. Honolulu: University of Hawai'i Press, 1990.

Ma, Zhao. "Imperial Autocracy and Bureaucratic Interests in the Anti-Christian Campaign of 1784–85 in China." Unpublished paper.

———. "'Writing History during a Prosperous Age': The New Qing History Project." *Late Imperial China* 29:1 (June 2008), pp. 120–145.

Macauley, Melissa. *Social Power and Legal Culture: Litigation Masters in Late Imperial China*. Stanford: Stanford University Press, 1998.

Mackerras, Colin. *The Rise of the Peking Opera: Social Aspects of the Theatre in Manchu China, 1770–1870*. Oxford: Clarendon, 1972.

MacKinnon, Stephen R. *Power and Politics in Late Imperial China: Yuan Shi-kai in Beijing and Tianjin, 1901–1908*. Berkeley: University of California Press, 1980.

Mair, Victor. "Language and Ideology in the Written Popularizations of the Sacred Edict." In Johnson, Nathan, and Rawski, eds., *Popular Culture in Late Imperial China*, pp. 325–359.

Man-Cheong, Iona. *The Class of 1761: Examinations, State, and Elites in Eighteenth-Century China*. Stanford: Stanford University Press, 2004.

Mann, Susan. *Local Merchants and the Chinese Bureaucracy, 1750–1950*. Stanford: Stanford University Press, 1987.

———. *Precious Records: Women in China's Long Eighteenth Century*. Stanford: Stanford University Press, 1997.

———. *The Talented Women of the Zhang Family*. Berkeley: University of California Press, 2007.

Marks, Robert. *Tigers, Rice, Silk, and Silt: Environment and Economy in Late Imperial*

South China. Cambridge: Cambridge University Press, 1998.

Marmé, Michael. "Locating Linkages or Painting Bull's-Eyes around Bullet Holes? An East Asian Perspective on the Seventeenth-Century Crisis." *American Historical Review* 113:4 (October 2008), pp. 1080–89.

McDermott, Joseph P. "Friendship and Its Friends in the Late Ming." In *Family Process and Political Process in Modern Chinese History*, vol. 1, pp. 67–96. Taipei: Institute of Modern History, 1992.

McMahon, Daniel. "The Yuelu Academy and Hunan's Nineteenth-Century Turn toward Statecraft." *Late Imperial China* 26:1 (June 2005), pp. 72–109.

McNeill, William H. *The Age of Gunpowder Empires, 1450–1800*. Washington, DC: American Historical Association, 1989.

———. *Plagues and Peoples*. Garden City: Anchor Press, 1976.

Menzies, Nicholas K. *Forest and Land Management in Imperial China*. New York: St. Martin's Press, 1994.

Meskill, Johanna M. *A Chinese Pioneer Family: The Lins of Wu-feng, Taiwan, 1729–1895*. Princeton: Princeton University Press, 1979.

Metzger, Thomas. "T'ao Chu's Reform of the Huai-pei Salt Monopoly." *Papers on China* 16 (1962), pp. 1–39.

Meyer-Fong, Tobie. *Building Culture in Early Qing Yangzhou*. Stanford: Stanford University Press, 2003.

Michael, Franz. *The Taiping Rebellion: History and Documents*. Vol. 1, *History*. Seattle: University of Washington Press, 1966.

Miles, Steven B. *The Sea of Learning: Mobility and Identity in Nineteenth-Century Guangzhou*. Cambridge: Harvard University Asia Center, 2006.

Miller, Harold Lyman. "Factional Conflict and the Integration of Ch'ing Politics, 1661–1690." Ph.D. diss., George Washington University, 1974.

Millward, James A. *Beyond the Pass: Economy, Ethnicity, and Empire in Qing Xinjiang, 1759–1864*. Stanford: Stanford University Press, 1998.

————. *Eurasian Crossroads: A History of Xinjiang*. New York: Columbia University Press, 2007.

Millward, James A., Ruth W. Dunnell, Mark C. Elliott, and Philippe Forêt, eds. *New Qing imperial History: The Making of Inner Asian Empire at Qing Chengde*. London: Routledge, 2004.

Min Tu-ki. *National Polity and Local Power: The Transformation of Late Imperial China*. Ed. Philip A. Kuhn and Timothy Brook. Cambridge: Harvard University Council on East Asian Studies, 1989.

Miyazaki, Ichisada. *China's Examination Hell: The Civil Service Examinations of Imperial China*. Trans. Conrad Schirokauer. New Haven: Yale University Press, 1981.

Morse, Hosea Ballou, ed. *The Chronicles of the East India Company Trading to China, 1635–1834*. Oxford: Oxford University Press, 1926.

————. *The Trade and Administration of China*. London: Longmans, Green, 1913.

Moulder, Frances V. *Japan, China, and the Modern World Economy: Towards a Reinterpretation of East Asian Economic Development, ca. 1600–ca. 1918*. Cambridge: Cambridge University Press, 1977.

Mungello, D. E. *The Great Encounter of China and the West, 1500–1800*. Lanham, MD: Rowman and Littlefield, 1999.

Murray, Diane H. *The Origins of the Tiandihui: The Chinese Triads in Legend and History*. Stanford: Stanford University Press, 1994.

Nakami Tatsuo. "The Mongols and the 1911 Revolution." In *The 1911 Revolution in China: Interpretive Essays*, ed. Etō Shinkichi and Harold Z. Schiffrin, pp. 129–149. Tokyo: University of Tokyo Press, 1984.

Naquin, Susan. "Connections between Rebellions: Sect Family Networks in Qing China." *Modern China* 8:3 (July 1982), pp. 337–360.

————. "Funerals in North China: Uniformity and Variation." In *Death Ritual in Late Imperial and Modern China*, ed. James L. Watson and Evelyn S. Rawski, pp. 37–70. Berkeley: University of California Press, 1988.

————. *Millenarian Rebellion in China: The Eight Trigrams Rebellion of 1813*. New

Haven: Yale University Press, 1976.

———. *Shantung Rebellion: The Wang Lun Rebellion of 1774*. New Haven: Yale University Press, 1981.

———. "The Transmission of White Lotus Sectarianism in Late Imperial China." In Johnson, Nathan, and Rawski, eds., *Popular Culture in Late Imperial China*, pp. 255–291.

Naquin, Susan, and Chün-fang Yü, eds. *Piligrims and Sacred Sites in China*. Berkeley: University of California Press, 1992.

"Newchang." In *Decennial Reports, 1882–91*, pp. 34–37.

Ng, Vivian W. "Ideology and Sexuality: Rape Laws in Qing China." *Journal of Asian Studies* 46:1 (February 1987), pp. 57–70.

Nivison, David S. "Ho-shen and His Accusers: Ideology and Political Behavior in the Eighteenth Century." In *Confucianism in Action*, ed. David S. Nivison and Arthur S. Wright, pp. 209–243. Stanford: Stanford University Press, 1959.

———. "Protest against Convention and Conventions of Protest." In *The Confucian Persuasion*, ed. Arthur F. Wright. Stanford: Stanford University Press, 1960.

Osborne, Anne. "The Local Politics of Land Reclamation in the Lower Yangzi Highlands." *Late Imperial China* 15:1 (June 1994), pp. 1–46.

Overmyer, Daniel. *Precious Volumes: An Introduction to Sectarian Scriptures from the Sixteenth and Seventeenth Centuries*. Cambridge: Harvard University Asia Center, 1999.

Ownby, David. *Brotherhoods and Secret Societies in Early and Mid-Qing China*. Stanford: Stanford University Press, 1996.

Oxnam, Robert. *Ruling from Horseback: Manchu Politics in the Oboi Regency, 1661–1669*. Chicago: University of Chicago Press, 1975.

Paderni, Paola. "The Problem of *Kuan-hua* in Eighteenth-Century China: The Yung-cheng Decree for Fukien and Kwangtung." *Annali* 48:4 (1988), pp. 257–265.

Paine, S. C. M. *The Sino-Japanese War of 1894–95: Perceptions, Power, and Primacy*. Cambridge: Cambridge University Press, 2003.

Palmer, Michael J. E. "The Surface-Subsoil Form of Divided Ownership in Late Imperial China: Some Examples from the New Territories of Hong Kong." *Modern Asian Studies* 21:1 (1987), pp. 1–119.

Park, Nancy Elizabeth. "Corruption and Its Recompense: Bribes, Bureaucracy, and the Law in *Late Imperial* China." Ph.D. diss., Harvard University, 1993.

Parkes, Harry. *Narrative of the Late Sir H. Parkes' Captivity in Pekin, 1860.* London: Pall Mall Gazette, 1885.

Peng, Juanjuan. "Yudahua: The History of an Industrial Enterprise in Modern China, 1890–1957." Ph.D. diss., Johns Hopkins University, 2007.

Perdue, Peter C. *China Marches West: The Qing Conquest of Central Eurasia.* Cambridge: Harvard University Press, 2005.

———. "Comparing Empires: Manchu Colonialism." *International History Review* 20:2 (June 1998), pp. 255–261.

———. *Exhausting the Earth: State and Peasant in Hunan, 1500–1850.* Cambridge: Harvard University Council on East Asian Studies, 1987.

———. "Insiders and Outsiders: The Xiangtan Riot of 1819 and Collective Action in Hunan." *Modern China* 12:2 (April 1986), pp. 166–201.

Peterson, Willard J., ed. *The Cambridge History of China.* Vol. 9, pt. 1, *The Ch'ing Dynasty to 1800.* Cambridge: Cambridge University Press, 2002.

———. "The Life of Ku Yen-wu (1613–1682)." *Harvard Journal of Asiatic Studies* 28 (1968), pp. 114–156 and 29 (1969), pp. 201–247.

Piatt, Stephen R. *Provincial Patriots: The Hunanese and Modern China.* Cambridge: Harvard University Press, 2007.

Polachek, James. "Gentry Hegemony: Soochow in the T'ung-chih Restoration." In Wakeman and Grant, eds., *Conflict and Control in Late Imperial China*, pp. 211–256.

———. *The Inner Opium War.* Cambridge: Harvard University Council on East Asian Studies, 1992.

Pomeranz, Kenneth. *The Great Divergence: China, Europe, and the Making of the*

Modern World Economy. Princeton: Princeton University Press, 2000.

Prazniak, Roxann. "Tax Protest at Laiyang, Shandong, 1910: Commoner Organization versus the County Political Elite." *Modern China* 6:1 (1980), pp. 41–71.

Present Day Impressions of the Far East and Prominent and Progressive Chinese at Home and Abroad. London, 1917.

Pruitt, Ida. *A Daughter of Han: The Autobiography of a Chinese Working Woman*. Stanford: Stanford University Press, 1967.

Rankin, Mary Backus. *Early Chinese Revolutionaries: Radical Intellectuals in Shanghai and Chekiang*. Cambridge: Harvard University Press, 1971.

———. *Elite Activism and Political Transformation in China: Zhejiang Province, 1865–1911*. Stanford: Stanford University Press, 1986.

———. "Nationalistic Contestation and Mobilizational Politics: Practice and Rhetoric of Railway-Rights Recovery at the End of the Qing." *Modern China* 28:3 (July 2002), pp. 315–361.

———. "Public Opinion and Political Power: *Qingyi* in Late Nineteenth-Century China." *Journal of Asian Studies* 41:3 (May 1982), pp. 453–484.

———. "The Tenacity of Tradition." In Wright, ed., *China in Revolution: The First Phase*, pp. 319–361.

Rawski, Evelyn S. *Agricultural Change and the Peasant Economy of South China*. Cambridge: Harvard University Press, 1972.

———. "Agricultural Development in the Han River Highlands." *Late Imperial China* 3:4 (December 1975), pp. 63–81.

———. *Education and Popular Literacy in Ch'ing China*. Ann Arbor: University of Michigan Press, 1979.

———. "The Qing Formation and the Early Modern Period." In Struve, ed., *The Qing Formation in World-Historical Time*.

———. "Re-envisioning the Qing: The Significance of the Qing Period in Chinese History." *Journal of Asian Studies* 55:4 (November 1996), pp. 829–850.

Reed, Bradly W. "Money and Justice: Clerks, Runners, and the Magistrate's Court in Late Imperial Sichuan." *Modern China* 21:3 (July 1995), pp. 345–382.

Reynolds, Douglas R. *China, 1898–1912; The Xinheng Revolution and Japan.* Cambridge: Harvard University Council on East Asian Studies, 1993.

Rhoads, Edward J. M. *China's Republican Revolution: The 1911 Revolution in Kwangtung, 1895–1913.* Cambridge: Harvard University Press, 1975.

———. *Manchus and Han: Ethnic Relations in Political Power in Late Qing and Early Republican China, 1861–1928.* Seattle: University of Washington Press, 2000.

Richards, John F. *The Unending Frontier: An Environmental History of the Early Modern World.* Berkeley: University of California Press, 2003.

Robinson, David. *Bandits, Eunuchs, and the Son of Heaven: Rebellion and Economy of Violence in Mid-Ming China.* Honolulu: University of Hawai'i Press, 2001.

Ropp, Paul S. *Dissent in Early Modern China: Ju-lin wai-shih and Ch'ing Social Criticism.* Ann Arbor: University of Michigan Press, 1981.

———. "The Seeds of Change: Reflections on the Condition of Women in the Early and Mid Ch'ing." *Signs: Journal of Women in Culture and Society* 2:1 (1976), pp. 5–23.

Rosenbaum, Arthur L. "Gentry Power and the Changsha Rice Riot of 1910." *Journal of Asian Studies* 34:3 (May 1975), pp. 689–715.

Rosenberg, Hans. *Bureaucracy, Aristocracy, and Autocracy: The Prussian Experience, 1660–1815.* Cambridge: Harvard University Press, 1958.

Rossabi, Morris, ed. *China Among Equals: The Middle Kingdom and Its Neighbors, 10th–14th Centuries.* Berkeley: University of California Press, 1983.

Rowe, William T. *Crimson Rain: Seven Centuries of Violence in a Chinese County.* Stanford: Stanford University Press, 2007.

———. "Domestic Interregional Trade in Eighteenth-Century China." In *On the Eighteenth Century as a Category of Asian History*, ed. Leonard Blussé and Femme Gaastra, pp. 173–192. Aldershot: Ashgate, 1998.

———. "Education and Empire in Southwest China: Chen Hongmou in Yunnan,

1733–38." In Elman and Woodside, *Education and Society in Late Imperial China, 1600–1900*, pp. 417–457.

———. *Hankow: Commerce and Society in a Chinese City, 1796–1889*. Stanford: Stanford University Press, 1984.

———. *Hankow: Conflict and Community in a Chinese City, 1796–1895*. Stanford: Stanford University Press, 1989.

———. "Ming-Qing Guilds." *Ming Qing Yanjiu* (September 1992), pp. 47–60.

———. "Provincial Monetary Practice in Eighteenth-Century China." In *Chinese Handicraft Regulations of the Qing Dynasty*, ed. Christine Moll-Murata, Song Jianze, and Hans Ulrich Vogel. Munich: Iudicium, 2005.

———. "The Qingbang and Collaboration under the Japanese, 1939–45: Materials in the Wuhan Municipal Archives." *Modern China* 8:4 (October 1982), pp. 491–499.

———. *Saving the World: Chen Hongmou and Elite Consciousness in Eighteenth-Century China*. Stanford: Stanford University Press, 2001.

———. "Social Stability and Social Change." In Peterson, ed., *Cambridge History of China*, vol. 9, pp. 475–562.

———. "Success Stories: Lineage and Elite Status in Hanyang County, Hubei, 1368–1949." In Esherick and Rankin, eds., *Chinese Local Elites*, pp. 51–81.

———. "Urban Control in Late Imperial China: The *Pao-chia* System in Hankow." In *Perspectives on a Changing China*, ed. Joshua A. Fogel and William T. Rowe. Boulder: Westview, 1979.

———. "Water Control and the Qing Political Process: The Fankou Dam Controversy, 1876–1883." *Modern China* 14:4 (October 1988), pp. 353–387.

Sakai, Robert. "The Ryūkyū (Liu-ch'iu) Islands as a Fief of Satsuma." In Fairbank, ed., *The Chinese World Order*, pp. 112–134.

Schiffrin, Harold Z. *Sun Yat-sen and the Origins of the 1911 Revolution*, Berkeley: University of California Press, 1968.

Schneider, Laurence A. *A Madman of Ch'u: The Chinese Myth of Loyalty and Dissent*.

Berkeley: University of California Press, 1980.

Schoppa, R. Keith. *Chinese Elites and Political Change: Zhenjiang Province in the Early Twentieth Century*. Cambridge: Harvard University Press, 1982.

————. *Xiang Lake: Nine Centuries of Chinese Life*. New Haven: Yale University Press, 1989.

Schwartz, Benjamin. *In Search of Wealth and Power: Yen Fu and the West*. Cambridge: Belknap Press of Harvard University Press, 1964.

————. "A Marxist Controversy on China." *Far Eastern Quarterly* 13 (February 1954), pp. 143–153.

Sharman, Lyon. *Sun Yat-sen, His Life and Its Meaning: A Critical Biography*. New York: John Day, 1934.

Shaw, Samuel. *The Journals of Major Samuel Shaw, the First American Consul at Canton*. Boston: Wm. Crosby and H. P. Nichols, 1847.

Shen Fu. *Six Records of a Floating Life*. Trans. Leonard Pratt and Chiang Subui. Harmondsworth: Penguin, 1983.

Shepherd, John Robert. *Statecraft and Political Economy on the Taiwan Frontier, 1600–1800*. Stanford: Stanford University Press, 1993.

Shiba, Yoshinobu. *Commerce and Society in Sung China*. Ann Arbor: University of Michigan Center for Chinese Studies, 1970.

Shigeta Atsushi. "The Origins and Structure of Gentry Rule." In *State and Society in China: Japanese Perspectives on Ming-Qing Social and Economic History*, ed. Linda Grove and Christian Daniels, pp. 335–385. Tokyo: University of Tokyo Press, 1984.

Shih, Vincent Y. C. *The Taiping Ideology*. Seattle: University of Washington Press, 1967.

Skinner, G. William. "Cities and the Hierarchy of Local Systems." In Skinner, ed., *The City in Late Imperial China*.

————, ed. *The City in Late Imperial China*. Stanford: Stanford University Press, 1977.

————. "Marketing and Social Structure in Rural China," pt. 2. *Journal of Asian Studies*

24:2 (1965), pp. 195–228.

———. "Presidential Address: The Structure of Chinese History." *Journal of Asian Studies* 44.2 (February 1985), pp. 271–292.

Siu, Helen F., and Liu Zhiwei. "Lineage, Market, Pirate, and Dan: Ethnicity in the Pearl River Delta of South China." In Crossley, Siu, and Sutton, eds., *Empire at the Margins: Culture, Ethnicity, and Frontier in Early Modern China*, pp. 285–310.

Smith, Kent C. "Ch'ing Policy and the Development of Southwest China: Aspects of Ortai's Governor-Generalship, 1726–1731." Ph.D. diss., Yale University, 1970.

Smith, Paul Jakov, and Richard von Glahn, eds. *The Song-Yuan-Ming Transition in Chinese History*. Cambridge: Harvard University Asia Center, 2003.

Sommer, Matthew. *Sex, Law, and Society in Late Imperial China*. Stanford: Stanford University Press, 2000.

Spector, Stanley. *Li Hung-chang and the Huai Army: A Study in Nineteenth-Century Regionalism*. Seattle: University of Washington Press, 1964.

Speech of Eneas Macdonnell, Esq., on the East India Question: delivered at a public meeting of the inhabitants of London and Westminster,; at the Crown and Anchor Tavern, in the Strand, on Saturday, May 8th, 1830, in reply to several statements and resolutions submitted to that meeting. London: James Ridgeway, 1830.

Spence, Jonathan D. *The Death of Woman Wang*. New York: Viking, 1978.

———. *Emperor of China: Self Portrait of K'ang Hsi*. New York: Vintage, 1974.

———. *God's Chinese Son: The Taiping Heavenly Kingdom of Hong Xiuquan*. New York: Norton, 1996.

———. *The Memory Palace of Matteo Ricci*. New York: Viking, 1984.

———. "Opium Smoking in Ch'ing China." In Wakeman and Grant, eds., *Conflict and Control in Late Imperial China*, pp. 143–173.

———. *Treason by the Book*. New York: Viking, 2001.

———. *Ts'ao Yin and the K'ang-hsi Emperor: Master and Bondservant*. New Haven: Yale University Press, 1966.

Stern, Fritz. *Gold and Iron: Bismarck, Bleichröder, and the Building of the German Empire*. New York: Knopf, 1977.

Strand, David. "Calling the Chinese People to Order: Sun Yat-sen's Rhetoric of Development." In *Reconstructing Twentieth-Century China: State Control and National Identity*, ed. Kjeld Erik Brødsgaard and David Strand. Oxford: Clarendon, 1998.

Struve, Lynn A., ed. *The Qing Formation in World-Historical Time*. Cambridge: Harvard University Asia Center, 2004.

———. "Ruling from Sedan Chair: Wei Yijie (1616–1686) and the Examination Reform of the 'Oboi' Regency." *Late Imperial China* 25:2 (December 2004), pp. 1–32.

———. *The Southern Ming, 1644–1662*. New Haven: Yale University Press, 1984.

———, ed. *Voices from the Ming-Qing Cataclysm: China in Tigers' Jaws*. New Haven: Yale University Press, 1993.

Sun Yat-sen. *Kidnapped in London! Being the Story of My Capture by, Detention at, and Release from the Chinese Legation*, London. Bristol: J. W. Arrowsmith, 1897.

Sutton, Donald S. "Ethnicity and the Miao Frontier in the Eighteenth Century." In Crossley, Siu, and Sutton, eds., *Empire at the Margins: Culture, Ethnicity, and Frontier in Early Modern China*.

Sweeten, Alan Richard. *Christianity in Rural China: Conflict and Accommodation in Jiangxi Province, 1860–1900*. Ann Arbor: University of Michigan Center for Chinese Studies, 2001.

Szonyi, Michael. *Practicing Kinship: Lineage and Descent in Late Imperial China*. Stanford: Stanford University Press, 2002.

Tan, Chester C. *The Boxer Catastrophe*. New York: Columbia University Press, 1967.

Telford, Ted A. "Family and State in Qing China: Marriage in the Tongcheng Lineages, 1650–1880." In *Family Process and Political Process in Modern Chinese History*, vol. 2, pp. 921–942. Taipei: Institute of Modern History, 1992.

Teng, Emma J. *Taiwan's Imagined Geography: Chinese Colonial Travel Writing and Pictures, 1683–1895*. Cambridge: Harvard University Asia Center, 2004.

Teng, Ssu-yu. *The Nien Army and Their Guerrilla Warfare, 1851–1868*. Paris: Mouton, 1961.

Teng, Ssu-yu, and John K. Fairbank, eds. *China's Response to the West: A Documentary Survey, 1839–1923*. Cambridge: Harvard University Press, 1954.

ter Haar, Barend J. "Rethinking 'Violence' in Chinese Culture." In *Meanings of Violence: A Cross-Cultural Perspective*, ed. Göran Aijmer and Jon Abbink. Oxford: Berg, 2000.

————. *Ritual and Mythology of the Chinese Triads: Creating an Identity*. Leiden: Brill, 1998.

Theiss, Janet. *Disgraceful Matters: The Politics of Chastity in Eighteenth-Century China*. Berkeley: University of California Press, 2004.

Thompson, Roger. "Statecraft and Self-Government: Competing Views of Community and State in Late Imperial China." *Modern China* 14:2 (April 1988), pp. 188–221.

Tilly, Charles. *From Mobilization to Revolution*. New York: McGraw Hill, 1978.

Torbert, Preston. *The Ch'ing Imperial Household Department: A Study of Its Organization and Principal Functions, 1662–1796*. Cambridge: Harvard University Council on East Asian Studies, 1977.

Twitchett, Denis. "The T'ang Market System." *Asia Major* 12:2 (1966), pp. 202–248.

Vainker, Shelagh. *Chinese Pottery and Porcelain*. London: British Museum Press, 2005.

Vogel, Hans Ulrich. "Chinese Central Monetary Policy, 1644–1800." *Late Imperial China* 8:2 (December 1987), pp. 1–52.

von Glahn, Richard. "The Enchantment of Wealth: The God Wutong in the Social History of Jiangnan." *Harvard Journal of Asiatic Studies* 51:2 (1991), pp. 651–714.

————. *Fountain of Fortune: Money and Monetary Policy in China, 1000–1700*. Berkeley: University of California Press, 1996.

Wagner, Rudolf G., ed. *Joining the Global Public: Word, Image, and City in Early Chinese Newspapers, 1870–1910*. Albany: State University of New York Press, 2007.

Wakeman, Frederic, Jr. "The Canton Trade and the Opium War." In Fairbank, ed., *Cambridge History of China*, vol. 10, pt. 1, pp. 163–212.

———. "China and the Seventeenth-Century Crisis." *Late Imperial China* 7:1 (1986), pp. 1–26.

———. *The Fall of Imperial China*. New York: Free Press, 1975.

———. *The Great Enterprise: The Manchu Reconstruction of Imperial Order in Seventeenth-Century China*. Berkeley: University of California Press, 1985.

———. "High Ch'ing, 1683–1839." In *Modern East Asia: Essays in Interpretation*, ed. James B. Crowley, pp. 1–28. New York: Harcourt, Brace and World, 1970.

———. "The Price of Autonomy: Intellectuals in Ming and Ch'ing Politics." *Daedalus* 101:2. (Spring 1972), pp. 35–70.

———. "The Public Sphere and Civil Society Debate: Western Reflections on Chinese Political Culture." *Modern China* 19:2 (April 1993), pp. 108–138.

———. *Strangers at the Gate: Social Disorder in South China, 1839–1861*. Berkeley: University of California Press, 1966.

Wakeman, Frederic, Jr., and Carolyn Grant, eds. *Conflict and Control in Late Imperial China*. Berkeley: University of California Press, 1975.

Waley, Arthur. *Yuan Mei: Eighteenth-Century Chinese Poet*. Stanford: Stanford University Press, 1956.

Waley–Cohen, Joanna. *Exile in Mid-Qing China: Banishment to Xinjiang, 1758–1820*. New Haven: Yale University Press, 1991.

———. "The New Qing History." *Radical History Review* 88 (Winter 2004), pp. 193–206.

Wallerstein, Immanuel. *The Modern World-System: Capitalist Agriculture and the Origins of the European World-Economy in the Sixteenth Century*. New York: Academic Press, 1976.

Wang, David Der-wei. *Fin-de-Siècle Splendor: Repressed Modernities of Late Qing Fiction, 1849–1911*. Stanford: Stanford University Press, 1997.

Wang, Di. *Street Culture in Chengdu: Public Space, Urban Commoners, and Local Politics, 1870–1930*. Stanford: Stanford University Press, 2003.

Wang, Juan. "Officialdom Unmasked: The Shanghai Tabloid Press, 1897–1911." *Late Imperial China* 28:2 (Dec 2007), pp. 81–128.

Wang, Yeh-chien. *Land Taxation in Imperial China, 1750–1911*. Cambridge: Harvard University Press, 1973.

Watson, James L. "Hereditary Tenancy and Corporate Landlordism in Traditional China: A Case Study." *Modern Asian Studies* 11:2 (1977), pp. 161–182.

Watson, James L., and Evelyn S. Rawski, eds. *Death Ritual in Late Imperial and Modern China*. Berkeley: University of California Press, 1988.

Watt, John R. *The District Magistrate in Late Imperial China*. New York: Columbia University Press, 1972.

Weber, Eugen. *Peasants into Frenchmen: The Modernization of Rural France, 1870–1914*. Stanford: Stanford University Press, 1976.

Widmer, Ellen. *The Beauty and the Book: Women and Fiction in Nineteenth-Century China*. Cambridge: Harvard University Press, 2006.

Wilhelm, Helmut. "Chinese Confucianism on the Eve of the Great Encounter." In *Changing Japanese Attitudes Toward Modernization*, ed. Marius B. Jansen, pp. 283–310. Princeton: Princeton University Press, 1965.

Will, Pierre-Étienne. *Bureaucracy and Famine in Eighteenth-Century China*. Stanford: Stanford University Press, 1990.

Will, Pierre-Étienne, and R. Bin Wong. *Nourish the People: The State Civilian Granary System in China, 1650–1850*. Ann Arbor: University of Michigan Center for Chinese Studies, 1991.

Williams, William Appleman. *The Tragedy of American Diplomacy*, 2nd ed. New York: Dell, 1972.

Wills, John E., Jr. *Embassies and Illusions: Dutch and Portuguese Envoys to K'ang-hsi, 1666–1687*. Cambridge: Council on East Asian Studies, 1984.

———. *Pepper, Guns, and Parleys: The Dutch East India Company and China, 1662–*

1681. Cambridge: Harvard University Press, 1974.

Witek, John. *Dangerous Ideas in China and in Europe: A Biography of Jean-François Foucquet, S. J., 1665–1741.* Rome: Institum Historicum S.I., 1982.

Withers, John L., II. "The Heavenly Capital: Nanjing under the Taiping, 1853–1864." Ph.D. diss., Yale University, 1983.

Wong, J. Y. *Deadly Dreams: Opium, Imperialism, and the Arrow War (1856–1860) in China.* Cambridge: Cambridge University Press, 1998.

Wong, R. Bin. *China Transformed: Historical Change and the Limits of European Experience.* Ithaca: Cornell University Press, 1997.

———. "Qing Granaries and World History." In Will and Wong, eds., *Nourish the People: The State Civilian Granary System in China, 1650–1850.*

Wong, R. Bin, and Peter C. Perdue. "Famine's Foes in Ch'ing China." *Harvard Journal of Asiatic Studies* 43:1 (June 1983), pp. 291–332.

Wong, Sin-Kiong. "Die for the Boycott and Nation: Martyrdom and the 1905 Anti-American Movement in China." *Modern Asian Studies* 35:3 (2001), pp. 565–588.

Woodside, Alexander. "The Ch'ien-lung Reign." In Peterson, ed., *Cambridge History of China,* vol. 9.

Wou, Odoric. "The Extended Kin Unit and the Family Origins of Ch'ing Local Officials." In *Perspectives on a Changing China,* ed. Joshua A. Fogel and William T. Rowe. Boulder: Westview Press, 1979.

Wright, Mary Clabaugh, ed. *China in Revolution: The First Phase, 1900–1913.* New Haven: Yale University Press, 1968.

———. *The Last Stand of Chinese Conservatism: The T'ung-chih Restoration, 1862–1874.* Stanford: Stanford University Press, 1957.

Wu, Silas H. L. *Communication and Imperial Control in China: The Evolution of the Palace Memorial System, 1693–1735.* Cambridge: Harvard University Press, 1970.

———. *Passage to Power: K'ang-hsi and His Heir Apparent, 1661–1722.* Cambridge: Harvard University Press, 1979.

Yang, Lien-shen. "Ming Local Administration." In *Chinese Government in Ming Times: Seven Studies*, ed. Charles O. Hucker. New York: Columbia University Press, 1969.

Yeh, Catherine Vance. *Shanghai Love: Courtesans, Intellectuals and Entertainment Culture, 1850–1910*. Seattle: University of Washington Press, 2006.

Zeitlin, Judith. *Historian of the Strange: Pu Songling and the Classical Chinese Tale*. Stanford: Stanford University Press, 1993.

Zelin, Madeleine. *The Magistrate's Tael: Rationalizing Fiscal Reform in 18th Century China*. Berkeley: University of California Press, 1985.

———. *The Merchants of Zigong: Industrial Entrepreneurship in Early Modern China*. New York: Columbia University Press, 2005.

Zelin, Madeleine, Robert Gardella, and Jonathan Ocko, eds. *Contract and Property in Late Imperial China*. Stanford: Stanford University Press, 2004.

Zhao, Gang. "Reinventing *China*: Imperial Qing Ideology and the Rise of Modern Chinese National Identity in the Early Twentieth Century." *Modern China* 32:1 (January 2006), pp. 3–30.

———. "Shaping the Asian Trade Network: The Conception and Implementation of the Chinese Open Trade Policy, 1684–1840." Ph.D. diss., Johns Hopkins University, 2006.

중문 논저

高王淩,「一個未完結的嘗試—淸代乾隆時期的糧政和糧食問題」,『九州學刊』(香港) 第2卷 第3期, 1988, pp. 13-40.

經君健,『淸代社會的賤民等級』, 中國人民大學出版社, 1993.

郭松義,「論攤丁入畝」,『淸史論叢』第3輯, 中華書局, 1982, pp. 1-62.

關文發,『嘉慶帝』, 長春: 吉林文史出版社, 1993.

羅爾綱,『湘軍新志』, 長沙, 1939.

戴逸,『乾隆帝及其時代』, 北京: 中國人民大學出版社, 1992.

———,「十八世紀中國的成就局限與時代特徵」,『淸史研究』, 1993-1, pp. 1-6.

鄧拓,『論中國歷史的幾個問題』, 北京: 三聯書店, 1959.

劉廣京,「十九世紀初葉中國知識分子—包世臣與魏源」,『中央研究院國際漢學會議論文集』, 臺北: 中央研究院, 1980.

劉鳳雲,『淸代三藩研究』, 中國人民大學出版社, 1994.

劉石吉,『明淸時代江南市鎭研究』, 北京: 中國社會科學出版社, 1987.

劉永成,「論淸代前期農業雇傭勞動的性質」,『歷史研究』, 1962-4.

———,「試論淸代蘇州手工業行會」,『歷史研究』, 1959-11, pp. 21-46.

牟安世,『太平天國』, 上海: 上海人民出版社, 1959.

茅海建,『天朝的崩潰: 阿片戰爭再研究』, 北京: 三聯書店, 2005.

文公直,『中華民國革命全史』, 上海, 1929.

方行,「論淸代江南農民的消費」,『中國經濟史研究』, 1996-3, pp. 91-98.

白新良,『乾隆傳』, 瀋陽: 遼寧出版社, 1990.

竇季良,『同鄕組織之研究』, 重慶: 正中書局, 1946.

夫馬進,『中國善會善堂史研究』, 同明舍, 1997.

葉顯恩,『明淸徽州農村社會與佃僕制』, 安徽人民出版社, 1983.

蕭一山,『淸代通史』, 上海: 商務印書館, 1932.

沈復,『浮生六記』.

梁其姿,『施善與教化: 明淸的慈善組織』, 臺北: 聯經出版社, 1997.

楊念群,『儒學地域化的近代形態—三大知識群體互動的比較研究』, 北京: 三聯書店,
    1997.

吳承明,『論淸代前期我國國內市場』,『歷史研究』, 1983-1.

韋慶遠·吳奇衍·魯素,『淸代奴婢制度』, 北京: 中國人民大學出版社, 1982.

韋慶遠·魯素,『淸代前期的商辦礦業和資本主義萌芽』, 北京: 人民大學出版社, 1981.

黎仁凱,『張之洞幕府』, 北京: 中國廣播電視出版社, 2005.

李伯重,「控制增長以保富裕: 淸代前中期江南的人口行爲」,『新史學』(台北) 第5卷 第3
    期, 1994, pp. 25-71.

章開沅·林增平 主編,『辛亥革命史』, 北京: 人民出版社, 1980.

莊國土,『中國封建政府的華僑政策』, 廈門: 廈門大學出版社, 1989.

莊吉發,『淸高宗十全武功研究』, 臺北: 國立故宮博物院, 1982.

曹雯,「淸代廣東體制再研究」,『淸史研究』, 2006-2, pp. 82-96.

趙爾巽,『淸史稿』, 北京: 中華書局, 1977.

蔡少卿,『中國秘密社會』, 杭州: 浙江人民出版社, 1989.

彭雨新,『淸代土地開墾史』, 北京: 農業出版社, 1990.

彭澤益,「淸代前期手工業的發展」,『中國史研究』, 1981-1, pp. 43-60.

———,『中國近代手工業史資料, 1840-1849』, 北京: 中華書局, 1962.

馮爾康,『雍正傳』, 北京: 人民出版社, 1985.

皮明庥·孔憲凱,「太平軍首克武昌後的戰略決策」,『江漢論壇』, 1981-2, pp. 68-72.

何炳棣,『中國會館史論』,臺北: 台灣學生書局, 1966.

香港中文大學,『文淵閣四庫全書電子版』,香港: 香港中文大學出版社, 1999.

許大齡,『清代捐納制度』,燕京大學哈佛燕京學社, 1950.

일문 논저

藤井宏,「新安商人の研究」,『東洋学報』,第36卷 1-4号, 1953, pp. 1-44.

寺田隆信,「雍正帝の賤民開放令について」,『東洋史研究』, 18卷 3号, 1959年 12月,
        pp. 124-141.

鈴木中正,『清朝中期史研究』,東京: 愛知大學, 1952.

森田明,「清代水手結社の性格について」,『東洋史研究』, 13-5, 1955, pp. 364-376.

湯淺幸孫,「清代における婦人解放論—禮教と人間的自然—」,『日本中國學會報』第四
        集, 1952, pp. 111-125.

지은이의 말

1975년 프레더릭 웨이크먼Frederic Wakeman Jr.은『중국 제국의 몰락 *The Fall of Imperial China*』이라는 책을 출간했다. 이 책은 당시 몇 년 동안 중국에 관해 연구하고 있던 우리 대학원생들에게 많은 새로운 사실들을 알려주었다. 이 책은 청사淸史에 관한 해설서로서, 17세기 중반부터 20세기 초반 사이의 중국 역사에서 저자가 가장 중요하게 여겼던 문제들과 관심사를 구조적으로 분석했다. 이러한 내용들은 지금까지 우리가 배웠던 것과는 구조적으로 달랐다. 이 책이 출간된 이후로 미국 내에서 청사를 이와 동일한 방식으로 가르친 사례는 없을 것이다. 최근 미국사, 특히 유럽사에서 중시되었던 사회사 변혁은 미국의 초기 청사 연구자들보다 웨이크먼에게 더 많은 영향을 주었다. 1950~1960년대 현대 중국사에서 가장 중심적인 요소였던 외교사와 제도사는 완전히 경시된 것은 아니지만, 지금은 분명히 도외시되고 있다.

나는 교직 생활 초기 몇 년 동안 근대 중국 수업의 마지막 과정에서 웨이크먼의 책을 교재로 사용했다. 그러나 모든 역사 연구가 그러하듯이 1970년대에 주목받았던 그의 책도 잊혀져갔다. 청에 대한 새로운 연구와 해석이 나타나면서 이 책의 많은 주장들은 받아들이기 어려워졌다. 내가 이 책을 저술한 목적은 당시 웨이크먼의 저서처럼 이 분야의 연구자들에 새로운 영감을 제공하고자 하는 것이다.

이 책에서 나의 서술과 주장은 한문 1차 사료와 중국 및 일본의 많은 청사 연구서들에 기반을 두고 있다. 하지만 이 책에 제시된 많은 자료들을 읽기 원하는 독자들을 위해 되도록 중문과 일문 참고문헌을 제한하고, 대부분 2차 영문 자료를 채택했다. 영문으로 된 적절한 참고문헌이 없을 경우에는 중문과 일문 서적을 포함시켰다.

이 책은 통합적인 연구서이다. 나는 청사 연구에 헌신적으로 노력한 많은 학자들에게 감사를 전하고, 또한 내가 인용한 그들의 작품에도 감사를 표한다. 특히 기념비적인 연구서인 『케임브리지 중국사 Cambridge History of China』에서 청사에 관한 세 권의 분량을 저술한 동료 연구자들에게 특히 감사를 드린다. 그들의 해석과 주장에 많이 의존하거나 차용할 경우에만 인용을 했지만, 그들의 연구는 이 책 전반에 걸쳐 참고와 권위를 제공해주었다. 물론 사실에 대한 오역과 잘못된 설명은 모두 나의 잘못이다. 이 책에 남아 있는 오류들은 동료 연구자들에 의해 조속히 수정될 것이라 믿는다.

끈기 있게 원고를 읽고 교정을 해준 존스 홉킨스 대학교의 메이어 퐁Tobie Meyer-Fong, 편집장 브룩Tim Brook, 그리고 하버드 대학교 출판부에 있는 익명의 교정자에게 특별히 감사를 드린다. 중국 제국사라는 이 시리즈 연구를 착수할 수 있도록 지원해준 출판사의 맥더모트Kathleen McDermott 씨와 세련된 솜씨로 원고를 편집해준 보머Susan Wallace Boehmer 양에게도 깊은 감사를 드린다. 지도 1과 지도 4를 제작

해준 슈워츠버그 Philip Schwartzberg 씨와 지도 2와 지도 3을 제작해준 루이스Isabelle Lewis 양에게도 감사를 드린다. 마지막으로 아내인 프리드먼 Jill Friedman에게 깊은 감사를 전한다. 아내의 꾸준한 격려가 없었다면 나는 이 책을 끝마치지 못했을 것이다.

옮긴이의 말

만주족이 다스렸던 청은 현재 중국이 가지고 있는 대부분의 영토를 유산으로 남겨주었던 중국의 마지막 제국이다. 16세기 말 누르하치가 이끄는 만주족은 일개 부족 집단에서 출발해 불과 수십 년 만에 군대와 국가를 형성하고 명 제국을 정복했다. 중국을 정복한 청은 1644년 멸망한 명보다 영토를 2배 이상 넓혔고 광활한 제국을 통치하기 위해 능률적이고 효율적인 행정과 통신 체계를 고안해냈다. 전성기의 청은 진정으로 번영이라고 부를 수 있는 물질적 생산을 달성했으며, 새로운 예술과 문화 분야를 개척했다. 명 정복 이전에는 변방의 오랑캐에 불과했던 만주족이 어떻게 이런 전례 없는 성취를 이루었을까?

이 책은 청 제국의 본질이 무엇이었는지, 그리고 청 제국이 장기간의 중국사에서 또는 광활한 유라시아 공간에서 뚜렷하게 구별되는 무엇인가를 이루어냈는지 밝히고 있다. 과거 역사가들은 청의 역사라는 것이 사실상 없었다고 간주해왔다. 중국의 역사가들은 청을 '왕조의 순환'이라는 유가적 모델에 따라 흥하고 망한 통치 가문의 마지막 왕조로 간주했다. 여기에는 만주족이 자신의 문화와 언어를 상실하고 한족 속에 융화되었기 때문에 사실상 만주족이 청의 지배 집단이었다는 것은 별로 중요한 요소가 아니라는 '중국 중심적 시각'이 배어 있었다.

만주족이 지배한 청사의 의미를 평가 절하한 것은 단지 중국학자들만이 아니었다. 과거 페어뱅크를 필두로 하는 서양의 중국 근현대사 연구자들은 1842년 이전의 중국은 '전통적 중국'으로, 그 이후는 '근대적 중국'으로 이분화하여 중국에서 진정한 발전적 변화는 아편 전쟁과 남경 조약이라는 서구의 충격과 함께 시작했다는 매우 '서구 중심적 시각'을 제시했다.

그러나 다른 한편에서는 이러한 시각의 편협성을 지적하고 청의 역사를 하나의 조각으로 보고 정치·군사를 포함하여 사회·경제·문화적 구조를 다루려는 시도가 있었다. 이른바 '신청사'라고 불리는 학문적 영역이다. 이 책의 저자인 윌리엄 T.로는 바로 이 '신청사'의 관점에서 청 제국이 중국의 이전 왕조와는 질적으로 달랐다고 주장한다. 저자는 만주족의 정체성이라는 것이 유전학적으로 운명 지어진 것이 아니라 매우 유동적이고 협상 가능한 것이었기에 청은 근대 유라시아에서 민족을 초월한 다민족적인 세계적 제국을 건설했으며, 한족들은 다민족 국가라는 중국의 새로운 정의를 받아들이고 그것을 자신들의 조국으로 인식하게 되었다고 주장한다.

이 책은 청의 중국 정복에서 멸망에 이르는 대청 제국의 역사를 다루고 있지만 단순한 나열식의 역사 서술은 아니다. 저자는 정복, 번영, 멸망과 관련되는 제국의 정치, 군사 문제뿐만 아니라 문화, 사회, 상업 분야에 별도의 장을 할애함으로써 여러 시각에서 청 제국을 분석하고 있다. 또한 이 책은 중국사 전공서뿐만 아니라 대중서로서도 손색이 없다. 이 책은 대청 제국의 통사를 다루면서도 우리 사회와 밀접한 관련이 있는 가족과 결혼, 그리고 종족에 관한 유익한 1차 자료를 인용하여 독자들의 흥미를 유발한다.

대청 제국의 본질을 예리하게 분석한 이 책은 신청사 연구에서 하나의 획을 긋는 중요한 업적이다. 아무쪼록 이 번역서가 대청 제국에 대한 인식을 다변화하여 더 넓은 동아시아, 나아가 유라시아적 시각에서 바라보는 계기가 되기를 희망한다. 끝으로 이 책의 번역에 도움을 준 권용철·이훈 선생과, 출판을 맡아주신 너머북스 여러분께 감사의 뜻을 전한다.

기세찬

찾아보기